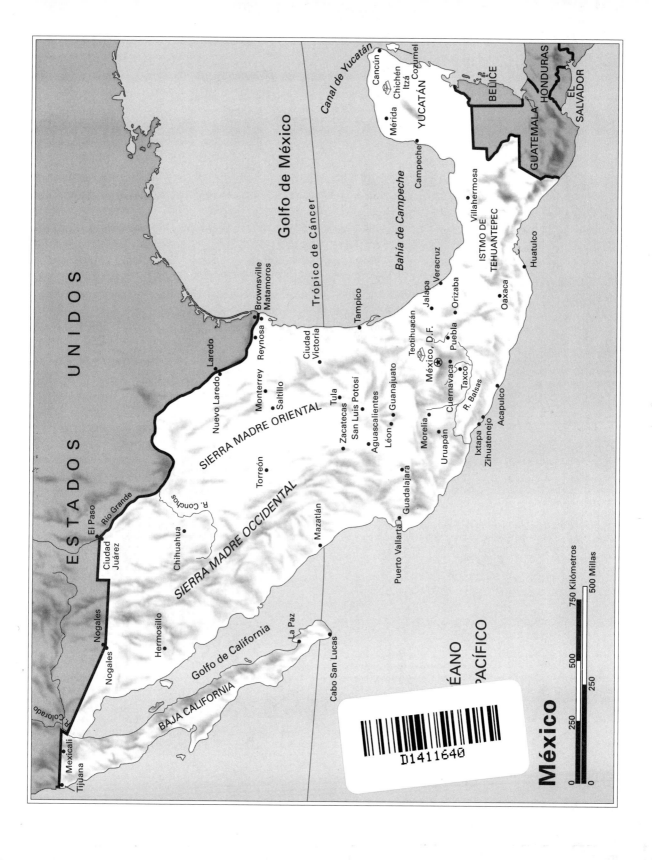

México

ESTADOS UNIDOS

BELICE
GUATEMALA
HONDURAS
EL SALVADOR

Golfo de México

Bahía de Campeche

Canal de Yucatán

Trópico de Cáncer

YUCATÁN

Cancún
Chichén Itzá
Cozumel
Mérida
Campeche
Villahermosa
Veracruz
Jalapa
Orizaba
ISTMO DE TEHUANTEPEC
Oaxaca
Huatulco

Tampico
Ciudad Victoria
Teotihuacán
México, D.F.
Puebla
Cuernavaca
Taxco
R. Balsas
Morelia
Uruapán
Ixtapa
Zihuatanejo
Acapulco

Brownsville
Matamoros
Reynosa
Nuevo Laredo
Laredo
Monterrey
Saltillo
SIERRA MADRE ORIENTAL
Tula
Zacatecas
San Luis Potosí
Aguascalientes
Léon
Guanajuato
Guadalajara
Torreón
Puerto Vallarta

El Paso
Río Grande
Ciudad Juárez
R. Conchos
Chihuahua
SIERRA MADRE OCCIDENTAL
Mazatlán

Nogales
Nogales
Hermosillo
La Paz
Golfo de California
Cabo San Lucas
BAJA CALIFORNIA

Mexicali
Tijuana
R. Colorado

OCÉANO PACÍFICO

0   250   500   750 Kilómetros
0   250   500 Millas

D1411640

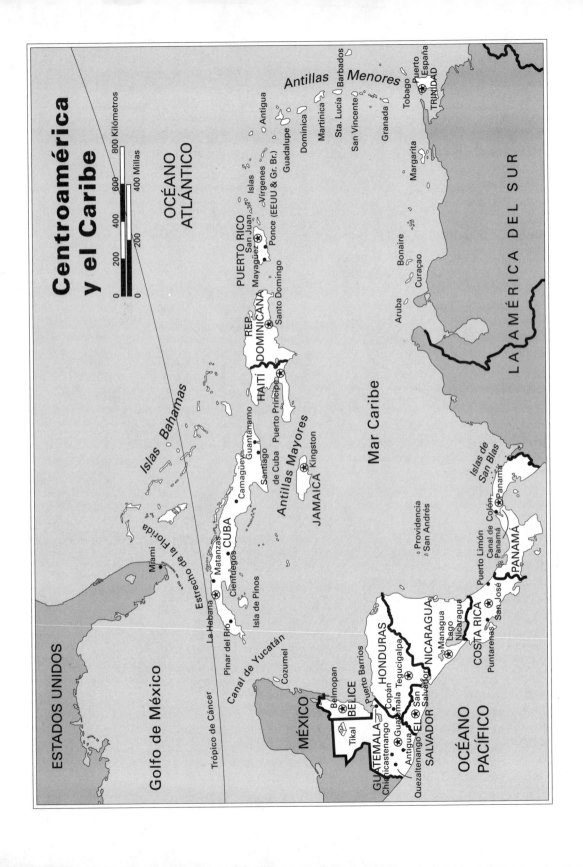

Palabra abierta

MARÍA CECILIA COLOMBI
University of California at Davis

JILL L. PELLETTIERI
California State University at San Marcos

MARÍA ISABEL RODRÍGUEZ
University of Michigan at Ann Arbor

Houghton Mifflin Company
Boston   New York

Director, World Languages: New Media and Modern Language Publishing:
Beth Kramer
Associate Development Editor: Rafael Burgos-Mirabal
Project Editor: Tracy Patruno
Senior Manufacturing Coordinator: Priscilla J. Bailey
Senior Marketing Manager: Tina Crowley Desprez
Marketing Assistant: Claudia Martínez

Cover Design: Rebecca Fagan

Photo credits: p. 13, Jeffrey Crespi; pp. 19–26, Tony Mendoza; pp. 39–40; VIVA,
La Revista de Clarin; pp. 115, 117, Reprinted with permission of the publisher,
Children's Book Press, San Francisco, CA. Illustrations copyright © 1987 Joe Sam;
p. 187, Luis González Palma, courtesy of Alafot International; p. 225, *The Last
Supper of Chicano Heroes,* José Antonio Burciaga.
Text credits: p. 10, Spanish text of "Las palabras son párajos" from *Laughing
Tomatoes and Other Spring Poems/Tomates risueños y otros poemas de primavera.*
Reprinted with permission of the publisher, Children's Book Press, San Francisco,
CA. Copyright © 1997 by Francisco X. Alarcón; p. 19, Tony Mendoza; p. 33, "La
naturaleza del amor" de Cristina Peri Rossi (1986), pp. 87–88, en "Una pasión
prohibida." Reprinted by permission of Editorial Seix Barral, S. A., Barcelona,
Spain; p. 39, "Enamorándose" by David Wroclavsky from VIVA, 1995. Reprinted
by permission of Arte Gráfico Editorial Argentino, S. A.; p. 64, Essays on "Familia"
and "Sociedad" from *Cartilla Moral* by Alfonso Reyes. Reprinted by permission of
Fondo de Cultura Económica; p. 71, "Madres porque sí" from El País, June 28,
1992. Copyright El País, 1992. Reprinted by permission;
**Credits continue on page 319, which is hereby considered an extension of the
copyright page.**

Printed in the U.S.A.

Library of Congress Catalog Card Number: 99-71991

ISBN: 0-395-90957-0

123456789-DOC-04   03   02   01   00

CONTENTS

Palabra abierta is a theme-driven, process-based Spanish composition textbook designed to develop advanced students' critical thinking skills and academic writing proficiency. Intended for learners of Spanish as a foreign language and for native speakers of Spanish who have already developed their interpersonal, oral communication skills, *Palabra abierta* is suitable for third- or fourth-year college Spanish courses as well as for high school advanced placement courses.

To help students develop their critical thinking and writing skills, *Palabra abierta* presents a variety of unabridged, authentic readings representing a broad range of prose genres such as reportage, interviews, photo essays, editorials, op-ed pieces, feature articles, biographical essays, academic essays, and research articles. Poems and short stories are also included to provide additional perspectives on several key themes. The presence of several readings in each chapter is based upon the proposition that we learn better by first formulating and reflecting upon personal ideas, then by thinking and writing objectively about these ideas, which is the basis of most academic essays and research papers.

Features of *Palabra abierta*

- **Readings.** Drawn from a variety of authentic sources, the readings in seven of the eight chapters of *Palabra abierta* focus on a single theme. This organization provides students with a rich source of theme-related vocabulary that they can use in their own writing. It also stimulates critical thinking by allowing students to consider different perspectives on the same theme.
- **Reading activities.** The open-ended, discussion-oriented activities that accompany each reading check students' comprehension of the selection and encourage them to think about it vis-á-vis the chapter theme. The activities also make student writers aware of different discourse strategies that the author of the reading has utilized to communicate information, opinions, and ideas.
- **Gramática funcional.** As is appropriate in an advanced composition textbook, the **Gramática funcional** sections address grammar topics within the context of the paragraph or the text as a whole.
- **Creando nuevos textos.** In the second part of each chapter, the **Creando nuevos textos** sections provides step-by-step instruction to guide students through every stage of the writing process: from pre-writing through drafting, revising, editing, proofreading, and analyzing the final product.

- **Carpeta de escritura.** At the end of each chapter, the **Carpeta de escritura** section helps students learn from their writing experience, fostering critical reflection upon their own writing development. The **Carpeta de escritura** also provides the basis for the creation of a writing portfolio.
- *Creando nuevos textos* **CD-ROM.** To accompany *Palabra abierta* the *Creando nuevos textos* **CD-ROM** reproduces the **Creando nuevos textos** section from the textbook so students can complete their writing assignments in an electronic environment. These materials are available as .rtf files, which can be used with any software program designed for processing text files.

Organization of *Palabra abierta*

Palabra abierta is divided into eight chapters. the **Capítulo preliminar** outlines the book's goals and methodology through discussions and activities. Each of the seven chapters that follow is divided in two parts, with the first part, **Lectura,** containing the chapter reading selections and the second part, **Escritura,** focusing on the development of the chapter's main writing assignment. Within this overall organization are the following sections.

- **Acercándonos al tema.** This section has two main objectives. First, it helps the student activate and build on the background information necessary to understand the reading theme. Second, it activates student's knowledge of theme-related vocabulary. These activities are ideal for the multi-level classroom; they are intended for small group work and encourage the sharing of vocabulary and culturally relevant ideas and experiences among group members.
- **Acercándonos al texto.** This section precedes each reading and provides brainstorming and additional pre-reading activities.
- **Interactuando con el texto.** The post-reading activities in this section are specifically tailored to the nature and difficulty of each selection. They serve first, to check students' basic understanding of the reading and second, to prompt them to think critically about the reading and its connection to the chapter theme. Students are guided to communicate their reactions to the readings in oral and written activities.
- **Variedades del español.** This post-reading section helps students understand how regional usage in writing enables an author to attain certain objectives. These presentations also discuss aspects of register and tone in writing.
- **Gramática funcional.** In this section, students learn how to analyze the reading as discourse. It shows how language weaves meaning and form to achieve certain socio-textual functions by analyzing, illustrating, and practicing aspects of textual cohesion, register, and mode.
- **Creando textos.** Activities in this section guide students to consider further the reading's main topics and to create new texts based on these topics. These activities allow students the possibility of experimenting with two different kinds of writing. **Escritura personal,** on the one hand, fosters free-writing and theme-based journal writing. In this activity, student writers communicate their ideas to

themselves, without the formal constraints of an assignment that will be evaluated. **Escritura pública,** on the other hand, is writing to be shared with or created in collaboration with other participants in the classroom; the instructor may or may not choose to evaluate this kind of writing. This is another ideal section for the multi-level classroom, since some activities are intended for small-group work in which students can share with group-mates their individual expertise in the creative co-production of a text.

- **Escritura.** Escritura, the second part of each chapter, starts with a presentation on the general characteristics of the target genre. The structures of the reportage, the academic essay, and the research paper are analyzed; strategies to write introductions and concluding paragraphs are discussed; strategies for organizing paragraphs and for attaining cohesion among paragraphs are described; and the process of writing the research paper is analyzed step by step.

- **Creando nuevos textos.** This section guides student writers through the development of the chapter's main writing assignment. This is always a formal essay to be turned in and evaluated by the instructor. Through a carefully designed set of process-writing activities, students are encouraged to bring together and analyze the chapter theme and their own writing. These activities provide students with strategies to formulate their thesis, to choose an appropriate organization to develop their thesis, and to introduce and conclude their essay in an interesting and appropriate manner. Moreover, these activities teach students to analyze different aspects of their writing in progress, and to recognize and produce academic language in the assignment.

- **Palabra abierta.** The end-of-chapter section concludes the chapter assignment. Through group activities and the **Carpeta de escritura** journal-portfolio activity, student writers reflect on the writing process and formulate advice to themselves for the next writing assignment, which they write in their journal.

Adapting *Palabra abierta* to Different Course Schedules

Palabra abierta is designed for flexibility of use. It is ideal for a two-quarter or two-semester college-level writing course, but can easily be adapted to a one-quarter or semester course. Thus, two weeks may be devoted to each chapter (in a three-day weekly schedule). However, since each chapter includes a variety of readings of different levels of difficulty, instructors may choose to include some selections and leave out others according to their students' or course needs.

The chapters are organized around seven broad topics: human relationships, family and culture, today's society, women and society, magic realism, cultural borders, and Latino identity in the U.S. Our philosophy is to do in class what cannot be done on one's own. This means that most of the interactive activities should be done in class and the individualized activities, such as drafting the first version of the compositions, should be done outside of class.

Palabra abierta however, provides flexibility to the instructor in this regard, too: he or she will be able to plan activities according to specific classroom needs or circumstances such as class-period length, number of weekly meetings, and so on. Thus, many of the small-group activities can be done by individuals interacting alone with the text and writing out work to be submitted to the instructor. Likewise, it is possible to have students brainstorm at home for the next-day group activities so that when they arrive in class they can begin immediately to share their ideas with their group-mates.

To help students and instructors easily locate pair, group, and journal-portfolio writing activites, three icons appear throughout *Palabra abierta.*

This icon appears next to pair activities. Most of these are identified with the label **En parejas.**

This icon appears next to group activities. Most of these are identified with the label **En grupos.**

This icon signals personal writing activities; it appears next to the **Escritura personal** and the **Carpeta de escritura** activities.

Beyond the Textbook

In this age of technological developments, students interact on a daily basis with different types of media, such as the Internet and CD-ROMS, as well as with the more traditional media of films, songs, pictures, and written texts. *Palabra abierta* exposes students to the breadth and diversity of the Spanish language in the world today through texts originally appearing in a variety of media (newspaper, photographic journals, Web editions of newspapers, and so on.). Additionally, *Palabra abierta* encourages students to interact outside of class with the variety of media available today in Spanish. Several activities in the textbook invite students to further investigate the chapter themes through movies, songs, Web pages, Internet newsgroups, and the like. Because of this, *Palabra abierta* is ideal for computer-assisted sections of Spanish composition courses, where students can turn to the computer to do the necessary research on their writing topics, as well as to do their own writing, revisions, peer editing, and rewriting.

The authors of *Palabra abierta* have carefully selected the following films as accompaniments to each of the chapter themes. Because the majority of these films are widely available on video across the country, students can rent them and view them at home as they develop their ideas for their writing assignments.

Chapter 1   *Tango Feroz.* Directed by Ricardo Piñeiro, 1993, Argentina.
             Belle Époque. Directed by Fernando Trueba, 1993, Spain.
             Fresa y chocolate. Directed by Tomás Gutiérrez Alea, 1994, Cuba.

Acknowledgments

Many have helped make this book possible. First of all we would like to thank our students, who provided the inspiration and motivation to write this book. Finding appropriate materials for a book of this nature is never very easy: one needs library resources and generous friends and colleagues who are willing to share their materials. We are grateful to the members of the Department of Spanish at the University of California, Davis, for their support. We would also like to thank the following friends and colleagues for their contributions: Francisco X. Alarcón, Marta Altisent, and Hugo Verani.

We would also like to thank the instructors who provided helpful comments during the development of the project: Silvia R. Anadón, University of Notre Dame; Juan Ramón de Arana, Ursinus College; Concepción Barba, College of Charleston; Duane Bunker, Palm Beach Atlantic College; Joseph Collentine, Northern Arizona University; Dr. Florencia Cortés Conde, University of Florida, Gainesville; Dr. Richard K. Curry, Texas A&M University; Ozzie F. Díaz-Duque, University of Iowa;

Delia Escalante, Phoenix College; Mónica Escudero, Simon Fraser University; Clara Estow, University of Massachusetts, Boston; Donna McMahon, California State University, San Bernadino; Carmen Nieto, Georgetown University; Ángela Pérez, Brandeis University; Nidia Schuhmacher, Brandeis University.

Palabra abierta began to take shape after conversations with Kristina Baer, from Houghton Mifflin's College Division, so we would like to thank her for believing in this project. Our sincere appreciation also goes out to Rafael Burgos-Mirabal, our able editor, who has taken the project to final completion; his dedication, creativity and insightful comments during the development of this manuscript are deeply appreciated. In addition we would like to thank Beth Kramer, Director, World Languages, for managing the project. We are delighted to have had the opportunity of publishing this book with Houghton Mifflin, whose professional and capable staff has made this book possible. Finally, we would like to thank our families for their support during the development of this book.

Abriendo la palabra

Los objetivos de este capítulo son:

- presentar los conceptos esenciales de *Palabra abierta*
- explicar la organización del libro
- elaborar las perspectivas que guiarán el proceso de redacción en *Palabra abierta*

Introducción

¡Bienvenidos a *Palabra abierta*! Una pregunta nos impulsó a escribir este libro: ¿Cómo podemos aprender a escribir mejor? En este libro las autoras concebimos la escritura como un proceso interactivo, de ahí el nombre: *Palabra abierta*. Obviamente el escribir bien es una labor que requiere tiempo y dedicación. La escritura es uno de los medios que podemos utilizar para comunicarnos y expresar lo que pensamos. Muchas veces lo que pensamos surge como consecuencia de nuestras lecturas. El leer sobre un tema nos permite conocer más sobre éste, a la vez que nos ayuda a formar una opinión sobre lo que hemos leído. Esto quiere decir que, mientras más perspectivas tengamos sobre un tema, mejor podremos expresar nuestro punto de vista. La lectura también nos puede ofrecer acceso a un vocabulario y una sintaxis más avanzados y nos permite explorar detalladamente las características de distintos textos. Basándonos en este concepto de leer para poder expresar nuestras opiniones por escrito fue que desarrollamos este libro.

Cada capítulo gira en torno a un tema. Por ejemplo, el primer capítulo trata de las relaciones humanas. Este tema será presentado y comentado mediante la lectura y el análisis de diversos textos auténticos que fueron escritos con diferentes propósitos y que han aparecido en diversas revistas y diarios. El primero es una narración fotográfica que trata de varios momentos de la vida del fotógrafo Tony Mendoza. El segundo es un cuento corto de una escritora uruguaya, Cristina Peri Rossi, que apareció por primera vez en un periódico. El tercero, que consta de dos partes, es una entrevista a dos jóvenes actores argentinos y una encuesta a un gran número de gente joven sobre sus opiniones acerca de las relaciones humanas. Éstas fueron publicadas en una revista dominical de un periódico de difusión nacional argentino, El Clarín. Nuestra intención es que leas algunos de estos textos que tratan de las relaciones humanas para que conozcas distintas perspectivas sobre el tema. Para cada lectura hemos desarrollado actividades que te permitirán llevar a cabo un mejor análisis de los textos y que al mismo tiempo te guiarán hacia la elaboración del proyecto de escritura formal de cada capítulo. En el caso del primer capítulo, este proyecto será un reportaje. Esta actividad de redacción al final de cada capítulo es el objetivo principal de *Palabra abierta*: desarrollar tus habilidades de escritura para que puedas escribir trabajos académicos en español.

Los temas generales de *Palabra abierta* son:

- las relaciones humanas
- la familia y la cultura
- la sociedad actual
- la mujer y la sociedad
- el realismo mágico
- las fronteras
- la identidad

Estructura de *Palabra abierta*

Cada uno de los siete capítulos del libro tienen la siguiente organización:

Acercándonos al tema

En esta sección tendrás una exposición inicial a los conceptos claves que aparecerán en los textos, con la idea de que empieces a pensar en lo que significan y en qué contextos se pueden encontrar. Luego, para cada lectura encontrarás otra sección llamada *Acercándonos al texto*, que tiene el propósito de hacer que pienses sobre los temas específicos que presenta la lectura.

Interactuando con el texto

En esta sección esperamos que explores tus reacciones al texto y las ideas que éste te sugiere. La lectura de textos que presentan distintas perspectivas y contextos te permitirá conocer varios puntos de vista que enriquecerán el contenido de tus trabajos escritos. Considerando que hay distintas formas de escritura (la escritura personal dirigida a uno mismo y la escritura pública dirigida a otros lectores), en estas secciones y como un primer acercamiento al tema, deberás escribir en tu diario o carpeta de escritura las ideas que se te ocurrieron al leer los textos.

Gramática funcional

Cada sociedad desarrolla formas codificadas de comunicación que son aprendidas, llamadas *géneros*. Esto quiere decir que tanto en una cultura anglófona como en una cultura hispanohablante se encuentran solicitudes de trabajo, resumés y otros tipos de escritos que son reconocibles porque comparten ciertas características, a pesar de que la forma en que se estructuran puede variar de una cultura a otra. En la sección **Gramática funcional** de cada capítulo se analizan aspectos de la estructura de los textos en relación con el contenido de los mismos, para ayudarte a entender cómo funciona un texto como una unidad y examinar los elementos que lo forman.

Creando nuevos textos

Luego de haber interactuado con los textos y de haberlos analizado desde el punto de vista de su contenido y forma, es hora de empezar a crear tus propios textos. Para ello hicimos actividades de escritura personal, o sea, escritura para ti únicamente; en estas secciones de **escritura libre** y como un primer acercamiento al tema, esperamos que escribas en un diario aquellas ideas que se te han ocurrido al leer los textos. Estas actividades no serán evaluadas en cuanto a su forma u ortografía, sino que simplemente servirán para que expreses tus opiniones por escrito sobre algún tema en particular.

Luego de esta actividad, encontrarás la actividad de escritura colectiva o **pública** en la cual llevarás a cabo proyectos de escritura en grupos o escritura que compartirás con tus compañeros. Por lo general éstas son actividades de síntesis de la discusión en grupos sobre los temas.

La idea es que todo lo que has hecho hasta este momento —las lecturas, el análisis y las actividades— te permitirán conocer mejor el tema y los diferentes usos del lenguaje para que puedas escribir tu propio texto.

Las lecturas que hemos utilizado en este libro provienen de distintos lugares de habla hispana y representan variedades de español diferentes, no tan sólo en el léxico sino también en la estructura. Hemos incluido una sección donde encontrarás algunas descripciones específicas de estas variedades del español en los textos que has leído.

Escritura

Cada capítulo culmina con esta sección, en la cual trabajarás detalladamente en las distintas etapas del ensayo o trabajo formal escrito que presentarás para ser evaluado. Este trabajo es diferente a la escritura personal o colectiva en varios sentidos: primero, tu lector o lectora será tu profesor(a), quien espera que puedas llevar a cabo un trabajo bien organizado y bien escrito, siguiendo ciertas convenciones y usando el vocabulario adecuado para ese contexto. Es importante resaltar la idea de que la escritura es un proceso y que a través de varias versiones podrás concentrarte en diferentes aspectos del trabajo formal para obtener un resultado satisfactorio. En la sección de **Escritura** encontrarás actividades orientadas a:

- guiarte de modos específicos a componer el trabajo que vas a escribir. Por ejemplo, nos concentraremos en la estructura del ensayo o en las características del lenguaje académico que utilizarás para ese trabajo, un lenguaje más objetivo, impersonal y formal que el lenguaje que usamos diariamente para comunicarnos oralmente o en situaciones más personales.
- guiarte a través del proceso de la escritura. Trabajarás en las distintas versiones del ensayo y la edición de las mismas en grupos o con algún compañero o compañera. Por ejemplo, editarás una composición escrita por otro estudiante universitario de tu mismo nivel. Concentrarás tu atención en algunos puntos especiales y luego se te facilitará el proceso de editar tus propias composiciones por medio de preguntas. Todas las ideas que se generen durante las interacciones del grupo, los consejos que recibas en los talleres de escritura y tus propias reflexiones sobre las dificultades que has tenido al escribir y lo que has ido aprendiendo los podrás escribir en tu **Carpeta de escritura** al final de cada capítulo. Luego podrás consultarla tantas veces como creas necesario para reflexionar acera de tu propio proceso de aprendizaje.

Conceptos esenciales de *Palabra abierta*

Las autoras pensamos y articulamos este libro teniendo en cuenta los siguientes conceptos teóricos:

1. La escritura como proceso

Escribir trabajos académicos es un proceso cíclico de conocimiento que se desarrolla paso a paso. Tan importante como el producto final es el haber podido elaborarlo a través de una comprensión de los medios por los cuales expresamos nuestras ideas. En el proceso de aprender a escribir ensayos académicos trabajarás con tus compañeros y profesores como editores para elaborar una versión mejor lograda.

Las siguientes son algunas de las consideraciones básicas que es necesario tener en cuenta al escribir un trabajo académico:

- La escritura es un proceso dinámico multidimensional; es decir, pensamos al mismo tiempo en varios componentes del proceso: en los lectores a quienes dirigimos el trabajo; en el lenguaje que usamos para lograr nuestros propósitos; y en cómo nos vamos a presentar como autores, si usando una forma personal («yo») o impersonal («se piensa que…»).
- El escritor o escritora es la persona responsable por el trabajo y tiene ciertas opciones, como por ejemplo la de hacer un discurso más directo y personal o un discurso más objectivo y distante.
- El lector o lectora es la persona a quien le dirigimos nuestro trabajo. Existe una diferencia entre la escritura personal y privada por un lado y la académica (que es un tipo de escritura pública) por el otro. En esta última, el lector o lectora está más distante.
- Reconocemos la escritura como un mensaje con un contexto reducido. Primero, nuestros interlocutores no están presentes cuando estamos formulando el mensaje. Segundo, nosotros no estamos presentes cuando ellos leen nuestro trabajo. Por eso es necesario explicar clara y explícitamente nuestras ideas.

2. Lengua oral y lengua escrita

Podemos pensar en el lenguaje como un medio de expresión que se realiza en un *continuum* entre las formas oral y escrita. El lenguaje oral lo recibimos por medio del oído, lo escuchamos, a diferencia del lenguaje escrito, que recibimos por medio de la vista, o sea, lo leemos. Si pensamos en el lenguaje de este modo, no habrá una separación entre las dos formas y nos parecerá natural encontrar métodos de expresión intermedios, tales como los mensajes electrónicos (e-mails).

Al reconocer estas características de la lengua oral y la lengua escrita podemos comprender mejor los efectos de la función y estructura de los mensajes. Por ejemplo, el hecho de que no existan interlocutores presentes en nuestros escritos (como sucede cuando hablamos), nos lleva a tener que construir nuestros mensajes escritos con toda la información que tenemos disponible para que cuando nuestros lectores los reciban puedan comprender exactamente lo que queremos decir sin necesidad de más explicaciones. Al escribir un mensaje podemos volver a leerlo tantas veces como sea necesario, es decir, que el mensaje escrito es más permanente y duradero.

Un objectivo de *Palabra abierta* es comprender mejor el lenguaje escrito. En nuestras vidas aprendemos a hablar naturalmente, pero para saber escribir es necesario estudiar. Es decir, se aprende a escribir solamente por medio de una educación formal y guiada. Nuestro propósito es resaltar las convenciones y características específicas del lenguaje académico escrito en español.

3. Gramática funcional

El lenguaje nos sirve para expresar ideas, pero al mismo tiempo, en las relaciones interpersonales que como escritores establecemos con nuestros lectores, el lenguaje funciona para indicar el tipo de texto que presentamos. Es decir, que el texto se puede concebir como una unidad de significado (el mensaje de las ideas) con una función interpersonal y textual a la vez. Es importante aprender a reconocer no solamente el contenido del texto sino también la estructura de éste, puesto que ambos aspectos se relacionan íntimamente. El lenguaje humano sirve para comunicarnos y siempre lo usamos con un propósito determinado. Cada texto tiene una función, por ejemplo, escribimos una lista de compras para recordar lo que necesitamos comprar. Es importante darse cuenta de cómo usar el lenguaje según el contexto y los receptores (sean éstos lectores, interlocutores o miembros de la audiencia). Por ejemplo, en nuestra lista de compras no necesitamos agregar "voy a comprar" porque el interlocutor soy yo mismo. Sin embargo, si esta misma lista se la pasáramos a nuestros compañeros de casa probablemente le agregaríamos algo así: "Necesitamos…" o "Hay que comprar…" Esa interacción entre el lenguaje, el contexto comunicativo y los interlocutores es lo que vamos a analizar y describir bajo el título de **Gramática funcional.**

4. Lenguaje académico

El propósito de *Palabra abierta* es desarrollar el lenguaje académico escrito, es decir el lenguaje que utilizamos cuando escribimos nuestros ensayos, monografías y resúmenes para nuestras clases y por el cual recibiremos una nota o calificación. Las características de estos trabajos van a variar de acuerdo con los temas y propósitos. Mayormente, vamos a concentrarnos en la escritura del ensayo. El término *ensayo* fue creado por el escritor francés Michel de Montaigne como título de su obra más famosa, *Essais (Ensayos)*, en 1580. Eran noventa y cuatro capítulos en los que el autor trataba de sí mismo, de sus puntos de vista personales sobre cosas variadas como la amistad, los libros, la naturaleza física y humana.

Este nuevo género de capítulos relativamente cortos y de temas diversos y considerados subjetivamente, fue imitado pronto por el inglés Francis Bacon, cuyo *Essays* apareció en 1597 y se difundió gradualmente por toda Europa. En España, el término ensayo, con esa acepción, fue muy tardío, pero el género quedó integrado en nuestra literatura con las obras de fray Benito Jerónimo Feijóo (1676-1764), quien publicó dos grandes colecciones de ensayos (a los que denominó discursos) con los títulos de *Teatro crítico universal* y *Cartas eruditas y curiosas*.

Hoy el ensayo es tal vez el género literario más cultivado en todo el mundo. Se trata de un escrito en que el autor presenta, de ser posible, con originalidad, un tema cualquiera, destinado a lectores no especializados, en un espacio normalmente abarcable dentro de una sola sesión de lectura. Puede ser, por tanto, muy breve, o constar de varias páginas. Sus canales ordinarios de difusión son las revistas y también la prensa diaria: muchos artículos que publican los periódicos (como los editoriales) suelen ser ensayos. Se publican también en libros que reúnen un cierto número de ellos. Cualquier tema puede ser el objeto de un ensayo, incluso los más científicos o filosóficos. Muchas veces, los autores utilizan el ensayo para divulgar hallazgos, invenciones, doctrinas, conclusiones y otros tipos de exposiciones. Abundan los ensayos críticos, políticos, sociológicos, históricos, biográficos, etcétera. El tono adoptado puede ser serio, pero también humorístico y hasta satírico.

El ensayo académico sirve el mismo propósito: exponer ideas con argumentos sólidos y claros, pero el contexto va a ser diferente. Los ensayos académicos se realizan dentro de un ambiente educativo y tienen, en la mayoría de los casos, un propósito secundario que es demostrar que se conoce la información y la estructura de ese trabajo por el cual se recibirá una calificación.

La estructura general del ensayo académico consta de la introducción, el desarrollo y la conclusión. Esta estructura retórica nos ha llegado de los griegos y la seguimos usando aún, con muy pocas variantes. Probablemente antes de que comiences a usar este libro ya habrás tenido experiencia con algún tipo de escritura académica. Por ejemplo, puedes haber hecho el resumen de un cuento, de una película o de un hecho en particular. Sin embargo, encontrarás mayor dificultad cuando tengas que analizar un argumento, describir sistemáticamente un documento o una teoría, sintetizar diferentes puntos de vista o aplicar una teoría a una variedad de hechos. El propósito de *Palabra abierta* es precisamente ir generando un desarrollo secuencial que va desde el conocimiento que ya traes a la clase hasta aquellos textos más abstractos, analíticos y específicos, que exigen una mayor concentración y abstracción. Nuestro modelo funcional del lenguaje nos permitirá describir cómo la lengua funciona en el plano general del texto y no exclusivamente en el plano específico de las palabras o de las frases aisladas; al mismo tiempo, este modelo funcional nos ayudará a describir cómo los textos van a cambiar según a quién los dirijamos y cuán formal sea nuestro público lector. Ahora nos toca comenzar a «abrir las palabras», es decir, comenzar a descubrir cómo el lenguaje nos permite expresar nuestras ideas de una forma apropiada por medio del contenido de lo que decimos y de la forma en que lo expresamos. ¡Adelante!

Actividades

A. El lenguaje como medio de expresión

1. Trata de ubicar los siguientes textos dentro del diagrama de continuidad que sigue. Discute las razones para tu decisión.

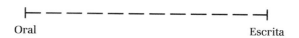

Oral   Escrita

- lista de compras
- mensaje telefónico
- discurso del presidente
- programa de televisión
- carta de mis padres
- boleta del gas
- novela de detectives

2. ¿Puedes pensar en otros ejemplos? ¿Cuáles?

_____

_____

_____

_____

B. Diferencias entre la lengua oral y escrita. En el siguiente diagrama, piensa en cómo estas dos formas de comunicación son diferentes y llena las casillas vacías. Recuerda que estamos definiendo los extremos del *continuum*. ¿Cómo afectan estas características a nuestros mensajes? ¿Puedes pensar en otras características? Agrégalas al diagrama.

Oral	Escrita
	leída
oral	
	aprendida
temporal	
	multidimensional

C. Las funciones del lenguaje. El lenguaje humano sirve para comunicarnos y siempre lo usamos con un propósito determinado. Piensa para qué sirven los siguientes textos y asocia cada uno con la función que desempeña.

TEXTO	FUNCIÓN
guía telefónica	vender
novela	invitar
aviso solicitado	informar
receta de cocina	entretener
participación de casamiento	dar instrucciones

¿Puedes agregar otros textos con sus respectivas funciones? Recuerda que muchas veces un texto tiene más de una función. Por ejemplo, una carta puede darte información sobre una amiga a la vez que mantiene el contacto entre ustedes.

_____   _____

_____   _____

_____   _____

_____   _____

D. Los caminos de la lengua. Vas a leer un poema de Francisco X. Alarcón llamado «Las palabras son pájaros» (pagina 10). En «Las palabras son pájaros», Francisco X. Alarcón compara las palabras con los pájaros en su capacidad de cruzar fronteras, de moverse libremente; nos hace pensar en nuestros lenguajes como medios de expresión que llegan a lugares que no podríamos imaginar. Al mismo tiempo hace una comparación entre las letras y las huellas junto al mar, dándonos una imagen de la permanencia de la lengua escrita y estableciendo así una continuidad entre la lengua oral y la lengua escrita como medio de expresión y marcando las diferencias entre ellas.

Lean las siguientes preguntas antes de leer el poema y contéstenlas en grupos de 3 a 5 personas:

1. Después de leer el poema de Alarcón, hagan una lista en la que comparan las palabras con los pájaros. Por ejemplo:

<u>Palabras</u>

—llegan con los libros

<u>Pájaros</u>

—llegan con la primavera

_____   _____

_____   _____

_____   _____

2. Indiquen tres elementos que se refieran a la lengua escrita en la poesía.

   a. _____

   b. _____

   c. _____

3. Mencionen otras diferencias que encuentren entre la lengua escrita y la oral.

   a. _____

   b. _____

   c. _____

Las palabras son pájaros
Francisco X. Alarcón

las palabras
son pájaros
que llegan
con los libros
y la primavera

a las palabras
les gustan
las nubes
el viento
los árboles

hay palabras
mensajeras
que vienen
de muy lejos
de otras tierras

para éstas
no existen
fronteras
sino estrellas
luna y sol

hay palabras
familiares
como canarios
y exóticas
como el quetzal

unas resisten
el frío
otras se van
con el sol
hacia el sur

hay palabras
que se mueren
enjauladas
difíciles
de traducir

y otras
hacen nido
tienen crías
les dan calor
alimento

les enseñan
a volar
y un día
se marchan
en parvadas

las letras
en la página
son las huellas
que dejan
junto al mar

E. El ensayo académico. Trabajen en grupos de 5 a 7 personas. Usen tarjetas para copiar la información que aparece en los siguientes recuadros. Luego, sigan las instrucciones a continuación. El propósito de esta actividad es que reflexionen sobre los distintos pasos que es necesario seguir al escribir un trabajo académico.

1. Lean las tarjetas que han escrito que describen partes del proceso de escribir un ensayo académico.
2. Piensen en los pasos, personas y elementos que *ustedes* tienen en cuenta al escribir un trabajo académico.
3. Comenten sobre sus experiencias y traten de llegar a un consenso para poder organizar un diagrama. Recuerden que no hay un orden óptimo, pues el proceso de escritura puede variar según los gustos y las experiencias de cada escritor(a). Reflexionen acerca de las distintas posibilidades y traten de llegar a un orden con el que todos puedan estar de acuerdo.
4. Elaboren un diagrama del proceso de escritura. Pueden quitar o agregar recuadros, o sustituir otros con nuevos componentes. No es necesario que el diagrama sea lineal, ni que todos los grupos tengan el mismo: el diagrama debe reflejar la experiencia del grupo.
5. Prepárense para describir el diagrama frente a la clase. Expliquen el orden de componentes que escogieron para su diagrama, y digan cuáles son los componentes más importantes y por qué.

Dimensiones del discurso académico

> **lector(a)**
> ¿Quién es? ¿Qué tipo de persona va a leer el trabajo?

> ¿Qué tipo de lenguaje uso?

> Formal/Informal ¿Por qué? ¿Cómo lo reconozco?

> ¿Qué modelos conozco de este tipo de trabajo?

> ¿Qué tipo de trabajo me han pedido que haga?
> Ejemplo: Carta, ensayo, reportaje, trabajo monográfico, etc.

> Reviso el primer borrador.

> Planear
> ¿Cuáles son las partes del trabajo?

¿Siento alegría o satisfacción?

¿Cuál es el propósito del trabajo?

¿Qué quiero demostrar?

Ejemplo: Tesis/punto de partida

¿Qué material necesito reunir?

Ejemplo: argumentos a favor/argumentos en contra

Organizo el trabajo

Ejemplo: ensayo—tesis; cuerpo (argumentación); conclusión

---

escritor(a)

¿Quién es el (la) autor(a) del trabajo?

¿Uso la primera persona o la tercera? ¿Por qué?

¿Menciono de dónde vienen otras ideas?

¿Siento miedo o angustia?

Hago el primer borrador.

F. Género y registro. Para aprender a escribir mejor, es importante poder analizar un texto en cuanto al género al que pertenece. Una vez que entendemos su función o propósito, su estructura y la manera en que se utiliza el lenguaje para lograr el propósito del (de la) autor(a), podemos entonces imitarlo y "hacerlo nuestro".

En grupos de 3 a 5 personas, vean con detenimiento el siguiente texto. ¿A qué género pertenece?¿Cuál es su propósito?¿A quién se dirige el texto?¿Cómo ayuda el lenguaje que ha escogido el (la) autor(a) a lograr su propósito?¿Cuáles son otras características de este género?

Género/Propósito/Características:

_____

_____

_____

_____

Sin duda todos vemos que el texto es una propaganda de la Organización de Estados Americanos (OEA). Como toda propaganda, su propósito es tratar de persuadirnos a que compremos o hagamos algo, en este caso, suscribirnos a la revista *Américas*, o conocer mejor la OEA. Esta propaganda pertenece al género de la **publicidad,** y como tal tiene ciertas características que pueden aplicarse a otros textos de este género. Sin embargo, este ejemplo tiene características particulares, que podemos describir mediante un análisis de género y registro.

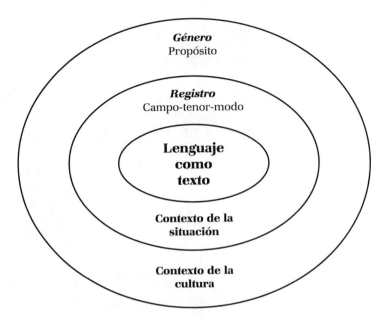

Con esta nueva terminología podemos describir nuestro ejemplo de la siguiente forma:

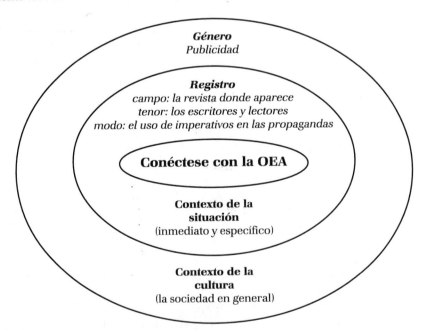

Seguiremos desarrollando estas ideas de **campo** (tema), **tenor** (interlocutores) y **modo** (texto oral/escrito) a través del libro.

Las relaciones: Descubriendo los lazos humanos

Los objetivos de tema y de género de este capítulo son:

- analizar diferentes tipos de relaciones humanas
- redactar un reportaje sobre el tema de las relaciones sentimentales

Los objetivos lingüísticos y de redacción son:

- reconocer el valor y la función de presentar datos de forma objetiva o subjetiva
- utilizar los conectores conjuntivos de forma apropiada para enlazar datos y establecer relaciones lógicas
- hacer concordar adecuadamente los tiempos verbales en citas indirectas
- analizar los elementos básicos del reportaje como género periodístico
- estudiar la función del público lector en la selección del tema, en la presentación de ideas y en el uso del vocabulario

Acercándonos al tema

A. Vocabulario del tema de las relaciones.   Describe o explica en español el significado de cada una de las palabras o frases indicadas. Antes de consultar el diccionario, trata de determinar el significado de las palabras desconocidas por medio del contexto en el que aparecen.

1. A la hora de comparar **la pareja** que les gustaría tener con la que realmente tienen se abre una enorme brecha.
2. Pasando por la **libertad sexual** de los años 60 y el **egocentrismo** de los años 80, los jóvenes de los noventa parecen haberse reencontrado con cierto equilibrio.
3. Los científicos revelan que **la fidelidad** sigue siendo un valor importante.
4. Estos jóvenes ya tienen la suficiente **seguridad** y **autoestima** para entender que a veces los dos quieren pasar tiempo solos.
5. **Desolado**, el hombre decide separarse de la mujer durante un tiempo indefinido.
6. Pero ella también lo ama, y si bien este sentimiento lo satisface y colma algunas de sus **aspiraciones,** por otro lado le crea una gran **incertidumbre.**
7. La duda vuelve al hombre **suspicaz** y lo atormenta.

B. Las relaciones.   Cuando se habla del término *relación* suele pensarse inmediatamente en una relación personal o amorosa. Sin embargo, la palabra *relación* indica la conexión o correspondencia que existe entre dos personas y, por lo tanto, existen otros tipos de relaciones humanas importantes en nuestra sociedad, tales como las familiares, las de amistad y las profesionales, entre otras. Con un compañero, definan y luego contrasten entre sí los siguientes tipos de relaciones humanas. ¿Cuáles son las características de cada tipo de relación? ¿Cómo se diferencian entre sí?

- relación de amistad
- relación amorosa
- relación profesional
- relación familiar

C. Relaciones humanas

1. Tomando como base las definiciones del ejercicio previo, completen en parejas sus definiciones utilizando las cualidades y características de relaciones que aparecen a continuación en la columna de la derecha. Escriban de nuevo las definiciones incorporando aquellas características que consideren esenciales o necesarias. Asegúrense de que se distingan claramente los diferentes tipos de relación.

la fidelidad
la libertad sexual
la seguridad
el cariño
la convivencia
la confianza

relaciones familiares	el tener intereses comunes
relaciones de amistad	el egocentrismo
relaciones amorosas	el respeto mutuo
relaciones profesionales	el SIDA
	la puntualidad
	el ganar dinero
	el ser posesivo(a)
	la competencia
	el tomar decisiones
	el llevarse bien
	el saber perdonar

2. Una vez completadas sus definiciones, compárenlas con las de otra pareja de la clase. ¿Cuáles son las similitudes y las diferencias entre las definiciones de cada pareja?

D. Relaciones personales

1. En grupos, especifiquen qué comportamientos se consideran socialmente aceptables en las relaciones profesionales. ¿En las relaciones familiares? ¿Y en las de amistad? ¿Cuáles son las cualidades o características que consideran innecesarias o incluso peligrosas para cada tipo de relación?

2. Aunque la naturaleza de cualquier relación personal depende de los valores e intereses de la pareja, hay varias características que son comunes a todas las relaciones. ¿Hay convenciones en nuestra sociedad sobre las relaciones personales? Es decir, ¿cómo se espera que se porten los hombres? ¿Cómo se espera que se porten las mujeres? ¿Se obedecen estas convenciones hoy en día en los Estados Unidos? Explica en detalle.

Primera lectura: «Cuentos»

Este texto es una narración fotográfica de Tony Mendoza, un artista cubano que reside en los Estados Unidos. Por medio de sus fotos y sus comentarios personales, el artista nos ofrece un vistazo íntimo y humorístico de su vida, la cual en muchos aspectos tipifica la época *hippie* de los años sesenta y setenta. Nacido en La Habana en 1941, Tony Mendoza se graduó de la Harvard Graduate School of Design en 1968. Después de trabajar unos años como arquitecto, decidió dedicarse a la fotografía, y desde entonces ha recibido varios premios y becas, entre los cuales destacan la Guggenheim Photography Fellowship y la National Endowment for the Arts Fellowship.

Acercándonos al texto

A. El uso de fotografías es frecuente en los géneros periodísticos: en los reportajes, en los artículos o en las noticias. ¿Por qué se utilizan las fotos en estos géneros? ¿Cuál es la conexión entre las fotos y los textos que las acompañan? ¿Cuál será la función de las fotos en esta narración fotográfica? ¿Qué tipo de fotos esperas encontrar?

B. Como se ha indicado arriba, los «Cuentos» de Tony Mendoza son un ejemplo de una narración fotográfica. ¿Qué esperas de una narración fotográfica? ¿Cómo se distingue de un reportaje fotográfico? ¿Y de un documental?

C. Lee las primeras líneas de la narración.

> Cuando me gradué de la escuela de arquitectura en 1968 mis padres vinieron a Boston. Después de la ceremonia, mi padre quiso que fuéramos a celebrar a uno de los restaurantes de mariscos de Boston, porque le gusta mucho la langosta…

¿Cómo sabes que es una narración personal? ¿Cómo se representa este aspecto personal lingüísticamente, en el tono de la narración? ¿En el estilo seleccionado por Tony Mendoza?

D. Lluvia de ideas. En los años sesenta se produjeron grandes transformaciones sociales tanto en los Estados Unidos como en el resto del mundo. ¿Qué acontecimientos históricos conocen de esa época? ¿Podrían describirlos? Los siguientes eventos socio-políticos son algunos ejemplos:

- los derechos civiles
- el feminismo
- el desarrollo *(boom)* económico
- el arte pop

E. Mira las fotos y trata de adivinar cómo es Tony Mendoza. Comenta tus observaciones con algunos compañeros de clase.

Primera lectura: Cuentos

TONY MENDOZA

Cuando me gradué de la escuela de arquitectura en 1968 mis padres vinieron a Boston. Después de la ceremonia, mi padre quiso que fuéramos a celebrar a uno de los restaurantes de mariscos de Boston, porque le gusta mucho la langosta. Pedimos una mesa y el capitán nos dijo que no podía servirnos porque no traía corbata (ese año decidí que las corbatas eran un símbolo del sistema). Mi padre, que es arrebatado[1], vociferaba[2] furioso contra el restaurante, contra el capitán y en mi contra. Pero de cualquier manera no volví a ponerme una corbata hasta 1983. Estaba con Ana y Hervin en Florida y nos invitaron a una boda. Hervin me prestó un traje blanco, una camisa y una corbata. Me sentí extrañamente pudiente[3] y guapo cuando me vi en el espejo. Esa noche, en la fiesta, noté que varias mujeres se me quedaban viendo[4]. Tras lo cual comencé a usar traje y corbata.

Mi abuelo le pidió la pieza[5]. Ella no dijo gran cosa, pero le gustó.

Al otro día llegó un carro lleno de orquídeas. Fue entonces cuando supo que se casaría.

---

[1] precipitado, impetuoso
[2] gritaba
[3] con dinero y éxito económico
[4] **se...** me estaban observando
[5] un baile

Durante cincuenta años mi padre comió de más[6] y fumó de más.

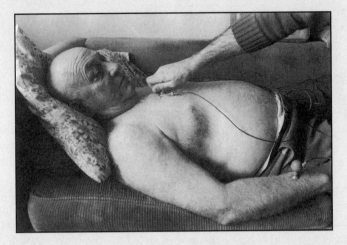

Cuando mi mamá le dice, «Miguel, creo que ya se te pasaron los tragos», le contesta, «Conchita, tú quieres vivir eternamente…»

Siempre me pareció buena idea tener una familia, pero nunca sentí que las condiciones emocionales y financieras fueran adecuadas. Cuando cumplí 42 años comencé a sentir que no estaba en condiciones emocionales ni financieras para seguir soltero.

---

[6] **de…** en exceso

Presentamos en sociedad a mi hermana Margarita en la explanada[7] del Club de Yates de la Habana. Tres años después todos los miembros del Club de Yates vivían en Miami.

Me ponían nervioso las hermanas de Yeye: Magda, Tota y Manana. Siempre que las veía se estaban riendo. Me daba miedo hablarles y no caerles en gracia[8].

Mi hermano Miguel se vino a vivir medio año con mis papás en 1971, cuando terminó la universidad.

Leía libros de filosofía, plantó un huerto de hortalizas[9] y ponderaba[10] sobre su futuro.

---

[7] terreno llano y al descubierto
[8] **caerles...** parecerles simpático a ellas
[9] legumbres, verduras
[10] pensaba

Antes de los diez años mi primo Bernardo ya se había roto el brazo tres veces.

Dos veces fue por brincar[11] de la misma rama.

En 1972 me acerqué a una joven que vendía folletos sobre el Gurú Majarajah Ji, el Maestro Perfecto de quince años, en Harvard Square. Le dije que la escucharía si me dejaba tomarle una foto de las manos. Aceptó, tomé la foto y luego me contó cómo el Maestro Perfecto le había cambiado la vida. Acercaba mucho su cara a la mía cuando hablaba, me puso incómodo y paranoico, se me hacía que era un nuevo método oriental de lavado de cerebro[12]. Años después leí con interés que el Maestro Perfecto había acumulado una gran colección de juguetes.

Mi madre tenía un detallado Libro del Bebé para cada uno de sus cinco hijos.

En el mío está cosida una ficha verde de parkasé que me tragué[13] cuando tenía cinco meses.

---

[11] saltar

[12] **lavado...** cambiar la opinión de una persona por medio de estrategias no conscientes

[13] comí

Viví nueve años con doce gentes. Los conocí en un taller sobre vida comunal y tras un año de discusiones decidimos comprar entre todos un caserón. Al principio teníamos reuniones semanales de discusión donde hablábamos de nuestras relaciones e intentábamos ser completamente honestos, cosa que nunca logramos. Pero éramos buenísimos para el relajo[14]. Construimos en el sótano una sauna para doce y nos metíamos a diario antes de la cena, que le tocaba por turnos[15] a un cocinero diferente. Uno de nuestros chistes era que, si queríamos ver a alguien desnudo, bastaba con invitarlo a cenar. Hacíamos unos reventones[16] buenísimos; el Año Nuevo que decidimos no hacer fiesta, igual se presentaron 75 cuates[17]. Como la hipoteca[18] era muy baja, casi todos dejamos las chambas[19] y nos metimos al arte. De todos modos al tercer año salieron a relucir[20] las broncas[21] de la vida en común. Unos se fueron y otros entraron en su lugar. Después de cinco años, ya se habían ido la mitad de los que habían comenzado. Nueve años después, yo era el único que quedaba.

Anne y yo éramos pareja en la comuna. Nos negábamos a ser posesivos o celosos. Cuando tronamos[22] decidimos que éramos suficientemente maduros para vivir en la misma casa y manejar los difíciles sentimientos vinculados[23] con tener nuevas parejas. Anne se metió con Mark, otro hombre de la casa. Me volví posesivo y celoso.

---

[14] alboroto
[15] **le...** rotaba quién preparaba la cena según un orden o plan
[16] fiestas
[17] amigos, compañeros
[18] préstamo para comprar una propiedad

[19] trabajos, empleos
[20] **salieron...** se hicieron visibles, surgieron
[21] disputas ruidosas
[22] rompimos definitivamente
[23] relacionados

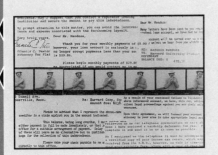

Fui cinco años a una escuela de paga, cuatro a la universidad y tres al posgrado antes de convertirme en arquitecto. En 1973, cinco años después de recibirme[24] dejé la arquitectura y me volví fotógrafo-pintor. En los siguientes once años nunca gané más de 8000 dólares al año. En 1977 se vencieron los plazos de mis deudas con algunas universidades. Además, todas mis tarjetas de crédito y mi cuenta del banco «Evergreen» estaban sobregiradas[25]. Los acreedores[26] se impacientaron y le dieron mis cuentas a una agencia de cobros. Tras muchas cartas amenazadoras[27], les escribí a todos que ahora era artista, que nunca tenía un quinto[28] y que me consideraran como la bancarrota[29] absoluta. Seguí recibiendo cartas amenazadoras. Por fin les mandé a todos un *collage* de las cartas con una tira de contactos donde aparezco comiendo un plátano. Mis acreedores no volvieron a molestarme.

En 1973 abandoné la chamba de arquitecto y me volví artista. Odiaba la rutina, tener que ir diario al trabajo, levantarme a las 7. Siempre estaba cansado y bostezaba[30] todo el día. Me convencí de que levantarse con un despertador es antinatural y de que acortaría mi vida. El último día que trabajé, me fui caminando hasta el final del muelle Lewis y aventé el despertador a la Bahía de Boston.

A principios de 1979, tras mi primera cita con Judy anoté en mi diario lo siguiente: «Aviéntate[31], hazte pareja, vete a vivir con ella, cásate, ten hijos, crece, hazte adulto.» De cualquier manera me mudé a Nueva York a los siete meses, convencido de que no la íbamos a hacer. A los 43 años, mi relación más larga había sido de dos, lo cual no me hacía muy feliz. Por lo general, sucedía esto: mientras estaba en la relación iba haciendo una lista de imperfecciones de la chava[32] en cuestión. Cuando llegaba el momento de entrarle en serio[33], sacaba la lista.

[24] graduarme
[25] utilizados los créditos al máximo
[26] los que le prestaron dinero
[27] que amenazan
[28] moneda de cinco centavos, i.e., nada

[29] la ruina, la quiebra
[30] abría la boca porque estaba cansado
[31] Arriésgate
[32] chica
[33] **entrarle...** tomarlo en serio

Conocí a Carmen en una fiesta de South End, en Boston, en 1978. La anfitriona[34] nos presentó: «Ustedes dos tienen algo en común», y se fue. (Carmen había nacido en Cuba y era licenciada en Artes.) Hubo una atracción mutua y tuvimos un breve romance, que terminó porque ella me parecía muy joven. (Yo tenía 37 años y ella 25.) La volví a ver seis años después en Nueva York. En el ínter[35] se había casado, se había mudado a Hawaii, había tenido un hijo y se había separado del marido. Ya no se me hizo demasiado joven y comencé a rogar[36] al cielo no parecerle demasiado viejo.

Conseguí una chamba de maestro de fotografía en el Midwest. «¿Puede enseñar sensitometría?», me preguntaron.

«¡Claro!», dije. Y salí corriendo a la biblioteca, a enterarme de qué era la sensitometría.

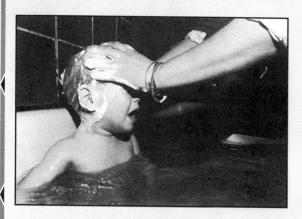

MADRES QUE TRABAJAN

3 de Noviembre de 1982

Estimado Señor Mendoza:

Gracias por mostrarme su portafolio. Agradecemos su interés en nuestra revista. Sin embargo, para ser franca, dudo que podamos usar fotografías como las que usted hace. Rara vez trabajamos con personas reales y, cuando lo hacemos, no lo abordamos como lo hace usted en su libro. Le deseamos suerte para colocar sus fotos en otro lugar.

Cordialmente,
Nina Scerbo

[34] la persona que organiza una fiesta
[35] **En...** En el ínterin
[36] suplicar

Perdí mi anillo de bodas nadando en el mar.

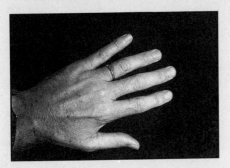

Tres meses más tarde lo encontró un hombre con un detector de metales, bajo el agua, enterrado en la arena treinta centímetros.

Lidia, mi primogénita[37], nació cuando yo tenía 48 años. Ahora me doy cuenta de que me esperé demasiado.

Cada vez que estoy en el mar tropical me sorprende la limpieza y claridad del océano: qué agradables son las gentes; qué buena es la brisa marina. También me recuerda siempre los inhóspitos[38] e inadecuados inviernos de Boston y Nueva York y nunca he entendido por qué he sometido[39] mi cuerpo a sus rigores durante los últimos veinte años. En 1985 Carmen y yo decidimos que ya habíamos cumplido nuestra cuota de inviernos norteños y nos mudamos a Florida, sintiéndonos como esas tortugas que viajan la vida entera por todos los mares y regresan siempre a las playas donde nacieron.

Cuando la cargo, está fuera de foco.

---

[37] primera hija
[38] difíciles, duros
[39] puesto bajo ciertas condiciones

Interactuando con el texto

A. Después de leer «Cuentos», contesta las siguientes preguntas.

1. ¿Qué información obtenemos acerca de Tony Mendoza? Haz referencia a los datos que se presentan sobre su familia, sus relaciones amorosas, su educación y su vida profesional.
2. ¿Cómo se relacionan las fotos con el texto? Selecciona 3 ó 4 fotografías que te parecieron interesantes y comenta cómo el texto y la foto interactúan para crear una imagen. Describe la función del humor y la ironía en la narración.

B. En las respuestas de la sección anterior has indicado las opiniones de Tony Mendoza en cuanto al trabajo, a su vida profesional y a las relaciones amorosas.

1. ¿Cómo se reflejan los valores sociales y políticos de los años sesenta y setenta en la vida del autor? Haz referencia a los acontecimientos que ocurrieron en los Estados Unidos durante esa época.
2. ¿Te identificas con los valores del autor? ¿En qué aspectos sí y en cuáles no? ¿Crees que estos valores son producto de una época determinada o todavía tienen vigencia hoy en día?
3. ¿Cómo describirías las relaciones amorosas de Tony Mendoza? ¿Y las relaciones con su familia? Tomando como base tus definiciones de las relaciones amorosas y de las relaciones familiares que describiste en la sección de **Acercándonos al tema,** ¿cuáles son las diferencias y semejanzas entre tu concepto de este tipo de relación y el que presenta Tony Mendoza?

VARIEDAD CUBANOAMERICANA

Como se ha mencionado, Tony Mendoza es un artista cubano que utiliza su portafolio fotográfico para presentar información sobre su vida. Como el contenido que desea expresar es de tipo personal, el vocabulario que utiliza para comunicar sus experiencias refleja el uso de un registro coloquial. Este registro coloquial está marcado por expresiones y estructuras típicas del lenguaje familiar de la variedad cubana del español, tales como **el relajo, las broncas, tronar** y **un quinto.** Mediante este vocabulario, el autor proyecta su experiencia como cubanoamericano.

Gramática funcional

El estilo directo e indirecto

Al comunicarnos, seleccionamos el modo oral de comunicación o el modo escrito, según nuestra preferencia o según lo requieran las circunstancias. Sin embargo, estos dos modos son puntos extremos del *continuum* de la comunicación. Por ejemplo, hay textos que tienen características del lenguaje oral, como el de los

«Cuentos» de Tony Mendoza. Por otra parte, hay actos orales de comunicación que son más similares al lenguaje escrito, como, por ejemplo, los discursos presidenciales. En los «Cuentos» se subrayan características del lenguaje oral por medio del registro coloquial seleccionado, y también mediante el uso de los informes directos, un recurso que describiremos a continuación.

Junto con las fotografías, los «Cuentos» presentan una narración personal que proporciona información para comprender mejor esas fotografías. A veces, el autor narra sucesos; otras veces nos informa sobre los diálogos que ocurrieron durante el suceso. En uno u otro caso, se nos presentan datos que contribuyen a la interpretación de las fotos. Al informar sobre los diálogos, Tony Mendoza utiliza dos técnicas: informes directos e indirectos. Compara los siguientes ejemplos tomados del texto.

A. Pedimos una mesa y el capitán nos dijo que no podía servirnos porque no traía corbata.

B. Cuando mi madre le dice, «Miguel, creo que ya se te pasaron los tragos», le contesta, «Conchita, tú quieres vivir eternamente…»

El ejemplo A presenta el diálogo de forma indirecta, mientras que el ejemplo B es una cita literal.

El uso del estilo directo o indirecto de representar el diálogo obedece a diferentes funciones estilísticas. Si el autor decide utilizar las citas directas, le da énfasis a la persona que habla y recrea el diálogo como una representación teatral. Por el contrario, si el autor recurre al uso del estilo indirecto, le resta importancia al acto comunicativo y acentúa el contenido del diálogo, no el diálogo en sí.

A la hora de decidir entre el uso de citas directas y el de citas indirectas, el autor debe determinar si desea presentar la información de forma *subjetiva* u *objetiva*.

Consideremos el siguiente ejemplo:

Ayer estaba estudiando para mi examen y mi madre me dijo:

«Alicia, debes terminar de arreglar tu dormitorio para las tres porque tendremos visita esta noche.» Yo le contesté que estaba estudiando para el examen, pero mi madre simplemente me repitió: «Tienes que hacerlo ahora.»

Mediante las citas directas el autor proporciona las palabras exactas que se produjeron durante el intercambio conversacional y de esta manera resalta la *objetividad* de la información. Por el contrario, las citas indirectas son más subjetivas, ya que no reproducen el enunciado exactamente, sino que presentan un resumen de lo que ocurrió.

La mezcla de citas directas e indirectas crea, asimismo, una jerarquía dentro del texto. En el ejemplo anterior, la objetividad de las citas directas hace que el contenido que expresan predomine, mientras que en la cita indirecta el contenido expresado queda subordinado. De esta manera, se pone énfasis en la actitud de la madre, no en los comentarios de Alicia. Es necesario recordar que las citas directas se deben usar para resaltar la información que se considere más importante, ya que su uso excesivo le impide al lector reconocer fácilmente aquello a lo que el autor quiere dar énfasis.

El léxico que emplea el autor de un texto afecta también la objetividad del mismo. Por ejemplo, al hablar de una discusión en clase podemos seleccionar entre los verbos «discutir», «argumentar» o «gritar»; cada verbo tiene connotaciones distintas que afectan la impresión que va tener el lector al leer el texto.

De la misma manera, podemos escoger el nivel de subjetividad que deseamos establecer en un texto cuando decidimos si incluir o no nuestras opiniones. Si se prefiere un texto más objetivo, el escritor evita el uso de adjetivos valorativos y presenta la información de una manera lógica. Si por el contrario prefiere presentar la información de forma subjetiva, puede ofrecer su opinión sobre el tema, creando así un vínculo personal con los lectores.

Tomemos los siguientes ejemplos del texto de Tony Mendoza. ¿Por qué crees que utiliza el estilo directo? ¿Y el estilo indirecto? ¿Qué información presenta de forma objetiva? ¿Crees que el autor utiliza estas estructuras eficazmente?

A principios de 1979, tras mi primera cita con Judy, anoté en mi diario lo siguiente: «Aviéntate, hazte pareja, vete a vivir con ella, cásate, ten hijos, crece, hazte adulto.»

…

En 1972 me acerqué a una joven que vendía folletos sobre el Gurú Majarajah Ji, el Maestro Perfecto de quince años, en Harvard Square. Le dije que la escucharía si me dejaba tomarle una foto de las manos.

Además del contraste entre objetividad y subjetividad, las citas directas e indirectas también se utilizan para elaborar un texto más o menos personal, o más o menos académico, según el caso. Al reproducir las palabras exactas, las citas directas le permiten al autor acercar a sus lectores sin interferencia alguna a la conversación que recrea, mientras que el recurso de la cita indirecta impone una mayor distancia entre el texto y el lector.

Los estilos directo e indirecto son técnicas discursivas que se utilizan con frecuencia en todo tipo de escritura, desde los reportajes periodísticos hasta los ensayos académicos. Sin embargo, el estilo indirecto plantea problemas lingüísticos que pueden interferir con la comunicación. Al igual que en inglés, la proyección de un dialogo en estilo indirecto en español requiere:

a. cambios en los pronombres del sujeto

b. la modificación de los tiempos verbales en el pasado.

Los pronombres de sujeto cambian cuando se representa un diálogo de forma indirecta porque ahora existe una tercera persona que explica la acción de otros. Por ejemplo:

(1a) Mi padre dijo: «(yo) Llegué a las 8».
(1b) Mi padre dijo que (él) llegó a las 8.
(1c) Mi padre dijo que **yo** llegué a las 8.

En (1a) tenemos dos sujetos: *él* (mi padre) *dijo* y **yo** *llegué*. Sin embargo, cuando se utiliza el estilo indirecto ambos sujetos son **él,** tal como se observa en (1b), porque el **yo** de (1a) se ha convertido en (1b), en la persona que presenta la información. Si no se hace este cambio de pronombres, el lector obtiene la información incorrecta, como podemos ver en (1c).

De la misma manera, es importante prestar atención a los tiempos verbales en español, especialmente en cuanto al uso del pretérito e imperfecto. A veces es necesario cambiar el tiempo verbal de la cita para establecer la concordancia correcta de los tiempos verbales. Por ejemplo, si el verbo que introduce la cita está en el pretérito o el imperfecto, y el verbo de la información presentada en la cita directa está en el presente de indicativo, entonces cuando expresamos la cita directa en estilo indirecto, el verbo de tal información deberá aparecer en el imperfecto de indicativo. Observen los ejemplos (2b) y (3b) donde los verbos *llego* y *hace* cambian, respectivamente, a *llegaba* y *hacía* en estilo indirecto.

(2a) Mi padre comentó: «Llego a las 8».
(2b) Mi padre comentó que **llegaba** a las 8.
(3a) Mi padre comentaba: «Juan hace toda su tarea antes de las 8».
(3b) Mi padre comentaba que Juan **hacía** su tarea antes de las 8.

Otro cambio frecuente se produce cuando el verbo que presenta la información está en el pasado y la cita literal usa el futuro. En estos casos, el futuro cambiará al condicional.

(4a) Mi padre comentó: «Llegaré a las 8».
(4b) Mi padre comentó que **llegaría** a las 8.

Por el contrario, no hay cambios en los tiempos verbales cuando el verbo introductorio está en el presente de indicativo (5), o cuando la cita tiene un tiempo verbal que no sea presente de indicativo o futuro [como por ejemplo el condicional en (6)].

(5a) Mi padre dice: «Llego a las 8».
(5b) Mi padre dice que **llega** a las 8.
(6a) Mi padre dijo: «Llegaría a las 8».
(6b) Mi padre dijo que **llegaría** a las 8.

Actividades

A. Ahora que han revisado la estructura de citas directas e indirectas en español, lean en parejas los cuentos de nuevo y escriban dos (2) ejemplos de cada tipo en una hoja aparte. Indiquen en qué página se encuentran.

B. Cambia los siguientes comentarios del estilo *directo* al estilo *indirecto*. Presta atención al uso de los pronombres y al uso correcto del tiempo verbal.

Modelo: Juan dijo: «(tú) Terminaste el ejercicio ayer».
Juan dijo que (yo) *terminé* el ejercicio ayer.

1. El maestro dijo: «No puedo ayudarlos en este momento».
2. En ese momento lo decidí: «Haré el ensayo sobre mis experiencias en Israel».
3. Mi hermano le contesta a Juan: «Juan, tú siempre quieres seleccionar los programas».
4. Me preguntaron: ¿Puede enseñar árabe? (Utiliza «si» luego del verbo para el estilo indirecto.)
5. Le dije: «Te ayudaré si me dejas terminar este ejercicio antes».
6. Mi padre decidió: «Tenemos suficiente dinero para comprar una casa. No tendremos que pagar más alquiler».
7. Tras pensarlo unos días, les escribí: «Me gustaría mucho trabajar para Uds. y, por lo tanto, acepto su oferta de trabajo».

C. Lee el siguiente diálogo. Luego presenta de forma indirecta la información que cada personaje ha dicho. Utiliza un verbo introductorio diferente para cada oración nueva.

Modelo: Pedro: ¿Dónde está María?
Pedro *preguntó* que dónde *estaba* María.

Pepe: ¿Dónde está María?
Juan: Tiene que trabajar esta noche. No podrá venir con nosotros al cine.
Pepe: ¿Quieres ir otro día al cine para poder ver la película todos?
Juan: A María no le importa. Y, yo ya vi esta película.
Pepe: ¿Te gustaría ver otra película entonces?
Juan: No. Hace mucho tiempo que quieres ver esta película.
Pepe: De acuerdo.

D. Tu compañero no fue a clase hoy porque estaba enfermo. Escribe una nota en la cual le explicas qué ocurrió en la clase de español y cuál es la tarea que debe terminar para la próxima clase. Utiliza el estilo indirecto lo más posible.

Creando textos

A. Escritura personal. ¿Tienes una fotografía de un momento importante o agradable de tu vida? Trae la foto a la clase para contarles esta experiencia a tus compañeros. Describe la ocasión captada por la fotografía en un párrafo pequeño.

B. Escritura pública. Utilizando las técnicas de contar un cuento con fotos y palabras, escribe tu propio diario ilustrado para describir algún aspecto de tu propia vida. Incorpora entre 10 y 15 fotos.

Segunda lectura: La naturaleza del amor

El siguiente texto fue escrito por Cristina Peri Rossi, una escritora uruguaya reconocida mundialmente tanto por su poesía como por su narrativa. Reside en Barcelona, España desde 1972, país al que emigró debido a su postura crítica ante los problemas socioeconómicos que afectaban a Uruguay. Su escritura se enfoca en analizar las normas que aíslan y subordinan al ser humano, tratando de romper aquellos códigos morales, sociales o políticos que limitan la experiencia humana.

Acercándonos al texto

A. Observa el formato de la siguiente lectura. ¿Qué tipo de texto es? ¿Puede ser una carta? ¿Un reportaje? ¿Un poema? ¿Un ensayo? Explica cuáles son las características de estos tipos de escritura y a partir de ese análisis, explica en qué género podría ubicarse «La naturaleza del amor».

B. Teniendo en cuenta el título «La naturaleza del amor» discutan en parejas qué tipo de información podría incluir.

C. A continuación se proporciona la primera oración de cada párrafo. Léanla y, teniendo en cuenta el título del texto, discutan en parejas de qué tratará el texto. ¿Cuál será la perspectiva que se presenta sobre la naturaleza del amor? ¿Qué información en las oraciones les permite llegar a esa interpretación?

Párrafo 1: Un hombre ama a una mujer, porque la cree superior.

Párrafo 2: Esta duda lo vuelve suspicaz y lo atormenta.

Párrafo 3: Desolado, el hombre decide separarse de la mujer durante un tiempo indefinido: debe aclarar sus sentimientos.

Párrafo 4: En el pueblo al que se ha retirado, el hombre pasa las noches jugando al ajedrez consigo mismo, o con la muñeca tamaño natural que se ha comprado.

Segunda lectura: La naturaleza del amor

CRISTINA PERI ROSSI

Un hombre ama a una mujer, porque la cree superior. En realidad, el amor de ese hombre se funda[1] en la conciencia de la superioridad de la mujer, ya que no podría amar a un ser inferior, ni a uno igual. Pero ella también lo ama, y si bien[2] este sentimiento lo satisface y colma[3] algunas de sus aspiraciones, por otro lado le crea una gran incertidumbre[4]. En efecto: si ella es realmente superior a él, no puede amarlo, porque él es inferior. Por lo tanto: o miente cuando afirma que lo ama, o bien no es superior a él, por lo cual su propio amor hacia ella no se justifica más que por un error de juicio[5].

Esta duda lo vuelve suspicaz[6] y lo atormenta. Desconfía[7] de sus observaciones primeras (acerca de la belleza, la rectitud moral y la inteligencia de la mujer) y a veces acusa a su imaginación de haber inventado una criatura inexistente. Sin embargo, no se ha equivocado: es hermosa, sabia y tolerante, superior a él. No puede, por tanto, amarlo: su amor es una mentira. Ahora bien, si se trata, en realidad, de una mentirosa, de una fingidora[8], no puede ser superior a él, hombre sincero por excelencia. Demostrada, así, su inferioridad, no corresponde que la ame, y sin embargo, está enamorado de ella.

Desolado, el hombre decide separarse de la mujer durante un tiempo indefinido: debe aclarar[9] sus sentimientos. La mujer acepta con aparente naturalidad su decisión, lo cual vuelve a sumirlo[10] en la duda: o bien se trata de un ser superior que ha comprendido en silencio su incertidumbre, entonces su amor está justificado y debe correr junto a ella y hacerse perdonar, o no lo amaba, por lo cual acepta con indiferencia su separación, y él no debe volver.

En el pueblo al que se ha retirado[11], el hombre pasa las noches jugando al ajedrez consigo mismo, o con la muñeca tamaño natural que se ha comprado.

---

[1] **se...** se basa

[2] **si...** aunque

[3] llena (hasta exceder los límites)

[4] duda

[5] capacidad de distinguir lo verdadero de lo falso

[6] desconfiado, sospechoso

[7] No está seguro

[8] que pretende ser algo que no es

[9] hacer claro

[10] sumergirlo

[11] **se...** se ha ido solo

Interactuando con el texto

A. Lee el texto por primera vez y luego contesta las siguientes preguntas.

1. ¿Quiénes son los personajes presentados en el texto? ¿Qué información se presenta sobre ellos? ¿Qué imagen de estos personajes crea la autora?
2. ¿Qué problema se presenta en el texto? ¿Cómo afecta dicho problema emocionalmente a los dos personajes?
3. ¿Qué decisión toma el hombre frente a este dilema? ¿Cuál es la reacción de la mujer frente a esta decisión?

B. Vuelve a leer el texto y luego contesta las siguientes preguntas.

1. Peri Rossi presenta a «un hombre» y «una mujer». ¿Crees que son un hombre y una mujer específicos? ¿Por qué limita la información personal sobre estas personas? ¿Cuál crees que sea el propósito de usar «un hombre» y «una mujer» en vez de personas específicas, tales como «Juan» y «María»? Explica.
2. ¿Cuáles son los argumentos del hombre? ¿Cómo conecta los argumentos para reflejar su pensamiento lógico? ¿Cuáles son las palabras que Peri Rossi utiliza para indicar la relación entre una idea y la otra?
3. Vuelve a leer el último párrafo. ¿Cuál es tu interpretación del final? ¿Qué imagen te haces del hombre en cuanto a su estado emocional, intelectual y mental? Explica.

Gramática funcional

Los conectores conjuntivos

Si comparamos los «Cuentos» de Tony Mendoza con «La naturaleza del amor» se observan diferencias estilísticas que reflejan los objetivos de cada autor. Como indicamos al leer los «Cuentos», la narración fotográfica incorpora un registro más personal, el cual se proyecta en la selección léxica y en el uso de citas directas. Por el contrario, si lo comparas con el texto de Peri Rossi, el estilo de este último no es tan personal. ¿Qué vocabulario emplea la autora? ¿Contiene citas directas? ¿Consideras que se establece un diálogo con el lector o la lectora? ¿Es un estilo de escritura más distante?

Al seleccionar un estilo menos personal, la autora necesita incorporar **conectores* o enlaces conjuntivos** para establecer la conexión lógica entre las ideas presentadas en el texto. A diferencia de Tony Mendoza, quien utiliza fotografías y citas directas para resaltar el contenido, el ensayo de «La naturaleza del amor» es autosuficiente. Es decir, toda la información necesaria para comprender el signifi-

---

*Adoptaremos el término **conectores conjuntivos** del libro *Introducción al análisis lingüístico del discurso* de Isolde Jordán.

cado se encuentra en el texto. Para crear cohesión dentro de las oraciones y entre las diferentes oraciones y para así facilitarle al lector la comprensión del texto, disponemos de diversos recursos. En esta sección vamos a analizar el uso de los conectores para crear cohesión textual.

Peri Rossi hace buen uso de los conectores para presentar el proceso mental del hombre en «La naturaleza del amor». En este texto los enlaces tienen el propósito fundamental de guiar al lector para que comprenda la conexión entre las ideas. Por lo tanto, para reflejar los diferentes tipos de relaciones semánticas o de significado que existen entre las ideas, los conectores conjuntivos desempeñan una variedad de funciones en el discurso escrito. Por ejemplo, pueden indicar que la información nueva es un ejemplo adicional que apoya la idea previa, es decir, que pueden cumplir una función aditiva. También pueden tener funciones adversativas (contrastar la información que sigue con la anterior), consecutivas (establecer que la información que sigue pertenece a la misma secuencia) o causales (explicar las razones de la información previa).

Tomemos como ejemplos las siguientes oraciones del texto.

A. Un hombre ama a una mujer, porque la cree superior. **En realidad**, el amor de ese hombre se funda en la conciencia de la superioridad de la mujer…
B. **Por lo tanto:** o miente cuando afirma que lo ama, o bien no es superior a él...

El primer ejemplo contiene un conector adversativo porque la información introducida por **en realidad** contrasta con la información de la oración precedente. Sin embargo, la expresión **por lo tanto** es causal. Busca otros conectores en el primer párrafo. ¿Puedes identificar otras palabras de enlace en el texto que desempeñen funciones adversativas, aditivas, consecutivas o causales? ¿Cuáles son?

A continuación se presenta una variedad de conectores que debes usar durante el proceso de escritura para conectar tus ideas y guiar a los lectores.

ALGUNOS CONECTORES CONJUNTIVOS

Lógicos

en primer lugar/término	en segundo lugar/término
para comenzar/iniciar/empezar	la segunda observación
el primer punto que	por otra parte/por otro lado
en primera instancia	a lo dicho anteriormente
primero	a lo dicho se suma

por último
en última instancia
para terminar/finalizar/concluir
finalmente

Concluyentes o consecutivos

por todo lo dicho	por eso
de este modo	por consiguiente
así	consecuentemente
por lo tanto	por ende
en conclusión	así pues
para concluir	

De semejanza	*Adversativos*	*Resumidores*
asimismo	tampoco	para ser suscintos/breves
del mismo modo	por el contrario	para resumir
igualmente	a diferencia de	resumiendo
además	en oposición a	en conclusión/como conclusión
también	sin embargo	concluyendo
así como	no obstante	
incluso	con todo	
y	si bien	
o	pero	
ni … ni	ni siquiera	

Actividades

A. En grupos, identifiquen los distintos conectores presentes en el texto de Peri Rossi y agrúpenlos según la función semántica que desempeñan.

B. Selecciona los conectores apropiados para completar el siguiente párrafo según el contexto.

en primer lugar	porque	incluso
en segundo lugar	por consiguiente	pero
por estas razones		

El maltrato doméstico o de pareja en los Estados Unidos es un fenómeno que sucede con bastante frecuencia. Muchos no entienden por qué las personas a veces deciden permanecer en tal situación de maltrato, _____ hay varias razones para que así sea. _____, muchas víctimas de maltrato doméstico se sienten solas y carecen de una imagen propia saludable. _____, para algunas personas es difícil buscar ayuda _____ con frecuencia, las personas en tal situación sienten vergüenza y prefieren ocultar el maltrato que sufren en sus casas. _____, cuando la situación de maltrato es ya un

hecho manifiesto, muchas veces no se puede ayudar con facilidad a las víctimas.
_____ algunos de los que podrían estar en posición de ayudar, consideran que el maltrato es un aspecto normal de la vida de pareja o están desensibilizados ante la violencia precisamente porque en sus familias ha habido historial de maltrato. _____ es que muchas personas permanecen en una situación de maltrato doméstico y deciden no liberarse de tal situación.

C. Mejora las transiciones lógicas del siguiente párrafo. Aclara las relaciones entre los elementos del texto utilizando las palabras de enlace adecuadas. Utiliza una hoja aparte.

En los Estados Unidos, la cita suele constituir el primer paso para cultivar posibles relaciones románticas. La cita es el medio preferido de muchas personas para conocer a alguien con el fin de explorar la posibilidad de una relación de pareja. En una cita, cada cual se da cuenta de algunos de los rasgos de la personalidad y de los valores del otro. Se pueden conocer varios aspectos de la otra persona. Muchas veces, en la cita se determina si los individuos se gustan o no, si hay «chispa», si se da cierta «química» inicial entre éstos. En la cultura norteamericana, los jóvenes se dan cita en diversos ambientes y situaciones. Dos ejemplos: van al cine acompañados de amigos o se citan para conversar a solas en el transcurso de una cena. Si nos hiciéramos la pregunta «¿cuál es la cita ideal?», casi todos tendríamos una respuesta detallada. Para los jóvenes, la cita ideal tiene características similares básicas. Tiene lugar en un sitio agradable y ameno. A veces los jóvenes se dan cita en ambientes al aire libre, en lugares apartados, románticos y singulares.

Creando textos

A. Escritura personal.   Volviendo de nuevo al título del ensayo, ¿cuál es la naturaleza del amor según Peri Rossi? ¿Cómo contrasta la interpretación de la autora con las ideas que habías discutido en tu grupo antes de leer el texto? ¿Cuál fue tu reacción al leer el ensayo?

B. Escritura pública.   ¿Estás de acuerdo con Peri Rossi? ¿Crees que el amor es como lo presenta la autora? Explica tu opinión en dos párrafos y enlaza tus argumentos utilizando los conectores que se identificaron anteriormente. Comparte tus ideas en grupo y añade datos de apoyo adicionales que surjan de los comentarios de tus compañeros.

Cuando hayas concluido, intercambia tu resumen con otro(a) compañero(a) de clase. Comenta sobre aspectos de la organización y el contenido del resumen, prestando atención especial al uso apropiado de los conectores conjuntivos.

Tercera lectura: Enamorándose

Los siguientes textos provienen de la revista dominical de *Clarín*, un periódico argentino de larga tradición, comparable al *New York Times* en los Estados Unidos.

El primer texto es un reportaje sobre dos jóvenes artistas argentinos: Cecilia Dopazo y Fernán Mirás, quienes son muy conocidos en Latinoamérica y España por sus actuaciones en películas como *Tango Feroz*, *La leyenda de Tanguito* (dirigida por Marcelo Piñeyro, 1993) y *Caballos salvajes* (dirigida por Marcelo Piñeyro, 1995).

El segundo texto es un reportaje periodístico que presenta los resultados de una encuesta realizada en Argentina sobre el amor entre la gente joven.

Acercándonos al texto

A. Observa la primera página de «Enamorándose».

1. ¿A qué género pertenece este texto? ¿Dónde podría aparecer? ¿Cuáles son las características que asocias con un reportaje? ¿Con un editorial? ¿Con una noticia periodística?

2. ¿Qué información se incluye en un reportaje? ¿Y en un editorial? ¿En una noticia? ¿Presentan la información de forma objetiva, subjetiva o una mezcla? Explica.

3. ¿En qué tipo de revista se publicaría el artículo «Enamorándose»? ¿A qué tipo de lectores se dirige este tipo de revista? ¿Cómo cambiaría el contenido y la presentación de este artículo si se publicara en el *New York Times?* Explica.

B. Mira los titulares y las fotos que acompañan el texto y contesta las siguientes preguntas.

1. ¿Parecen Cecilia y Fernán jóvenes típicos de los Estados Unidos? Explica.

2. Lean toda la información en negrita y en grupos determinen cuáles serán los temas principales que se tratarán. ¿Qué información se presenta sobre Cecilia y Fernán? ¿Sobre qué información de estos dos «enamorados» se hace énfasis? ¿De qué información esperan enterarse luego de leer todo el artículo?

3. Lee los primeros dos párrafos del artículo. ¿Qué aprendiste de la descripción de Cecilia? ¿De Fernán? ¿Qué tipo de imagen se crea de estos dos artistas? ¿Se le da énfasis a sus similitudes? ¿A sus diferencias? Explica.

Tercera lectura: Enamorándose

CECILIA DOPAZO Y FERNÁN MIRÁS

LOS DOS TIENEN 25 AÑOS, LA MISMA PROFESIÓN Y LAS MISMAS PASIONES. NO QUIEREN CONVIVIR PORQUE, DICEN, ESTÁN BIEN JUNTOS PERO NO LE TEMEN A LA SOLEDAD. SE MIMAN, PERO NO SE PEGOTEAN[1]. TRABAJAN JUNTOS, PERO NO COMPITEN. SE APOYAN, PERO RESPETAN LAS DECISIONES DEL OTRO. SON UN SÍMBOLO DEL AMOR JOVEN DE HOY, QUE NO ES FEROZ, PERO SÍ MÁS FUERTE.

TEXTO: DAVID WROCLAVSKY
ENTREVISTA: SILVINA LAMAZARES
INVESTIGACIÓN: PATRICIA ROJAS
FOTOS: GUSTAVO GILABERT

---

[1] **no...** (coloquial) no andan siempre juntos

Ella es casi un ángel. Tiene 25 años y anda por la vida envuelta en una belleza simple pero cierta. Algunos dicen que su pasado la condena. Cecilia Dopazo fue estrellita de televisión y, aunque no es una mujer sofisticada, cada uno de sus gestos denuncia que cuando era una niña en casa no faltaba nada que se pudiera comprar. Por lo demás, es una chica como cualquiera. Cuando habla, no olvida uno solo de los modismos de su generación. Su conversación está cargada de expresiones de moda y es detrás de esos giros[2] donde Cecilia oculta su inseguridad que, naturalmente, la vuelve encantadora. Tal vez no sepa exactamente hacia dónde va. Pero tiene voluntad como para llegar, bien vestida, a donde se le ocurra.

Él, en cambio, tiene 25 años pero camina suelto[3] y decidido. Introvertido, es un actor de esos a los que la prensa suele llamar «con ángel» y no son pocos —colegas, directores, críticos, público— los que ven en él al más serio de la nueva generación. Fernán Mirás actúa porque es lo único que sabe hacer. Cauto, un poco atolondrado[4], pero carismático y seguro, sabe que su vida se jugará en los escenarios y es por eso que ya no se resiste. Demasiado rebelde para el medio, trata de hacer sólo los papeles que le van a dejar algo. Fernán sabe hacia dónde va.

Distintos, casi opuestos, Cecilia Dopazo y Fernán Mirás se cruzaron[5] un día y no se despegaron más. Fue en 1992, durante la filmación de *Tango feroz*, cuando se vieron por primera vez cara a cara. Y ahí nomás, mucho antes de pasar su primera noche juntos bailaron desnudos y a la luz de unas velas delante de las cámaras. «Nos conocimos laburando[6] —explica ella—. Pero ya no somos aquellos personajes. Ahora somos Fernán y Cecilia, dos personas con un vínculo muy potente.» Casi nada.

Podría pensarse que el cruce era inevitable. O, como en las buenas telenovelas, que la distancia que hubo entre sus cunas sería invencible. Ella: una nena bien alimentada convertida en un producto desarrollado de la televisión argentina. Él: un chico de Villa del Parque, convertido en un actor nuevo y pretencioso. Pero el diablo metió la cola y aquí están, tirados boca abajo en la arena, besándose mientras el sol se hunde en el horizonte.

Cariló es un buen lugar para pasar un fin de semana a solas. Y Fernán y Cecilia llegaron al bosque para pasar unos días en un departamento de dos ambientes, antes de terminar de rodar las últimas escenas de *Caballos salvajes*, la segunda película que hacen juntos a las órdenes del director Marcelo Piñeyro. Dos años pasaron desde *Tango feroz* y, durante todo ese tiempo, los

---

[2] expresiones
[3] **camina. . .** camina con facilidad de movimiento
[4] distraído
[5] encontraron
[6] trabajando

chicos evitaron mezclar trabajo y vida privada. Hasta hace unos pocos meses, era imposible reunirlos en una foto y, mucho menos, capturarlos de la mano. «Es que somos una pareja para nosotros», aclara Fernán. Después, sus ojos se clavan en los de Cecilia y, mitad orgulloso y mitad sarcástico, suelta una carcajada[7].

Lo cierto es que el trabajo los sigue involucrando. Ahora, en la nueva película de Marcelo Piñeyro, el director de *Tanguito*, Cecilia será la rebelde y Fernán el domesticado. Los nuevos roles los encuentran obsesionados: hace días que están tratando de encontrarle una vuelta a una escena y desde que se levantan —juntos— hasta que se acuestan —juntos— no tienen en la cabeza otra cosa.

■ **¿Están conviviendo?**

—No— contesta, ahora segura, Cecilia—. Y no tenemos un proyecto inmediato en esa dirección porque no lo vivimos como una necesidad urgente. Además, nuestros estilos de decoración son absolutamente diferentes, siempre bromeamos con que va a ser difícil llegar a un acuerdo en ese punto. Entonces, jodiendo, repartimos; a vos te toca el living y a mí la cocina.

—En lo único que estamos de acuerdo es en las paredes blancas— agrega Fernán—. ¿Es algo, no?

El humor ácido de él, desarrollado «en un barrio de casitas bajas y árboles viejos», contrasta con la cierta inocencia de su chica que, no por chica, le pierde pisada[8]. La confianza aumentó

después del enorme éxito de *Tango feroz*, justo cuando las revistas «mataban» por juntarlos en una tapa. Pero Fernán y Cecilia se escondieron. Primero que nada, decidieron negar públicamente su relación. Después, menos presionados, miraron lo que tenían por delante.

—Él es el reflexivo de esta historia —admite Cecilia—. Analiza todo mil veces.

■ **¿A quiénes miran cuando están en un problema y no saben para qué lado correr?**

—A mis viejos, a mi psicoanalista y a mis amigos —dice sonriendo, ella—. Y también al maestro de teatro que tengo en Nueva York.

■ **¿Y vos?**

—A todo el mundo. Porque mis referentes en esta vida no son sólo los buenos. Mirar hacia todas partes te permite darte cuenta de qué es lo que querés y qué es lo que no.

■ *Tango feroz* **era una película que prendió fuerte[9] entre la generación de los veintipico[10] porque traía del olvido la pasión de las utopías. Ustedes dos fueron identificados con todo eso. La pregunta es: ¿cuánto de utópicos tienen Fernán y Cecilia?**

—Nada —afirma, rápido, Fernán—. Diría, más bien, que mi mirada sobre las cosas es bastante escéptica, una reacción que, por otro lado, me parece lógica. De todos modos, el hecho de estar trabajando al mango[11] en lo que me gusta me permite ser un poquito más esperanzado. Mi esperanza se despierta cuando veo que un amigo está ensayando una obra para ponerla con lo que

(No somos utópicos. Diría, más bien, que tenemos una mirada bastante escéptica. Cosa que en estos días me parece lógica.)

---

[7] **suelta...** se ríe
[8] **le pierde...** (coloquial) se queda atrás
[9] **prendió...** tuvo éxito
[10] veinte y pico años (algo más de veinte)
[11] **trabajando...** trabajando mucho

puede en el sótano de un almacén. Las circunstancias son duras, pero hay gente que tira para adelante[12]. Y ahí vamos.

—Yo, en cambio —admite ella, autocrítica— recién estoy despertando de mi ingenuidad. Y no me va fácil. Lo que se ve en la calle es complicado de tragar[13].

■ ¿A qué le tenés miedo, Cecilia?

—Estoy pasando una época buena y no tengo muchos miedos. Antes, lo desconocido me paralizaba. Ahora, me animo más.

—A mí me asusta no saber qué es lo que estoy haciendo o dejar de disfrutar las cosas buenas que me están pasando. Me da miedo que las cosas me pasen por delante y que yo no me entere, o me entere tarde, cuando ya pasaron. Ése es mi miedo, el miedo a darme cuenta de que no viví la vida bien, de que no fui feliz. El resto, me tiene sin cuidado[14] porque no le tengo miedo a las cosas de las que soy responsable. Si me equivoco, me hago cargo del error. Es mejor equivocarse que no hacer nada porque tenés miedo.

Después de su *Tanguito*, Fernán eligió bajar del pedestal del consumo y, a pesar de que había firmado un suculento contrato con un canal de TV, apenas si salió al aire tres o cuatro veces. Quería volver a casa. Y casa, para él es el teatro. Por eso, y desafiando[15] las leyes del negocio, terminó protagonizando, rodeado de actores jóvenes, una obra casi marginal en un pequeño teatro. No perdió plata[16] pero apenas zafó[17]. Ella, puso la cara en una comedia de TV y protagonizó, a cambio de 60.000 dólares, un comercial de jabón. «Mi conflicto del año pasado —admite ella— fue no haber tenido más tiempo para entibiar[18] el corazón. Y eso es un problema.» Fue por eso que todo terminó. Cecilia se bajó del tren y, durante unos meses, habló de «esperar hasta que aparezca un proyecto piola[19] que me sirva para crecer como actriz». Ahí fue cuando llegó la hora de *Caballos salvajes*.

■ ¿Cómo deciden las cosas?

—Juntos, pero separados.

■ ¿Es difícil ser novios y tener el mismo trabajo?

—No —asegura Cecilia—. Nos llevamos súper bien trabajando juntos porque, aunque muchos malpensados pueden suponer que es inevitable, no competimos ni ahí. Es más, nos ayudamos mucho porque entendemos que el éxito de cualquiera, es el éxito de los dos.

■ ¿Y cómo son cuando están juntos?

—Nos enganchamos mucho hablando[20] horas de cualquier cosa —dice Cecilia.

—Es bueno hablar —asegura, concentrado, Fernán—. Nos pasan cosas muy locas y es importante darse tiempo para pensar en nosotros mismos como personas y no como objetos de otras

(No competimos nunca. Entendemos el éxito de cada uno como el éxito de los dos.)

---

[12] **tira...** continúa con la vida superando adversidades

[13] **complicado...** (coloquial) difícil de aceptar

[14] **me...** no me importa

[15] yendo en contra de

[16] dinero

[17] ni ganó ni perdió

[18] moderar, enfriar

[19] (coloquial) bueno; interesante

[20] **Nos...** (coloquial) pasar mucho tiempo hablando

personas. Cuanto más jodida viene la mano[21], es más necesario escucharse a uno mismo. Será por eso que no nos vamos a vivir juntos: el departamento de cada uno, nuestras propias casas, representan el último bastión que nos queda.

- **¿Qué pasa cuando están solos?**

—A veces —responde Cecilia—, no puedo estar en mi casa si no pongo música o tengo la tele prendida. Pero soy ciclotímica. Porque otras veces, paso horas en silencio.

- **¿Y vos, Fernán?**

—Yo me llevo bien conmigo mismo. No me asusta la soledad y, a veces, incluso la necesito. Pero ahora estoy con ella y tengo tanto laburo que, apenas puedo, me rajo para verla. Estamos bien tratando de cuidar mucho lo que tenemos porque, ya sabés, las cosas buenas no se encuentran así nomás.

Aunque cada uno tiene su casa, Fernán y Cecilia pasan, como buena parte de su generación, todo el tiempo que pueden juntos. «Andamos a mil[22], pero nos vemos todos los días», dice él. Claro que no es lo mismo juntos que revueltos. «Generalmente tenemos horarios similares —explica Cecilia—, pero no es extraño que nos desencontremos en los ritmos. Y cuando la mano viene así, lo mejor es hacer cada uno la suya.» Fernán odia andar pegoteado. «A mí no me va», confiesa. Pero eso no quiere decir que el tipo viva en fuga[23]. Van de la mano por la playa y durante la producción fotográfica se muestran cómodos en el cuerpo a cuerpo: ella se sube a caballito, lo abraza. Él la deja. Y cuando lo suelta, el que va por más[24] es el que odia andar pegoteado.

—Estamos muy bien juntos— dice Fernán mientras elige una medialuna—. Pero, para mí, la convivencia es algo parecido a… digamos, tener un hijo. Y en este momento no me cuadra[25]. No se me ocurre.

- **¿Nunca pensás en eso?**

—Sí, a veces pienso que alguna vez se va a dar. Amor hay, pero en este momento estamos como locos, viviendo un momento muy fuerte que los dos queremos capitalizar. El ahora nuestro, tanto mío como de Ceci, nos pide un rincón propio. Vivir de a dos será, cuando llegue, algo muy bueno; pero ahora, más que aliviarnos nos complicaría la vida. Imaginate que, por ahí, grabé todo el día y cuando vuelvo a mi casa lo único que quiero es tirarme a dormir. Y ella, que tal vez tuvo el día libre, tiene ganas de colgarse hasta las cinco de la mañana mirando algo en la tele.

- **¿No tendrás miedo, Fernán?**

—No. Yo conviví cinco años con una mujer. Sé lo que es y no me asusta.

—Ése es el tema… —ataca Cecilia—. Como estuvo «casado» no va a ser fácil engancharlo de nuevo…

—¿Te preocupa? —retruca[26] él.

—No. Era una broma. Vos sabés que ninguno de los dos va donde no quiere.

Ésa es la ley: no obligar al otro a hacer lo que no quiere. Esa elemental regla de convivencia es, para esta generación, una batalla ganada. Ya no tienen miedo a decir lo que piensan y sienten. Ya tienen la suficiente seguridad y autoestima como para entender que se puede decir (y escuchar) un «no quiero hacer esto» y que eso no significa «te quiero menos». Quizás hasta hagan menos trampas y tengan menos silencios. En cualquier caso, Cecilia y Fernán parecen cómodos con esa receta. Más que cómodos: parecen no poder hacer otra cosa. Y, en eso, parecen sabios.

---

[21] (de naipes)

[22] **Andamos…** Estamos ocupadísimos

[23] **en…** no queriendo estar presente

[24] **va…** busca acercarse más

[25] (coloquial) acomoda; conviene

[26] (coloquial) contesta de mala manera

El arte de amar
La generación feroz

El amor ya no se oculta. Y tal vez ésa sea la principal diferencia entre los jóvenes de hoy y las generaciones anteriores, ésas que rendían culto al zaguán y a los besos a escondidas. «Los prejuicios y el qué dirán rigieron[1] las relaciones durante varias décadas —apunta Norma Rodríguez, psicóloga y madre de dos adolescentes—. Después, hubo un tiempo en donde todo estaba permitido. Algunos padres creían que a los chicos no había que invadirlos ni ponerles límites. Hoy, los jóvenes están encontrando un equilibrio. Como los tiempos no son tan represivos ni las opiniones ajenas[2] pesan tanto, son más transparentes. Ahora los fantasmas no existen. O, por lo menos, son de carne y hueso y por eso es más fácil pelearse con ellos.»

Ni tan tan, ni muy, muy. Ésa podría ser la consigna de los tiempos que corren. De la represión victoriana de principios de siglo, pasando por la libertad sexual de los años 60 y el egocentrismo de los 80, los jóvenes de los noventa parecen haberse reencontrado con cierto equilibrio. Así lo expresan los norteamericanos Lawrence Bauman y Robert Riche, autores de una investigación sobre la problemática adolescente. «La tendencia actual es permitir que los jóvenes hagan lo que deseen hacer, en tanto[3] no le hagan mal a nadie, incluidos ellos mismos,» sintetizan. Pero no todas son rosas en el camino de estos tiempos. El amor, ya se sabe, no dura para siempre. Para la licenciada Rodríguez, los nombres

de Cecilia Dopazo y Fernán Mirás, tan asociados a los que provocó *Tango feroz*, son paradigmáticos de lo que disparó[4] en los jóvenes esa película.

Por un lado, los chicos que vieron el filme, y que tenían la misma edad de los protagonistas, recibieron a través de ellos información sobre una experiencia muy dura que había marcado a la generación de sus padres. Entendieron así cómo eran las reglas del juego con las que sus progenitores convivieron, crecieron y maduraron.

■ Por el otro lado, la mayoría se sintió identificada con la idea central que transmitía la película: «el amor es más fuerte». Hoy no importan las ideologías, ni las diferencias. Sí los sentimientos profundos.

VIRTUDES Y DEFECTOS

Aunque los jóvenes de hoy se consideren más prácticos que sus propios padres y con los pies en la tierra, a la hora de comparar la pareja que les gustaría tener (es decir, la pareja ideal) con la que realmente tienen (la real) se abre una enorme brecha[5]. Como en todos los tiempos, la realidad dista[6] bastante de la fantasía, según lo demuestra una encuesta realizada por la empresa Demoskopia, sobre un total de 2.021 jóvenes de Capital y Gran Buenos Aires. Las conclusiones del estudio son las siguientes:

■ Cuando los jóvenes definen a «la pareja ideal» hablan de intereses comunes, cariño y afecto seguro. Cuando reflexionan sobre su propia pareja aseguran que lo importante «es divertirse juntos en el tiempo libre».

■ Las principales virtudes de la pareja ideal: «se deja proteger y sabe perdonar». Las de la pareja real: «te acompaña y te hace sentir menos solo».

■ Los jóvenes confesaron que con su pareja no hablan muy a menudo acerca del futuro. El

(margen vertical: la pareja ideal)

---

[1] controlaron, gobernaron
[2] de otros
[3] **en...** mientras
[4] provocó
[5] distancia
[6] se diferencia de

presente los une mucho más que los compromisos a largo plazo. El hecho de que se haya incorporado la noción de que el amor no dura «toda la vida» hace que las promesas suenen «truchas»[7].

SEXUALIDAD

¿Con quién hablan los jóvenes acerca de su sexualidad? El 30% confesó que no lo hace con nadie. El 66% de los varones, que jamás lo hablan con sus padres. Y el 53% de las mujeres, tampoco. Los datos forman parte de una extensa investigación que desarrolló la Unidad de Adolescencia del Hospital Cosme Argerich, a cargo del doctor Carlos Bianculli. La psicóloga Norma Rodríguez responsabiliza de esta conducta a los padres: «Los adultos confunden eroticismo con sexualidad. Y hoy los chicos viven como algo natural acariciarse, tocarse, mimarse. Pero eso no los convierte en expertos a la hora de enfrentarse con su sexualidad», advierte. El informe del hospital Argerich es contundente: el 50% de los encuestados no supo describir los órganos genitales.

FIDELIDAD

La encuesta realizada por Demoskopia revela que la fidelidad sigue siendo un valor importante: el 74.9% la consideró «irreemplazable». «Si tuviera que sintetizar a los jóvenes de hoy —dice la psicóloga Rodríguez— diría que son más honestos. Tal vez por eso, sus relaciones duren menos: son menos hipócritas. Pero esto no significa que la fidelidad sea un valor en baja. Ellos, desde el comienzo de la relación, fijan las reglas.»

---

[7] falsas

Interactuando con el texto

A. Después de leer «Enamorándose» contesta las siguientes preguntas.

1. ¿Qué información se presenta sobre la vida de Cecilia y Fernán? ¿Cómo se describe su relación? Proporciona datos específicos del texto.
2. Vuelve a leer los primeros párrafos de «Enamorándose». ¿Qué información se presenta en ellos sobre los personajes? ¿Incorpora el autor su opinión en estos párrafos? Explica.
3. Según la lectura, Fernán y Cecilia trabajan juntos, se acuestan juntos y se levantan juntos, pero cuando se le pregunta a Cecilia si están viviendo juntos dice, sin vacilar, que no. ¿Qué piensas de esto?

B. Después de leer «El arte de amar: La generación feroz» contesta las siguientes preguntas.

1. ¿Cuáles son las diferencias entre las relaciones sentimentales de ayer y las de las generaciones actuales? ¿Qué crees que quiere decir el autor cuando indica que los jóvenes de los años noventa han encontrado un cierto equilibrio?

2. ¿Cuáles son los resultados principales de las encuestas presentadas en el artículo? ¿Cuáles son las diferencias entre la pareja ideal y la pareja real? ¿Consideras que las respuestas serían similares para los jóvenes de los EE.UU.?

C. En un reportaje transmitimos las palabras de otras personas. Identifica los verbos utilizados en el texto «Enamorándose» para llevar a cabo esa función. Ejemplos de éstos son: *dice, afirma,* etc.

1. Haz una lista de estos verbos y busca el significado de los que no conoces en el diccionario. Después, indica cuáles de estos verbos son intercambiables y cuáles se tienen que utilizar en circunstancias especiales. Para estos últimos, explica cuándo los utilizarías.
2. En «El arte de amar» hay una variedad de nuevos verbos. Agrégalos a la lista que tienes.
3. Compara «Enamorándose» con «El arte de amar». ¿Qué diferencia existe en cuanto a la cantidad de citas, directas o indirectas, utilizadas? ¿Son éstas necesarias para «El arte de amar»? ¿Cuál es la función del diálogo en «Enamorándose»? Explica.

VARIEDAD ARGENTINA

Como se ha indicado previamente «Enamorándose» proviene de la *Revista de Clarín,* un periódico argentino. Este escrito es una entrevista a dos artistas argentinos contemporáneos. Además de las expresiones explicadas en el vocabulario, durante la entrevista se incluyen varias citas directas que reflejan variantes del dialecto argentino.

Observa la siguiente cita:

■ **¿Y vos?**

—A todo el mundo. Porque mis referentes en esta vida no son sólo los buenos. Mirar hacia todas partes te permite darte cuenta de qué es **lo que querés** y qué es lo que no.

El ejemplo precedente ilustra el uso del **voseo,** una variante de Argentina y otros países sudamericanos. El **vos** equivale a **tú,** es decir, es el pronombre de sujeto de la segunda persona de singular. Sin embargo, el pronombre de los complementos directo e indirecto es **te,** tal como se ve en «te permite darte cuenta de…».

Otro aspecto importante del **voseo** es la desinencia (o terminación) verbal del presente de indicativo. Por ejemplo, en vez de utilizar *lo que tú quieres,* se utiliza *lo que vos querés.* De esta manera, el presente de indicativo:

a. no refleja el cambio de vocal radical: quiere vs. querés
b. el acento prosódico está en la última vocal, no en la penúltima.

Actividades

A. En grupos, identifiquen las diferentes estrategias utilizadas por los autores cuyos escritos hemos leído en este capítulo para presentar los datos de forma objetiva. Hagan una lista que conste de cinco ejemplos diferentes sacados de las lecturas y luego escriban sus propios ejemplos en una hoja aparte.

B. Lean el siguiente párrafo. Luego contesten las preguntas.

> El humor ácido de él, desarrollado «en un barrio con casitas bajas y árboles viejos», contrasta con la cierta inocencia de su chica que, no por chica, le pierde pisada. La confianza aumentó después del enorme éxito de *Tango feroz*, justo cuando las revistas mataban por juntarlos en una tapa. Pero Fernán y Cecilia se escondieron. Primero que nada, decidieron negar públicamente su relación. Después, menos presionados, miraron lo que tenían por delante.

1. ¿Dónde se proyecta la opinión del autor? ¿Cómo se refleja su opinión en la selección de información? ¿En el vocabulario?
2. Escriban de nuevo los datos subjetivos de forma más objetiva sin cambiar el significado del texto.
3. Comparen los párrafos nuevos en grupos. Hagan una lista de las diferentes opciones utilizadas por tus compañeros. Expliquen cuáles son eficaces y por qué.

C. Los reportajes, por un lado, tratan de establecer un vínculo con los lectores. Por el otro lado, sin embargo, intentan presentar la información de forma objetiva. Vuelvan a leer las primeras tres páginas de «Enamorándose» y luego contesten las siguientes preguntas.

1. ¿Qué persona gramatical se utiliza para narrar en los primeros párrafos? ¿Y para describir a Cecilia y a Fernán? ¿Qué otros recursos lingüísticos se usan para crear objetividad?
2. ¿Qué técnicas de la narración fotográfica de Tony Mendoza se utilizan en este reportaje?
3. ¿Qué tipo de lenguaje utiliza el autor del reportaje? ¿Qué función desempeña el lenguaje en este contexto específico? ¿Cómo ayuda el lenguaje seleccionado a crear una conexión entre el público y los entrevistados?

Creando textos

A. Escritura personal.   ¿Consideras que las relaciones sentimentales han cambiado mucho entre la generación de tus padres y la tuya? Describe las características de una relación sentimental de hoy en día y de una de la generación de tus padres. Haz una lista de diferencias y a continuación escribe un resumen de tus ideas.

B. Escritura pública.   ¿Cuál es la naturaleza del amor para Fernán y Cecilia? ¿Crees que la relación entre Fernán y Cecilia es similar a la de cualquier pareja joven de los Estados Unidos? Describe las características típicas de un relación entre estudiantes universitarios en los Estados Unidos. Haz una lista de las diferencias entre esta relación y la de Fernán y Cecilia. A continuación, compara tus ideas con las de tus compañeros y escribe un resumen de las ideas presentadas en tu grupo.

Repasa el resumen y presenta la información de una forma más objetiva. Trata de utilizar diferentes estrategias para obtener objetividad. Cuando termines, intercambia con un compañero y repasen juntos los resúmenes. Asegúrate de que la presentación de la información sea objetiva.

Objetivos:

Esta sección trata de las siguientes partes del proceso de escribir:

- la generación y delimitación de ideas según el propósito y el tipo de lectores del trabajo
- el uso apropiado del lenguaje según el propósito y los lectores de la composición

La comunicación periodística

El propósito principal de la comunicación periodística es el de difundir noticias para informar a los lectores, y dejar que éstos interpreten libremente la información presentada y formen sus propias opiniones. Esto sería deseable, pero es muy difícil de alcanzar en realidad. Normalmente, muchos medios de difusión tienen además otro propósito: el de *formar la opinión* de los lectores al *interpretarles las noticias*. Esto se logra de distintas maneras. En un periódico, esto se ve en los comentarios editoriales o artículos firmados. En una revista, esta interpretación se realiza por medio de la escritura misma. Es decir, el autor presenta los hechos de acuerdo con la opinión que quiera dar.

Como cualquier otro tipo de escritura, la comunicación periodística se dirige a un tipo específico de público. Por ejemplo, no se espera leer un artículo sobre las películas de Almodóvar en el *Wall Street Journal,* a menos que tenga que ver con el negocio de vender películas de Almodóvar. Igualmente, no se espera leer un artículo sobre el gobierno de México en *Teen Magazine,* a menos que tenga algo que ver con la vida juvenil de sus lectores. Por consiguiente, el escritor de un artículo periodístico tiene que tomar en cuenta su público de lectores en cada parte del proceso de escribir el artículo, es decir, tanto en la selección de datos como en la elaboración del artículo.

Por otro lado, una parte esencial del reportaje es el resumen de la información obtenida mediante una investigación o entrevistas previas. De esta manera, otro aspecto fundamental del reportaje es presentar los datos de una manera clara para los lectores. A fin de que el mensaje quede comunicado eficazmente, la mayoría de los reportajes siguen esta estructura básica:

1. el título
2. la introducción
3. el cuerpo

Cada uno de estos elementos estructurales básicos cumplen una función específica. Primero veamos la función del título. Además de atraer la atención del lector, el título presenta de forma condensada la información central del artículo. Comparemos los titulares de «El arte de amar: La generación feroz» y «Enamorándose». ¿Qué información proporcionan estos titulares sobre el contenido? ¿Reflejan los mismos aspectos de las relaciones sentimentales?

Amor joven

«Enamorándose»

No somos utópicos. Diría más bien, que tenemos una mirada bastante escéptica. Cosa que en estos días me parece lógica.

No competimos nunca. Entendemos el éxito de cada uno como el éxito de los dos.

vs.

«El arte de amar: La generación feroz»

La pareja ideal	Sexualidad
Virtudes y defectos	Fidelidad

Una vez captada la atención del lector, la introducción proporciona una idea general del tema a tratar. Sin embargo, además del contenido, se refleja el estilo (personal o académico), el tono (irónico, cómico, serio, agresivo, etc.) y la subjetividad u objetividad del autor. Lee el siguiente párrafo, que es la introducción a «El arte de amar» y explica: ¿Tiene un estilo personal o académico? ¿Cuál es el tono del artículo? ¿La información se presenta de forma objetiva o subjetiva?

El amor ya no se oculta. Y tal vez ésa sea la principal diferencia entre los jóvenes de hoy y las generaciones anteriores, ésas que rendían culto al zaguán y a los besos a escondidas. «Los prejuicios y el qué dirán rigieron las relaciones durante varias décadas —apunta Norma Rodríguez, psicóloga y madre de dos adolescentes—. Después, hubo un tiempo en donde todo estaba permitido. Algunos padres creían que a los chicos no había que invadirlos ni ponerles límites. Hoy, los jóvenes están encontrando un equilibrio. Como los tiempos no son tan represivos ni las opiniones ajenas pesan tanto, son más transparentes. Ahora los fantasmas no existen. O, por lo menos, son de carne y hueso y por eso es más fácil pelearse con ellos.»

Una vez presentados el tema y el estilo del texto en la introducción, el cuerpo del reportaje desarrolla la información presentada en ésta. Una técnica común es elaborar la idea central partiendo desde lo más general y terminando con los aspectos más específicos. Por lo general, la presentación de ideas sigue un orden de importancia o un orden cronológico. Sin embargo, también existen otras estrategias, tal como la de estructurar la información a través de la presentación de un contraste, o la de utilizar un ejemplo específico que ilustre un problema general. ¿Cuál es la estrategia que se utiliza en «El arte de amar»? ¿Y en «Enamorándose»?

Creando nuevos textos

Imagina que tienes que escribir un artículo para la *Revista de Clarín*, donde se publicó «Enamorándose». La editora te ha encargado que desarrolles uno de los siguientes temas y quiere que incluyas una encuesta informal llevada a cabo con algunos estudiantes universitarios como muestra.

1. las relaciones amorosas en las universidades norteamericanas
2. el papel de la mujer en las relaciones: ¿Ha cambiado mucho o no?
3. la libertad sexual en la sociedad norteamericana de los años noventa

Acercándonos al texto

Cada uno de los tres temas mencionados es bastante amplio y, por consiguiente, antes de pasar a recopilar la información, tienes que *limitar* el tema sobre el que vas a escribir. Para lograr esto, haremos una lluvia de ideas.

A. Piensa en los lectores de la *Revista de Clarín* (utilizando el texto de «Enamorándose» como artículo modelo de la revista). ¿Quiénes van a ser los lectores de tu artículo? Teniendo en cuenta a tus lectores: ¿Es apropiada la temática? ¿Qué les gustaría saber de las relaciones entre los jóvenes norteamericanos? ¿Qué es lo que te gustaría que supieran los lectores de *Clarín* acerca de los norteamericanos?

B. En grupos, elaboren un mapa temático para uno de los temas dados. Observen el ejemplo en la próxima página.

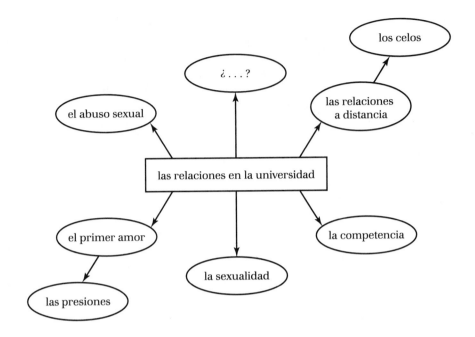

¿Pueden agregar otros aspectos temáticos a los mencionados?

C. Después de escoger el tema del ensayo entre los propuestos en la actividad de lluvia de ideas, desarrolla cinco preguntas que te permitan obtener más información sobre el tema. Piensa en un aspecto específico del tema que te gustaría desarrollar. Por ejemplo, si has seleccionado el tema «las relaciones a larga distancia», podrías analizar si éstas son comunes hoy en día, si hay diferencias entre las opiniones de los hombres y las mujeres sobre estas relaciones, o cuáles son las ventajas y desventajas de este tipo de relación.

En grupos, cada estudiante debe explicar el tema y las preguntas seleccionadas. Contesten las preguntas y piensen en otras que podrían ser útiles.

D. Busca de 3 a 5 personas (dentro o fuera de la clase) a quienes les puedas hacer esta encuesta. Luego escribe un resumen de la información obtenida para cada pregunta.

Primera versión del artículo

A. De acuerdo con los resúmenes de cada pregunta de tu encuesta, ¿cuál es la generalización (es decir, la interpretación) a la que llegas sobre tu tema? Escríbela en una oración completa. Esta generalización a la que has llegado va a ser la *tesis* o el *enfoque* de tu artículo. Alrededor de esta idea tienes que organizar el resto del artículo. Por ejemplo, si la encuesta demostró que en «las relaciones a larga distancia» existe una diferencia entre las opiniones de los hombres y las mujeres, éste sería tu enfoque.

B. Selecciona los aspectos más importantes para tu generalización. Es decir, cuáles son los argumentos y los ejemplos que utilizarás para apoyar tu tesis. Organiza los argumentos en orden de importancia y utiliza conectores para explicar la relación entre las diferentes ideas.

C. Al escribir tu reportaje selecciona los datos sobre los encuestados que los lectores deben conocer. Por ejemplo, si has seleccionado el maltrato en las relaciones, ¿debemos saber la edad de los encuestados? ¿Si han conocido a personas que hayan sufrido maltrato? ¿Si son académicos que han estudiado el tema? Asegúrate de que los lectores obtengan sólo la información necesaria sobre los encuestados. No proporciones datos innecesarios.

D. Mientras escribas no te olvides de pensar en tu público lector ni pierdas de vista el tema. ¿Cómo vas a dirigirte a tu público? ¿Por qué? ¿Cuál será el tono de tu escritura? ¿Deseas presentar la información de forma objetiva o subjetiva?

¿Pones énfasis en la información mediante el uso de citas directas o sería mejor presentar esta información de forma indirecta?

E. A la redacción.   Teniendo en cuenta las características de los lectores de la *Revista de Clarín,* lee el siguiente texto, que fue escrito por una estudiante universitaria de español avanzado.

Las relaciones amorosas

¿Cuáles son las características más importantes de una relación amorosa? En el artículo, «Enamorándose» nos presentan los resultados de una encuesta llevada a cabo en Argentina sobre el amor entre los jóvenes de Buenos Aires. De esto, concluimos que estos estudiantes creen necesario tener intereses comunes para poder pasar mucho tiempo juntos divirtiéndose. Como virtudes, piensan saber perdonarse y acompañarse son esenciales. Además, setenta por ciento tienen relaciones sexuales y el mismo porcentaje considera la fidelidad un valor importante. Ahora nos interesa qué creen los estudiantes universitarios de la Universidad de California en Davis sobre sus relaciones amorosas. ¿Tienen las mismas ideas y actitudes que sus contrapartes argentinos? Encontramos las cualidades de una buena relación amorosa según ellos, y su opinión de la sexualidad y de la fidelidad. Hablamos a cinco estudiantes y estos son los resultados.

¿Cuáles son las cualidades más importantes que se buscan en una relación amorosa? Los varones y las mujeres respondieron en la misma manera: que su novio/a sea respetuoso/a, sincero/a, y considerado/a. Claro, ser amoroso y afectuo-

(continúa)

so eran también esenciales para ellos. Cuando les preguntaron del defecto más serio en una relación, casi todos afirmaron que no podían tolerar el egoísmo. Recordamos que el artículo «Enamorándose» expresa la misma idea: «los jóvenes hacen lo que deseen hacer, en tanto no le hagan mal a nadie...». A estos jóvenes argentinos, no les gusta tampoco que uno piense solamente de sí mismo.

¿Se tienen relaciones sexuales? Y, ¿cuándo las tienen? ¿La primera cita? ¿La tercera cita? ¿Ninguna? Esta encuesta reveló que todos han tenido relaciones sexuales (no creen necesario esperar para casarse), y también, todos pensaban que cada relación presentaba una situación diferente al respecto de cuándo estas relaciones empezaron. Además, la mayor parte de los estudiantes agregó que las relaciones sexuales entre una pareja eran sanas para la relación y ayudaban a fomentar los enlaces entre ellos.

Y la fidelidad, ¿qué piensan de ella? ¿Es esencial o no para mantener una buena relación amorosa? Nos pareció que esta pregunta era difícil de contestar. (¡Unos no sabían qué representaba la fidelidad!) Un joven explicó que en su opinión hacía falta, al principio, decidir entre ambos las reglas de su relación amorosa. Otro apuntó que le importaban más las buenas actitudes y la honradez de cada persona. A pesar de tener sus propias opiniones, todos estaban de acuerdo que la fidelidad es muy importante, pero no indispensable. Los jóvenes de hoy no esperan que sus relaciones en la universidad duren mucho tiempo, y por eso, la fidelidad no es tan importante para ellos.

En conclusión, hemos visto tres ideas sobre las relaciones amorosas entre los estudiantes universitarios americanos: las cualidades de una buena relación amorosa y sus actitudes sobre la sexualidad y la fidelidad. Sus opiniones no eran tan diferentes de las de los estudiantes argentinos que vimos en «Enamorándose». Lo que nos parece interesante es cómo las actitudes han cambiado con cada generación. Durante los años 40 y 50, existió un amor refrenado, con límites; durante los 60 y 80 fue un amor libre; y, por último, durante los años 80 y 90 tenemos un poco de los dos «con cierto equilibrio».

1. ¿Cuál es la idea general de este ensayo? ¿Cuáles son los argumentos presentados para apoyarla? ¿Son eficaces? ¿Puedes pensar en otros ejemplos que no se mencionaron?
2. ¿Crees que el contenido es apropiado para el público que lee *El Clarín*? ¿Ha seleccionado un vocabulario apropiado? Explica.
3. ¿Qué persona gramatical se usa en el texto? ¿Se utiliza un lenguaje subjetivo u objetivo? Presenta ejemplos.

4. Marca los verbos que se han utilizado para introducir citas o ideas en el reportaje. ¿Hay variedad? ¿Qué verbos se repiten? ¿Qué otros verbos se podrían haber utilizado?

5. Subraya los conectores utilizados. ¿Cómo se usan? ¿Hay otros conectores que se podrían haber usado?

6. Compara este texto con el tuyo. Escribe la impresión que tienes de tu ensayo utilizando las siguientes preguntas como guía.

Contenido

a. ¿Es apropiado para los lectores? ¿Explicas tus ideas claramente?
b. ¿Incluyes datos de apoyo?
c. ¿Has proporcionado datos descriptivos de los encuestados? ¿Es necesaria esta información? Explica.

Organización

d. ¿Recoge el título la información esencial?
e. ¿Incluyes en el párrafo introductorio una idea general de los puntos principales del contenido?
f. ¿Cuál es el orden de presentación de tus ideas? ¿Siguen un orden de mayor a menor importancia o adoptaste un orden cronológico?
g. ¿Se les da énfasis a los argumentos más importantes de tu resumen?

Ahora que has analizado tu ensayo preliminar, haz los cambios que consideres necesarios para mejorar tu reportaje y escribe la segunda versión para trabajarla en clase.

Segunda versión del informe

A. En parejas, comenten la primera versión del ensayo de su compañero(a) usando las siguientes preguntas como guía para el intercambio de ideas:

Aspectos de contenido y organización

1. ¿Quiénes son los lectores? ¿Crees que el contenido estimula el interés de éstos? ¿Por qué? ¿Qué sugerencias podrías aportar para aumentar el interés de los lectores?

2. ¿Cuál es la idea general del reportaje? ¿Cuáles son los argumentos utilizados para apoyarla? ¿Son eficaces? ¿Puedes pensar en otros ejemplos que no se mencionaron?

3. ¿Están bien organizados los argumentos? ¿Están organizados en orden de importancia? ¿Crees que se podrían organizar de otra forma para producir un impacto mayor en los lectores? ¿Se debería elaborar más alguna idea? Explica.

4. ¿Qué tipo de lenguaje utiliza: subjetivo u objetivo? ¿Piensas que el vocabulario es demasiado coloquial? ¿Se usan las citas directas de forma apropiada? ¿Se podrían eliminar algunas de las citas directas? Proporciona ejemplos específicos.

5. ¿Se ha presentado información sobre los encuestados? ¿Piensas que estos datos son pertinentes? ¿Se pueden eliminar? ¿Tienes otras sugerencias para tu compañero sobre el contenido u organización?

Aspectos de la gramática funcional

6. ¿Hay variedad de conectores? ¿Se utilizan de forma correcta? ¿Existen otros que tu compañero(a) no ha utilizado?
7. ¿Cuáles son los verbos utilizados para introducir la información reportada? ¿Hay repetición de verbos? ¿Puedes indicar otros verbos que se podrían utilizar? Explica.
8. Presta atención a los tiempos verbales de las citas directas e indirectas. ¿Hay errores en la concordancia de los pronombres? ¿En la concordancia de los tiempos verbales? Indícale a tu compañero(a) los errores que veas.

B. Ahora revisa y reorganiza la segunda versión de tu composición teniendo en cuenta los comentarios recibidos.

Tercera versión del ensayo

A. Intercambia tu ensayo con tu compañero(a) y señala, subrayándolos, errores superficiales de:

a. concordancias de persona y número (sujeto-verbo)
b. concordancias de número y género (sustantivo-adjetivo)
c. tiempos verbales
d. errores ortográficos
e. acentos

NO corrijas ningún error; simplemente indícaselos a tu compañero(a) para que él (ella) haga los cambios requeridos.

B. La última etapa de la revisión del ensayo es la revisión gramatical. En esta etapa es importante no solamente tratar de *corregir* los errores superficiales sino también tratar de lograr un vocabulario y una sintaxis más precisos y apropiados. Devuélvanse las composiciones y revisen cada uno su ensayo prestando atención a los siguientes aspectos:

1. ¿Has tratado de usar en tu ensayo algunas de las palabras relacionadas con el tema de las relaciones? ¿Has tratado de incorporar otras palabras que aprendiste en las lecturas de este capítulo? ¿Cuáles son?
2. ¿Encontraste en las lecturas de este capítulo algunas estructuras sintácticas que no conocías antes? ¿Podrías usar algunas de estas estructuras en este ensayo?
3. Lee tu ensayo y subraya todas las palabras que se parecen a las palabras en inglés. Después vuelve a cada una de estas palabras y contesta las siguientes preguntas:
   a. ¿Es una palabra en español o la inventaste?
   b. ¿La has deletreado correctamente? Búscala en el diccionario.

c. ¿La has usado en un contexto apropiado? Busca su significado en un diccionario español-español para asegurarte de que el contexto es apropiado.

Palabra abierta

A. Describan lo que han aprendido sobre la importancia de tener presentes a los lectores en cuanto a:

1. la selección del tema
2. la formulación de preguntas para la encuesta
3. la selección del vocabulario
4. la presentación de datos descriptivos sobre los encuestados

B. Describan lo que han aprendido sobre la organización y compilación de datos.

1. ¿Qué criterios utilizaste para eliminar datos superfluos?
2. ¿Tuviste problemas a la hora de resumir y seleccionar los datos importantes? ¿Cómo te ayudaron tus compañeros a delimitar el tema?
3. ¿Qué se podría hacer para mejorar estos problemas? ¿Qué tipo de ejercicios considerarían convenientes?
4. ¿Qué han aprendido de su escritura después de revisar los ensayos de sus compañeros?

C. Carpeta de escritura.   El propósito de este espacio es que expreses cómo te sientes con respecto a tus habilidades de escritura después de haber terminado el capítulo. ¿Cómo piensas que se va desarrollando tu proceso de aprendizaje? Las notas que escribas en tu **Carpeta de escritura** son para tu uso personal y no serán evaluadas.

Lee las siguientes preguntas y escribe en tu cuaderno tus ideas sobre lo que has aprendido en este capítulo. Puedes escribir en tu cuaderno tus ideas sobre lo que has aprendido en este capítulo. Puedes escribir además una lista de las palabras que podrías utilizar la próxima vez que redactes un ensayo.

1. ¿Te ha resultado difícil la tarea de redacción de este capítulo?
2. ¿Qué quieres recordar para escribir mejor la próxima composición? ¿Tienes algún consejo específico?
3. ¿Probaste alguna estrategia nueva que te haya resultado bien al escribir este ensayo? ¿Hay alguna estrategia que podría ayudarte la próxima vez?
4. Piensa en un aspecto de tu escritura que crees que has mejorado. ¿Cómo lograste mejorar este aspecto?

Además de utilizar la Carpeta de escritura para expresar cómo se va desarrollando tu escritura, quisiéramos que conservaras ahí un diario que entregarás una o dos veces durante el curso, según las indicaciones de tu profesor(a). A continuación presentamos algunas opciones como posibilidades de expresión:

- Escribe una pequeña reflexión acerca de la clase después de cada día, pensando en qué temas te interesaron y por qué, o qué actividades te parece que funcionaron mejor y por qué.
- Escribe el titular de alguna noticia, el título de una película o un programa de televisión que tenga relación con el tema que se está tratando en clase. Explica por qué te ha llamado la atención.
- Escribe todas las ideas que se te ocurran después de discutir un tema en clase.

Recuerda que tu profesor(a) no evaluará la estructura de tus comentarios, sino que reaccionará a tus ideas sobre lo que están discutiendo en clase. ¡Buena suerte con tu diario!

La familia: Explorando la evolución del mundo humano

Los objetivos de tema y de género de este capítulo son:

- analizar críticamente diversas perspectivas en torno al concepto de la familia
- explorar una perspectiva sobre la familia y apoyarla en un ensayo personal mediante una serie de argumentos

Los objetivos lingüísticos y de redacción son:

- utilizar los sistemas pronominales del español y variedad léxica para producir textos con mayor cohesión
- usar apropiadamente el imperfecto y el pretérito en la narración
- identificar los componentes funcionales de un ensayo: la introducción (la tesis), el desarrollo y la conclusión
- reconocer la función de la narración y de la anécdota personal para apoyar ideas principales y atraer la atención de los lectores

Acercándonos al tema

A. Vocabulario del tema de la familia. Describe o explica en español el significado de cada una de las palabras o frases indicadas. Antes de consultar el diccionario, trata de determinar el significado de las palabras desconocidas por medio del contexto en el que aparecen.

1. La familia es un hecho natural y puede decirse que, como grupo perdurable, es característico de la **especie** humana.
2. Por eso necesita más tiempo el auxilio de sus **progenitores.**
3. Es la compañía entre los **seres** de la especie, es para el hombre un hecho natural o espontáneo.
4. Con la vida en común de la familia comienzan a aparecer **las obligaciones** recíprocas entre las personas, las relaciones sociales; **los derechos** por un lado y por el otro, **los deberes** correspondientes.
5. El amor, **el apoyo** mutuo que unen a los miembros de la familia son sentimientos espontáneos...
6. En cuanto al **respeto,** aunque es de especie diferente, lo mismo debe haberlo de los hijos para con los padres...
7. En Violeta Fernández se encontraba ya el germen de **la maternidad** en solitario que luego pusieron en práctica otras mujeres.
8. Sólo el 10% de los hijos nacidos son de madres solteras —la mayoría adolescentes, pocas **cohabitan en pareja** y algunas son madres voluntarias.
9. Es más, si yo **me emparejara** ahora, sería una perturbación para las dos.
10. Y con el que pactan una especie de **paternidad** *mediopensionista* con dos domicilios...

B. La definición. El término *familia* es de aceptación universal. Es decir, todos tenemos una idea concreta de lo que es la familia. Sin embargo, esta imagen de la familia varía no sólo de una cultura a otra, sino que varía también entre individuos.

1. Escribe tu definición de *familia*, indicando cuáles son las características esenciales de una familia. ¿A cuáles miembros incluirías?
2. Vuelve a leer tu definición. Una definición debe ser corta y explícita, tal como la tesis en un ensayo. ¿Es tu definición clara? ¿Es concisa? ¿Has incluido información superflua? Revisa tu definición.

3. Comparen su definición con la de sus compañeros. ¿Son distintas las definiciones? ¿Cuáles han sido las diferencias y semejanzas? ¿Cuáles son los elementos que no consideran que sean necesarios para definir el concepto de familia? Expliquen.
4. Entre todos hagan un mapa temático de la familia en una hoja aparte. Pueden incluir miembros, características esenciales y problemas asociados con la familia. Cuando terminen, escriban una definición que incluya toda la información básica. Tomen el siguiente esquema como punto de partida.

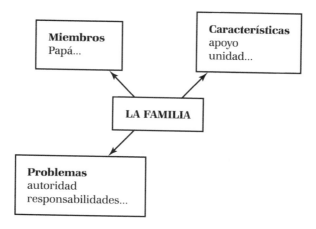

C. El concepto.   Nuestra estructura social descansa sobre la base de la familia. Es decir, nuestra sociedad le confiere un gran poder a la institución de la familia con respecto a la crianza y a la educación de los niños. Por lo tanto, a pesar de ser una institución dinámica, la familia tiene una gran responsabilidad educadora y de índole moral. Por esta razón, la familia, cambia muy lentamente.

1. Piensa en la imagen de la familia que se ve en la televisión. Por ejemplo, ¿cuál es la imagen que proyectan los anuncios publicitarios? ¿Y la de los programas de televisión? ¿Se presentan diferentes tipos de familia en la televisión? Explica.
2. Existen otros modelos de familia en la sociedad americana además de los ejemplos de la televisión. Haz una lista de los diferentes modelos y di cuáles son los estereotipos asociados con cada uno. ¿Cuáles son las ventajas o desventajas de estos modelos de familia? ¿Se presentan estos modelos como opciones aceptables en nuestra sociedad? Explica.
3. ¿Crees que el concepto de familia ha cambiado mucho en los últimos años? ¿Continúa una visión familiar similar a la que presenta el programa *Leave It to Beaver* de los años cincuenta? ¿Cuáles son las expectativas de la gente joven en cuanto a la familia que desean formar en el futuro? ¿Cómo se la imaginan? ¿Varía mucho de la familia tradicional? ¿Por qué? ¿Por qué no? Explica.
4. Escriban en una oración cuál es la imagen de la familia que se presenta en la televisión. A continuación proporcionen datos para apoyar esta opinión. Despues, escriban **individualmente** un párrafo donde presenten su propia opinión de la imagen de la familia y los datos que apoyan esta perspectiva.

Primera lectura: La familia

Alfonso Reyes (1889-1959) es una de las figuras intelectuales más importantes de México en el siglo XX. En su poesía y sus cuentos y ensayos los temas predominantes son las humanidades y la literatura, pero su ensayística recoge tres temas principales —la crítica literaria, la historia y las leyendas de América— así como su pensamiento social. Este último, en particular, aparece tanto en su análisis de la cultura mexicana como en sus impresiones como diplomático en Madrid, París, Buenos Aires y Río de Janeiro. Su siguiente ensayo sobre la familia figura en una de sus colecciones de ensayos.

Acercándonos al texto

A. Observa el formato de la siguiente lectura. ¿Cuáles son las características que asocias con el ensayo? Explica.

B. Lee el primer párrafo.

Después del respeto a la propia persona, corresponde examinar el respeto a la familia: mundo humano que nos rodea de modo inmediato.

¿Qué información puedes obtener de este párrafo? ¿Sobre qué tratará el texto? ¿Cuál es el estilo de la escritura? ¿A qué tipo de público le podría interesar? Explica en detalle.

C. A continuación se reproduce la primera oración de cada párrafo. Léanlas en parejas y después traten de determinar lo siguiente:

1. ¿Cuáles serán las ideas principales del texto?
2. ¿A qué aspectos de la familia se les presta importancia?
3. ¿Cuál es el tono del texto? ¿Es cómico? ¿Es académico?

Indiquen los aspectos del texto que les hacen llegar a estas conclusiones.

Párrafo 1: Después del respeto a la propia persona, corresponde examinar el respeto a la familia: mundo humano que nos rodea de modo inmediato.

Párrafo 2: La familia es un hecho natural y puede decirse que, como grupo perdurable, es característico de la especie humana.

Párrafo 3: La familia estable humana rebasa los límites mínimos del apetito amoroso y la cría de los hijos.

Párrafo 4: La mayor tardanza en el desarrollo del niño comparado con el animal no es una inferioridad humana.

Párrafo 5: El hombre, al nacer, es ya parte de una familia.

Párrafo 6: Con la vida en común de la familia comienzan a aparecer las obligaciones recíprocas entre las personas, las relaciones sociales correspondientes.

Párrafo 7: Sobre el amor que une a los miembros de la familia no vale la pena extenderse porque es sentimiento espontáneo, sólo perturbado por caso excepcional.

Párrafo 8: El hogar es la primera escuela.

D. Se podría decir que la idea central del ensayo está expresada en el segundo párrafo. ¿Cuáles podrían ser las ideas secundarias que la apoyan? Escribe las ideas secundarias en una hoja aparte.

La familia es un hecho natural y puede decirse que, como grupo perdurable, es característico de la especie humana.

Idea secundaria:

Idea secundaria:

Idea secundaria:

Primera lectura: La familia

ALFONSO REYES

Después del respeto a la propia persona, corresponde examinar el respeto a la familia: mundo humano que nos rodea de modo inmediato.

La familia es un hecho natural y puede decirse que, como grupo perdurable[1], es característico de la especie humana. Los animales, entregados a sí mismos y no obligados por la domesticidad, crean familias transitorias y sólo se juntan durante el celo[2] o la cría de la prole[3]. Por excepción, se habla de cierta extraña superioridad de los coyotes, que tienden a[4] juntarse por parejas para toda la vida.

La familia estable humana rebasa[5] los límites mínimos del apetito amoroso y la cría de los hijos. Ello tiene consecuencias morales en el carácter del hombre, y reconoce una razón natural: entre todas las criaturas[6] vivas comparables al hombre llamadas animales superiores, el hombre es el que tarda más en desarrollarse y en valerse solo[7], para disponer de[8] sus manos, andar, comer, hablar, etcétera. Por eso necesita más tiempo el auxilio[9] de sus progenitores[10]. Y éstos acaban por acostumbrarse a esta existencia en común que se llama hogar.

La mayor tardanza[11] en el desarrollo del niño comparado con el animal no es una inferioridad humana. Es la garantía de una maduración[12] más profunda y delicada, de una «evolución» más completa. Sin ella, el organismo humano no alcanzaría ese extraordinario afinamiento[13] nervioso que lo pone por encima de todos los animales. La naturaleza, como un artista, necesita más tiempo para producir un artículo más acabado.

El hombre, al nacer, es ya parte de una familia. Las familias se agruparon en tribus. Éstas, en naciones más o menos organizadas, y tal es el origen de los pueblos actuales. De modo que la sociedad o compañía de los semejantes[14] tiene para el hombre el mismo carácter necesario que su existencia personal. No hay persona sin sociedad. No hay sociedad sin personas. Esta compañía entre

---

[1]que dura para siempre
[2]periodo de tiempo en el que los animales procrean
[3]la descendencia
[4]**tienden...** tienen la tendencia a
[5]pasa, supera
[6]cosas creadas
[7]**valerse...** tener la capacidad de hacer algo por sí mismo
[8]**disponer...** poder utilizar
[9]la ayuda
[10]padres
[11]la demora, el retraso
[12]hacerse adulto, aumento en edad y juicio
[13]perfeccionamiento
[14]los demás individuos

los seres[15] de la especie es para el hombre un hecho natural o espontáneo. Pero ya la forma en que el grupo se organiza, lo que se llama el Estado, es una invención del hombre. Por eso cambia y se transforma a lo largo de la historia: autocracia, aristocracia, democracia; monarquía absoluta, monarquía constitucional, república, unión soviética, etcétera.

Con la vida en común de la familia comienzan a aparecer las obligaciones recíprocas entre las personas, las relaciones sociales; los derechos por un lado y, por el otro, los deberes correspondientes. Pues, en la vida civilizada, por cada derecho o cosa que podemos exigir existe un deber o cosa que debemos dar. Y este cambio o transacción es lo que hace posible la asociación de los hombres.

Sobre el amor que une a los miembros de la familia no vale la pena extenderse porque es sentimiento espontáneo, sólo perturbado por caso excepcional. En cuanto al respeto, aunque es de especie diferente, lo mismo debe haberlo de los hijos para con los padres y de los padres para con los hijos, así como entre los hermanos.

El hogar es la primera escuela. Si los padres, que son nuestros primeros y nuestros constantes maestros, se portan[16] indignamente a nuestros ojos, faltan a su deber; pues nos dan malos ejemplos, lejos de educarnos como les corresponde. De modo que el respeto del hijo al padre no cumple[17] su fin[18] educador cuando no se completa con el respeto del padre al hijo. Lo mismo pasa entre hermanos mayores y menores. La familia es una escuela de perfeccionamiento. Y el acatamiento[19] que el menor debe al mayor, y sobre todo el que el hijo debe a sus padres, no es mero[20] asunto sentimental o místico, sino una necesidad natural de apoyarse en quien nos ayuda, y una necesidad racional de inspirarse en quien ya nos lleva la delantera[21].

---

[15]las personas, los individuos
[16]**se...** actúan
[17]realiza
[18]objetivo, propósito
[19]la obediencia, la sumisión
[20]simple
[21]**nos...** va delante de nosotros (en cuanto a experiencia)

Interactuando con el texto

A. Después de leer «La familia» contesta las siguientes preguntas.

1. Según Alfonso Reyes, ¿qué es una familia? ¿Cómo se diferencia la familia humana de la «familia» de los animales?
2. Indica las características de la familia presentadas en el ensayo. Selecciona la información párrafo por párrafo. ¿Son las mismas características que utilizas para tu definición de familia? ¿Cuáles son las diferencias y semejanzas entre tu definición de familia y la de Reyes? Explica.
3. ¿Por qué considera Reyes que la especie humana es superior al resto de las especies animales?

4. Explica la relación que existe entre el ser humano, la familia y la sociedad. ¿Cómo establece Reyes la conexión entre los tres? ¿Cuál es la diferencia entre la sociedad y el Estado? Explica.

B. En la sección anterior has presentado las ideas básicas con las que Alfonso Reyes ha definido su concepto de *familia*.

1. Se podría decir que el discurso de Reyes *es antropocéntrico y determinista*. Busca la definición de estos términos y después selecciona ejemplos del texto que apoyen este punto de vista. ¿Estás de acuerdo con esta visión antropocéntrica y determinista de la familia? Explica.
2. ¿Puedes pensar en ejemplos modernos que contradigan el concepto de la familia que presenta Reyes? Explica.
3. Lee la siguiente cita.

    Si los padres, que son nuestros primeros y nuestros constantes maestros, se portan indignamente a nuestros ojos, faltan a su deber; pues nos dan malos ejemplos, lejos de educarnos como les corresponde.

    ¿Cuales son los buenos ejemplos que se deben dar a los niños? ¿Cuál es el tipo de educación que subraya Reyes? ¿Cuál es la responsabilidad del gobierno o de la sociedad en la educación de los niños? ¿Cree Reyes que el Estado o la sociedad deben asumir más responsabilidad en la educación? Explica.
4. Alfonso Reyes pone énfasis en los deberes y responsabilidades de los padres hacia los hijos. Hace hincapié en lo importante que es educar a los niños para integrarlos en la sociedad. Sin embargo, no indica qué le ocurre a los padres ni a los hijos si estos deberes no se cumplen. ¿Cuáles son las medidas de protección que existen para los niños? ¿Crees que son adecuadas? ¿Se necesita reestructurar las organizaciones de protección de niños? Explica.

Gramática funcional

Los pronombres y los adjetivos posesivos y demostrativos

En el primer capítulo se analizó el uso de los **conectores** (*sin embargo, por otro lado, en conclusión*, etc.), los cuales se incorporan al texto para que los lectores comprendan la conexión o relación entre las ideas expresadas. Aparte de estos enlaces, disponemos de otros recursos para crear *cohesión* dentro de la oraciones y entre éstas. Aquí veremos dos recursos adicionales: el uso de los **pronombres** y el uso de **adjetivos posesivos** y **demostrativos.** Estos recursos, además de proporcionarle unidad al texto, nos ayudan a eliminar repeticiones innecesarias para así poder mantener la atención de los lectores.

Primero analizaremos los pronombres. Tomemos como ejemplo las siguientes oraciones del texto de Reyes.

A. Por eso necesita más tiempo el auxilio de sus progenitores. Y **éstos** acaban por acostumbrarse a esta existencia en común que se llama hogar.

B. Sin ella, el organismo humano no alcanzaría ese extraordinario afinamiento nervioso que **lo** pone por encima de todos los animales.

Estos dos ejemplos ilustran el uso de pronombres para hacer referencia a palabras previamente utilizadas en el texto. **Éstos** hace referencia a *progenitores*, y **lo** al *organismo humano*.

Sin embargo, cabe recalcar que la referencia es esencial en la escritura ya que aporta «textura» a un texto, es decir, ayuda a establecer las relaciones de significado (semántico). Estas relaciones pueden ser de tipo *intraoracional* o *interoracional*. Por ejemplo, **éstos** en el ejemplo anterior forma parte de una relación interoracional porque su referente, *progenitores*, está en otra oración. Por el contrario, **lo** establece una relación intraoracional con *el organismo humano*. Las relaciones interoracionales, en particular, son esenciales en la creación de cohesión temática y estructural; porque, ayudan a eliminar la repetición innecesaria de palabras en el texto.

En español existen varias formas pronominales (personales, posesivas, demostrativas y comparativas) para designar una relación entre palabras que comparten el mismo referente. Por ejemplo, en el caso de los pronombres personales los más importantes son los de tercera persona, los cuales permiten que se pueda hacer referencia a un sustantivo explícito al principio del texto mediante pronombres. Y de esta manera se crea una *red o cadena referencial*. Si escribiéramos sobre Diego Rivera no sería necesario repetir su nombre a través de todo el texto puesto que disponemos de los pronombres personales. En el siguiente ejemplo, *él* sólo puede hacer referencia a *Diego Rivera*.

A los diez años Diego Rivera ingresó en la Escuela de Bellas Artes donde recibió una educación rigurosa en geometría descriptiva, dibujo mecánico y geografía física. Durante este periodo los maestros José Velasco y Santiago Rebull tuvieron una gran influencia en **él**.

Este mismo tipo de cadena referencial se produce con los pronombres demostrativos y comparativos:

Asimismo, en la Escuela de Bellas Artes entró en contacto con el libro *Cimientos*. **Éste** fue **el más influyente** en su carrera artística puesto que discutía los elementos esenciales de la geometría descriptiva que después utilizaría en el cubismo.

En el ejemplo anterior tanto el pronombre demostrativo *éste* como el comparativo *el más influyente* hacen referencia al libro *Cimientos*. El uso de estos pronombres evita la repetición de «libro» o de *Cimientos*.

Sin embargo, aunque el uso de los pronombres es muy importante para el escritor, es necesario recordar dos cosas fundamentales:

1. Existen distintos pronombres para diferentes funciones gramaticales. Por lo tanto, es esencial seleccionar el pronombre adecuado para el contexto.
2. En español, el uso del pronombre de sujeto es repetitivo. Sólo se debe utilizar cuando se menciona por primera vez el sujeto y para crear énfasis o para

establecer contraste. Es decir, aunque la siguiente oración es gramaticalmente correcta, no es adecuada estilísticamente.

Él fue al cine y después él compró un periódico, pero antes de regresar a casa, él pasó por un restaurante y él pidió un café.

En este ejemplo solamente sería necesario el primer **él**.

Al igual que los pronombres que hemos descrito, podemos usar los **adjetivos posesivos** y **demostrativos** para guiar al lector y para indicar en qué palabras se desea poner énfasis. Tomemos los siguientes párrafos como ejemplo.

Hace 19 años, cuando se quedó embarazada, pocas mujeres tomaban opciones tan singulares como la suya. Las más tradicionales de las que se quedaban embarazadas fuera del matrimonio cifraban **su** salvación en que el padre del futuro bebé se casara con ellas; las más progres —eran los años 70— empezaban a no tener reparos en abortar, al menos en teoría. «Pero yo tenía muy claro que quería tener a **mi** hijo», dice.

...«Me quedé embarazada justamente cuando pensaba terminar **esa** relación, así que en seguida comprendí que el hijo era un asunto **mío**. Y **esa** decisión no me ha supuesto un sacrificio, puesto que he hecho lo que más quería, que era tenerlo...»

Su hace referencia a *las mujeres* y el uso del adjetivo posesivo evita la repetición innecesaria de «la salvación de las mujeres». De la misma manera, **mío** es un adjetivo posesivo enfático que hace referencia a *asunto**. Al utilizar la forma enfática (en vez de decir *mi asunto*), la autora le indica al lector qué información se debe subrayar.

Lo mismo ocurre con los adjetivos demostrativos. *Esa relación* hace referencia a la relación que se había descrito en el párrafo anterior, es decir que junto a «relación», el adjetivo demostrativo «esa» funciona aquí como nexo. Por el contrario, *esa decisión* continúa con la idea expresada en la oración anterior.

Repasa el texto de Alfonso Reyes y haz una lista de todos los pronombres y/o adjetivos demostrativos y posesivos que encuentres. Identifica:

1. el tipo de pronombre empleado
2. la palabra a la que hace referencia

Creando textos

A. **Escritura personal.** «El hogar es la primera escuela». Escribe dos párrafos para explicar cómo la familia ha sido tu primera escuela. Usa vivencias personales para apoyar tus ideas.

B. **Escritura pública.** ¿Estás de acuerdo con la definición de familia de Reyes? ¿Crees que es limitada o que no refleja la realidad de la sociedad contemporánea? Elabora tu definición de *familia* en dos párrafos. Usa ejemplos per-

---

*En inglés la oración se traduciría literalmente como *"this matter of mine"*.

sonales para apoyar tus ideas. Repasa tu escritura a fin de incorporar más pronombres y adjetivos posesivos y demostrativos. Asegúrate de eliminar todas las repeticiones innecesarias.

Segunda lectura: Madres porque sí

El siguiente texto es un reportaje publicado en *El País*, un periódico español cuya ideología es afín a la del partido Político Socialista Obrero Español (el PSOE). Este escrito hace referencia a acontecimientos políticos y sociales que provocaron grandes cambios en la estructura social, económica y política española del siglo XX.

En los años 30, España sufrió una larga y dura guerra civil en la cual se enfrentaron las facciones republicanas y fascistas. El primero de abril de 1939 las fuerzas fascistas ganaron la guerra y al caer la República comenzó a gobernar como dictador el General Francisco Franco. Este nuevo gobierno totalitario eliminó todas las reformas sociales establecidas durante la República. El gobierno de Franco prohibió el divorcio, censuró libros, cerró España a influencias del exterior e inició un período ultraconservador que duró casi cuarenta años y durante el cual predominaron la iglesia católica, la banca y los militares. Con la muerte de Franco en 1975, desapareció la censura, se abrieron de nuevo los mercados a productos e inversiones extranjeras y se introdujeron nuevos productos culturales (como libros, películas, etc.) que antes habían sido prohibidos o a cuya distribución se le había puesto límites. La imagen geopolítica de la nueva España se diferenciaba drásticamente del concepto fomentado durante los años de la dictadura. En el discurso ideológico ya no se hacía énfasis en una Castilla unificada y monolítica sino que, por el contrario, se empezó a reconocer que España era un conglomerado de regiones diversas que empezaban a legitimar una vez más el uso de las lenguas regionales prohibidas por Franco. En general, estas regiones fueron adquiriendo poderes autónomos. Esta descentralización política también se reflejó en una descentralización del poder del hombre dentro de la casa. Esto benefició a la mujer, puesto que adquirió poderes dentro y fuera de la casa.

Acercándonos al texto

A. Lee el titular del siguiente artículo.

> La elección de la maternidad por parte de mujeres sin pareja transforma el viejo concepto de hijos de solteras

¿Qué significa para ti el término «hijo de soltera»? Describe cómo te imaginas la vida de estas mujeres y sus hijos.

B. ¿Es aceptable en nuestra sociedad tener hijos fuera del matrimonio? ¿Existen estereotipos asociados a los hijos de solteras? ¿Existe el estereotipo de la madre soltera? ¿Existe más de un estereotipo? Explica.

C. ¿Cuáles son las ventajas y desventajas para la mujer de tener un hijo sin pareja? ¿Cuáles son las ventajas y desventajas para el hijo? Explica.

D. El siguiente diálogo inicia el artículo.

> —Y, ¿ese niño que vas a tener es mío?
> —No. Es mío.

¿Cómo interpretarías este diálogo sabiendo que el contenido es sobre mujeres sin pareja que tienen hijos? ¿Cuál es el tono del diálogo? ¿Cómo se presenta la relación entre hombres y mujeres?

Segunda lectura: Madres porque sí

*La elección de la maternidad por parte de mujeres sin pareja transforma
el viejo concepto de hijos de solteras*

INMACULADA DE LA FUENTE

—Y, ¿ese niño que vas a tener es mío?

—No. Es mío.

Gloria González, que hoy tiene 40 años, aún se asombra[1] de su osadía. Hace 19 años, cuando se quedó embarazada, pocas mujeres tomaban opciones tan singulares como la suya. Las más tradicionales de las que se quedaban embarazadas fuera del matrimonio cifraban su salvación en que[2] el padre del futuro bebé se casara con ellas; las más progres[3] —eran los años 70— empezaban a no tener reparos[4] en abortar, al menos en teoría. «Pero yo tenía muy claro que quería tener a mi hijo», dice. «Tenerlo para mí», insiste. Por eso, cuando le comunicó al padre, «sólo por honestidad», que estaba embarazada, apenas le dejó un resquicio[5]: el padre era él, pero el hijo era de ella. A no ser que él se hubiera empeñado en[6] reclamarlo —y son excepción los que se empecinan en[7] probar que un hijo no matrimonial es suyo—, el hombre tenía ante sí el puente de plata perfecto para desaparecer.

_____

[1]**se...** siente admiración o extrañeza
[2]**cifraban...** tenían como única esperanza que
[3]progresistas
[4]**no...** no tener problemas
[5]una oportunidad, una posibilidad
[6]**empeñado...** insistido en
[7]**se...** se obstinan con
[8]exactamente
[9]precisamente
[10]administra
[11]creadora de películas cinematográficas
[12]profesor universitario

«Me quedé embarazada justamente[8] cuando pensaba terminar esa relación, así que en seguida comprendí que el hijo era un asunto mío. Y esa decisión no me ha supuesto un sacrificio, puesto que he hecho lo que quería, que era tenerlo. Es más, creo que yo he nacido con este carácter mío, tan independiente, justamente[9] porque tenía que tener este niño sola», afirma Gloria González, que regenta[10] en Madrid un instituto de estética.

Violeta Fernández, directora del programa de Asociacionismo del Instituto de la Juventud, tiene también 40 años, como Gloria González, y es madre de un joven de 17 años y de una niña de 12, ambos de un padre diferente. Militante del PSOE, Violeta Fernández asegura que quedarse embarazada de Javier «no fue algo premeditado. Pero tampoco rompía mis esquemas, porque siempre había pensado tener hijos sin casarme», explica.

Pioneras

En Violeta Fernández se encontraba ya el germen de la maternidad en solitario que luego pusieron en práctica otras mujeres. Otra de las pioneras fue la cineasta[11] Pilar Miró, quien, en el umbral de sus 40 años, decidió ser madre al margen de una pareja. O María Antonia Iglesias, en la actualidad directora de los Servicios Informativos de Televisión Española, que también había elegido vivir la experiencia de ser madre a pesar de no tener pareja. Al igual que más tarde María Izquierdo, actual eurodiputada socialista.

«En cierto modo, ése es el futuro, al menos en Suecia, donde la mitad de los niños que nacen son de mujeres sin pareja», apunta Enrique Gil Calvo, catedrático[12] de Sociología. «En España, la situación es diferente: sólo el 10% de los hijos nacidos son de madres solteras —la mayoría adolescentes, unas pocas cohabitando[13] en pareja y algunas más, voluntariamente—. Es una situación ambivalente: la tendencia mayoritaria sigue siendo casarse, aunque tardíamente[14], y tener el niño cuando se tiene la carrera ya encarrilada[15]. Lo que sucede es que si esa mujer llega a la treintena y no se casa, se plantea[16] tener un hijo sin pareja».

«Es infrecuente, pero yo no lo he pasado mal ni he tenido más problemas que otras amigas casadas que trabajan fuera de casa», explica Violeta Fernández. «Al contrario, creo que hubiera sido peor si encima tuviera un marido, porque normalmente su ayuda en casa es mínima y siempre te ocasionan alguna tarea adicional», agrega. «Por eso, cuando vino la niña, Marta, tenía ya la vida organizada y fue más fácil. Incluso ha sido más fácil para ella, que nació ya en la democracia, que para el niño, a quien sí le afectó no tener padre cuando fue al colegio, aunque lo superó muy bien. Ahora él es para mí un gran apoyo cuando vengo a casa con problemas».

Con un camino ya despejado[17], no es extraño que Cristina Fernández, la hermana de Violeta, siguiera sus pasos. Bioquímica de profesión, Cristina Fernández, que ahora trabaja como técnica de proyectos en la Asociación de Empleo de Mujeres Jóvenes, se fue a Nicaragua en 1983 y allí se quedó 5 años dando clases para ayudar a consolidar el proyecto sandinista. Y entre los sandinistas también encontró un amor que culminó en una niña, Irene, que hoy tiene 5 años, y que Cristina se trajo a casa.

«Los niños pueden asumir formas de vida diferente, pero llega un momento que preguntan por su padre y tal figura no puede escamotearse[18]», dice Cristina Fernández. «Cuando Irene preguntó por su padre la llevé a Nicaragua a que le conociera y ahora ya sabe que él tiene una vida diferente a la nuestra, pero le escribe cartas o le felicita por su cumpleaños», explica Cristina.

Relación distante

Su historia no es tan peculiar, pues algunas otras españolas y europeas que fueron a Nicaragua a echar una mano[19] acabaron trayéndose también un hijo. Pero esa perfecta distancia geográfica que facilita un tipo de relación igualmente distante, no siempre se encuentra al alcance de la mayoría, que, como es obvio, suele encontrar al padre de su hijo en un entorno más próximo. Un inconveniente que empuja[20] a algunas a elegir un progenitor anónimo en vez de pactar legal o verbalmente una patria potestad[21] con un hombre con el que no conviven.

Como María Antonia Iglesias, que optó, hace 15 años, cuando tenía 32, por una maternidad autónoma. «Al asumir mi embarazo en solitario, separé los sentimientos de pareja de los de madre y aunque no sustituí ni compensé uno por el otro, lo cierto es que la relación con mi hija me gratifica enteramente. Hasta el punto de que ni yo echo de menos una relación de pareja ni creo que mi hija eche en falta[22] un padre», declara la directora de los Servicios Informativos de TVE. «Es más, si yo me emparejara ahora, sería una perturbación para las dos», agrega.

«Cuando una mujer valora la maternidad en sí, eliminar esta experiencia por no tener pareja es una frivolidad», afirma Iglesias. «Sólo se vive una

---

[13]viviendo juntos
[14]muy tarde
[15]bien establecida
[16]**se...** contempla la posibilidad de
[17]libre, sin obstáculos
[18]ocultarse
[19]**echar...** ayudar
[20]impulsa
[21]**patria...** autoridad que los padres tienen sobre los hijos
[22]**en...** de menos

vez, y yo, que antes de tener a mi hija había pasado por un embarazo frustrado que me causó una fuerte depresión, me di cuenta de que sólo podía salir del bache[23] si me demostraba a mí misma que podía ser madre. Y una vez que lo decidí, adquirí tal seguridad que estaba convencida que iba a salir bien y que iba a ser precisamente una niña, que es lo que yo deseaba», añade. Una niña, «que me ha hecho muy feliz y en torno a la que he construido un mundo de ternura[24] y seguridad, una casa confortable que de haber vivido sola no hubiera llegado a tener».

La también periodista Yolanda G., de 30 años, ha elegido adoptar a Alejandra, una niña mexicana de 6 años, convencida de que ser madre crea una relación más duradera[25] que invertir afecto en una hipotética pareja que, de momento, no le interesa. «Y como hay ya en este mundo tantos niños sin hogar y a mí me daba igual ser madre biológica que adoptante, pensé que más que traer una nueva persona a este mundo, lo que tenía que hacer era hacerme cargo de alguien que ya estuviera aquí», razona.

La europarlamentaria María Izquierdo, de 46 años cree, sin embargo, que a su hijo Fabián, de 8 años, que va al colegio en Bruselas y vive con ella, le viene muy bien[26] ver de vez en cuando a su padre. «Yo, además no sabría hacer de padre», dice. «El niño fue reconocido al nacer por los dos —aunque él se ha casado después— y a mí me parece que eso es lo mejor».

Y esa es la opción de otras mujeres que, al borde de[27] los 40, se dan cuenta de que el matrimonio ya no es un objetivo en su vida y asumen que ese novio *eterno* con el que mantienen una larga relación puede ser el padre menos malo para el hijo que desean. Y con el que pactan una especie de paternidad *mediopensionista* con dos domicilios, en uno de los cuales —el de la mujer—, se instala la cuna[28].

---

[23]**salir...** sobreponerme al obstáculo
[24]amor, cariño
[25]que dura mucho
[26]**le...** le afecta positivamente
[27]**al...** cerca de
[28]cama para bebés

Interactuando con el texto

A. Después de leer «Madres porque sí» contesta las siguientes preguntas.

1. ¿Cómo se describe en el artículo la vida de las mujeres que optan por una maternidad autónoma? ¿Es muy diferente de la imagen que tenías antes de leer el artículo? ¿Pensabas que su vida sería distinta de la que se describe en el artículo? Explica en detalle.

2. En parejas, escriban a las mujeres entrevistadas, incluyendo información sobre sus trabajos, opiniones sobre los hombres, los hijos y demás. ¿Creen que la selección de mujeres es representativa de la sociedad española? ¿Cómo se afectaría el tono del artículo si se incluyera a otras mujeres? Explica.

3. Explica la presencia de los hombres en estas familias matriarcales, es decir, familias cuya cabeza es la madre. ¿Cuáles son las funciones del hombre? ¿Cuáles son sus responsabilidades en la crianza de los niños? Resume la información sobre las distintas mujeres entrevistadas e incluye tu interpretación del concepto de paternidad *mediopensionista*.

4. El artículo comienza indicando que el concepto de hijos de madres solteras ha cambiado. ¿Qué cambios ha habido en la sociedad española desde los años 70? ¿Cómo han afectado esos cambios a la mujer? ¿A los hijos? Haz referencia específica a las experiencias de Violeta Fernández.

B. Lee otra vez el texto y contesta las siguientes preguntas.

1. En parejas, comparen el concepto de familia expresado por Reyes y el recogido en las entrevistas de este texto. ¿Cómo se define la familia en este artículo? ¿Cuál de los dos conceptos les parece más acertado? ¿Piensan que estos conceptos reflejan la realidad de la sociedad estadounidense? Expliquen.

2. Compara las dificultades que se presentan en el artículo sobre la vida de estas mujeres solteras con las que se discutieron en clase al llevar a cabo las actividades de **Acercándonos al texto.** ¿Crees que el reportaje presenta una visión optimista de la situación de la mujer? ¿Estarías de acuerdo con Violeta Fernández cuando dice: «no lo he pasado mal ni he tenido más problemas que otras amigas casadas que trabajan fuera de casa»?

3. Comenta la siguiente cita de María Antonia Iglesias:

> Cuando una mujer valora la maternidad en sí, eliminar esta experiencia por no tener pareja es una frivolidad.

¿Cómo interpretas esta cita? ¿Estás de acuerdo con su opinión? Explica.

4. Discutan las siguientes preguntas en grupos: ¿Cuál es la tesis del artículo? ¿Cómo se presenta la tesis en el artículo? ¿Cuáles son las diferencias entre la presentación de la tesis en «La familia» y «Madres porque sí»? Es decir, ¿dónde aparece la tesis en los respectivos textos? ¿Cuán explícitamente está formulada? ¿Cómo refleja esta presentación las características de los géneros del ensayo y del reportaje, respectivamente?

VARIEDAD CASTELLANA

Si lees la primera cita del reportaje,

—Y, ¿ese niño que vas a tener es mío?

—No. Es mío.

puedes observar que las personas *se tutean*, es decir, que utilizan la segunda persona singular (**tú**) para hablar entre sí. Esta forma se usa generalmente entre amigos y miembros de una familia, excepto con personas mayores si se desea expresar el respeto que se siente hacia ellos. Sin embargo, el *tuteo* también se ha extendido a los ambientes profesionales y académicos. Aunque en España el uso de tú está muy extendido, otras variedades del español prefieren usar **usted**, incluso entre miembros de la familia.

Gramática funcional

Las cadenas léxicas

En la sección anterior se discutió cómo elaborar un texto escrito con mayor cohesión mediante el uso de elementos gramaticales referenciales, específicamente el uso de pronombres y adjetivos. Otro recurso para evitar la repetición innecesaria y para guiar al (a la) lector(a) son las **cadenas léxicas.** Al igual que los pronombres hacen referencia a términos mencionados antes en el texto, también es posible establecer una conexión entre palabras que se relacionan semánticamente entre sí. Sin embargo, a diferencia de la relación *referencial* que existe entre el pronombre y la palabra a la que sustituye, en las cadenas léxicas, la relación puede ser *referencial* o *asociativa*. En este último caso, las palabras en la cadena léxica no sustituyen a otras, sino que se relacionan por pertenecer al mismo campo semántico. Compara los siguientes ejemplos.

A. Un **maestro** que me enseñó a respetar las opiniones de los demás en clase fue el **Sr. Martín.** Se preocupa de que sus estudiantes comprendan y escuchen otras perspectivas y por eso es un gran educador.

B. Al mismo tiempo Castro lanzó grandes ofensivas en el campo **educativo** y la sanidad a fin de eliminar las diferencias entre las zonas urbanas y rurales. Se iniciaron programas de **educación** universal desde el nivel **pre-escolar** hasta el **universitario**, programas **politécnicos** que mezclaban la **instrucción** teórica con trabajos aplicados, programas para la **capacitación** de las clases obreras.

En el ejemplo (1) **maestro** hace referencia al *profesor Martín,* es decir, existe una relación *referencial* entre ellos. Por el contrario, en el ejemplo (2) las palabras en negrita no se sustituyen, sino que pertenecen al mismo campo semántico de la educación. Sin embargo, ambos son ejemplos claros de cómo el (la) escritor(a) establece una conexión temática en el texto mediante la selección de palabras. Asimismo, la variedad léxica no sólo mantiene la atención del público, sino que también permite que el término seleccionado refleje el significado deseado de una forma precisa.

Existen diferentes recursos para crear cadenas léxicas en el texto. Uno de los más frecuentes es la **repetición**, es decir, repetir la misma palabra a través del texto. También es habitual usar **palabras de la misma familia** con diferentes funciones gramaticales (por ejemplo, *la educación, el educador, educativo,* etc.). Otro recurso de gran utilidad es el uso de **sinónimos**, es decir, palabras que pertenecen al mismo campo semántico y desempeñan la misma función gramatical, como por ejemplo, *educar, enseñar, instruir, capacitar* y *explicar.*

Un aspecto que se debe tener en cuenta a la hora de seleccionar sinónimos es el de cambios de significado en el uso de una palabra u otra. Aunque el significado básico de los términos sea similar, el **campo**, o el contexto, en el que se pueden emplear puede ser diferente. Es decir, si le escribimos sobre la clase de historia a un amigo, el lenguaje que utilizamos probablemente será más general que el vocabulario que usamos al contestar una pregunta en un examen de historia. Por lo tanto, a la hora de seleccionar sinónimos se debe tener en cuenta si son palabras de uso cotidiano o si se utilizan en contextos específicos. Por ejemplo, *conocimiento* se usa en contextos generales, pero *sabiduría* o *erudición* serían adecuadas en contextos más académicos. Asimismo, se debe prestar atención a las connotaciones asociadas con el léxico. *Trabajador*, por ejemplo, es una palabra neutra, mientras que *lacayo* o *sirviente* tienen connotaciones negativas.

Mira las siguientes palabras, que se consideran sinónimos de *enseñar*. ¿Son todas intercambiables? ¿Cuáles tienen connotaciones negativas? ¿Cuáles tienen un significado más general? ¿Cuáles se pueden utilizar sólo en situaciones específicas? Explica.

informar	educar	entrenar	capacitar
explicar	ilustrar	adoctrinar	criar

Otro elemento que determina la selección apropiada de los sinónimos es el **tenor**, o la relación entre los participantes. Es decir, el escribir una nota a un amigo o una carta a una profesora implica que los criterios de selección del vocabulario serán distintos porque la relación entre amigos por una parte, y la relación entre profesor y estudiante, por otra, requieren tratos distintos. ¿Deseo crear un contexto formal con el (la) lector(a)? ¿O prefiero algo informal? ¿Es el léxico apropiado para el contexto? ¿Es el vocabulario demasiado coloquial? ¿Hay terminología demasiado académica?

Para resumir, es necesario prestar atención a la selección del vocabulario a la hora de escribir. En primer lugar, el uso del vocabulario preciso aclara la presentación de las ideas y elimina las repeticiones innecesarias que distraen al (la) lector(a). Además, mediante el uso de las cadenas léxicas podemos crear un texto con mayor cohesión.

Por último, vimos que el léxico seleccionado también ayuda a establecer el tono, el campo y el tenor en la escritura. Al hablar del tono nos referimos a si queremos establecer un tono académico, uno informal y conversacional o un tono irónico, entre otros. Vimos también que según el léxico que seleccionemos, se establece el campo o contexto del escrito. El léxico seleccionado reflejará además el tipo de lector(es) a quien(es) dirigimos nuestro texto (tenor).

Como estrategia general, a la hora de determinar qué vocabulario deseas utilizar, hazte las siguientes preguntas:

1. ¿Estás usando las palabras que comunican el significado deseado de la mejor manera posible?
2. ¿Estás repitiendo la misma palabra o términos similares?
3. ¿Estás tratando de crear un tono particular (ya sea coloquial, académico, irónico, etc.)? ¿Son las palabras seleccionadas adecuadas según el tono que quieres establecer?
4. ¿Has utilizado el léxico de manera que produzca un impacto o que capte la atención de los lectores?
5. ¿Has tenido presente al tipo de lectores a quienes te diriges?

Actividades

A. Lee el siguiente párrafo del ensayo y selecciona las palabras que tienen un significado similar, es decir, que pertenecen a un mismo campo semántico. ¿Cuáles son las palabras que son similares? ¿Puedes pensar en otros términos que se podrían utilizar con el mismo significado? Vuelve a leer el ensayo completo y selecciona la cadena léxica que se ha establecido en torno al concepto de la familia.

> Con la vida en común de la familia comienzan a aparecer las obligaciones recíprocas entre las personas, las relaciones sociales: los derechos por un lado y por el otro, los deberes correspondientes. Pues en la vida civilizada, por cada derecho o cosa que podemos exigir existe un deber o cosa que debemos dar. Y este cambio o transformación es lo que hace posible la asociación de los hombres.

B. Lee el siguiente párrafo y haz todos los cambios necesarios para eliminar las repeticiones innecesarias.

> Aunque hay muchas sociedades diferentes donde vive la mujer alrededor del mundo, la mujer asume el mismo papel. Este papel incluye cuidar de la casa y de los niños, realizar quehaceres domésticos y adoptar una conducta sumisa ante su esposo. Los tiempos van cambiando, sin embargo, y la mujer asume cada vez más un papel con más alternativas disponibles, pero en general muchas personas todavía tienen ideas muy fijas acerca del papel de la mujer en la sociedad.

Una vez terminado el ejercicio, discutan en grupos las modificaciones llevadas a cabo por cada estudiante.

C. Cambien la siguiente descripción para crear los siguientes tonos:

1. coloquial neutral
2. académico formal
3. que refleje enojo

Presten atención a los sustantivos, adjetivos y verbos seleccionados.

> Esta mañana me desperté a las cinco de la mañana para repasar un ensayo de literatura. Estaba lloviendo mucho y el viento había abierto la ventana cerca de mi escritorio. Con la lluvia se había mojado mi ensayo y la computadora. Por eso, cuando traté de imprimir otra copia no pude. No ha sido un buen día.

Creando textos

A. Escritura personal.   En este artículo la importancia de la figura masculina en la familia es muy limitada. ¿Estás de acuerdo con que el padre no es necesario para la crianza de los hijos? Utiliza experiencias personales para apoyar tu opinión.

B. Escritura pública. Selecciona una de las siguiente opciones.

1. ¿Te identificas con las opiniones expresadas en el artículo? ¿Crees que este tipo de familia puede satisfacer las necesidades del niño y de la madre? Utiliza experiencias personales para apoyar tu opinión.
2. Después de leer el ensayo de Alfonso Reyes y el artículo «Madres porque sí», indica cuál es tu definición de familia. Basa tu definición en experiencias personales.

Tercera lectura: Ser mamá por celular

El siguiente ensayo fue escrito por Elizabeth Subercaseaux, una periodista y escritora chilena. Subercaseaux ha contribuido a una variedad de publicaciones y cuenta con varios libros, algunos de los cuales son de género periodístico y otros de narrativa. Aunque ha vivido en los Estados Unidos desde 1990, su escritura se centra en los aspectos sociales y políticos que afectan a los chilenos, particularmente a las mujeres. En este ensayo combina el humor y la reflexión para examinar los problemas de la mujer contemporánea en Chile.

Acercándonos al texto

A. Lee el título y trata de determinar cuál será el tema del ensayo. Compara tus respuestas en grupo. ¿Cuáles son las opciones? ¿Por qué han interpretado el título de esta manera?

B. Lean ahora los primeros dos párrafos del escrito.

> Los movimientos de la vida se dan por turno. Generación por medio. Una generación gana la plata, la otra la hereda y la gasta. Una generación impulsa el cambio, la siguiente lo aprovecha y se detiene. Una generación hace el país, la próxima lo tira por la ventana.
>
> Con la mamá parece ocurrir lo mismo. Si en el Chile de los sesenta tocó mamá moderna, progresista y medio chiflada, hoy toca mamá conservadora, post moderna y asustada.

Después de leer los párrafos, ¿cómo interpretarían ahora el significado del título? ¿De qué tratará el ensayo? Expliquen.

C. ¿Cuál es la primera descripción que se hace de la madre chilena de los años 60 y del presente? ¿Estás de acuerdo con esta descripción? ¿Crees que estos adjetivos son los apropiados para describir a la madre estadounidense de los años 60 y de ahora? Explica.

Tercera lectura: Ser mamá por celular

ELIZABETH SUBERCASEAUX

*«Peregrina de ojos claros y divinos y mejillas encendidas de arrebol,
mujercita de labios purpurinos y radiante cabello como sol.»*

(*Peregrina*, bolero de Luis Rosado Vega y Ricardo Palmerín)

Los movimientos de la vida se dan por turno. Generación por medio. Una generación gana la plata[1], la otra la hereda y la gasta. Una generación impulsa el cambio, la siguiente lo aprovecha[2] y se detiene. Una generación hace el país, la próxima lo tira por la ventana.

Con la mamá parece ocurrir lo mismo. Si en el Chile de los sesenta tocó[3] mamá moderna, progresista y medio chiflada[4], hoy toca mamá conservadora, post moderna y asustada.

Y está bien. Yo no me quejo, al contrario, todo cuanto está ocurriendo en el mundo es tan asustante que es mejor educar a los hijos con el tejo pasado para atrás[5].

Sin embargo, a cada rato me entra una tremenda nostalgia por esas mujeres de antes, esa mamá que ya no existe y que ha sido reemplazada por esta mamá post moderna que se comunica con el mundo a través de un celular.

Por allá por los sesenta la mamá andaba en Citroneta[6], tenía amores en vez de «proyectos», la plata no era de ninguna manera lo más importante para ella, y podía morir soñando sentada en una silla, pero soñaba.

Hace poco tiempo fui a comprar a un Unimarc[7] y la nostalgia por la mamá de antes se me hizo tan viva que me llegó a doler[8]. Delante mío iba una mujer estupenda, de entre cuarenta y cincuenta años, elegantemente vestida, quemada por el sol de la nieve porque era pleno[9] invierno, exhalando un perfume como de rosas ahumadas, con un celular en la mano.

—¿Aló, Rosa? Voy entrando al Unimarc, Rosa, ¿qué fue lo que me dijo que le faltaba?

Un poco más allá, la mujer volvió a comunicarse.

—¿Rosa? Estoy en la hilera[10] de los tallarines[11], ¿le llevo de los con huevo o de los sin? ¿Llamó alguien? Si me llama la Lila, dígale que voy a llegar un poco tarde, pero que ya voy.

En el pasillo de las conservas volvió a llamar.

—¿Sabes, Rosa? No encuentro aceitunas negras ¿no podríamos echarle de las verdes? Ah, no, mejor hagamos otra cosa: ¿por qué no va al Unimarc de abajo y ve si encuentra de las que están importando de Grecia? ¿Llegó la Carola? ¿No ha llegado? ¡Ay! Rosa, ¿por qué no sale a la esquina a esperarla? No le vaya a pasar algo, la Carola es tan pajarona[12]. Ya, no la molesto más, nos vemos más ratito.

Y cortó, pero se le había olvidado decirle algo, así que marcó otra vez.

---

[1]el dinero
[2]**lo...** lo emplea bien
[3]fue el turno de
[4]loca
[5]**con...** sin riesgos
[6]marca de coche francés (Citroën)
[7]nombre de tienda
[8]**me...** me produjo dolor
[9]en medio de
[10]el pasillo
[11]pasta italiana
[12]traviesa

—¡Ay! Rosa, perdone que la moleste tanto. ¿Por qué no va al segundo cajón de mi cómoda[13] y ve si tengo medias?

Se quedó esperando un rato y dos minutos más tarde:

—¿No tengo? Un millón, entonces aprovecho de comprar.

En los vinos se detuvo de nuevo.

—¿Bertita? Soy yo. ¿Está don Antonio? Ayyyy, dígale que es urgente.

Estuvo esperando un rato y luego:

—¿Gordo? Hola, mi amor, cómo está, ¿se acuerda del vino californiano que usted me dijo que había visto Lucho en el Unimarc? Es que estoy en el pasillo de los vinos y no lo encuentro. Trate de no llegar tarde, gordo, la Cata es lo más puntual de la tierra. ¿Kendall? Ah, ya, gracias lindo, adiós.

Son tiempos distintos, desde luego, pero se echa de menos a esa otra mujer.

Cada vez que me acuerdo de la mamá de mi amiga Carola, por ejemplo, vuelvo a sentir la emoción y la envidia[14] que sentíamos cuando éramos niñas. La considerábamos una mujer fascinante, era moderna, progresista, encantadora. Fumaba y nos daba cigarrillos a los trece años, tomaba pisco sauer[15] y nos convidaba[16], a veces nos permitía manejar su Citroneta y ni siquiera le importó tanto cuando una de nosotras chocó la cascarria[17] contra un árbol.

—A ver, chiquillas, háblenme de los pololos[18]— nos pedía y a la primera anécdota estaba preguntándonos si nos dábamos besos en la boca, si nos acostábamos con ellos, si tomábamos píldoras, y nosotras nos quedábamos mirándola con la boca abierta, medio horrorizadas y sin saber qué decirle, pero de todas formas envidiábamos a la Carola. ¡Qué suerte tener una mamá así!

Cuando la Carola, que era su única hija, se casó, su mamá se fue a vivir a Tahití. Hacía varios años que se había separado del marido, ahora tenía cincuenta y quería rehacer su vida.

No más llegar la señora a Morea* comenzaron a llegar las cartas donde contaba sus aventuras con un amante francés que había conocido en la isla.

La Carola nos leía sus cartas en voz alta, presa[19] de una emoción conmovedora[20] y nosotras escuchábamos la historia de ese amor con el corazón en la mano y suspirando.

«Carola de mi corazón:

La mañana en que Jean Pierre llegó a mi vida había amanecido brumosa, como amanecen todas las mañanas en esta parte de Morea. La neblina bajaba por los cerros y su manto blancuzco y aguachento[21] apenas dejaba ver las copas de los árboles.

Eran cerca de las siete, yo me había levantado al alba[22] para sentir la salida del sol en mi cuerpo.

Me encontraba sentada frente a mi cabaña, leyendo *El Amante de Lady Chatterley*[†], cuando sentí una presencia cerca de mí y levanté la cabeza.

---

[13]mueble para guardar ropa
[14]deseo de tener lo que poseen otros
[15]**pisco...** bebida alcohólica amarga
[16]invitaba
[17]un coche viejo o no cuidado
[18]novios, amigos
*Morea es una isla en el Pacífico del Sur, en la Polinesia francesa.
[19]prisionera
[20]que emociona
[21]**manto...** (uso literario) la niebla se compara con una manta blanca y húmeda
[22]amanecer
[†]*Lady Chatterley's Lover*

Detrás del tronco de la palmera, a pocos metros de donde yo estaba, asomaba su rostro.

—Me estabas espiando.

—No.

—¿Desde cuándo estás ahí?

—Desde que llegaste.

Lo observé detenidamente. Era la primera vez que lo veía. Tenía los ojos medio verdes y brillantes, una boca larga y sensual, una mata de pelo negro que le salía así encima de las cejas. Apenas tenía frente, pero eso, en vez de afearlo, le hacía gracia. Me miraba con fijeza. Con una fijeza que daba susto y placer al mismo tiempo. Yo también lo miraba. Me puse nerviosa y me reí....»

En esa parte de la carta, la emoción de la Carola era tan grande que se ponía a llorar.

—Ya, pues, Carola, déjate de tonteras[23] y sigue leyendo.

Y ella seguía:

«Esa noche fuimos a la isla del pingüino. Y ahí me acarició el cabello, la frente, las cejas, la nariz, la cara, la boca, el cuello, la cintura, la pierna derecha y me miró con esa fijeza suya, sin hablarme casi, y luego me besó como yo no sabía que era posible que me besara nadie, y volvió a acariciarme de vuelta y yo empecé a marearme, a perder la voluntad, a no saber dónde me encontraba y a no importarme el tiempo, ni el mar, ni la isla ni los pingüinos, ni nada.»

Después de la lectura regresábamos a nuestras casas y no podíamos dormir.

----

[23]tonterías

[24]el centro, la parte más oculta

[25]prodigiosa

[26]mezclan

[27]curvas de los ríos o caminos

[28]**se...** se convirtieron en

[29]**se...** se lo pasa besándose con

Al mes siguiente, la Carola nos volvía a llamar. Había llegado otra carta de su mamá y nosotras volábamos a su casa.

«Carola de mi corazón:

Jean Pierre es un hombre extraño al que estoy comenzando a amar profundamente. Esta mañana volvimos a la isla del pingüino y ahí, bajo la luz del mediodía, en medio de un silencio tan profundo que permitía escuchar los pensamientos de la entraña[24] de la tierra, me confesó que él era un Xilú.

Los Xilú son unos seres diminutos que habitan los espacios que existen entre el sueño y la realidad, me explicó. Tienen poderes. Pueden introducirse en el sueño de la gente. Poseen una memoria portentosa.[25] No se enredan[26] nunca con desperdicios materiales. Son livianos de equipaje, pueden viajar por los meandros[27] de la tierra, los que existen y los que no existen también. Saben reconocer los lugares donde Dios ha estado siempre, los lugares donde Dios ha estado sólo de pasada y los lugares donde Dios no ha estado nunca. Saben leerle el corazón a la gente, cantan en varios idiomas y se entienden con la tierra.

¡Ay!, Carola de mi corazón, me emocioné tanto con todo lo que me dijo que lo convidé al río. Y allí volvió a acariciarme la profundidad del pelo, el entorno de las cejas, los labios, la parte derecha de la cara, el cuello, la cintura, y sus manos se trocaron en[28] palomas calientes que me revoloteaban el cuerpo, y entre sus manos y la fijeza de sus ojos callados perdí la voluntad y entré en una espiral de temblores, y cuando estaba a punto de estrellarme, Jean Pierre podría haber hecho conmigo lo que hubiera querido, hasta matarme, y a mí no me habría importado nada.»

En los tiempos conservadores que corren no sería posible una mamá así.

Lo primero es que muy pocas hijas se emocionarían porque la mamá se anda besuqueando con[29] un «Xilú» en la isla del pingüino, en Morea. Lo segundo es que la mamá del celular ya no quiere ir a las islas a rehacer su vida sino a Miami a molear[30]. Y la carta que mandaría a su Carola de estos tiempos no sería, de ningún modo, como la que hemos visto sino así:

«Carola de mi corazón:

¡Qué bueno que le haya ido bien en la Prueba de Aptitud Académica! No sabe cuánto me alegro por usted, por el papá que estaba tan preocupado y por mí misma, me siento orgullosa de usted[31] y estoy segura de que será una estupenda ingeniera comercial.

Futuro asegurado, gorda, linda carrera, billete largo, todo, un millón de oportunidades de trabajo. La felicito.

Vuelvo el quince, nos ha ido fantástico con la Tita, hemos comprado la mitad de Miami, hace un calor espantoso, nadie diría que es pleno invierno.

Preocúpese de que la Catalina se acueste temprano, no quiero que salga sola a ninguna parte y que no se quede en la noche viendo televisión ni jugando con el computador con ese niñito, me carga[32] ese niñito, le hallo cara rara[33].

Otra cosa, linda: que a Toñi no se le ocurra irse en la Vitacura[‡] al colegio, échele una mira-

dita usted, hace rato que lo noto con ganas de andar solo en micro[34] y yo le tengo pavor[35] a la locomoción colectiva. No le vaya a pasar algo.

Bueno, mi amor, cuídese un montón, ayúdele a la Cleme y dígale al papá que le compré los palos de golf, un beso,

LA MAMÁ

PD: Gorda: se va a morir cuando vea el celular que me compré. Tiene musiquita.»

En los tiempos que corren le han puesto musiquita a casi todo, como si se temiera que el hombre, enfrentado al silencio y a sus propios pensamientos, fuera a enloquecer.

Son tiempos revueltos. Hay una extraña mezcla entre la vuelta a los valores tradicionales de la familia y el frenesí por tener plata y cosas y rodearse de una tecnología desquiciante[36].

La mamá del celular suele ser hiper conservadora, pero al mismo tiempo vive pendiente de la tecnología. Para todo hay una máquina. Se comunica con las empleadas por citófono[37], con sus niños por celular. En su postmodernismo puede encontrarse rezando el rosario en el escritorio de la casa, con una mano, y con la otra llamando por citófono a la cocinera para decirle que no le ponga alcaparras[38] a la salsa de la corvina[39]. Con una mano se golpea el pecho y con la otra hace la lista de las cosas que va a comprar en Miami, cuando vaya con la Tita a molear. Es como si Dios se hubiera casado con el Mall y ella fuera la dama de honor.

Sí, son tiempos confundidores y asustantes...

Cuando se observa el destino que tuvieron las ideologías, las revoluciones, los gobiernos del pueblo para el pueblo, el amor libre y las utopías que adornaron nuestras cabezas en los sesenta, da susto y se comprende por qué muchas mamás de celular viven aterradas[40] con lo que pueda ocurrirles a sus hijos y optan por la educación tipo convento, moleando en Miami, pero tipo convento. Menos comprar cosas, todo es pecado.

---

[30]ir de tiendas a un «mall»

[31]**me...** siento que eres digna de admiración

[32]**me...** no me cae bien

[33]**le...** no confío en él

[‡]Compañía de transporte público de Santiago de Chile

[34]autobús (microbús)

[35]miedo

[36]enloquecedora, molestosísima

[37]máquina para comunicarse entre dos salas en la misma casa

[38]condimento parecido a las aceitunas utilizado para cocinar

[39]tipo de pescado

[40]horrorizadas

La sociedad se ha vuelto tan violenta y el ambiente tan amenazante que la mamá de los sesenta mira lo que está pasando y siente que ella fue inocente, creer en la posibilidad de un mundo igualitario era naif[41] y no contar con los pendulares[42] que son y han sido siempre los movimientos sociales era más naif aún.

Muchas creyeron que la izquierda tenía la clave[43] para solucionar las miserias más importantes del hombre, la Unión Soviética era un reino de justicia e igualdad, Fidel Castro era un héroe.

Cuando comenzaron a caer los muros de Berlín, las estatuas de Lenin y a saberse que los cubanos de la isla no estaban todo lo contentos que[44] se creía que estaban, tenían pocas cosas que comer y ninguna libertad y aspiraban llegar a Miami, aunque fuera a nado[45], los sueños de los sesenta se estrellaron[46] de una manera brutal.

Será porque en el umbral[47] de la vejez todas nos ponemos más conservadoras, será porque después de los cincuenta viene la revisión de la vida o será por las características de los tiempos, no sé por qué será, pero lo cierto es que la mamá de los sesenta suele sentir que quizás fue demasiado permisiva, no rayó la cancha[48] con suficiente claridad, tal vez debió educar a sus hijos de una manera más tradicional...

Chile ya se conectó al mundo sin secretos, donde los trapitos sucios[49] de los países ya no se lavan en la casa sino en la CNN. Ya llegó la televisión por cable esparciendo[50] las miserias de los «serial killers», los O.J. Simpson y la mamá que lanzó el auto con sus guaguas[51] en el asiento de atrás a un lago. Llegaron los MacDonalds, los correos electrónicos, las contestadoras telefónicas, los cajeros automáticos[52] y todas las marcas conocidas. Llegó el Sida y llegó la droga. Como a todas partes.

En un mundo así, donde casi todo da miedo, ¿quién se atrevería a ser como la mamá de la Carola de los sesenta? Probablemente nadie. Sin embargo, cuesta resignarse[53] a que la mamá del celular moleando en Miami sea quien reemplace a la soñadora de cincuenta que se besaba con Jean Pierre en la isla del pingüino.

---

[41]inocente, ingenuo

[42]inconstantes

[43]la respuesta

[44]**todo...** tan contentos como

[45]**a...** nadando

[46]**se...** terminaron

[47]**en...** al inicio

[48]**rayó...** estableció límites

[49]**trapitos...** las situaciones que no se quieren dar a conocer

[50]difundiendo

[51]bebés, hijos

[52]**cajeros...** máquinas bancarias

[53]**cuesta...** es difícil aceptar

Interactuando con el texto

A. Después de leer «Ser mamá por celular», contesta las siguientes preguntas.

1. ¿Cómo son las dos madres que se presentan? ¿Qué información se incluye sobre ellas? ¿Qué datos se presentan sobre su familia? ¿Sus profesiones? ¿Su forma de vida? ¿Qué adjetivos se usan? ¿En qué actividades participan?

2. Compara las cartas que escriben las dos madres. ¿Qué tipo de información encuentras en las cartas sobre la personalidad de las dos madres? ¿Cómo se refleja la personalidad de las dos mujeres a través del estilo de escritura? ¿Cómo describirías la relación entre las dos madres y sus hijas? Explica.

3. Después de leer el ensayo, ¿cuál es la función de la tecnología en la sociedad chilena? ¿Cómo explica la autora su importancia en la sociedad? ¿Cómo contrasta el uso de la tecnología en los años 90 con su uso en los años 60? ¿Cuál es la opinión de la autora sobre la tecnología? Explica. ¿Cuáles son las semejanzas y diferencias entre las madres de los Estados Unidos y las que se describen en el ensayo?

B. Lee de nuevo el texto y contesta las siguientes preguntas.

1. Una de las distinciones interesantes que se establecen en el texto es la función del *silencio* en las dos sociedades. Para la mamá de los años 60 el silencio se describe de la siguiente manera:

> «en medio de un silencio tan profundo que permitía escuchar los pensamientos de la entraña de la tierra...»

Y para la mamá de los años 90:

> «En los tiempos que corren le han puesto musiquita a casi todo, como si se temiera que el hombre, enfrentado al silencio y a sus propios pensamientos, fuera a enloquecer.»

¿Cuál es la función del silencio para las dos madres? ¿Estás de acuerdo con el análisis que se hace del temor al silencio en la actualidad? Explica.

2. «Ser mamá por celular» introduce el humor repetidamente. En grupos,

   a. presenten 3 ó 4 ejemplos en los que se use eficazmente el humor en el texto.
   b. expliquen cuál es la función del humor en estos ejemplos. ¿Son ejemplos de sarcasmo, de ironía? ¿Hay otras funciones del humor en el ensayo? Expliquen.
   c. ¿Cómo se diferencia la función del humor en «Ser mamá por celular» de un humor de cachiporra (*slapstick*)? ¿Del humor negro? Expliquen.

3. En el ensayo se repite con frecuencia que nuestra realidad social condiciona nuestro comportamiento e impide que puedan existir madres como las madres de los años 60. ¿Piensas que sería imposible volver a la mentalidad de los 60? ¿Es necesario ser más conservadores hoy día? Explica.

VARIEDAD CHILENA

Como hemos visto en el ensayo de Elizabeth Subercaseaux, la mamá contemporánea de Chile se analiza mediante el uso de imágenes que reflejan la vida cotidiana del país. El texto refleja eficazmente aspectos de la sociedad chilena ya que incorpora sucesos cotidianos además de frases y expresiones típicas del país, tales como:

- el uso de apelativos de cariño como **gordo**, **linda**, **estupenda** y otros;

- el uso de nombres comunes en Chile, tal como el de Carola;

- el uso del artículo delante del nombre, una tendencia generalizada en Chile: la Carola;

- el uso de **usted** incluso entre esposos y padres e hijos.

La incorporación de estos detalles lingüísticos y la utilización de vocabulario chileno cumplen además la función de suscitar el pensamiento crítico de los lectores. El uso de expresiones características de la sociedad chilena permite que el (la) lector(a) pueda identificar a los personajes como proyecciones de personas reales de la sociedad. La caracterización lingüística de los personajes es el instrumento mediante el cual la autora articula la conducta de éstos en su contexto social chileno. De esta manera, la lengua le permite a la autora criticar la conducta de los personajes y, por este medio, hacer que los lectores —al verse reflejados en los personajes del relato— cuestionen su propia conducta e ideas.

Gramática funcional

El uso del pretérito y el imperfecto

En «Ser mamá por celular» se incorpora la narración de sucesos particulares para resaltar y apoyar las ideas principales. Al incluir anécdotas personales de caracter humorístico es posible atraer al (a la) lector(a) a nuestra argumentación sin menospreciar el análisis crítico sobre el que se basa el escrito.

El uso de la narración es una excelente estrategia discursiva. Es necesario recordar, sin embargo, que el uso del pretérito o del imperfecto en la narración de hechos pasados es especialmente problemático para los hablantes del inglés, puesto que esta distinción de formas verbales no siempre existe en su lengua nativa. Todos hemos oído la regla básica para la selección del pretérito o el imperfecto: «se usa el imperfecto para acciones sin concluir, mientras que el pretérito se usa para expresar acciones concluidas». Desafortunadamente, esta regla no es adecuada ya que no incluye los cambios en significado que se producen con el uso del pretérito e imperfecto. De hecho, la forma correcta del verbo, ya sea pretérito o imperfecto, depende completamente del contexto y del significado que se desea destacar.

Tanto el pretérito como el imperfecto son formas verbales del pasado, pero presentan aspectos diferentes. El pretérito hace énfasis sobre el estado acabado o perfectivo de cierta acción, mientras que el imperfecto acentúa la continuidad de una acción ocurrida en el pasado. Sin embargo, cualquier acción puede ser continua o concluida, **según el contexto en el que se lleve a cabo.** Veamos el siguiente ejemplo.

> Por eso, cuando *vino* la niña, Marta, *tenía* ya la vida organizada y **fue** más fácil. Incluso ha sido más fácil para ella, que *nació* ya en la democracia, que para el niño, a quien sí le **afectó** no tener padre cuando **fue** al colegio, aunque lo *superó* muy bien.

Los verbos subrayados —*vino, nació* y *superó*— son acciones concluidas y sólo pueden usar el pretérito en este contexto. De la misma manera, *tenía* es obligatoriamente imperfecto ya que implica una acción continua que es anterior a la llegada de Marta y que continúa después. Por el contrario, los verbos **en negrita** podrían aparecer en el imperfecto. Sin embargo, la mujer entrevistada deseó hacer resaltar acciones concluidas para acentuar que el sufrimiento de su hijo ha terminado. Si hubiera usado el imperfecto, se le habría dado más valor al aspecto de la continuidad del sufrimiento.

Como ya se ha indicado, todos los verbos pueden aparecer en el pretérito o en el imperfecto. Sin embargo, también es cierto que algunos verbos tienden a utilizarse con más frecuencia en el pretérito o en el imperfecto. Por ejemplo, los verbos que expresan una acción con un comienzo y un final definidos (como *cerrar, cortar,* etc.) tienden a usarse en el pretérito, mientras que los verbos que expresan acciones estáticas o repetitivas (como *gustar, estar,* etc.) tienen límites menos definidos e implican un aspecto de acción en progreso. Asimismo, existen verbos cuyo significado cambia según se usen en el pretérito o en el imperfecto.

Actividades

A. Lee las siguientes oraciones tomadas de «Ser mamá por celular». Todos los verbos en negrita podrían utilizarse en el pretérito o el imperfecto. ¿Cuál es el significado que ha preferido subrayar la autora?

1. Cada vez que me acuerdo de la mamá de mi amiga Carola, por ejemplo, vuelvo a sentir la emoción y la envidia que **sentíamos** cuando éramos niñas.
2. La **considerábamos** una mujer fascinante, era moderna, progresista, encantadora.
3. La Carola nos **leía** sus cartas en voz alta, presa de una emoción conmovedora y nosotras **escuchábamos** la historia de ese amor con el corazón en la mano y suspirando.
4. Apenas tenía frente, pero eso, en vez de afearlo, le hacía gracia. Me **miraba** con fijeza.

5. Cuando se observa el destino que tuvieron las ideologías, la revoluciones, los gobiernos del pueblo para el pueblo, el amor libre y las utopías que **adornaron** nuestras cabezas en los sesenta...

6. La sociedad se ha vuelto tan violenta y el ambiente tan amenazante que la mamá de los sesenta mira lo que está pasando y siente que ella **fue** inocente, creer en la posibilidad de un mundo igualitario **era** naif y no contar con los pendulares que son y han sido siempre los movimientos sociales **era** más naif aún.

7. Muchas **creyeron** que la izquierda tenía la clave para solucionar las miserias más importantes del hombre, la Unión Soviética era un reino de justicia e igualdad, Fidel Castro era un héroe.

B. Completa el siguiente párrafo con la forma correcta del verbo entre paréntesis. Explica por qué es necesario el *pretérito* o el *imperfecto*.

Batista se hizo con el poder tras la derrota del General Machado. En esos momentos, Cuba (1) _____ (pasar) por un periodo caótico donde (2) _____ (existir) una fuerte oposición al General Machado, graves problemas económicos y (3) _____ (producirse) un sinfín de huelgas, manifestaciones y agresiones. El cambio al poder (4) _____ (ser) violento, llegándose a linchar centenares de machadistas sin la intervención de los EE.UU. Tras asumir control del gobierno, Batista (5) _____ (elaborar) la Constitución de 1940, la cual (6) _____ (prometer) derechos civiles y humanos, todo tipo de libertades, igualdad racial y social, educación libre, seguro social, salarios mínimos, así como beneficios al trabajador.

En 1944 Batista (7) _____ (perder) las elecciones y no (8) _____ (regresar) al país hasta 1948, año en el que (9) _____ (ganar) un puesto de senador y (10) _____ (formar) el Partido de Acción Unitaria (PAU). Durante los siguientes cuatro años el país estuvo plagado de violencia entre los partidos políticos, los sindicatos, las universidades, los ejércitos privados, así como por la corrupción política. Batista (11) _____ (presentarse) a las elecciones presidenciales en 1952 y al ver que (12) _____ (perder), (13) _____ (tomar) control del gobierno a la fuerza con la ayuda de sus capitanes y lugartenientes.

Creando textos

A. Escritura personal. La autora indica explícitamente el tipo de madre que a ella le gusta pero, ¿qué mamá seleccionarías si tuvieras la opción: la mamá moderna o la mamá conservadora? ¿Por qué? Escribe tu opinión en dos párrafos y proporciona datos para apoyar tus argumentos.

B. Escritura pública. Seleccionen una de las siguientes opciones.

1. Al comienzo del ensayo se indica que cada generación invierte los esquemas de la generación que le ha precedido. ¿Cuál es la generación de padres que existe ahora en los Estados Unidos? ¿Cómo se imaginan a la próxima generación? Indiquen sus predicciones en dos párrafos y proporcionen datos para explicar en qué información basan sus predicciones.

2. Tanto Mendoza en el primer capítulo como Subercaseaux en éste presentan su imagen de la sociedad de los años 60. ¿Tienen la misma perspectiva? ¿Cuáles son las semejanzas? ¿Las diferencias? Escriban su opinión en dos párrafos y apoyen sus argumentos con información del texto.

ESCRITURA

Objetivos:

Esta sección trata de las siguientes partes del proceso de escribir:

- la organización básica de un ensayo: tesis, desarrollo y conclusión
- las estrategias para la redacción del ensayo personal: la utilización de sucesos personales para apoyar las ideas principales y atraer la atención de los lectores
- la eliminación de la redundancia mediante el uso de pronombres y variedad léxica

El ensayo

El ensayo puede aparecer tanto en las páginas editoriales de los periódicos, en colecciones de ensayos académicos, en revistas de información general o en la forma de una composición que hay que entregar a un profesor para una clase. En todos esos casos, el ensayo desempeña la misma función: informar al (la) lector(a) sobre un tema en particular, ya sea mediante la exposición la argumentación, el contraste, la evaluación u otras estrategias discursivas. Es decir, la función básica del ensayo es la de presentar un punto de vista que se valida a través del escrito mediante el desarrollo de ideas de apoyo.

Puesto que el propósito principal de la ensayística es presentar información, la primera función del (de la) escritor(a) será la selección de un tema que considere de interés tanto para su público como para sí mismo(a). A continuación, es necesario delimitar el tema general y especificar cuál será el aspecto o perspectiva que se explicará o argumentará en el ensayo, es decir, se debe seleccionar **la tesis.** Tomemos como ejemplo el ensayo de Alfonso Reyes. El ensayo es sobre la familia, pero ¿cuál es la tesis? ¿Qué aspecto de la familia se trata en su texto? Lee los siguientes párrafos y subraya la tesis.

> Después del respeto a la propia persona, corresponde examinar el respeto a la familia: mundo humano que nos rodea de modo inmediato.
>
> La familia es un hecho natural y puede decirse que, como grupo perdurable, es característico de la especie humana. Los animales, entregados a sí mismos y no obligados por la domesticidad, crean familias transitorias y sólo se juntan durante el celo o la cría de la prole. Por excepción, se habla de cierta extraña superioridad de los coyotes, que tienden a juntarse por parejas para toda la vida.

En los ensayos académicos, como el de Alfonso Reyes, la tesis suele presentarse de una forma explícita y normalmente aparece al principio del texto, ajustándose al denominado método *deductivo*. Es decir, la estructura de estos ensayos consta de una tesis explícita seguida del desarrollo de la idea propuesta en la tesis. Por el contrario, el método *inductivo* incorpora la tesis al final como, por ejemplo, en los cuentos, donde la moraleja resume el contenido básico de la narración. Sin embargo, ya sea mediante el método inductivo o deductivo, el (la) autor(a) debe desarrollar su tesis presentando argumentos que apoyen su punto de vista. Una vez seleccionadas estas ideas de apoyo, se deben organizar de manera que la conexión entre las ideas y la tesis sea clara, y de forma que le den relieve a los argumentos más importantes de su ensayo.

Por lo general, cada párrafo desarrolla una idea principal y cada idea tiene una conexión directa con la tesis. Volvamos al ensayo de Alfonso Reyes. Lee cada uno de los párrafos (del tercero en adelante) y escribe en tu cuaderno la idea principal de cada uno. Después indica cuál es la conexión entre esa idea y la tesis.

Párrafo 1:

Párrafo 2:

Párrafo 3:

Párrafo 4:

Párrafo 5:

Párrafo 6:

Una vez establecidas las ideas principales, los autores desarrollan la tesis mediante información de apoyo, que pueden ser tanto datos específicos como la narración personal de experiencias que apoyan las ideas principales. En el caso del ensayo personal, la narración de sucesos que hemos vivido puede ser una estrategia útil ya que atrae la atención del (de la) lector(a). En el caso de Alfonso Reyes, el ensayo sólo expone sus ideas sobre la familia, pero Elizabeth Subercaseaux incorpora la narración para ejemplificar su perspectiva, lo cual no sólo hace amena la escritura, sino que le permite establecer su perspectiva crítica a través del humor. Tomemos los siguientes párrafos como ejemplo.

Hace poco fui a comprar a un Unimarc y la nostalgia por la mamá de antes se me hizo tan viva que me llegó a doler. Delante mío iba una mujer estupenda, de entre cuarenta y cincuenta años, elegantemente vestida, quemada por el sol de la nieve porque era pleno invierno, exhalando un perfume como de rosas ahumadas, con un celular en la mano.

—¿Aló, Rosa? Voy entrando al Unimarc, Rosa, ¿qué fue lo que me dijo que le faltaba?

(continúa)

> Un poco más allá, la mujer volvió a comunicarse.
>
> —¿Rosa? Estoy en la hilera de los tallarines, ¿le llevo de los con huevo o de los sin? ¿Llamó alguien? Si me llama la Lila, dígale que voy a llegar un poco tarde, pero que ya voy.

¿Cuál es la idea general? ¿Cuál es la función de la narración aquí? ¿Cuál es su relación con la idea general? ¿Se utiliza la narración de forma eficaz?

Creando nuevos textos

A lo largo de este capítulo hemos analizado diferentes nociones de lo que constituye la familia y los diferentes factores sociales y políticos que pueden afectar a ésta. Imagina que te han pedido que escribas un ensayo personal para un periódico universitario hispano que desea hacer una edición especial sobre la relación entre la familia y la sociedad. Tomando como punto de partida tus experiencias particulares, selecciona uno de los siguientes temas y escribe un ensayo donde tus ideas principales estén apoyadas o ilustradas con tus propias experiencias.

1. ¿Cuál es tu definición de la familia? ¿Cuáles son las características esenciales? ¿Cuáles te parecen secundarias? Haz referencia a las definiciones que hemos analizado en las lecturas de este capítulo.

2. En los ensayos se repite que las familias han cambiado a través del tiempo a fin de adaptarse a las realidades socioeconómicas y políticas de sus respectivos países. ¿Cómo te imaginas la familia del futuro en los EE.UU.? ¿Sobre qué ideas basas tus predicciones? ¿Cómo influirán los acontecimientos sociales en la familia del futuro?

3. Elizabeth Subercaseaux describe la sociedad actual chilena de la siguiente manera: «Son tiempos revueltos. Hay una extraña mezcla entre la vuelta a los valores tradicionales de la familia y el frenesí por tener plata y cosas y rodearse de una tecnología desquiciante». ¿Crees que esta definición caracteriza a la familia de los EE.UU. de manera precisa? ¿Crees que existen diferencias culturales? ¿Generacionales?

Acercándonos al texto

Lluvia de ideas. Los temas propuestos anteriormente requieren que formules una opinión clara y que selecciones argumentos que puedan apoyar tu idea central.

A. Selecciona el tema de tu discusión. ¿Qué postura u opinión deseas defender en tu ensayo? Escribe en tu cuaderno una oración que defina tu idea central con claridad.

B. ¿Cuáles son los argumentos que mejor apoyarían tu postura? Escribe un mínimo de cuatro argumentos y conéctalos al recuadro.

C. ¿Has tenido una experiencia personal, o sabes algo sobre tu familia o amigos, que pueda servir de ejemplo para ilustrar alguno de estos argumentos? Escribe las experiencias personales debajo del argumento con el que están relacionados.

D. Organiza las ideas principales debajo de tu tesis en el orden en que deseas presentarlas.

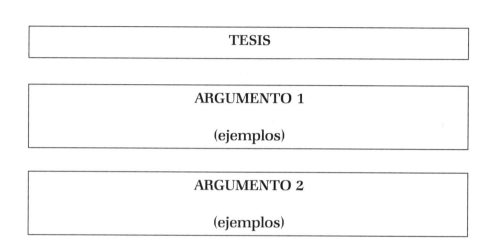

Determina tres cosas: 1º —¿Cuál será el orden de presentación que causará más impacto en los lectores?; 2º —¿Cuál es el argumento al que deseas dar más relieve?; 3º —¿Cómo conectarás los argumentos?

E. En grupos, presenten los temas que han seleccionado y expliquen los argumentos y experiencias personales que utilizarán en sus ensayos. Muestren el esquema de sus ensayos.

F. Discutan los siguientes aspectos:

1. ¿Es clara la tesis?
2. ¿Son apropiados los argumentos? ¿Pueden pensar en otras ideas para apoyar la tesis?
3. ¿Son apropiados los ejemplos personales? ¿Atraen la atención del (de la) lector(a)? ¿Son relevantes al tema?

Primera versión del ensayo

A. Al escribir tu tesis, ten en cuenta la discusión en grupo y toda la información que has recogido que podría apoyar la tesis de tu ensayo, es decir, cuál es la postura u opinión que vas a defender en tu ensayo.

B. Selecciona aquellos argumentos que mejor apoyan tu opinión y organízalos en orden de importancia. Utiliza los conectores del primer capítulo para aclarar la relación entre tus ideas y para guiar a los lectores.

C. Determina cuáles serán los ejemplos personales que mejor apoyarán tus ideas principales. ¿Son apropiados considerando a quienes te diriges? ¿Son pertinentes al tema? ¿Es clara la relación entre el ejemplo y la idea que debe ilustrar? ¿Has incluido opiniones personales innecesarias?

D. Repasa el léxico de tu ensayo. Teniendo en cuenta tu público y el contexto: ¿es el vocabulario apropiado? ¿Es demasiado coloquial? ¿Es demasiado técnico? ¿Deseas establecer un tono humorístico, académico, coloquial u otro? ¿Reflejan el lenguaje y los ejemplos incluidos el tono que deseas proyectar?

E. A la redacción. Lee el siguiente ensayo, escrito por un estudiante universitario de español avanzado.

La responsabilidad de nuestras universidades

El año pasado fue mi primer año en la universidad. Cuando vine, tenía muchas ideas sobre mi futuro en la universidad y mis planes sobre algunas posibles especializaciones. A través del año, aprendí que mis ideas, mis planes para el futuro y mis intereses habían cambiado. Sin el año pasado (con las clases y mis errores), tal vez tendría muchos problemas ahora. Por eso, la universidad es una parte integral de las vidas de los estudiantes; las universidades pueden darles oportunidades a los estudiantes para formular sus ideas e intereses y para tomar decisiones sobre su futuro.

La responsabilidad de seleccionar una especialidad o posibles carreras para el futuro puede ser muy difícil, especialmente con todos los cambios en la vida de los estudiantes durante sus 4 ó 5 años en la universidad. Pero hoy en día la universidad típica tiene reglas estrictas sobre la necesidad de declarar una especialización y el número de clases necesarias para ellas. Por eso, muchos estudiantes creen que las universidades pueden ser como máquinas inflexibles. Pero, en general, la mayoría de las universidades tratan de ayudar a los estudiantes. Muchas ofrecen clases variadas y programas especiales. Aquí, en esta universidad los estudiantes pueden hablar con varios consejeros de los distintos departamentos o de los servicios de empleo de la universidad.

En mi opinión, las universidades necesitan hacerse más flexibles. Muchos estudiantes empiezan sus carreras estudiantiles sin un conocimiento claro de qué quieren estudiar o sin ideas específicas sobre su futuro. La mayoría de los estu-

(continúa)

diantes aprenden a través de sus experiencias. Por ejemplo, en mi primer año decidí tomar clases de ciencias —la química general, la biología y la química orgánica— ya que pensaba en un carrera de medicina. Pero he cambiado mi especialización al español. Yo necesité todas esas experiencias del año pasado para enfocarme en mis estudios y decidir sobre mi futura carrera.

Una parte importante del problema con la educación universitaria es el precio de asistir a la universidad. Debido a matrículas altas, muchos estudiantes y sus padres creen que los estudiantes deben terminar con sus estudios en cuatro años. Con esta presión, muchos estudiantes trabajan duro en sus especializaciones para terminar rápidamente. Además, es posible que estas especialidades no sean interesantes para los estudiantes, sino estudios necesarios para obtener trabajos en el futuro. Por eso, yo sugiero que los estudiantes y los representantes de las universidades trabajen juntos porque necesitamos cambiar parte del sistema universitario. También pienso que la universidad necesita proporcionar más recursos para los estudiantes —clases y programas que ayuden con la transición entre la universidad y el mundo laboral.

En conclusión, la experiencia de la universidad no es solamente obtener un título para obtener un trabajo. Hay muchos estudiantes que toman clases solamente porque tienen que tomarlas para cumplir con los requisitos. Necesitamos cambiar nuestra idea de la «necesidad» de un título para el trabajo y pensar en los títulos como símbolos de todos los años de trabajo duro y del conocimiento que adquirimos.

1. ¿Cuál es la tesis de este ensayo? ¿Cuáles son los argumentos presentados para apoyar la tesis? ¿Logran su objetivo? ¿Puedes pensar en otros argumentos posibles? ¿Crees que el contenido es apropiado para su publicación en un periódico universitario?

2. ¿Cuáles son los conectores utilizados para enlazar las ideas principales? ¿Se utilizan eficazmente? ¿Hay fluidez entre las ideas? ¿Cómo se crea esta fluidez?

3. ¿Cuáles son los ejemplos personales que se han incluido? ¿Es clara la conexión entre estas ilustraciones y las ideas principales a las que se refieren? ¿Hay información en el texto que consideras innecesaria o confusa? ¿Cómo se podría eliminar esta confusión? ¿Piensas que los ejemplos personales alcanzan el objetivo de llamar la atención del (de la) lector(a)?

4. Identifiquen las cadenas léxicas que se han utilizado en el ensayo. ¿Hay variedad léxica? ¿Piensan que se repiten algunas palabras en exceso? ¿Cuáles? ¿Ha seleccionado el vocabulario apropiado? ¿Que términos se podrían usar para eliminar esas repeticiones? ¿Se usan eficazmente los pronombres y adjetivos personales, posesivos y demostrativos?

5. Teniendo en cuenta a los lectores y el contexto, ¿es el vocabulario apropiado? ¿Es demasiado coloquial? ¿Es demasiado técnico? ¿Reflejan el lenguaje y los ejemplos incluidos un tono apropiado, considerando el propósito del ensayo? Explica.

6. Compara este texto con el tuyo. Escribe la impresión que tienes de tu ensayo utilizando las siguientes preguntas como guía:

Contenido

   a. ¿Es clara la tesis? ¿Las ideas principales?
   b. ¿Es el contenido completo? ¿Hay alguna idea confusa? ¿Es apropiado este contenido para los lectores?
   c. ¿Es relevante la información personal que incluyes? ¿Es clara la conexión entre los ejemplos y las ideas principales?

Organización

   d. ¿Cuál es el orden de presentación de tus ideas? ¿Están ordenadas según su importancia? ¿Es clara la conexión entre ellas?
   e. ¿Reciben suficiente énfasis los argumentos más importantes?
   f. ¿Hay variedad de conectores? ¿Son los conectores los adecuados para guiar al (a la) lector(a)?

Ahora que has analizado tu ensayo preliminar, haz los cambios que consideres que sean necesarios para mejorar tu escritura y prepara la segunda versión para trabajarla en clase.

Segunda versión del ensayo

A. En parejas, comenten la primera versión del ensayo de su compañero(a) usando las siguientes preguntas como guía para el intercambio de ideas:

Aspectos de contenido y organización

1. ¿Cuál es la idea general del ensayo? ¿Cuáles son los argumentos utilizados para apoyar la tesis? ¿Son eficaces? ¿Puedes pensar en otras ideas que no se mencionaron? ¿Se debería elaborar alguna otra idea? Explica.

2. ¿Están bien organizados los argumentos? ¿Se podría cambiar el orden para producir un mayor impacto en los lectores? ¿Existen buenas transiciones entre las ideas? ¿Entre los párrafos? ¿Hay algún párrafo confuso? ¿Se podría eliminar esta confusión con el uso de conectores?

3. ¿Es clara la conexión entre los ejemplos y las ideas principales a las que aquéllas se refieren? ¿Hay información en el texto que consideras innecesaria o confusa? ¿Piensas que los ejemplos personales logran captar la atención del (de la) lector(a)?

4. Teniendo en cuenta a los lectores y el contexto: ¿Es el vocabulario apropiado? ¿Es demasiado coloquial? ¿Es demasiado técnico? ¿Reflejan el lenguaje y los ejemplos incluidos un tono apropiado?

Aspectos de la gramática funcional

5. ¿Hay variedad léxica? ¿Piensas que se repiten algunas palabras en exceso? ¿Qué sinónimos se podrían utilizar? ¿Es el vocabulario apropiado, teniendo en cuenta el tema? ¿Y los lectores?

6. ¿Se usan apropiadamente los pronombres personales, posesivos y demostrativos? ¿Se podría eliminar la repetición con pronombres? ¿Elipsis?

7. Presta atención al uso del pretérito y del imperfecto en la narración de experiencias personales en el pasado. ¿Hay errores en su uso? Indícale a tu compañero(a) los errores que encuentres.

B. Ahora revisa y reorganiza la segunda versión de tu ensayo teniendo en cuenta los comentarios recibidos. Repasa también los consejos que ya habías escrito para ti mismo(a) en la **Carpeta de escritura.** ¿Los has incorporado en la redacción de esta composición?

Tercera versión del ensayo

Intercambia tu ensayo con tu compañero(a) y señala, subrayándolos, los errores superficiales de:

a. concordancias de persona y número (sujeto-verbo)
b. concordancias de número y género (sustantivo-adjetivo)
c. tiempos verbales (especialmente el pretérito y el imperfecto)
d. errores ortográficos
e. acentos

NO corrijas ningún error; simplemente indícaselos a tu compañero(a) para que él (ella) haga los cambios requeridos.

La última etapa de la revisión del ensayo es la revisión gramatical. En esta etapa es importante no solamente tratar de *corregir* los errores superficiales anteriores sino también tratar de lograr un vocabulario y una sintaxis más precisos y apropiados. Devuélvanse las composiciones y revisen cada uno su ensayo prestando atención a los siguientes aspectos:

1. ¿Has tratado de usar en tu ensayo algunas de las palabras relacionadas con el tema de la familia? ¿Has tratado de incorporar otras palabras que aprendiste en las lecturas de este capítulo? ¿Cuáles son?

2. ¿Encontraste en las lecturas de este capítulo algunas estructuras sintácticas que no conocías antes? ¿Podrías usar algunas de estas estructuras en este ensayo?

3. Lee tu ensayo y subraya todas las palabras que se parecen a las palabras en inglés. Después vuelve a cada una de estas palabras y contesta las siguientes preguntas:

   a. ¿Es una palabra en español o la inventaste?
   b. ¿La has deletreado correctamente? Búscala en el diccionario.
   c. ¿La has usado en un contexto apropiado? Busca su significado en un diccionario español-español para asegurarte de que el contexto es apropiado.

Palabra abierta

Describan lo que han aprendido sobre la organización de un ensayo.

1. ¿Cómo determinaron la tesis de sus ensayos? ¿Fue útil hablar con sus compañeros para obtener nuevos argumentos?
2. ¿Aprendieron otras maneras de organizar la información al leer los ensayos de sus compañeros? ¿Utilizaron conectores que vieron en otros ensayos?
3. ¿Fue eficaz la sesión de intercambio de ideas que tuvieron con sus compañeros sobre problemas de organización y contenido?
4. ¿Cómo podría mejorarse este intercambio de impresiones sobre aspectos específicos de la redacción? ¿Qué tipo de corrección desean que se haga? ¿Cómo quisieran que sus compañeros corrigieran sus ensayos? ¿Qué ejercicios de corrección serían apropiados?

Escribe una lista de palabras que podrías utilizar la próxima vez que redactes un ensayo y guárdala en tu **Carpeta de escritura.** Escribe en tu cuaderno algún consejo nuevo para la próxima vez que escribas un ensayo. ¿Qué quieres recordar para escribir mejor la próxima composición? ¿Probaste alguna estrategia nueva que te resultó bien al escribir esta composición? Anótala también. ¿En qué aspecto de tu escritura has visto más mejoría? ¿Cómo lograste mejorar este aspecto?

3

La sociedad: Integrándonos en el entorno social

Los objetivos de tema y de género de este capítulo son:

- explorar la relación entre el individuo y su entorno social
- exponer en un ensayo un tema relativo a la sociedad

Los objetivos lingüísticos y de redacción son:

- utilizar adecuadamente los pronombres relativos
- utilizar adecuadamente las construcciones de *se* pasiva y *se* impersonal
- formular una tesis una vez delimitado el tema
- explorar estrategias para elaborar introducciones eficaces
- reconocer el papel que la subordinación desempeña en la cohesión del texto

Acercándonos al tema

A. Vocabulario del tema: La sociedad.   Describe o explica en español el significado de cada una de las palabras o frases indicadas. Antes de consultar el diccionario, trata de determinar el significado de las palabras desconocidas por medio del contexto en el que aparecen.

1. ...en el cual se adquieren los conocimientos prácticos necesarios para participar en la **vida cívica** y ganarse la vida.
2. ...que se necesita una planificación disciplinada a largo plazo y nuevas estrategias financieras para **salvaguardar** el futuro.
3. ...programas *completos,* de alcance nacional e internacional, que **fomenten la autosuficiencia** de los jóvenes.
4. Por último, los niños y adolescentes deben **desempeñar un papel** activo en el planteo de sus necesidades...
5. Mi respeto a la sociedad, y el de cada uno de sus miembros para los demás, es lo que hace posible **la convivencia** de los seres humanos.
6. Se procura, pues, impedir **las violaciones** contra esos respetos; y si las violaciones ya han acontecido se las **castiga** para que no se repitan.
7. Nos pide también **el compañerismo, la solidaridad** con nuestro grupo y aun el altruismo.
8. La buena disposición para con **el prójimo** es un sentimiento relacionado con los anteriores.
9. Descubre quién los hace, un fondo de inconsciencia, **un desprecio** a los bienes de la comunidad...
10. **El Estado** a menudo está paralizado por déficit presupuestario y prioridades erróneas.

B. La sociedad estadounidense.   Según una definición de diccionario (ésta es del *Usual Larousse,* 1985), *la sociedad* posiblemente sea «el medio humano en el que está integrada la persona». Sin embargo, esta definición es bastante amplia puesto que debe acoger la gran variedad de sociedades que existen en nuestro mundo.

1. Considerando específicamente la sociedad estadounidense, ¿cómo es el medio humano en el que vives? ¿Cuáles son los componentes que forman la sociedad estadounidense? Haz una lista de aquellos elementos que consideras necesarios para integrarse a la sociedad norteamericana.
2. Comparen su lista con las de sus compañeros. ¿Cuáles son las diferencias? ¿Las semejanzas? En una hoja escriban los aspectos que todos los estudiantes consideran que sean elementos básicos que describen o definen a la sociedad estadounidense. En otra hoja escriban aquellos elementos que no fueron aceptados por todos.
3. Tomando como base los aspectos esenciales estipulados en su grupo, escriban una definición de «sociedad estadounidense». ¿Cómo definen ustedes su sociedad?

4. Cuando terminen, comparen sus definiciones con las de los otros grupos. ¿Cuáles son las similitudes? ¿Las diferencias? ¿Cuáles son los elementos que todos consideran necesarios para la definición de la sociedad estadounidense? Traten de llegar a un acuerdo sobre los aspectos esenciales que son comunes a toda la clase.

C. La convivencia.   Otra definición de *sociedad* en el diccionario *Larousse* es «reunión de hombres ... que conviven y se relacionan siguiendo unas reglas comunes». En esta definición se les da relieve a dos aspectos básicos de la sociedad: uno es la idea de convivencia y el otro es la necesidad de reglas que permitan dicha convivencia.

1. A continuación se proporciona una lista de conceptos asociados con la convivencia. En parejas, seleccionen los cinco conceptos más importantes y los cinco menos importantes. Expliquen las razones para su selección.

la independencia	la igualdad	ser trabajador	el orden
la organización	la cooperación	la aprobación	el optimismo
el patriotismo	la eficacia	la honestidad	el tomar riesgos
la diplomacia	la sinceridad	la responsabilidad	la solidaridad
la familiaridad	el individualismo	la seguridad	el apoyo
la confianza	el respeto	el progreso	la desigualdad
la estabilidad	la disciplina	la cortesía	la corrupción

2. Comparen sus listas en grupos. ¿Hay acuerdo entre los elementos más importantes? ¿Existe alguna selección con la cual no están de acuerdo? Expliquen. Si éstos son los aspectos que más apreciamos como estadounidenses, ¿cómo fomentamos este tipo de comportamiento en la escuela? ¿En el trabajo? ¿En otros lugares? ¿Cómo premiamos a las personas que se comportan de esta manera?
3. ¿Cuáles han sido las características menos deseables? ¿Por qué se consideran indeseables en nuestra sociedad? ¿Qué problemas asociamos con este tipo de comportamiento? ¿Cómo sancionamos estas características socialmente? Expliquen.

D. Las normas sociales.   Las diferencias de opinión sobre lo que es importante o lo que no lo es son la razón fundamental por la cual elaboramos las leyes y vemos que se observen y cumplan las convenciones sociales.

1. En parejas, escriban en una hoja de su cuaderno las leyes oficiales, por una parte, y/o las convenciones sociales, por otra, que rijan en las siguientes instituciones sociales o lugares.

	la escuela	el trabajo	el parque	la carretera	la tienda
leyes oficiales					
convenciones sociales					

2. ¿Has viajado a otros países donde las reglas y las leyes sean diferentes de las de la sociedad estadounidense? ¿Qué normas sociales has aprendido? ¿Qué errores cometiste? ¿Cómo sabías que no estabas integrado(a) en esa sociedad? ¿Cómo te sentías diferente? Explica.

3. Piensa en tu aprendizaje de las normas sociales: ¿Cómo las aprendemos? ¿De quién las aprendemos? ¿Cómo se ponen en vigor estas leyes y normas? Explica. Imagínate que viene un estudiante del extranjero. ¿Qué normas considerarías que son las más importantes en la escuela, en el trabajo y demás? ¿Cómo le explicarías las razones de ser de estas reglas sociales?

Primera lectura: El futuro de los jóvenes es ahora

El siguiente ensayo fue escrito por Carol Michaels O'Laughlin, Directora de los programas de la International Youth Foundation (IYF). La IYF tiene como objetivo ayudar a los jóvenes del mundo mediante programas que les proporcionen alternativas de vida y que les enseñen valores y conocimientos que les sean útiles en el mundo profesional. En este momento disponen de centros de operación en Australia, Ecuador, Irlanda, Alemania, Las Filipinas, Polonia, Slovakia, África del Sur y Tailandia, pero también están explorando ampliar su trabajo en Brasil, Paraguay, Venezuela, México, el Medio Oriente, Rusia y los Estados Unidos.

Acercándonos al texto

 A. El título del siguiente texto es «El futuro de los jóvenes es ahora». ¿Cuáles pueden ser los posibles temas que se tratarán en el ensayo? ¿Por qué han interpretado el título de esta manera?

 B. Lean ahora el primer párrafo.

En el año 2000, alrededor de la mitad de la población mundial tendrá menos de 20 años. Eso ya se observa en muchos países: Las Filipinas, México, Egipto, Kenia, Nigeria y Pakistán, entre otros. A pesar de su presencia creciente, con demasiada frecuencia los jóvenes no tienen voz en asuntos fundamentales que afectan a su desarrollo físico y emocional, el medio en que viven y las perspectivas de las sociedades que su generación gobernará un día.

¿Cuál es la idea central de este párrafo? Según esta idea central, ¿qué información deberá analizarse con más detalle en el texto? ¿Qué tipo de datos esperan encontrar en el ensayo? Expliquen.

C. ¿Cuál es el estilo de la escritura? ¿A qué tipo de lectores le podría interesar? Al responder, ten en cuenta la información sobre la autora.

D. Lluvia de ideas.   Piensen en su vida como adolescentes en los Estados Unidos. ¿Qué tipo de programas existen para ayudar a los niños y jóvenes? ¿Tienen oportunidad para participar activamente en la comunidad? ¿En el ambiente político? ¿Económico? ¿Tiene voz el adolescente o el niño en la sociedad norteamericana? Expliquen.

E. Piensen en cuatro programas para jóvenes que son populares en los EE.UU. En sus cuadernos, hagan una tabla similar a la que aparece a continuación y rellenen la información para cada una de las organizaciones seleccionadas.

Nombre de la organización	Edad de los miembros	Actividades típicas	Beneficio para el desarrollo de los jóvenes	Problemas o estereotipos

Primera lectura: El futuro de los jóvenes es ahora

CAROL MICHAELS O'LAUGHLIN

En el año 2000, alrededor de la mitad de la población mundial tendrá menos de 20 años. Eso ya se observa en muchos países: Las Filipinas, México, Egipto, Kenia, Nigeria y Pakistán, entre otros. A pesar de su presencia creciente[1], con demasiada frecuencia los jóvenes no tienen voz en asuntos[2] fundamentales que afectan a su desarrollo físico y emocional, el medio en que viven y las perspectivas de las sociedades que su generación gobernará algún día.

Según la retórica popular, «los jóvenes son el futuro». La demografía muestra en medida creciente que son el presente. Y la realidad de ese presente es que la mayoría de los niños del mundo crecen en la pobreza. Aunque trabajan en el campo, crían ganado[3], cuidan a sus hermanos y obtienen ingresos[4] para su familia en la calle, no reciben bienes y servicios básicos en proporción a su número. Más del 40 por ciento de los niños de los llamados países en desarrollo carecen[5] de agua limpia, 75 por ciento no tienen servicios de saneamiento[6] adecuados y 33 por ciento de los alumnos matriculados en la escuela primaria la abandonan antes de terminar cuarto grado.

Se calcula que hasta el 90 por ciento de los fondos internacionales destinados[7] a los jóvenes se usa para garantizar[8] la supervivencia[9] de niños de 0 a 5 años o para la enseñanza superior. Tradicionalmente, la familia y el gobierno han asumido la responsabilidad de satisfacer las necesidades de los jóvenes durante el período crítico de los 5 a los 20 años, en el cual se adquieren los conocimientos prácticos necesarios para participar en la vida cívica y ganarse la vida. Ambas instituciones ahora están en crisis. Las estructuras de apoyo familiar se han debilitado en los medios culturales de todo el mundo bajo las presiones económicas, la urbanización y los cambios en los papeles sociales[10]. El Estado a menudo está paralizado por déficit presupuestario y prioridades erróneas. El resultado neto es que la mayoría de los jóvenes del planeta no están recibiendo una preparación para su propio futuro. Sin una idea clara de cómo mejorar la situación, demasiados sucumben a las drogas, la violencia, la prostitución y otras fuerzas negativas a fin de escapar de la dura realidad o simplemente sobrevivir.

Para llenar ese vacío se han creado organizaciones no gubernamentales (ONG) que buscan formas nuevas de atender a los jóvenes. Las ONG juveniles varían con respecto a su capacidad, los servicios que prestan y la metodología, pero las más eficaces por lo general tienen la misma idea del desarrollo humano. Comienzan por considerar a los jóvenes como protagonistas, y no como receptores pasivos de recursos. Se esfuerzan por fortalecer[11] los conocimientos, la confianza y la autosuficiencia de los jóvenes, en vez de concentrarse en problemas aislados. Permiten a los jóvenes participar en la vida de la comunidad y los apoyan como líderes y constructores de la sociedad.

---

[1] (adj.) que aumenta, que crece
[2] los temas, las cuestiones
[3] **crían...** cuidan animales no domésticos
[4] la cantidad de dinero que se gana cada mes
[5] no disponen de, no tienen
[6] **servicios...** servicios de salud
[7] (adj.) asignados a
[8] asegurar
[9] efecto de vivir después de un determinado acontecimiento o suceso
[10] **papeles...** las funciones sociales
[11] hacer fuerte

La International Youth Foundation (IYF) fue fundada en 1990 con el propósito de seleccionar, fortalecer y ampliar programas juveniles eficaces. Los criterios para evaluar la eficacia de los programas se adoptaron en consulta con expertos en el desarrollo de niños y adolescentes de diversos países. Estos criterios se aplicaron a la evaluación de más de 2.000 programas propuestos por gobiernos, ONG y empresas y como producto de la participación en una red internacional creciente de fundaciones juveniles nacionales. De esos candidatos, se han seleccionado 163 que formarán YouthNet International, foro mundial de programas eficaces.

Las ONG participantes son de todo el mundo. Entre ellas cabe señalar el Comité de Progreso Rural de Bangladesh, que ha realizado una labor pionera de alfabetización[12] de jóvenes rurales que nunca habían ido a la escuela; Bosconia La Florida, que ha abierto sus puertas a los jóvenes sin hogar de Bogotá, Colombia, ofreciéndoles una vida fuera de las calles de la ciudad; Jobs for America's Graduates, que ayuda a jóvenes vulnerables y desfavorecidos de todo Estados Unidos a graduarse de la escuela secundaria y conseguir un buen trabajo por medio de un sistema de transición de la escuela al trabajo; y la Asociación Senegalesa de Ayuda para la Capacitación y Colocación de Jóvenes Desfavorecidos, que usa la educación popular a fin de dar una carrera[13] a los jóvenes de cuatro países de África occidental.

---

[12] enseñar a leer y a escribir
[13] profesión
[14] **se...** obtuvieron provecho o beneficio de algo
[15] dándose cuenta
[16] ayuda
[17] (adj.) emocionados
[18] **no...** no es suficiente
[19] divulgar, hacer público
[20] dirigirse, orientarse
[21] **a...** que no se realizarán inmediatamente

Estos programas y cientos más han demostrado que los jóvenes son responsables y pueden contribuir a la sociedad si les dan una oportunidad.

Millones de jóvenes ya se han beneficiado[14], pero la IYF se está percatando[15] de dos cosas: sólo una fracción de los necesitados reciben atención, e incluso las ONG ejemplares se enfrentan con grandes obstáculos no sólo para ampliar los servicios, sino también para mantener el nivel de trabajo actual. La mayoría de estas ONG surgieron de actividades de beneficencia ad hoc y actividades de socorro[16]; algunas fueron fundadas por líderes carismáticos conmovidos[17] por el sufrimiento de los jóvenes; otras tienen raíces religiosas. En medida creciente se dan cuenta de que la intuición no basta[18], que se necesita una planificación disciplinada a largo plazo y nuevas estrategias financieras para salvaguardar el futuro. Algunos de los mejores programas tienen sistemas de evaluación relativamente débiles, lo cual limita su capacidad para difundir[19] metodologías innovadoras. Sólo un puñado fomenta la participación de los niños y jóvenes en la formulación, ejecución y dirección de programas, y la mayoría trabaja separadamente de otras ONG, motivo por el cual su efecto en la política social es limitado.

Para que las ONG y sus defensores puedan superar los obstáculos externos e internos que impiden la atención de un mayor número de jóvenes, hay que seguir cuatro pautas. Primero, los recursos limitados deben encauzarse[20] hacia la selección y ampliación de programas *completos*, de alcance nacional e internacional, que fomenten la autosuficiencia de los jóvenes. Segundo, se debe fortalecer la capacidad de las ONG juveniles mediante la dotación de fondos para mejorar la gestión, los sistemas de evaluación y la formación de personal. Se pueden crear fundaciones y otros instrumentos financieros a fin de contar con una base para la planificación y ejecución independientes de proyectos a largo plazo[21]. Tercero, hay que realizar inversiones con el propósito de facilitar la formación de redes para que las ONG puedan compartir sus conocimientos, perfeccionar sus programas e informar al público sobre los problemas de los jóvenes y la necesidad de cambiar la política del gobierno teniendo en cuenta lo que se ha aprendido con respecto a la búsqueda de soluciones. Por último, los niños y adolescentes deben desempeñar un papel activo en el planteo de sus necesidades, así como en la búsqueda y aplicación de soluciones, y participar en órganos del gobierno que formulan programas.

Ninguna organización por sí sola podrá cambiar radicalmente la situación de los niños y adolescentes. Los gobiernos, las empresas y las ONG deberán aunar[22] esfuerzos, pericia[23] y recursos financieros para garantizar que los jóvenes reciban atención y puedan servir a otros. Si se hace un esfuerzo para fortalecer los programas y las políticas que ya sabemos que han dado resultado, podremos mejorar el mundo con la ayuda de los jóvenes. Y podríamos hacerlo en el momento más oportuno para ellos, que es *ahora*.

Diecisiete criterios para determinar la eficacia de un programa

- Atiende principalmente a jóvenes de 5 a 20 años.
- Se centra en la prevención y la intervención precoz[24].

- Promueve la idoneidad, la conexión, la entereza y la confianza.
- Ofrece actividades apropiadas para la edad y el grado de desarrollo.
- Fomenta la participación de la comunidad en la ejecución del programa.
- Es culturalmente pertinente y se adapta a las necesidades de la comunidad.
- Contiene componentes que parecen ser apropiados en otros contextos.
- Ha dado indicios[25] de éxito en la satisfacción de las necesidades señaladas.
- Tiene potencial para atender a un gran número de niños y jóvenes.
- Usa un medio eficaz en función del costo para alcanzar sus metas.
- Fomenta la participación de los padres, de la familia ampliada y de adultos que desempeñan un papel importante en la vida de los jóvenes.
- Tiene componentes de capacitación y apoyo para el personal de los proyectos y otros participantes.
- Se ocupa del seguimiento, la evaluación y la obtención de información sobre los resultados.
- Fomenta la participación de los jóvenes en la planificación, ejecución, evaluación y divulgación[26].
- Incluye un plan factible para alcanzar la autosuficiencia.
- Coordina su labor con otros servicios para niños y adolescentes.
- Tiene una buena capacidad institucional en términos financieros, técnicos y gerenciales.

---

[22] unificar, reunir
[23] habilidad
[24] (adj.) temprana
[25] signos, señales
[26] difusión; acto de hacer pública cierta información

Interactuando con el texto

A. Luego de haber leído el ensayo una vez, contesta las siguientes preguntas.

1. ¿Cómo se describe la vida de los jóvenes en el artículo? ¿Es ésta tu impresión de la juventud del mundo? ¿Describe adecuadamente a los niños y a los jóvenes de los EE.UU.? Explica.

2. Según Michaels O'Laughlin, la crisis de la familia y del gobierno ha afectado negativamente a los jóvenes de 5 a 20 años. Explica qué entiendes por crisis de la familia y del gobierno, y cómo esta crisis puede influir en los jóvenes.

3. En el artículo se describen los múltiples orígenes de las ONG. ¿Cómo se originó la mayoría? ¿Pueden pensar en ejemplos específicos en los EE.UU. de este tipo de ONG? ¿Cuáles son los problemas asociados con estas organizaciones? ¿Por qué tienen problemas en continuar brindando sus servicios durante un tiempo prolongado?

4. A pesar del éxito de las ONG, se mencionan dos problemas básicos con estas organizaciones. ¿Cuáles son y cómo afectan a los jóvenes? ¿Cuáles son las cuatro pautas propuestas para resolver estos problemas? ¿Crees que las soluciones indicadas resolverán los dos problemas? Explica.

5. En grupos, lean los criterios para determinar la eficacia de un programa. ¿Cuáles son los tres que consideran los más importantes? ¿Hay alguno que no comprendan o que no piensen que sea necesario? Expliquen.

B. Lee el ensayo de nuevo. La declaración de que la mayoría de los niños del mundo crecen en la pobreza es obviamente sorprendente, pero al mismo tiempo es una realidad que difiere tanto de nuestras experiencias personales, que nos cuesta entender sus implicaciones para la sociedad en general.

1. Por lo general, cuando se habla de pobreza, se tiende a pensar en los países del Tercer Mundo. ¿Creen que la información presentada en el texto se aplica a la sociedad estadounidense? ¿Hay problemas de pobreza en esa sociedad? ¿Cómo se presenta este problema en los medios de comunicación? ¿En las escuelas? ¿Está el público consciente de este problema? Expliquen.

2. En el artículo se menciona que todas las organizaciones seleccionadas por la IYF tienen como denominador común el considerar a los jóvenes como protagonistas, y no como receptores pasivos de recursos. Además, indican que los jóvenes son responsables y que contribuyen a la sociedad si se les da una oportunidad. Sin embargo, algunos de los adjetivos utilizados con más frecuencia para describir a los jóvenes de hoy día son *apáticos, desinteresados, pasivos* e *irresponsables*. ¿Quién tiene razón? ¿Cómo percibes tú a la juventud de tu país? ¿Crees que los jóvenes contribuirían más si hubiera más oportunidades para ellos? ¿En qué tipo de actividades te gustaría participar si tuvieras la oportunidad?

3. Como hemos visto en el texto, la crisis de la familia y del gobierno es uno de los factores que más ha afectado la vida de los adolescentes. ¿Crees que la familia y el gobierno de los Estados Unidos están en crisis? ¿Piensas que esta crisis está afectando negativamente a los jóvenes? ¿Está relacionada con el incremento en incidentes de violencia en las escuelas? Explica.

4. La idea subyacente a las ONG es que todos los ciudadanos deben trabajar juntos para fortalecer la sociedad. ¿Debería ser obligatorio participar en grupos de ayuda comunitaria? ¿En grupos voluntarios? ¿Crees que son actividades que se fomentan en la sociedad de los Estados Unidos? ¿Deben incluirse en el currículo básico de las escuelas secundarias? ¿De las universidades? ¿Está la gente joven interesada en participar en grupos de la comunidad?

Gramática funcional

La *se* pasiva y la *se* impersonal

Un aspecto esencial de la comunicación es disponer de estructuras gramaticales que nos permitan resaltar la información que el (la) escritor(a) considera de mayor importancia. Por lo tanto, todos los idiomas disponen de algunas construcciones que les permiten a los escritores realzar datos, así como otras que subordinan lo que no se considere tan importante según los propósitos del (de la) autor(a). Dos construcciones frecuentes del español que se utilizan para restar importancia o eliminar información redundante son las construcciones de *se* pasiva y *se* impersonal, las cuales marginan el agente de la acción verbal ya sea porque no se conoce o porque no es importante.

Antes de analizar la construcción de *se* pasiva es necesario poder diferenciar entre construcciones pasivas y activas. Por lo general, al comunicarnos tendemos a resaltar el (la) agente que realiza una acción, convirtiéndolo(la) en el sujeto gramatical, mientras que los elementos afectados por la acción —los pacientes— son secundarios y aparecen como complementos.

(1a) Juan **inició** la propuesta.

En la oración (1a), Juan es el agente de *iniciar* y el objeto afectado es *la propuesta*. Sin embargo, también es posible resaltar al paciente y relegar al agente a una posición secundaria mediante la construcción pasiva.

(1b) La propuesta **fue iniciada** por Juan.

La construcción en la oración (1b) es idéntica a la pasiva del inglés, donde se utiliza el verbo *ser* más el participio del verbo (recuerda que el participio es un adjetivo que debe concordar en género y número con el sujeto). Sin embargo, en español disponemos de otra construcción pasiva que se utiliza cuando no se conoce el agente o cuando no es importante mencionarlo. En este caso se emplea la construcción de *se* pasiva, la cual utiliza *se* más la forma singular o plural del verbo en el tiempo apropiado.

(2a) **Se centra** en la prevención y la intervención precoz.
(2b) Estos criterios **se aplicaron** a la evaluación de más de 2.000 programas.

La oración (2a) tiene el verbo en presente singular (*it is centered*), mientras que la (2b) usa el pretérito plural (*were applied*). En ambos casos no sabemos quién es el agente, pero su presencia no es necesaria.

Por lo general, la construcción pasiva con *ser* es de uso limitado. Se emplea en reportajes, artículos periodísticos o cuando se desea reconocer explícitamente el agente. En la escritura y en la lengua oral la *se* pasiva se usa más frecuentemente. Sin embargo, un aspecto que se debe tener en cuenta es que la construcción pasiva con *ser* o la *se* pasiva solamente se puede utilizar con **verbos transitivos,** es decir, verbos que, por su naturaleza, pueden llevar un complemento directo.

(3a) Los estudiantes **aplicaron** estos criterios a la evaluación.
(3b) Estos criterios **se aplicaron** a la evaluación.

(4a) El niño **escribe** en clase todos los días.
(4b) El niño **se escribe** en clase todos los días. (incorrecto)

Así, la oración (3b) es la pasiva del verbo de (3a), pero (4a) no tiene una versión pasiva.

Lee el siguiente párrafo de «El futuro de los jóvenes es ahora» e identifica las *se* pasivas y las pasivas con *ser*. ¿Por qué se utilizan estas construcciones? ¿Por qué no es necesario incluir el agente?

> La International Youth Foundation (IYF) fue fundada en 1990 con el propósito de seleccionar, fortalecer y ampliar programas juveniles eficaces. Los criterios para evaluar la eficacia de los programas se adoptaron en consulta con expertos en el desarrollo de niños y adolescentes de diversos países… De esos candidatos, se han seleccionado 163 que formarán YouthNet International, foro mundial de programas eficaces.

La *se* impersonal

La *se* impersonal es otra construcción en la que no se expresa el agente de la acción. En este caso, el agente es indefinido (en inglés equivale a *people, some, one, they,* etc.). El pronombre *se* no hace referencia a una entidad específica y se interpreta como una tercera persona en singular.

Se puede pensar que esto sería un error.
One could think this to be an error.

La *se* impersonal se puede utilizar con todos los tiempos verbales y con todo tipo de verbos, incluidos los verbos intransitivos que no aceptan las construcciones pasivas.

Se escribe en clase todos los días. (intransitivo)
People write in class everyday.
Se buscaba una secretaria que supiera inglés. (transitivo)
They were looking for a secretary who knew English.

Otros usos de *se*: Reflexivos y pronominales

Es necesario distinguir las construcciones de *se* pasiva o *se* impersonal de las construcciones **reflexivas** y las construcciones **pronominales** (también denominadas pseudopasivas o mediopasivas). Como se ha indicado, la *se* pasiva y la *se* impersonal omiten el agente; sin embargo, en las construcciones reflexivas o pronominales el agente está presente.

(5a) Juan **se lavó** la cara.
(5b) Juan **se dio cuenta** de su error.

El ejemplo (5a) contiene un verbo reflexivo donde la acción de lavar es realizada por el sujeto, *Juan*. De la misma manera, (5b) es un verbo pronominal donde el sujeto realiza la acción —es un agente— pero también sufre las consecuencias de la acción: es un paciente.

Actividades

A. Con un compañero lean las siguientes oraciones y determinen si son construcciones de *se* pasiva, *se* impersonal, *se* reflexiva o pronominal. Expliquen cuál sería su significado en inglés.

1. Si **se hace** un esfuerzo para fortalecer los programas y las políticas que ya sabemos que dan resultado, podremos mejorar el mundo con la ayuda de los jóvenes.
2. El programa es culturalmente pertinente y **se adapta** a las necesidades de la comunidad.
3. Y aunque todos los hombres nunca **se juntan** en un sitio, todos **se parecen** lo bastante para que pueda **hablarse** de ellos como un conjunto de miembros semejantes entre sí…
4. **Se manifiesta** en la desestimación que rodea a la gente grosera, egoísta y abusiva.
5. Y todo ello **se suma** en el respeto general de la sociedad humana.
6. El animal sólo trabaja para **conservarse.**
7. Para llenar ese vacío **se han creado** organizaciones no gubernamentales (ONG) que buscan formas nuevas de atender a los jóvenes.

B. A continuación se proporcionan varios ejemplos de construcciones con *se*. En parejas, identifiquen las construcciones de *se* pasiva o *se* impersonal de acuerdo a su significado en inglés.

1. En Nueva York **se alcanzaron** cifras récord: en 1996 hubo 986 homicidios frente a los 1.177 de 1995 o los 2.262 de 1990, el peor año de todos.
2. … para los estadounidenses fue casi un milagro, comparable al auge económico que **se vivió** en aquellos mismos días.
3. … por fin los neoyorquinos respiraban tranquilos y **se preparaban** para disfrutar de un domingo soleado en la Quinta Avenida.
4. ¿Cómo **se puede** justificar que se gaste el 33,6 por ciento del dinero disponible en castigar?
5. Pero la experiencia continuó y ahora **se aplica** con éxito en todo Estados Unidos…
6. Parte del éxito **se debe** a una nueva estrategia contra el crimen.
7. Los argumentos de los conservadores **se hicieron** populares, sobre todo tras la violencia del año 1985.

C. Lee el siguiente párrafo escrito por una estudiante de español avanzado. Selecciona las expresiones con construcciones de *se* y determina si se están utilizando correctamente según el contexto. A continuación, repasa con cuidado el texto y determina si existen oraciones donde sería más apropiado utilizar una construcción de *se* pasiva o de *se* impersonal y explica por qué.

> En los Estados Unidos, hay mucha gente que no tiene seguro de salud o no tiene suficiente dinero para pagar las cuentas de salud. Esto es un problema social serio. En todas las compañías de seguro ha sido incrementado el precio del cuidado de la salud porque no se ve mucha rivalidad. Consiguientemente, la gente no puede elegir la compañía más barata. Por lo tanto, es necesario restaurar la rivalidad en la industria para que el precio sea reducido. De esta manera, las diferentes compañías serán forzadas a ofrecer planes baratos para obtener una clientela estable. Y así, la gente recibirá el mejor cuidado por su dinero.

Creando textos

A. Escritura personal. En dos párrafos habla sobre una organización en la que hayas participado. Describe la ideología y objetivos de la organización, tu función y responsabilidades en ella. Explica cómo te beneficiaste al participar en la misma.

B. Escritura pública. Selecciona una de las siguientes opciones.

1. El párrafo introductorio indica que «con demasiada frecuencia los jóvenes no tienen voz en asuntos fundamentales que afectan a su desarrollo físico y emocional, el medio en que viven y las perspectivas de las sociedades que su generación gobernará un día.» Comenta sobre la voz de los jóvenes en los EE.UU. ¿Cuáles son sus derechos legales? ¿Hay discrepancia entre sus derechos y sus responsabilidades? ¿Crees que el mundo adulto presta atención a las necesidades de los jóvenes? ¿A sus opiniones?

2. En dos párrafos cortos presenta la imagen del adolescente en la sociedad. ¿Cómo se proyecta en los medios de comunicación? ¿En la opinión pública? ¿Existe una diferencia entre la manera en que los jóvenes se perciben a sí mismos y cómo son percibidos por la sociedad en general? ¿Es la juventud un sector marginal o marginado de la sociedad en general?

Ahora lee los párrafos que escribiste para esta sección y repasa con cuidado las oraciones.

a. ¿Estás haciendo una generalización o una declaración universal? ¿Repites mucho los sujetos indefinidos, tales como «la gente» y «muchas personas»?

b. ¿Estás usando una voz pasiva con *ser*? ¿Hay un agente explícito? ¿Se podría omitir el agente sin afectar el significado?

c. Vuelve a escribir los párrafos incorporando las construcciones con *se* donde sea posible. Presta atención a los tiempos verbales.

    d. Cuando hayas terminado con el ejercicio, intercambia tus párrafos con los de algún compañero y entre ambos verifiquen que:

        1. de acuerdo con los contextos, las construcciones con *se* estén usadas apropiadamente

        2. los tiempos verbales sean correctos

Segunda lectura: Los cazadores invisibles

El siguiente texto es una leyenda de los indios miskitos de Nicaragua donde se hace referencia al primer contacto entre la cultura indígena y el mundo del exterior. La presentación de la leyenda es fruto de la investigación antropológica realizada por Harriet Rohmer en Nicaragua. En 1983 encontró en los archivos antropológicos referencias a un grupo invisible de cazadores miskitos, pero no fue hasta 1984 que supo la historia completa gracias a sus conversaciones con miembros de la comunidad miskita.

A diferencia de los otros textos que hemos analizado, el género del cuento (*short story*) tiene una estructura tripartita particular, que es la siguiente:

a. introducción

b. trama

c. desenlace o conclusión

Además de una estructura específica, la mayoría de los cuentos y leyendas contienen ciertos elementos recurrentes. Piensa en cuentos clásicos como *La cenicienta, La caperucita roja* o *Blanca Nieves*. ¿Qué elementos son comunes a todos?

Acercándonos al texto

A. Utilizando como base su conocimiento de cuentos como el de *Blanca Nieves* y el de *La cenicienta*, ¿qué información debe incluirse en la introducción? ¿En la trama? ¿En el desenlace? ¿Cómo se diferencian los cuentos de los poemas, ensayos y reportajes con respecto a la presentación del contenido? ¿Al lenguaje? Expliquen en detalle.

B. Mira los dibujos que acompañan al texto. ¿Qué información obtienes de éstos? ¿Dónde esperas que se desarrolle la acción? ¿Cómo son las personas? ¿Hacen referencia a una realidad con la cual te identificas?

C. En grupos, lean rápidamente los primeros párrafos de «Los cazadores invisibles». ¿Cómo saben que es un cuento? ¿Qué características del género del cuento pueden identificar? ¿Cuánta información se presenta sobre la escena y los personajes? ¿Por qué? Expliquen.

Un sábado por la tarde, tres hermanos salieron del pueblo de Ulwas, junto al río Coco. Iban a cazar wari, el puerco salvaje de carne muy sabrosa.

Después de caminar una hora por el monte, oyeron una voz.

—Dar. Dar. Dar. —decía la voz.

Los hemanos se detuvieron. Miraron a su alrededor pero no vieron a nadie. Entonces oyeron de nuevo la voz.

—Dar. Dar. Dar.

La voz salía de un bejuco que colgaba de un árbol frente a ellos.

El primer hermano agarró el bejuco. E instantáneamente desapareció. Entonces el segundo hermano agarró el bejuco. Y él también desapareció.

D. ¿Cuál es el público al cual va dirigido este género de escritura? ¿Cómo se deja ver esto en el vocabulario y la estructura gramatical del texto?

E. De acuerdo con la parte que han leído de la introducción de este cuento y con lo que ustedes saben sobre las convenciones literarias del cuento, ¿cuál será la trama del género del cuento? ¿Cuál será el desenlace? Comparen sus predicciones sobre el cuento con otros miembros de la clase.

Segunda lectura: Los cazadores invisibles
Una leyenda de los Indios Miskitos de Nicaragua.

Un sábado por la tarde, tres hermanos salieron del pueblo de Ulwas, junto al río Coco. Iban a cazar wari, el puerco[1] salvaje de carne muy sabrosa.

Después de caminar una hora por el monte, oyeron una voz.

—Dar. Dar. Dar. —decía la voz.

Los hermanos se detuvieron. Miraron a su alrededor pero no vieron a nadie. Entonces oyeron de nuevo la voz.

—Dar. Dar. Dar.

La voz salía de un bejuco[2] que colgaba[3] de un árbol frente a ellos.

El primer hermano agarró[4] el bejuco. E instantáneamente desapareció. Entonces el segundo hermano agarró el bejuco. Y él también desapareció.

El tercer hermano, lleno de miedo, gritó:

—¿Qué les has hecho a mis hermanos?

—No les he hecho nada a tus hermanos —contestó la voz—. Cuando ellos me suelten, los verás.

Los dos primeros hermanos soltaron[5] el bejuco. E instantáneamente se volvieron visibles.

—¿Quién eres? —preguntaron los hermanos, sorprendidos.

—Soy el Dar —dijo la voz—. Si alguien me agarra, se vuelve invisible y ni los seres humanos ni los animales lo pueden ver.

Los hermanos se dieron cuenta inmediatamente de que el Dar les podía ser muy útil.

—Podríamos acercarnos a los waris sin que nos vieran.

—Luego podríamos matarlos fácilmente con nuestros palos.

Cada uno de los hermanos quería un pedazo del Dar. Se lanzaron[6] a coger el bejuco, pero el Dar se alejó y desapareció.

—Antes de apoderarse[7] de mi poder, tienen que prometer que lo usarán bien —dijo el Dar.

—Te prometeremos cualquier cosa —dijeron los hermanos.

—Primero tienen que prometerme que nunca venderán la carne de wari. Solamente la regalarán. Luego, tienen que prometerme que nunca cazarán[8] con escopetas[9]. Tienen que cazar solamente con palos.

Los hermanos nunca habían vendido la carne de wari. Siempre se la habían dado a la gente. Nunca habían cazado con escopetas. Siempre habían cazado con palos. No lo sabían hacer de otra manera.

—Lo prometemos —dijeron. Y el Dar permitió que cada uno se llevase un pedazo pequeño del bejuco mágico.

Ese día los hermanos cazaron muchísimo. Después de matar muchos waris colgaron sus pedazos del Dar en el árbol y regresaron a casa.

La gente de Ulwas recibió a los hermanos con mucho regocijo[10]. Limpiaron los animales y los colgaron sobre el fuego. Pronto el delicioso aroma de la carne asada llegó a todas las casas de la aldea. Cuando la carne estuvo lista, los her-

---

[1] cerdo
[2] planta tropical de tallo alto
[3] estaba sujetado por la parte superior; suspendido en el aire
[4] cogió, aguantó fuertemente
[5] se desprendieron de
[6] **Se...** se tiraron, fueron hacia algo
[7] hacerse dueño, apropiarse
[8] matarán animales para comer
[9] armas de fuego para cazar
[10] felicidad, alegría

manos la cortaron en pedazos y la compartieron[11] con todos. Nunca había comido tan bien la gente de Ulwas.

Más tarde, esa noche, los ancianos de la aldea les preguntaron a los hermanos cómo habían conseguido tantos waris. Los hermanos les contaron las promesas que habían hecho al Dar.

—¡Qué buena suerte han tenido! —dijeron los ancianos—. Hemos oído hablar de ese bejuco.

_____

[11]dividieron, distribuyeron
[12]mejorará económicamente
[13]respetará, venerará
[14]intercambiaron cortesías
[15]personas dedicadas a la compra y venta de productos

Es muy viejo y muy poderoso. Mientras cumplan sus promesas, nuestra aldea prosperará[12] y nuestra gente los honrará[13].

Con la ayuda del Dar, los hermanos se convirtieron en cazadores famosos. Se contaban cuentos sobre ellos en todas las aldeas a lo largo del río Coco y hasta más allá.

Un día, llegó a Ulwas un barco con dos extranjeros. Los extranjeros saludaron[14] a los hermanos y les dieron regalos: telas de muchos colores y barriles de vino.

—Hemos viajado por muchos días para conocer a estos cazadores famosos —dijeron.

Los hermanos los invitaron a comer con ellos. Después de la comida, los extranjeros les contaron a los hermanos que eran comerciantes[15]. Habían venido a comprar carne de wari.

—No podemos vender el wari —dijeron los

hermanos, acordándose de su promesa al Dar—. Eso es lo que come nuestra gente.

Los comerciantes se rieron. —Nunca pensamos que cazadores tan famosos fueran tan tontos. Claro que la gente tiene que comer. Solamente queremos comprar lo que sobra[16].

Los hermanos se sintieron tentados[17]. Hablaron entre sí. —Quizás pudiéramos vender nada más un poco de carne —dijo el primer hermano.

—Pero el Dar lo sabrá —dijo el segundo hermano.

Los hermanos se miraron nerviosamente. Entonces el tercer hermano dijo.

—Hemos visto que los comerciantes son hombres muy hábiles. Su poder tiene que ser mayor que el poder del Dar.

Los otros hermanos asintieron[18]. No valdría la pena[19] disgustar[20] a los comerciantes.

Así que los hermanos comenzaron a vender la carne de wari.

Los comerciantes regresaron varias veces al pueblo de Ulwas. Cada vez traían más dinero para los cazadores. Cada vez se llevaban más wari. Pronto los hermanos empezaron a preocuparse al ver que no había suficiente wari para el pueblo.

Los comerciantes se rieron de sus preocupaciones. —Es culpa de ustedes por cazar solamente con palos —dijeron.

—Pero siempre hemos cazado con palos.

—Ésa es la razón por la que no pueden alimentar a su pueblo. Tienen que cazar los waris más rápidamente. Necesitan escopetas.

Los hermanos conversaron entre sí.

—Si compráramos escopetas, podríamos cazar más waris —dijo el primer hermano—. Podríamos vender a los comerciantes y alimentar al pueblo también.

—Pero, ¿qué nos pasará? —preguntó el segundo hermano.

El tercer hermano se rió antes de contestar.

—Nos convertiremos en hombres hábiles como los comerciantes.

Así que los hermanos comenzaron a cazar con escopetas. Se olvidaron por completo de su promesa al Dar.

Poco a poco, sus corazones se alejaron[21] de su gente. Mientras más carne cazaban, más vendían a los comerciantes. Se estaban acostumbrando a las cosas que podían comprar con el dinero que ganaban.

Los ancianos del pueblo hablaron seriamente a los hermanos.

—Necesitan darle de comer a la gente. Tienen hambre.

Los hermanos respondieron, enojados. —¡Si quieren comer carne, nos pueden pagar por ella como hacen los comerciantes!

Pero la gente no tenía dinero. Comenzaron a esperar a los cazadores en las afueras del pueblo. Cuando los cazadores regresaban cargados de wari, la gente les pedía carne.

—Los hombres listos no regalan lo que pueden vender —se dijeron los cazadores. Así que les daban a la gente la carne malograda[22] que no se podía vender.

La gente se enojó. —¿Ya no son ustedes nuestros hermanos? —les gritaron.

Los cazadores se reían y seguían su camino. Hasta hicieron a un lado[23] a los ancianos que trataban de razonar con ellos.

Así pasaron muchos meses. Un día, cuando

---

[16]**lo...** lo que queda después de haber comido
[17](adj.) atraídos por algo
[18]admitieron como cierto, estuvieron de acuerdo con algo
[19]**valdría...** merecería el esfuerzo
[20]enojar, enfadar
[21] **se...** se fueron lejos
[22] (adj.) no aprovechable, no aceptable para la venta
[23] **hicieron...** separaron

los hermanos regresaron al pueblo, la gente no se reunió a su alrededor como de costumbre[24]. Algunos se cubrieron los ojos y gritaron. Otros miraron incrédulos a la extraña procesión de waris muertos que se movía lentamente por el aire. Sólo los ancianos entendieron qué era lo que pasaba.

—El Dar ha vuelto invisibles a los cazadores —dijeron.

Era verdad. Los hermanos eran invisibles. Habían dejado sus pedazos de Dar en el árbol como de costumbre, pero habían permanecido invisibles. Algo no iba bien.

Soltaron los animales que llevaban y corrieron hasta el árbol.

—¿Qué nos has hecho? —le preguntaron alarmados al Dar.

Pero el Dar no les contestó.

Los hermanos cayeron de rodillas y le rogaron al Dar que les ayudara.

Pero el Dar sólo repitió su nombre una y otra vez.

—Dar. Dar. Dar.

Entonces los hermanos se dieron cuenta de las cosas terribles que habían hecho y se sintieron muy avergonzados[25]. Llorando, regresaron a su casa.

En las afueras[26] del pueblo los esperaban los ancianos. Los hermanos les rogaron[27] que los perdonaran, pero los ancianos no los perdonaron.

—Desde este momento, tienen que irse de Ulwas —dijeron—. Nunca más vivirán con nosotros.

---

[24] **como...** como era lo habitual, lo usual
[25] (adj.) turbados por un sentimiento de haber hecho algo mal
[26] **en...** en los contornos o alrededores de una población
[27] pidieron, suplicaron

Los hermanos les rogaron a los ancianos que les dieran una última oportunidad. —¿Cómo podemos vivir lejos de nuestra gente? —dijeron llorando.

Pero los ancianos les dieron la espalda y se fueron.

Así que los cazadores invisibles dejaron su pueblo para siempre. Deambularon[28] por las márgenes del río Coco y llegaron hasta las cataratas de Carizal. Mientras vagaban[29], llamaban al Dar, rogándole que los volviera visibles de nuevo.

Algunos de los miskitos del río Coco dicen que los cazadores todavía vagan después de todos estos años. Algunos dicen que los cazadores invisibles han pasado junto a ellos en el monte. Saben que es así, dicen, porque han oído voces que llaman: —Dar. Dar. Dar.

---

[28] Anduvieron sin rumbo
[29] andaban sin rumbo

Interactuando con el texto

A. Cuando termines de leer el cuento, contesta las siguientes preguntas y compara tus respuestas con dos o tres personas de la clase.

1. Explica brevemente el argumento del cuento: ¿Qué ocurrió cuando los tres hermanos fueron a cazar wari? ¿Cómo alteró esto la vida de los tres hermanos?

2. ¿Quiénes son los extranjeros? ¿Cómo afectan la vida de los hermanos? ¿Cómo cambia su rutina? ¿Su perspectiva? ¿Su relación con los otros miembros de su aldea? ¿Cuáles son las connotaciones de la palabra *extranjero* en nuestra cultura? ¿Qué significa el «extranjero» en el cuento?

3. Recuerda los elementos asociados con el género del cuento. ¿Cuántos elementos puedes identificar en «Los cazadores invisibles»? ¿Crees que es un cuento infantil? ¿De qué manera es un cuento adecuado para niños? ¿De qué forma no lo es? ¿Crees que un niño de los EE.UU. podría comprender la moraleja? Explica.

4. El *mito* es un relato fabuloso que refleja la realidad del país en que se desarrolla la narración, en este caso Nicaragua. ¿Cómo puede identificarse un lector nicaragüense con este relato? ¿De qué manera se incorpora la realidad del país en el contenido? ¿En el lenguaje seleccionado? ¿En los personajes? ¿En los dibujos? ¿Puede identificarse un lector de los EE.UU. con el mito? ¿De qué manera se distancia de nuestra realidad?

5. ¿Cómo finaliza el cuento? ¿Cuáles son las posibles moralejas de este cuento? Compara el final con las predicciones que hiciste antes de leerlo. ¿Acertaste en tu predicción? ¿Es un final que no esperabas? ¿Crees que el final del cuento rompe con los esquemas de los cuentos que conoces? Piensa en los cuentos que conoces y sus finales para contestar esta pregunta.

B. Un mito se define como un relato de tiempos fabulosos y heroicos que tiene sentido simbólico. Por lo tanto, bajo una escritura y trama relativamente simples se esconden múltiples significados y, en este caso en particular, crítica social.

1. La palabra *dar* aparece frecuentemente en el cuento. ¿Cuáles son los diferentes significados de *dar*? ¿Por qué crees que la última oración del cuento es «Dar. Dar. Dar.»? Explica.

2. ¿Cuál es el significado de volverse invisible en el cuento? ¿Qué significa volverse invisible en nuestra sociedad? En parejas, hagan una lista de las connotaciones negativas y positivas de «ser invisible» y verifiquen cuáles de estas connotaciones aparecen en «Los cazadores invisibles».

3. Existe una variedad de temas sociales relacionados con «Los cazadores invisibles». Seleccionen dos de los siguientes y hablen en grupos de cómo se presentan en el cuento.

- interferencia de otras ideologías en un sistema comunitario
- capitalismo vs. economía comunitaria
- individuo vs. comunidad
- el uso vs. el abuso del poder

C. ¿Qué significa «exilio» para ti? ¿Cómo afecta el exilio a los hermanos? ¿Por qué usan este castigo en el cuento? ¿Es un castigo eficaz? ¿Es el exilio un tema común para los ciudadanos de los EE.UU.? ¿Crees que es un concepto cultural importante en los EE.UU.? ¿Por qué? ¿Sería el exilio un castigo eficaz en los EE.UU.?

D. ¿Cómo adaptarían este cuento para que reflejara la realidad de los EE.UU. en los siguientes aspectos?

1. el aspecto geográfico: dónde transcurre la acción
2. el aspecto social: personajes, actividades, ropa y demás
3. el aspecto ideológico: forma de vida que deseamos promover

Gramática funcional

Las cláusulas dependientes e independientes

En la última sección de **Gramática funcional** presentamos la función de las construcciones de *se* pasiva y de *se* impersonal en el lenguaje académico para resaltar el agente de la acción verbal o para restarle importancia a éste, según el propósito del (de la) autor(a). Otras construcciones frecuentes en el español que sirven la función de resaltar o subordinar información son las **oraciones relativas**. Estas construcciones se emplean para crear textos compactos ya que eliminan la repetición y establecen las relaciones lógicas entre las ideas.

Al escribir o hablar tratamos de organizar la información en porciones pequeñas, es decir, en unidades que el público lector pueda comprender. En la escritura específicamente, presentamos nuestra experiencia dividida en unidades o cláusulas, cada una de las cuales proporciona una parte de la información. De esta manera, las cláusulas por separado proporcionan significado y, más importante aún, combinadas, éstas generan el significado completo del texto.

Tomemos las siguientes dos oraciones como ejemplo.

> Según la retórica popular, «los jóvenes son el futuro». La demografía muestra en medida creciente que son el presente.

En este ejemplo se pueden identificar dos **clásulas independientes**: (1) *Según la retórica popular, «los jóvenes son el futuro»* y (2) *La demografía muestra en medida creciente que son el presente.* Cada una expresa una idea lingüísticamente autosuficiente o completa y estructuralmente son independientes. Sin embargo, a pesar de no existir una relación estructural entre las dos oraciones, sí existe una relación semántica entre ellas, en este caso una relación de tipo contrastiva: los jóvenes son una cosa según la retórica popular y otra muy distinta según la demografía. Específicamente, la autora invoca el argumento demográfico de la segunda oración para cuestionar la idea de que los jóvenes sean el futuro; con esta información plantea que, en realidad, son el presente.

En esas dos oraciones hay, asimismo, una **cláusula subordinada** o **dependiente**. Si observamos la segunda oración, podemos ver que está compuesta por una cláusula principal, *La demografía muestra en medida creciente*, y una cláusula subordinada nominal, *que son el presente*. Las cláusulas subordinadas contienen información adicional que complementa el significado de la oración principal mediante una relación de dependencia estructural. Es decir, la cláusula *que son el presente* depende de la cláusula principal para completar su significado.

Las cláusulas representan procesos lingüísticos: acciones, pensamientos y sentimientos. Pero, como se ha indicado, además de presentar los procesos lingüísticos individuales, otra función esencial es la de establecer las relaciones estructurales y semánticas entre ellas para así comunicar en toda su complejidad el significado completo del texto. Mediante la combinación de cláusulas se establecen relaciones que conectan una idea con otra, similar a lo que ocurre con los conectores lógicos (*también, por otro lado*, etc.) estudiados en el Capítulo 1. De esta manera, cada cláusula —sea ésta dependiente o independiente— se relaciona con las cláusulas de su entorno para añadir información, proporcionar ejemplos, aclarar ideas o establecer contrastes.

Analicemos ahora el siguiente párrafo. Con un(a) compañero(a), analiza los siguientes aspectos: ¿Cuáles son las cláusulas independientes? ¿Las cláusulas subordinadas o dependientes? ¿Cómo se relacionan entre sí estas cláusulas? ¿Qué información nueva se proporciona con cada nueva cláusula? ¿Qué relaciones lógicas se establecen? Es decir, ¿se presenta la información de una oración en contraste con la cláusula anterior (o como consecuencia de la misma)? ¿Añade datos nuevos? ¿Explica más detalladamente algún punto expuesto previamente?

Según la retórica popular, «los jóvenes son el futuro». La demografía muestra en medida creciente que son el presente. Y la realidad de ese presente es que la mayoría de los niños del mundo crecen en la pobreza. Aunque trabajan en el campo, crían ganado, cuidan a sus hermanos y obtienen ingresos para su familia en la calle, no reciben bienes y servicios básicos en proporción a su número. Más del 40 por ciento de los niños de los llamados países en desarrollo carecen de agua limpia, 75 por ciento no tienen servicios de saneamiento adecuados y 33 por ciento de los alumnos matriculados en la escuela primaria la abandonan antes de terminar cuarto grado.

La relación que se establece entre las distintas cláusulas en el párrafo proporciona información sobre el contenido y la conexión lógica de las ideas. Es decir, cada nueva cláusula presenta nueva información relacionada con los datos de las cláusulas previas. De esta manera, la autora no sólo desarrolla el contenido del ensayo, sino que indica el enlace existente entre las ideas que presenta.

Las cláusulas relativas

El uso de cláusulas dependientes es frecuente en el lenguaje académico ya que presenta más información de forma compacta, elimina la repetición y define las relaciones lógicas entre las ideas del (de la) autor(a).

La relevancia de la información de las cláusulas también dependerá de su valor estructural dentro del texto. Las cláusulas independientes, con su autonomía estructural y de contenido, tienen mayor relevancia textual que las cláusulas dependientes, las cuales están subordinadas estructural y semánticamente. De esta manera, con el uso de cláusulas dependientes, el escritor puede manipular la información y subordinar o sustraer énfasis a lo que no considere tan importante. Veamos:

(1a) El profesor que enseña literatura afrocaribeña recibió un premio.
(1b) El profesor que recibió un premio enseña literatura afrocaribeña.

La oración (1a) le da énfasis al hecho de que el profesor recibió un premio, mientras que la (1b) resalta que es un profesor de literatura afrocaribeña.

Existe una categoría especial de cláusulas dependientes que modifican un sustantivo (es decir, que funcionan como adjetivo). Por ejemplo:

La voz salía de un bejuco que colgaba de un árbol frente a ellos.

En esta oración la cláusula dependiente *que colgaba de un árbol frente a ellos* modifica el sustantivo *bejuco* (es decir, responde a la pregunta ¿a qué bejuco se refiere el escritor?). A esta cláusula se le conoce como **cláusula relativa**. La cláusula dependiente se conecta a la cláusula independiente por medio del pronombre relativo **que**, el cual sustituye el sustantivo *bejuco* (el antecedente).

Otro aspecto estructural que afecta la relevancia de la información en la cláusula de relativo específicamente es la diferencia entre su función *descriptiva* o *especificativa*. Una cláusula especificativa restringe y diferencia al sustantivo de otros. Una cláusula descriptiva sólo proporciona información adicional; ésta se puede suprimir sin que el significado de la oración se altere. De esta manera, al poder suprimir la información en las cláusulas de relativo descriptivas, su relevancia dentro del texto es inferior a la de las cláusulas de relativo especificativas.

Veamos las siguientes oraciones:

(2a) El artículo sobre el medio ambiente que leímos para la clase
ayer fue el más interesante de la serie.
(2b) El artículo sobre el medio ambiente, que leímos para la clase ayer,
fue el más interesante de la serie.

En la oración (2a) la cláusula de relativo especificativa proporciona información que distingue este artículo de los otros, mientras que en la (2b) al separar la cláusula mediante comas, establecemos que ésa es información adicional y que es innecesaria para identificar el artículo al que nos referimos en la oración.

El siguiente recuadro proporciona la variedad de pronombres relativos disponibles en español.

PRONOMBRES RELATIVOS

que

quien (quienes)

el que (la que, los que, las que)

el cual (la cual, los cuales, las cuales)

lo que/lo cual

cuyo

---

1. **Que** es el pronombre más utilizado tanto en cláusulas especificativas como descriptivas, especialmente en contextos informales.
2. **Quien** (**Quienes**) se utiliza cuando el sustantivo modificado es una persona y tenemos una cláusula descriptiva, (es decir, después de la coma requerida por este tipo de cláusula) o después de una preposición en cláusulas que no son necesariamente descriptivas.

   ▪ Las personas **con quienes** estudio biología fueron a mi escuela secundaria.

3. **El que** o **el cual** (y sus variantes) se utilizan generalmente después de una preposición. Aunque estos pronombres tienden a ser intercambiables, en un contexto formal se prefiere **el cual**, especialmente después de preposiciones polisilábicas. Por el contrario, en contextos informales se emplea **que** después de preposiciones monosilábicas. Comparen los dos ejemplos siguientes:

   ▪ Tradicionalmente, la familia y el gobierno han asumido la responsabilidad de satisfacer las necesidades de los jóvenes durante el período crítico de los 5 a los 20 años, **en el cual** se adquieren los conocimientos prácticos necesarios para participar en la vida cívica y ganarse la vida.
   ▪ Mira, ése es el libro **del que** hablaba ayer.

Se debe recordar que **quien(es)**, **el que** o **el cual** puede aparecer en cláusulas descriptivas sin preposición.

- Ayer compré el libro, **el que** me habían recomendado para escribir el ensayo.

Además, estos tres pronombres relativos concuerdan en género y número con *el antecedente,* es decir, con el sustantivo anterior al que cada uno modifica. De esta manera, **el que** concuerda con *libro.*

4. En español también disponemos de pronombres relativos neutros, específicamente **lo que** y **lo cual**, que se emplean cuando la cláusula dependiente no modifica un sustantivo concreto, sino más bien un suceso o una idea general. En el siguiente ejemplo, **lo cual** no hace referencia a *sistemas,* ni a *programas,* ni a otro sustantivo en particular, sino que se refiere a toda la idea de la oración.

- Algunos de los mejores programas tienen sistemas de evaluación relativamente débiles, **lo cual** limita su capacidad para difundir metodologías innovadoras.

5. **Cuyo,** es diferente de los pronombres relativos anteriores en dos aspectos. En primer lugar, **cuyo** hace referencia a una relación de posesión con el sustantivo al que modifica. En segundo lugar la concordancia no se hace con el sustantivo antecedente. En el siguiente ejemplo, **cuyo** modifica a *desarrollo,* no a *mayoría.*

- La mayoría de estas organizaciones, **cuyo** desarrollo se vio impulsado por los fondos internacionales, se encuentra ahora en medio de serios problemas económicos.

Actividades

A. En los textos «El futuro de los jóvenes es ahora» y «Los cazadores invisibles», busquen por lo menos un ejemplo de cada tipo de pronombre relativo. Determinen cuál es el sustantivo al que se hace referencia y si el contexto permitiría el uso de otro pronombre relativo.

1. _____

2. _____

3. _____

4. _____

5. _____

6. _____

7. _____

8. _____

B. Lean los siguientes párrafos tomados del ensayo «La sociedad», escrito por Alfonso Reyes. Miren los pronombres relativos en **negrita** e indiquen cuál es su antecedente y qué información nueva se proporciona en la oración relativa.

Esta gente puede estar repartida en muchos lugares, y hasta puede ser que unos grupos no conozcan a los otros. Pero ellos se juntan en nuestra persona, por el hecho de **que** nosotros tratamos con unos y otros. Así, las personas **con quienes** trabajo durante la semana no conocen a las personas **que** encuentro en el paseo de los domingos. Pero unos y otros son mi compañía humana. Hay también personas **a quienes** sólo encuentro de paso, en la calle, una vez en la vida. También les debo el respeto social.

Pues bien: en torno al círculo del respeto familiar se extiende el círculo del respeto a mi sociedad. Y **lo que** se dice de mi sociedad puede decirse del círculo más vasto de la sociedad humana en general. Mi respeto a la sociedad, y el de cada uno de sus miembros para los demás, es **lo que** hace posible la convivencia de los seres humanos.

C. En grupos, repasen los siguientes dos párrafos preliminares de un ensayo de una estudiante de español avanzado. Eliminen la repetición de contenido y enlacen ideas similiares mediante el uso de pronombres de relativo.

La pobreza es un problema grave en los Estados Unidos. Hay muchos problemas con la pobreza. Algunos problemas incluyen que muchas personas no tienen bastante comida, ropa u hogares apropiados. Los niños sufren más que las personas mayores en esta situación. Ellos no tienen las oportunidades que tienen los otros niños.

Para comenzar, la gente pobre no tiene bastante comida, ni ropa u hogares apropiados. Esos son problemas graves. Primero los niños no son sanos. Este problema puede causar otros problemas de salud más tarde en la vida. En segundo lugar, las personas sin ropa apropiada se hielan en las calles durante los meses de invierno. Tampoco hay espacio suficiente en los refugios para todas las personas sin hogar.

Creando textos

A. Escritura personal.   Reflexiona sobre los temas sociales mencionados en la lectura y escribe sobre tu entorno social. Piensa en los asuntos que pueden considerarse universales y cuáles son cuestiones particulares de los EE.UU. Analiza si tu perspectiva está condicionada por tu cultura y cómo otras culturas podrían entender un mismo suceso de forma distinta.

B. Escritura pública.   Selecciona una de las siguientes opciones.

1. La idea de superación es muy importante en la sociedad de los EE.UU. donde la innovación, el cambio y el mejoramiento se consideran elementos positivos. Selecciona el avance social más significativo del siglo XX. Explica en dos párrafos cómo afectó o afecta a la sociedad y por qué consideras que sea el más importante.

2. Con frecuencia se critica la decadencia moral de nuestra sociedad, indicando que tenemos las prioridades equivocadas y que hemos perdido los principios morales básicos. Selecciona los tres atributos que consideras que son de mayor importancia para mejorar la sociedad. En dos párrafos describe estos tres atributos y explica por qué son necesarios para mejorar nuestra sociedad y lo que ocurre cuando no los practicamos. Indica cómo podríamos promoverlos en la familia, escuelas y medios de comunicación.

3. Piensa en algún problema social actual que consideres importante. Explica cuál es el problema que has seleccionado y por qué consideras que es un aspecto social que se debe solucionar. Describe las causas y consecuencias de dicho problema y sugiere soluciones posibles.

4. Ahora repasa los párrafos que escribiste en esta sección.

   a. En una hoja escribe cada oración del primer párrafo en renglones separados. ¿Es clara la conexión entre una oración y otra? ¿Estás proporcionando información nueva en cada oración? ¿Estás cambiando de tema sin proporcionar indicadores lingüísticos al los lectores?

   b. ¿Hay repetición de ideas? ¿Puedes eliminar la repetición mediante el uso de cláusulas dependientes? Subraya las oraciones con información similar y piensa en diferentes opciones para enlazarlas mediante un pronombre relativo.

   c. Vuelve a escribir los párrafos.

   d. Cuando hayas terminado con el ejercicio, intercambia con un(a) compañero(a) y entre ambos verifiquen:
      - que la conexión entre las cláusulas sea clara
      - que no haya repetición innecesaria.

E
S
C
R
I
T
U
R
A

Objetivo:

Esta sección trata de los siguientes aspectos del proceso de escribir:

- las distintas opciones disponibles para captar la atención del (de la) lector(a) en el párrafo introductorio
- la elaboración de tesis claras y concisas que comuniquen de forma eficaz el aspecto que se desarrollará en el resto del ensayo

---

El ensayo

Tal como se explicó en el capítulo anterior, el propósito principal de la ensayística es presentar o comunicar información mediante el desarrollo de un tema, a diferencia, por ejemplo, de un resumen, que presenta las ideas principales de un libro o de una película o un reportaje, que comenta sobre lo que dicen otras personas.

El ensayo tradicionalmente consta de tres partes: la introducción, donde se presenta el aspecto temático del que se hablará; el desarrollo, donde se elabora la información mediante materiales de apoyo; y la conclusión, donde se resume la información desarrollada a través del ensayo. En este capítulo analizaremos la primera parte del ensayo, la introducción, determinando cuáles son las diferentes funciones del párrafo introductorio y estudiando estrategias útiles para crear una buena introducción. Para ello, será necesario tener en cuenta tres aspectos básicos que determinan el éxito de una introducción: el tema, la tesis y el tono.

El tema

Tomemos como ejemplo el párrafo introductorio de «El futuro de los jóvenes es ahora».

En el año 2000, alrededor de la mitad de la población mundial tendrá menos de 20 años. Eso ya se observa en muchos países: Las Filipinas, México, Egipto, Kenia, Nigeria y Pakistán, entre otros. A pesar de su presencia creciente, con demasiada frecuencia los jóvenes no tienen voz en asuntos fundamentales que afectan a su desarrollo físico y emocional, el medio en que viven y las perspectivas de las sociedades que su generación gobernará un día.

En las primeras dos oraciones se establece el **tema**, es decir el área general sobre lo que tratará el ensayo. Asimismo, el párrafo introductorio presenta al lector la información de fondo en torno al tema sobre el cual se ha escrito. De esta manera, la autora se asegura de compartir cierto conocimiento esencial con el lector. Para entender el ensayo es necesario que el público esté consciente de la gran presencia de los jóvenes en el mundo.

La presentación del **tema** sólo requiere dos o tres oraciones y es un elemento esencial de una buena introducción, ya que no sólo guía al (la) lector(a) hacia el aspecto en particular que se tratará en el ensayo, sino que establece una conexión con el público. Este aspecto, el de establecer una conexión, es de gran importancia a la hora de seleccionar la información de fondo que utilizaremos en el párrafo introductorio. Supongamos que escribimos para un periódico de Colombia sobre la transición hacia cambios en el sistema educativo de California y simplemente declaramos que estamos en contra o a favor de esta reforma. ¿Suponemos que el público lector comparte con nosotros conocimientos sobre ciertos hechos? ¿Estamos analizando un tema que un colombiano pueda conocer o con el cual pueda identificarse? ¿Usamos palabras de otra variedad de lengua?

Otra función básica del contexto es atraer la atención del (de la) lector(a), para lo cual existen varias estrategias estilísticas. Por ejemplo, el párrafo introductorio en «El futuro de los jóvenes es ahora» empieza por indicar que el 50 por ciento de la población tendrá menos de 20 años en el año 2000. Este tipo de dato específico llama la atención y es, por lo tanto, un método eficaz. Sin embargo, para captar la atención del (de la) lector(a) es necesario tener en cuenta sus conocimientos e intereses, especialmente si es de otra cultura. Como autor(a) es necesario asegurarse de que el lector haya tenido acceso a esta información y comprenda la importancia de la cita o de la anécdota. En caso de duda, conviene explicar brevemente la situación.

Volviendo de nuevo al párrafo de la selección, ¿crees que la información que se presenta sobre los jóvenes se puede aplicar a distintos contextos culturales? ¿Crees que puede distanciar a algunos lectores? ¿Usa alguna estrategia para atraer la atención de un grupo variado de lectores o su atención se limita a un grupo muy específico? Explica.

A continuación presentamos ejemplos de la escritura de estudiantes que recurren a otras estrategias útiles para las introducciones: la definición, la anécdota y el uso de estadísticas. ¿Puedes pensar en otras estrategias?

Nadie puede negar que el mundo actual está plagado de problemas sociales, entre los cuales predomina el racismo. El racismo tiene ramificaciones en una variedad de aspectos sociales y por eso parece un problema tan grande y tan difícil de resolver. Sin embargo, es posible identificar clases específicas de racismo que

(continúa)

pueden resolverse con mayor facilidad. Una de ellas es el racismo ambiental, es decir, el uso predominante de barrios de minorías como campo para desperdicios, incluso desperdicios tóxicos. Debido al limitado poder político y económico de los residentes de estos barrios, es más factible utilizar de basurero estas zonas sin que esto tenga mayores repercusiones. Sin embargo, los residentes pagan caro este uso: el índice de mortalidad es más alto en estos barrios que en zonas residenciales de clase media.

La edad promedio en la que los jóvenes comienzan a tener relaciones sexuales es la de los dieciséis años. Además, se estima que cada año 2,5 millones de jóvenes contraen alguna enfermedad transmitida sexualmente. Estos hechos nos podrían parecer sorprendentes, pero desgraciadamente son la realidad de nuestra juventud. Debido a ello, la administración de muchas escuelas primarias y secundarias aboga por que se impartan clases de educación sexual puesto que consideran que la escuela es el mejor centro para presentar este tipo de información. Sin embargo, la decisión de ofrecer clases obligatorias de educación sexual les resulta problemática a las familias que se plantean si la escuela es el mejor lugar donde discutir tales cuestiones y si los maestros son realmente las personas más aptas para presentar los valores morales de la familia.

¿Qué se piensa de un niño que corre por la casa diciendo «Bud-Weis-Er»? ¿Qué ocurre si las imágenes de ranas bebiendo y divirtiéndose de lo lindo indujeran a los niños a pensar que el beber cerveza en todo momento es algo deseable? En las revistas y por las calles se anuncian los cigarrillos Camel a través del personaje del camello Joe Camel. Esta figura basada en el arte de las tirillas cómicas o de los dibujos animados podría atraer la atención de los niños y así condicionarlos a pensar que el fumar es algo deseable. Para muchos, la publicidad se ha convertido en un mal social que condiciona a los más jóvenes a adoptar ciertos comportamientos poco deseables a través de la imitación.

Al igual que la introducción, el título que seleccionemos para nuestro ensayo debe tratar de captar la atención de los lectores e indicar el aspecto que se desarrollará en el cuerpo del escrito. Por lo tanto, a la hora de seleccionar el título debemos tomar en cuenta dos aspectos fundamentales. Por un lado, es necesario asegurarse de que el título oriente al público hacia el tema general del ensayo y que refleje el aspecto particular que se vaya a tratar. Por ejemplo, si hablamos de la música, el título «La música» es demasiado amplio. Es posible delimitarlo de varias maneras, como «Los cantautores de los años 60», «HIP HOP: La voz multicultural de los EE.UU.» o «La música como expresión cultural». Asimismo, necesitamos observar ciertas limitaciones culturales. Nuestro título debe guiar al los lectores, pero no puede limitarse a los conocimientos culturales de un público específico. Es decir, no podemos utilizar información que los lectores no puedan identificar.

La tesis

Además de establecer el contexto y captar nuestra atención, la introducción de un ensayo debe incluir la **tesis,** es decir, el aspecto en particular que se va a desarrollar, para que el (la) lector(a) se oriente en la dirección correcta. Una vez introducido el tema general en «El futuro de los jóvenes es ahora» —la presencia de los jóvenes—, la autora podía haber discutido una variedad de aspectos: reformas educativas, aumento en los índices de violencia, cómo las empresas venden sus productos a los jóvenes o programas para controlar la natalidad, entre otros. La última línea del párrafo introductorio, sin embargo, nos indica que se tratará de la falta de poder de los jóvenes.

La tesis indica la opinión del autor sobre el aspecto central que se tratará en el ensayo. Por consiguiente, es necesario delimitar el tema para poder formar una opinión específica y defenderla. Por lo general, la tesis se encuentra hacia el final del párrafo introductorio, especialmente en ensayos cortos, pero en ensayos más largos también es posible encontrarla en párrafos subsiguientes.

Para elaborar una tesis concisa y eficaz podemos seguir ciertos pasos básicos. Primero, se debe indicar un tema general. Por ejemplo, *el uso de evaluaciones escritas en los cursos universitarios*. A continuación, se selecciona un aspecto específico de dicho tema. Éste debe ser un aspecto que pueda debatirse. Dentro del tema especificado con anterioridad, podríamos considerar que *el uso de evaluaciones escritas en los cursos universitarios es necesario para los estudiantes*. Una vez presentada nuestra *postura* sobre un aspecto determinado, la tesis debe presentar el argumento principal que se utilizará para apoyar nuestra postura: *el uso de evaluaciones escritas en los cursos universitarios es necesario para los estudiantes porque éstas contienen información sobre su aprovechamiento a través del semestre y, además, resalta las áreas débiles y fuertes de cada individuo.* Una vez establecida la tesis, la podemos reformular de forma más precisa. *Lo importante de las evaluaciones escritas no es que midan cuantitativamente un producto, sino que reflejen el aprovechamiento y el esfuerzo de los estudiantes a lo largo del semestre e indiquen las áreas que se pueden mejorar en el futuro.*

Delimitar la tesis es una estrategia que requiere práctica y esfuerzo puesto que es difícil determinar qué aspecto deseamos elaborar en un ensayo y también es difícil establecer nuestra postura ante un tema. Analicemos los siguientes ejemplos para contrastar tesis débiles y fuertes, es decir, tesis mejor o peor enfocadas.

> La contaminación de la naturaleza.

> La contaminación constituye una amenaza para la salud de las personas.

> El hombre moderno ha causado la destrucción de gran parte de la naturaleza.

El primer recuadro es una tesis débil puesto que presenta información de conocimiento general. A decir verdad, no es una tesis, sino más bien el tema general. El segundo recuadro sería un ejemplo de una tesis mejor formulada, pero débil aún, ya que ésta no presenta la opinión del autor sino simplemente un hecho. Por el contrario, el tercer recuadro representa una tesis mejor concebida, donde se explica que los problemas de la naturaleza son consecuencia de las acciones del hombre. De esta manera, el (la) autor(a) especifica su postura en vez de plantear hechos de conocimiento general.

> En este ensayo voy a hablar de por qué la familia tradicional ha desaparecido.

> La familia tradicional ha desaparecido en los Estados Unidos.

> El progreso hacia un mundo más moderno ha cambiado radicalmente el concepto de la familia tradicional.

En los ejemplos anteriores, el primer recuadro no contiene una tesis en realidad sino que simplemente indica el tema general sobre el cual se escribirá. La aseveración del segundo recuadro sería una tesis débil pues no incluye el argumento principal que se utilizará para apoyar la tesis. Finalmente, la oración del tercer recuadro establece no sólo una tesis debatible, sino que también incluye el razonamiento sobre el que basará su debate.

Una de las razones por la que se nos hace difícil escribir introducciones concisas es que a medida que escribimos vamos definiendo nuestras ideas. Por lo tanto, con frecuencia la conclusión suele ser más fuerte y presenta con mayor claridad la tesis de ensayo. Una estrategia útil es leer la conclusión, especialmente en el primer borrador, y contrastarla con la introducción. Si la conclusión presenta tu tesis de una forma más precisa, debes escribir de nuevo la introducción.

El tono

Como discutimos en el Capítulo 2, a la hora de determinar el lenguaje utilizado, así como el contenido de un ensayo, debemos tener en cuenta los intereses de los lectores y el propósito del ensayo, es decir el **tenor**, o la relación entre los participantes. Tomando como ejemplo «El futuro de los jóvenes es ahora», la falta de poder de los jóvenes sería un tema apropiado para educadores, grupos estudiantiles y organizaciones no gubernamentales, pero probablemente no sería de gran interés para entidades que procuran defender el control y la autoridad de los adultos. De la misma manera, el **tono** que se utilice para presentar el tema variará según el tipo de lector y el propósito del ensayo. De esta manera, se puede optar por un tono académico, coloquial, irónico, u otro, dependiendo de nuestros intereses.

Lee de nuevo la introducción de «El futuro de los jóvenes es ahora». ¿Cuál es el tono del párrafo? ¿Cómo se establece el tono en el vocabulario? ¿En el estilo de la escritura? ¿Para qué tipo de lectores sería adecuado? ¿Para qué tipo de lectores no sería un tono adecuado? Supongamos que se te pide que escribas un ensayo sobre el mismo tema para un periódico universitario. ¿Utilizarías el mismo tono? ¿Sería apropiado un tono más severo? ¿Más irónico? ¿Cómo cambiarías el lenguaje para que reflejara otro tono?

En resumen, cuando escribas la introducción, debes hacerte las siguientes preguntas:

- ¿Comienzas con información general y especificas algún aspecto particular del tema hacia el final?
- ¿Es clara tu tesis, es decir, la postura u opinión que vas a desarrollar en el ensayo?
- ¿Es la información de fondo apropiada para tus lectores? Si tus lectores son de otras culturas, ¿has compartido suficiente información para que puedan comprenderla?
- ¿Usas estrategias eficaces para captar la atención de tu lector(a)? ¿Crees que el título es adecuado para tus lectores?
- ¿Saltas de un aspecto a otro sin explicar la conexión entre las ideas?
- ¿Utilizas conectores, como «primero», «por lo tanto» y otros, que aclaren la relación lógica entre las oraciones?

Creando nuevos textos

El departamento de español auspicia un certamen de escritura sobre el siguiente tema: *Sociedad y juventud*. Tu profesor(a) desea que cada uno de los estudiantes participe. Para participar en el certamen cada persona debe escribir un ensayo sobre una de las siguientes tres áreas temáticas:

1. Define el término «sociedad». Utiliza las siguientes preguntas como guía: ¿Qué entienden los jóvenes por *sociedad*? ¿Qué expectativas tienen de ella? ¿Cómo se integra o se margina a los jóvenes? ¿Cuáles son las características necesarias para sobrevivir en la sociedad? ¿Es tu definición de sociedad diferente de la de tus padres? ¿De la de tus abuelos? ¿A qué se deben estas diferencias?

2. Define lo que entiende la juventud por *respeto social*. Utiliza las siguientes preguntas como guía: ¿Es diferente del concepto de tus padres? ¿De tus abuelos? ¿Es el respeto un concepto importante para los jóvenes? ¿Se educa sobre el respeto en las escuelas? ¿En la familia? ¿Se promueve la idea del respeto social en los medios de comunicación? ¿En la cultura popular? ¿Se le debe prestar mayor atención al respeto social? ¿Hay una relación entre la disminución del respeto social y el incremento en los casos de violencia juvenil?

3. Explica la importancia de los jóvenes en la sociedad de los EE.UU. Utiliza las siguientes preguntas como guía: ¿Cuál es la imagen de los jóvenes en la escuela? ¿En los medios de comunicación? ¿Se valora la juventud en nuestra sociedad? ¿Son ciudadanos respetados? ¿Cuáles son sus derechos? ¿Cuáles son sus obligaciones? ¿Están integrados en la sociedad o están marginados?

Acercándonos al texto

Lluvia de ideas. Los temas propuestos son bastante amplios y se pueden exponer desde diferentes ángulos y perspectivas.

A. Tras seleccionar el tema que más te interese, piensa en diferentes aspectos que podrías exponer sobre este tema. Limítate a los aspectos sobre los que tengas suficiente información para elaborar un ensayo.

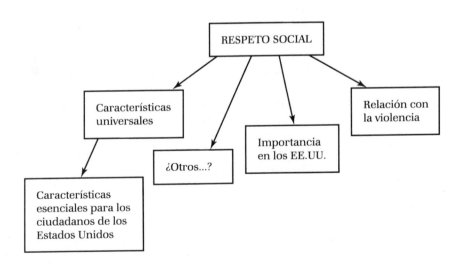

Subdivide cada aspecto en otros más específicos. Por ejemplo, «Importancia en los Estados Unidos» es todavía una categoría muy general y necesita ser precisada. ¿Estás interesado(a) en su importancia ahora? ¿En su importancia para los jóvenes? ¿En los cambios que han atravesado los Estados Unidos a lo largo de varias décadas?

B. Selecciona aquel aspecto específico que desees elaborar en el ensayo. ¿Qué postura u opinión deseas defender? ¿Cuáles son los datos que mejor apoyarían tu postura? En tu cuaderno escribe una oración que defina tu tesis central con claridad y presenta tres ideas centrales para apoyarla.

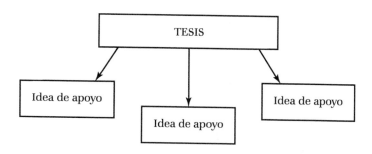

C. Hagan la siguiente actividad en grupos.

1. Presenten la tesis que han seleccionado y expliquen las ideas centrales que utilizarán para apoyar la misma. Muestren el esquema de sus ensayos.
2. Discutan los siguientes aspectos:

   a. **tema**

   ¿Se está analizando el tema desde un ángulo interesante? ¿Atrae la atención del (de la) lector(a) la información seleccionada? ¿Pueden pensar en otros datos que resalten más el tema?

   b. **tesis**

   ¿Es clara la tesis? ¿Es un tema demasiado general? ¿Se podría delimitar más? ¿Es clara la postura del (de la) autor(a) en la tesis? ¿Sabes de qué tratará el artículo al leer la tesis?

   c. **ideas de apoyo**

   ¿Son apropiadas las ideas de apoyo? ¿Están relacionadas con la tesis? ¿Pueden pensar en otra información para apoyar la tesis?

D. Una vez delimitada la tesis y seleccionadas las ideas de apoyo, piensen en la introducción. Considerando que el ensayo se utilizará para el concurso en un certamen académico, el (la) autor(a) querrá atraer y mantener la atención de los lectores desde el principio. Piensen en los siguientes aspectos:

1. Teniendo en cuenta a los lectores, ¿cuál es el tono que desean? ¿Qué vocabulario utilizarían para crearlo? ¿Sería este tono apropiado para el propósito del ensayo?
2. ¿Qué información será necesario incluir como parte de la introducción? ¿Se necesita presentar cierta información de contexto antes de indicar la tesis? ¿Será claro para los lectores el tema y su postura sobre el aspecto que han decidido elaborar en el ensayo? ¿Se está suponiendo que el (la) lector(a) ya sabe cierta información?

3. ¿Qué estrategias se pueden utilizar para atraer la atención del (de la) lector(a)? ¿Una pregunta? ¿Una anécdota? ¿Una cita? ¿Se podría utilizar un vocabulario más conciso para resaltar las ideas? ¿Son estas estrategias apropiadas para el propósito del ensayo?

Primera versión del ensayo

A. Ten en cuenta la discusión en grupo y toda la información que has recogido y que podría utilizarse en el ensayo. Vuelve a escribir tu tesis: es decir, la postura u opinión que vas a defender en tu ensayo. Asegúrate de delimitar el tema para así elaborar el aspecto que más te interese.

B. Selecciona las ideas principales que mejor apoyarían tu opinión y organízalas en el orden en que produzcan más impacto en tus lectores. Utiliza las partículas de enlace presentadas en el primer capítulo para aclarar la relación entre tus ideas y para guiar al (a la) lector(a).

C. Al escribir el ensayo, presta especial atención al párrafo introductorio.

1. **Tema.** ¿Has proporcionado una introducción general al tema? ¿Has compartido con los lectores información o conocimientos generales necesarios para guiarlos?

2. **Tesis.** ¿Es clara la tesis que deseas desarrollar? ¿Has escogido un aspecto que interesaría a tus lectores? ¿Has presentado tu postura sobre un aspecto particular del tema?

3. **Organización.** Observa las oraciones del párrafo introductorio por separado. ¿Saltas de la introducción a la tesis? ¿Es clara la conexión entre las ideas? ¿Necesitas más información de fondo para guiar a los lectores? ¿Necesitas conectores?

4. **Tono.** ¿Cuál será el tono que utilizarás en tu ensayo? ¿Es un tono apropiado para los lectores y el propósito del ensayo? ¿Seleccionaste vocabulario apropiado para generar este tono?

5. Cuando termines de escribir la introducción, léela con cuidado. ¿Llama la atención del (de la) lector(a)? ¿Es clara y concisa? ¿Puedes eliminar repeticiones? ¿Hay otras estrategias, tales como citas, ejemplos o definiciones que puedas aplicar para mejorar el ensayo? ¿Es una buena introducción para un certamen académico?

D. A la redacción.   Lee el siguiente ensayo, escrito por un estudiante universitario de español avanzado.

La música como expresión cultural

Durante mucho tiempo, la música ha sido una forma de diversión, relajamiento y entretenimiento para mucha gente, especialmente para los jóvenes. Pero frecuentemente en los Estados Unidos, es verdad que la música funciona también como medio para transmitir un mensaje a la gente. Puede ser un mensaje político, social o lo que sea, depende del grupo musical.

Un ejemplo de esto es el grupo que se llama «Rage Against the Machine». Es un grupo de hombres jóvenes que tienen más o menos veinte años y que ahora son muy populares. Dan conciertos en muchos sitios de este país y probablemente en varios países extranjeros. Como se puede ver en la televisión —en MTV— sus conciertos son enérgicos y al cantante principal le gusta correr y saltar en el escenario. Su emoción al cantar muestra que está seguro del contenido de sus canciones. Y el mensaje que transmite «Rage Against the Machine» a los que escuchan su música es sociopolítico. Por eso, gran parte de la información en sus discos son sobre conceptos políticos, tal como la anarquía.

Es fácil darse cuenta del significado del nombre del grupo: la máquina representa el sistema de nuestro país (también ha sido llamado «el hombre») y estos hombres están frustrados con la máquina. No les gusta cómo oprime la máquina a los jóvenes, las minorías, como los negros, o a cualquier persona que no puede llevar la forma de vida que desea. Entonces, este grupo musical tiene ideas anárquicas; promueven la anarquía para que todo el mundo pueda hacer lo que desee y viva como quiera. Sin embargo, no pienso que su mensaje sea que debemos establecer un país en caos completo, sin reglas ni líderes. Por el contrario, se enfatiza que el gobierno y las personas con poder deben cambiar su forma de actuar. Ya que la audiencia de este grupo son los jóvenes, «Rage Against the Machine» pretende indicarnos que todos nosotros, inclusive los jóvenes, tienen que cambiar lo que está ocurriendo. Si se tuviera que resumir lo que está diciendo, diría que la idea general es: «¡Estén comprometidos con el gobierno y las decisiones importantes! ¡Represéntense ustedes, los jóvenes!»

Para concluir, la música moderna ha llegado a ser un medio para transmitir distintos mensajes a la gente, como ocurre con el grupo «Rage Against the Machine». Es obvio que al ser un grupo popular, muchos escuchan su mensaje. Sin embargo, lo más importante es que los jóvenes creen fuertemente en la música que aman y siguen a los grupos. Por lo tanto, con el tiempo el mensaje se hace más eficaz al ser escuchado por más personas. Esta es la razón por la que la música es tan importante como medio de comunicación.

1. En parejas, lean con cuidado la introducción del ensayo y contesten las siguientes preguntas.

   a. ¿Cuál es la tesis de este ensayo? ¿Es una tesis concisa? ¿Presenta con claridad la introducción el aspecto que se va a tratar?

   b. ¿Se presenta el tema de forma eficaz? ¿Hay información de fondo antes de la tesis? ¿Es clara la conexión entre las ideas? ¿Se necesitan conectores más explícitos? ¿Creen que se debería elaborar más el párrafo introductorio? Expliquen.

   c. ¿Cuál es el tono del ensayo? ¿Se ha seleccionado vocabulario apropiado para proyectar este tono? ¿Es un tono apropiado para los lectores? ¿Para contexto?

   d. ¿Es una buena introducción? ¿Capta la atención de los lectores? ¿Se podría mejorar? ¿Pueden pensar en otras estrategias para que su impacto fuera mayor? ¿Es el título adecuado?

2. Lee individualmente el ensayo completo. ¿Cuáles son las ideas principales utilizadas para apoyar la tesis? ¿Cumplen su propósito? ¿Puedes pensar en otras ideas? ¿Crees que el contenido es apropiado para un certamen académico? ¿Se trata un aspecto interesante de la música en el ensayo? ¿Es demasiado amplio el tema? Explica.

3. ¿Hay demasiadas oraciones cortas en los párrafos? ¿Se utilizan suficientes cláusulas de relativo para modificar los sustantivos? ¿Hay secciones del ensayo donde se podrían enlazar dos o más oraciones cortas para eliminar la repetición?

4. **Se** pasiva y **se** impersonal. ¿Se utiliza la *se* impersonal con frecuencia en el ensayo? ¿Puedes identificar algún ejemplo?

5. Compara este texto con el tuyo. Escribe la impresión que tienes de tu ensayo utilizando como guía las siguientes preguntas:

Contenido

   a. **Tema.** ¿Es apropiado el tema para la audiencia? ¿Es tu tema interesante o lo presentas de forma interesante?

   b. **Tesis.** ¿Has delimitado un aspecto específico del tema general? ¿Es clara la postura que tomas con respecto a este aspecto?

   c. **Ideas de apoyo.** ¿Has seleccionado ideas principales relevantes para tu tesis? ¿Es completo el contenido? ¿Hay alguna idea confusa? ¿Puedes identificar partes ambiguas del ensayo? ¿Cómo podrías mejorar estas áreas para aclarar el significado?

   d. **Tono.** ¿Qué tono deseas crear? ¿Cómo seleccionas un aspecto del tema que permita crear ese tono? ¿Es un tono adecuado para un público académico?

Organización

   e. Lee el párrafo introductorio. ¿Tienes una tesis clara? ¿Presentas el tema general antes de presentar la tesis? ¿Explicas con claridad el ángulo que tratarás en el ensayo? ¿Es una buena introducción? ¿Puedes pensar en otras estrategias para crear más impacto en el (la) lector(a)? ¿Es el título adecuado?

f. ¿Cuál es el orden de presentación de tus ideas? ¿Van en orden de importancia? ¿Es clara la relación entre ellas? ¿Es clara la relación entre éstas y la tesis?

g. ¿Hay variedad de conectores? ¿Son los conectores los adecuados para guiar a los lectores?

Ahora que has analizado tu ensayo preliminar, haz los cambios que consideres que sean necesarios para mejorar tu escritura y prepara la segunda versión para trabajarla en clase.

Segunda versión del ensayo

A. En parejas, comenten la primera versión del ensayo de su compañero(a) usando las siguientes preguntas como guía para el intercambio de ideas:

Aspectos de contenido y organización

1. Lee el párrafo introductorio. ¿Tiene una tesis clara? ¿Es adecuada la introducción al tema general? ¿Es claro el ángulo que se tratará? ¿Es una buena introducción? ¿Puedes pensar en otras estrategias para crear más impacto en los lectores? ¿Es el título adecuado?

2. Teniendo en cuenta a tus lectores, ¿es apropiado el tema? ¿Cuáles son los argumentos utilizados para apoyar la tesis? ¿Son eficaces? ¿Puedes pensar en otras ideas que no se mencionaron? ¿Se debería elaborar algún otro aspecto? ¿Se podría mejorar el orden de presentación de la información? Explica.

3. ¿Es completo el contenido? ¿Hay alguna idea innecesaria o confusa? ¿Puedes identificar partes ambiguas del ensayo? ¿Qué causa la confusión: la gramática o el contenido?

4. ¿Cuál es el tono del ensayo? ¿Se ha seleccionado vocabulario apropiado para proyectar este tono? ¿Se usa de forma adecuada para el propósito del ensayo?

Aspectos de la gramática funcional

5. ¿Hay variedad léxica? ¿Piensas que se repiten algunas palabras en exceso? ¿Qué sinónimos se podrían utilizar? ¿Se ha seleccionado vocabulario conciso y claro? ¿Es el vocabulario apropiado para el tema? ¿Para los lectores? Indícale a tu compañero(a) las palabras que se repiten en exceso.

6. ¿Hay repetición de información? ¿Se podría eliminar la repetición por medio de cláusulas de relativo? ¿Hay demasiadas oraciones cortas en el ensayo? ¿Podrían enlazarse dos o tres de estas oraciones cortas para formar una oración más compleja?

7. Presta atención al uso de las construcciones de *se* impersonal y *se* pasiva en el ensayo. ¿Se repiten sujetos indefinidos, tal como «la gente», o «muchas personas»? ¿Se usa la pasiva con *ser*? ¿Hay un agente explícito? ¿Se podría omitir el agente sin afectar el significado? Indícale a tu compañero(a) los errores que veas.

B. Ahora revisa y reorganiza la segunda versión de tu ensayo teniendo en cuenta los comentarios recibidos. Repasa también los consejos que ya habías escrito para ti mismo(a) en la **Carpeta de escritura.** ¿Los has incorporado en la redacción de esta composición?

Tercera versión del ensayo

Intercambia tu ensayo con tu compañero(a) y señala, subrayándolos, los errores superficiales de:

a. concordancias de persona y número (sujeto-verbo)
b. concordancias de número y género (sustantivo-adjetivo)
c. tiempos verbales
d. errores ortográficos
e. acentos

NO corrijas ningún error; simplemente indícaselos a tu compañero(a) para que él (ella) haga los cambios requeridos.

La última etapa de la revisión del ensayo es la revisión gramatical. En esta etapa es importante no solamente tratar de *corregir* los errores superficiales sino tambien tratar de lograr un vocabulario y una sintaxis más precisos y apropiados. Devuélvanse las composiciones y revisen cada uno su ensayo prestando atención a los siguientes aspectos:

1. ¿Has tratado de usar en tu ensayo algunas de las palabras relacionadas con el tema de la sociedad contemporánea? ¿Has tratado de incorporar otras palabras que aprendiste en las lecturas de este capítulo? ¿Cuáles son?

2. ¿Encontraste en las lecturas de este capítulo algunas estructuras sintácticas que no conocías antes? ¿Podrías usar algunas de estas estructuras en este ensayo?

3. Lee tu ensayo y subraya todas las palabras que se parecen a las palabras en inglés. Después vuelve a cada una de estas palabras y contesta las siguientes preguntas:

a. ¿Es una palabra en español o la inventaste?
b. ¿La has deletreado correctamente? Búscala en el diccionario.
c. ¿La has usado en un contexto apropiado? Busca su significado en un diccionario en español para asegurarte de que el contexto es apropiado.

Palabra abierta

A. En grupos, describan lo que han aprendido sobre la elaboración de párrafos introductorios.

1. ¿Cómo determinaron la tesis de sus ensayos? ¿Fue útil hablar con sus compañeros para generar ideas? ¿Recibieron comentarios de sus compañeros que ayudaron a escribir tesis más concisas?

2. ¿Han mejorado su manera de presentar un tema antes de especificar la tesis? ¿Han tratado nuevas formas de presentar el tema? ¿Nuevos tonos para desarrollar el tema? ¿Aprendieron estos nuevos estilos al leer la escritura de otros? Expliquen.

3. ¿Fue eficaz la sesión de intercambio de ideas que tuvieron con sus compañeros sobre problemas de organización y contenido?

4. ¿Cómo podría mejorarse este intercambio de impresiones sobre aspectos específicos de la redacción? ¿Qué tipo de corrección desean que se haga? ¿Cómo quisieran que sus compañeros corrigieran sus ensayos? ¿Qué ejercicios de corrección serían apropiados?

B. Describan ahora lo que han aprendido sobre el uso de la subordinación mediante las cláusulas de relativo y sobre el uso de las construcciones de *se* impersonal y *se* pasiva.

1. ¿Utilizan las cláusulas de relativo para hacer oraciones más complejas? ¿Pueden identificar oraciones cortas en sus ensayos para enlazarlas y así eliminar la repetición de ideas?

2. ¿Se sienten más cómodos utilizando *se* impersonal y *se* pasiva? ¿Han podido eliminar usos innecesarios de sujetos generales como «persona», «gente» y otros? ¿Pueden reconocer cuándo usar *se* pasiva?

C. Escribe una lista de palabras que podrías utilizar la próxima vez que redactes un ensayo y guárdala en tu **Carpeta de escritura**. Escribe en tu cuaderno algún consejo nuevo para la próxima vez que escribas un ensayo. ¿Qué quieres recordar hacer la próxima vez para escribir mejor? ¿Probaste alguna estrategia nueva que te resultó bien al escribir esta composición? Anótala también. ¿En qué aspecto de tu escritura has visto más mejoría? ¿Cómo lograste mejorar este aspecto?

Mujer y sociedad: Una exploración de perspectivas diferentes

Los objetivos de tema y de género de este capítulo son:

- analizar las diferentes perspectivas sobre la mujer en la sociedad actual, tanto en la de los Estados Unidos como en la de diferentes países latinos
- exponer y fundamentar una opinión en torno a algún aspecto del tema de la mujer en la sociedad de hoy

Los objetivos lingüísticos y de redacción son:

- explorar la función interpersonal del lenguaje en los textos
- utilizar estrategias lingüísticas para representar diversos grados de responsabilidad y validez de opiniones e informaciones de apoyo
- elaborar los párrafos de desarrollo en función de la tesis
- crear párrafos con unidad estructural mediante la selección y organización de las ideas secundarias

Acercándonos al tema

A. Vocabulario del tema: La mujer y la sociedad

1. Mira las palabras que aparecen a continuación.

el feminismo	el movimiento	apoyar	opinar	tener éxito
el (la) feminista	la política	soportar	realizar una meta	fracasar
la feminidad	político(a)	sostener	darse cuenta de	suceder
femenino(a)				

   a. ¿Cuáles de estas palabras conoces? De las que no conoces, ¿puedes adivinar su significado? Busca en el diccionario el significado de las palabras que todavía no conoces.

   b. ¿Cuáles son otras palabras relacionadas o parecidas a cada una de estas palabras?

   c. ¿Cómo se relacionan o se distinguen las palabras dentro de cada columna?

2. Describe o explica en español el significado de cada una de las palabras o frases indicadas. Antes de consultar el diccionario, trata de determinar el significado de las palabras desconocidas por medio del contexto en el que aparecen.

   a. Quizás sea la **esperanza** de un mundo más armónico.
   b. Es el tratar de romper con los **esquemas tradicionales.**
   c. Es necesario luchar por la **igualdad de derechos.**
   d. Es definitivamente una **sociedad machista** y **patriarcal.**
   e. Hombres, capaces de todo tipo de **heroicidades** y bajezas.
   f. En todo lugar donde haya una mujer que sufre y esté sola, debe haber otra que **se solidarice.**

B. El papel de la mujer en la sociedad actual

1. En parejas, hagan una lista de los diferentes papeles de la mujer en nuestra sociedad estadounidense actual. Luego compartan su lista con la de otra pareja y comenten las diferencias. ¿A qué se deben las semejanzas o diferencias que encuentran?

2. Ahora piensen en las maneras en las que la mujer se define actualmente en cada uno de los siguientes contextos:

   a. la política estadounidense
   b. la familia estadounidense
   c. el mundo de negocios
   d. Hollywood
   e. la prensa

¿Cómo ha cambiado la representación de la mujer en estos contextos durante los últimos 50 años? ¿Pueden pensar en otros contextos en los cuales la representación de la mujer ha atravesado grandes cambios? ¿Cuáles son?

Primera lectura: «Hombre pequeñito»

ALFONSINA STORNI

Alfonsina Storni fue una exitosa poeta argentina. Nació en un pequeño pueblito de Suiza en 1892 pero cuando tenía cuatro años de edad su familia regresó definitivamente a San Juan, Argentina después de un vano intento de buscar prosperidad en Europa. Provenía de una familia de orígenes humildes y a los doce años comenzó a trabajar de costurera a domicilio, después en una fábrica de gorras. En 1907 actúo en una compañía teatral por un año y luego inició su carrera docente. Se recibió de maestra rural y trabajó en Rosario mientras publicaba sus primeros poemas en *Mundo Rosarino* y *Monos y monadas*. Cuando tenía veinte años llegó a Buenos Aires, donde nació su hijo Alejandro —compañero inseparable de toda su vida— y donde publicó su primer libro de poemas: *La inquietud del rosal*. El éxito de sus poesías la acercó rápidamente al mundo intelectual y artístico de la época, integró el grupo "Anaconda" junto a escritores famosos. En 1930 viajó a Europa y se incorporó a las reuniones que organizaba el grupo "Signos" donde conoció a personajes famosos como Ramón Gómez de la Serna y Federico García Lorca. Ser una escritora exitosa no la libró de la angustia y los miedos que la torturaban. En 1935 la operaron de un tumor en el pecho y empezó a recluirse y alejarse de los amigos. En 1938 se suicidó internándose en el mar.

Sus poemas desarrollan temas relacionados con la muerte y los problemas de la mujer en una sociedad dominada por hombres. Su poesía demuestra una actitud crítica, a veces mezclada con descontento. El poema "Hombre pequeñito" es uno de los más conocidos. En él Storni desarrolla de tema de la incomprensión del hombre ante lo que significa ser mujer.

Acercándonos al texto

En parejas, contesten las siguientes preguntas:

1. Miren rápidamente el texto sin leerlo. ¿Qué tipo de texto es? ¿Cómo lo saben? ¿Cuáles son los rasgos estructurales sobre los cuales basan su respuesta?
2. ¿Dónde esperarían encontrar este tipo de texto? ¿Por qué?
3. ¿Les gusta leer este tipo de texto? ¿Por qué sí o por qué no?

Hombre pequeñito

ALFONSINA STORNI

Hombre pequeñito, hombre pequeñito,
Suelta a tu canario que quiere volar
Yo soy el canario, hombre pequeñito,
Déjame saltar.

Estuve en tu jaula, hombre pequeñito,
Hombre pequeñito, que jaula me das
Digo pequeñito porque no me entiendes,
Ni me entenderás.

Tampoco te entiendo, pero mientras tanto
Ábreme la jaula, que quiero escapar;
Hombre pequeñito, te amé media hora,
No me pidas más.

Interactuando con el texto

En parejas, contesten las siguientes preguntas:

1. ¿Cómo caracteriza Storni la relación entre el hombre y la mujer en este poema?
2. ¿Qué opinan de esta caracterización? ¿Es válida hoy en día? ¿Por qué sí o por qué no?
3. ¿Cuáles son los símbolos que usa Storni para representar la dinámica entre la mujer y el hombre en este poema? ¿Qué significan estos símbolos? ¿Por qué se titula el poema «Hombre pequeñito»?
4. Comparen la actitud del hombre respecto a la mujer en este poema con la del hombre en el siguiente poema de José Antonio Arce:

> Si le hubiese cortado las alas hubiese sido mío,
> no se hubiese escapado
> pero así ya no hubiera sido pájaro
> y era el pájaro lo que yo amaba.

¿En qué sentido es este poema similar a «Hombre pequeñito»? ¿En qué sentido es diferente?

Gramática funcional

Función interpersonal del lenguaje: Cómo pedir algo

En este capítulo vamos a examinar algunas de las formas en las que usamos el lenguaje para interactuar con otros: para establecer y mantener relaciones, para influir en el comportamiento de otros, para expresar nuestras opiniones sobre las cosas en el mundo y para solicitar las opiniones de otros. Veremos que las palabras y las estructuras gramaticales del español (y de cualquier idioma) nos ofrecen una rica variedad de maneras para llevar a cabo cada una de estas funciones. También veremos que la elección de palabras y estructuras particulares tendrá un efecto en la manera en que nuestras interacciones son interpretadas.

Tener un conocimiento de la función interpersonal del lenguaje es importante y necesario para cualquier(a) buen(a) escritor(a), pues en la mayoría de los casos escribimos para interactuar con un(a) lector(a) particular, sea para expresarle nuestra opinión, solicitarle la suya, convencerlo(a) de algo, ofrecerle algo, pedirle información o pedirle que nos dé algún tipo de servicio.

- Piensa por un momento en tus propios escritos. ¿Con qué frecuencia y en qué contextos has usado un texto escrito para interactuar con tu lector(a) de las maneras mencionadas? Por ejemplo, ¿has escrito alguna vez una carta a alguna compañía para pedirle, por ejemplo, que te devolviera el dinero por algo que compraste y que no funcionó bien? ¿Has tenido que escribir algún tipo de anuncio para vender alguna cosa u ofrecer algún servicio?
- Ahora piensa en uno de esos escritos. ¿Usaste algún lenguaje especial para lograr lo que querías? Por ejemplo, si tuviste que escribir a una compañía para procurar algún servicio, ¿cómo lo hiciste: directa o indirectamente? ¿Por qué?

El poema «Hombre pequeñito» nos ofrece un ejemplo excelente sobre la manera en que la construcción lingüística de la interacción influye en el significado del texto y en la interpretación de los motivos de la escritora. El contenido del poema nos indica claramente dos cosas: primero, que la mujer que habla ha tenido una relación íntima con el «hombre pequeñito» y segundo, que en esta relación él la ha estado controlando. El simbolismo de un pájaro enjaulado ayuda a crear una imagen bastante contundente de esta relación. Sin embargo, hay otros elementos lingüísticos de la interacción que también nos pintan esta imagen tan vívida.

En primer lugar, tenemos que considerar la manera en que la mujer se dirige a este hombre. En este caso la mujer usa la segunda persona de singular, *tú*, lo cual sirve no solamente para establecer que la relación entre la mujer y el hombre es una relación íntima e informal, sino que también sirve para establecer un discurso directo con el hombre. Ella no está hablando de él, sino que le está hablando directamente a él, lo cual ayuda a crear la imagen de una confrontación.

En segundo lugar, tenemos que considerar el objetivo de la interacción y la manera en que la poeta logra este objetivo. Por un lado, la mujer está ofreciéndole información al «hombre pequeñito»: le está describiendo cómo ella se siente en la relación. Pero, por otro lado, le está pidiendo algo al hombre: quiere que él le dé su libertad. Es importante notar la manera en la cual le pide esto. Cada verbo utilizado para pedirle algo al hombre pequeñito está en la forma imperativa. Es decir, la mujer no solamente le pide al hombre que la deje salir, sino que se lo exige (*suelta a tu canario, déjame saltar, ábreme la jaula* y *no me pidas más*). En español, como en otros idiomas, hay varias estructuras gramaticales que se pueden utilizar para cumplir la función interactiva de pedir algo, así que la decisión de la poeta de utilizar la forma imperativa tiene consecuencias para el significado del poema: la repetición de esta forma hace resaltar la resolución categórica y firme de la mujer en sus peticiones al hombre, lo cual sirve para establecer el tono tan abrupto del poema.

Actividad

Para entender mejor cómo el lenguaje utilizado establece la interacción entre los participantes en el acto comunicativo que presenta este poema, trabaja con un(a) compañero(a) de la clase y contesten las siguientes preguntas.

1. ¿Cómo habría cambiado el significado del poema si la mujer no se hubiera dirigido directamente al «hombre pequeñito»? ¿Cambiaría mucho el tono del poema?
2. Las siguientes oraciones presentan otras construcciones gramaticales que se utilizan para pedirle algo a alguien. Primero, indiquen si cada una de estas estructuras les parece más o menos formal o respetuosa. Segundo, piensen a quién(es) puede estar dirigida y en qué contextos se podría utilizar.

   ¿Me podría escribir una carta de recomendación?

   Pasan la película *El Zorro* en el pueblo y me gustaría ir esta noche.

   Hace un calor terrible en esta habitación.

   Favor de no fumar.

   ¿Quieres ir a almorzar a ese restaurante mexicano que acaban de abrir?

   ¿Puedes pensar en otras maneras de pedirle algo a alguien?

3. ¿Cómo habría cambiado el significado del poema si la poeta hubiera utilizado cualquiera de estas formas que acaban de anotar para cumplir la función de pedirle al hombre que dejara libre a la mujer?
4. Compartan las ideas que acaban de generar con otros grupos de la clase. ¿Están los otros de acuerdo con ustedes?

Creando textos

A. Escritura personal. Escribe tus reacciones al poema de Storni. ¿Te gustó? ¿Crees que representa una situación realista? ¿Por qué?

B. Escritura pública. Piensa en el «hombre pequeñito» del poema. ¿Cómo reaccionaría éste al oír las palabras del poema de Storni dirigidas a él? Si tuvieras que escribir una carta que representara la respuesta del hombre a estas palabras, ¿cómo lo harías? En parejas, escriban la carta que escribiría el hombre pequeñito para contestar los versos de Storni.

Antes de empezar, piensen en las siguientes preguntas:

1. ¿Estaría enojado él?
2. ¿Dejaría libre a la mujer? ¿Qué le diría al hacerlo?

Al escribir la carta, consideren las siguientes preguntas:

3. ¿Cómo será el tono de la carta? ¿Por qué? ¿Cómo lo van a lograr?
4. ¿Cuál será el objetivo de la interacción: para ofrecerle algo o para pedirle algo?
5. ¿Qué construcciones gramaticales van a utilizar para lograr este objetivo? ¿Por qué?

Segunda lectura: La muñeca menor

Rosario Ferré nació en 1938 en Ponce, una ciudad en la costa sur de Puerto Rico. Se graduó en Literatura Inglesa en el año 1960 del Manhattanville College, obteniendo posteriormente una maestría en literatura española y latinoamericana de la Universidad de Puerto Rico. Años más tarde, obtuvo el doctorado de la Universidad de Maryland. Desde los años 60 Rosario Ferré ha explorado muchos de los géneros literarios: ha publicado relatos, poesía, ensayos, biografías y dos novelas. La primera novela, *Maldito amor,* recibió el Premio Literatura de Frankfurt en el año 1992. La versión en inglés de *La casa de la laguna* (1995), su segunda novela, fue finalista del National Book Award. En los Estados Unidos Rosario Ferré está considerada como una de las escritoras contemporáneas más importantes de Puerto Rico.

El cuento «La muñeca menor» pertenece al género de la literatura fantástica porque en él se mezclan elementos de la realidad y la fantasía. Mediante esta mezcla y por medio de varios símbolos importantes, como las muñecas y la chágara, Ferré nos presenta un comentario sobre la condición de la mujer en la sociedad estratificada del Puerto Rico antiguo.

Acercándonos al texto

A. El cuento que van a leer se titula «La muñeca menor». Trabajando en grupos, comenten y anoten todas las ideas que Uds. asocian con una muñeca. Después de cinco minutos, comparen la lista de su grupo con la de otros grupos. ¿Tienen ellos otras ideas que les gustaría agregar a su lista?

B. Ahora miren la lista de ideas que se pueden asociar con una muñeca. Piensen en el título y en el tema de este capítulo. ¿Qué podría significar el título «La muñeca menor»? Anoten todas las ideas que puedan generar. Después, compartan sus ideas con las de otros grupos. Anoten todas las ideas que les gusten y guarden ese papel hasta después de que hayan leído el cuento.

C. Antes de leer cualquier texto siempre ayuda tener información de trasfondo para poder interpretarlo mejor. Cuando leemos textos literarios específicamente, ayuda saber algo del contexto de la acción así como de los personajes. Por el contexto de la acción entendemos tanto el ambiente (las condiciones físicas, sociales y económicas) como la época en que tiene lugar la acción. Para facilitar la lectura de «La muñeca menor», dibuja tablas en tu cuaderno como las que aparecen a continuación, para hacer un bosquejo de los diferentes componentes del contexto de este cuento. Antes de leer el cuento entero por primera vez, lee los primeros cuatro párrafos con dos o tres compañeros de clase. Después de leer cada párrafo, rellenen las tablas que dibujaron con toda la información que puedan obtener sobre cada uno de estos componentes. También identifiquen las frases o palabras de la narración que les sugirieron esta información.

El ambiente	La época en que ocurre la acción

Los personajes				
la tía			la chágara	
las muñecas		la familia/las niñas		el médico

D. Después de leer los cuatro párrafos y de rellenar las tablas, compartan con otros grupos la información que obtuvieron. ¿Están de acuerdo con las interpretaciones de los otros grupos? ¿Por qué? Guarden estas tablas para cuando lean el texto entero. Mientras lean el cuento, sigan anotando en las tablas toda la información que puedan obtener sobre el contexto después de cada párrafo. Cuando terminen de leer «La muñeca menor», pueden usar esta información para que ésta les ayude a comprender mejor el cuento.

E. Pensando en la información obtenida en los primeros cuatro párrafos, contesten las siguientes preguntas en parejas:

1. ¿Cuáles son algunos ejemplos de la mencionada mezcla de lo real y lo fantástico que presenta el cuento?

2. En el cuento, la chágara es un símbolo importante que tiene valor metafórico. Es una palabra indígena que, según Rosario Ferré, significa «camarón de río». Sin embargo, la autora también ha comentado que el animal es un producto de su imaginación y así lo debería ser para los lectores. Según lo que han leído hasta ahora, ¿cómo se imaginan la chágara? ¿Qué puede representar? Expliquen. Si quieren, dibujen cómo se imaginan este animal. Compartan dibujos con los de otros estudiantes de la clase.

3. Las muñecas también son símbolos importantes en el cuento. Ahora que han leído parte de «La muñeca menor», ¿tienen una mejor idea de lo que pueden representar los símbolos y de lo que puede significar este título?

4. Escriban en sus propias palabras un breve resumen de la historia hasta este punto. Incluyan los detalles importantes de la acción principal del cuento. Cuando terminen, comparen el resumen con el de otros estudiantes de la clase y discutan las diferencias que encuentren.

5. Sabiendo que la autora mezcla la realidad y la fantasía con el fin de hacer un comentario sobre la condición de la mujer en una sociedad estratificada, ¿cómo piensan que va a acabar el cuento?

Segunda lectura: La muñeca menor

ROSARIO FERRÉ

La tía vieja había sacado desde muy temprano el sillón el balcón que daba al cañaveral[1] como hacía siempre que se despertaba con ganas de hacer una muñeca. De joven se bañaba a menudo en el río, pero un día en que la lluvia había recrecido la corriente en cola de dragón había sentido en el tuétano[2] de los huesos una mullida sensación de nieve. La cabeza metida en el reverbero negro de las rocas, había creído escuchar, revolcados con el sonido del agua, los estallidos del salitre sobre la playa y pensó que sus cabellos habían llegado por fin a desembocar en el mar. En ese preciso momento sintió una mordida terrible en la pantorrilla[3]. La sacaron del agua gritando y se la llevaron a la casa en parihuelas[4] retorciéndose de dolor.

El médico que la examinó aseguró que no era nada, probablemente había sido mordida por una chágara viciosa. Sin embargo pasaron los días y la llaga[5] no cerraba. Al cabo de un mes el médico había llegado a la conclusión de que la chágara se había introducido dentro de la carne blanda de la pantorrilla, donde había evidentemente comenzado a engordar. Indicó que le aplicaran un sinapismo[6] para que el calor la obligara a salir. La tía estuvo una semana con la pierna rígida, cubierta de mostaza desde el tobillo hasta el muslo, pero al finalizar el tratamiento se descubrió que la llaga se había abultado[7] aún más, recubriéndose de una substancia pétrea y limosa[8] que era imposible tratar de remover sin que peligrara toda la pierna. Entonces se resignó a vivir para siempre con la chágara enroscada dentro de la gruta[9] de su pantorrilla.

Había sido muy hermosa, pero la chágara que escondía bajo los largos pliegues de gasa de sus faldas la había despojado de toda vanidad. Se había encerrado en la casa rehusando a todos sus pretendientes[10]. Al principio se había dedicado a la crianza de las hijas de su hermana, arrastrando por toda la casa la pierna monstruosa con bastante agilidad. Por aquella época la familia vivía rodeada de un pasado que dejaba desintegrar a su alrededor con la misma impasible musicalidad con que la lámpara de cristal del comedor se desgranaba a pedazos sobre el mantel raído de la mesa. Las niñas adoraban a la tía. Ella las peinaba, las bañaba y les daba de comer. Cuando les leía cuentos se sentaban a su alrededor y levantaban con disimulo el volante[11] almidonado[12] de su falda para oler el perfume de guanábana[13] madura que supuraba[14] la pierna en estado de quietud.

Cuando las niñas fueron creciendo la tía se dedicó a hacerles muñecas para jugar. Al principio eran sólo muñecas comunes, con carne de guata[15] de higüera y ojos de botones perdidos.

---

[1] plantación de caña de azúcar

[2] médula; parte interior de un hueso largo

[3] parte posterior carnosa de la pierna

[4] camilla para el transporte de enfermos

[5] úlcera de pus

[6] remedio tópico

[7] engrandecido como un bulto

[8] **pétrea...** de la calidad de la piedra y del limo, respectivamente

[9] aquí significa *la llaga*

[10] los que aspiran al noviazgo con una mujer

[11] ornamento de gasa

[12] planchado con almidón

[13] fruta tropical

[14] despedía, tenía

[15] tipo de material de relleno

Pero con el pasar del tiempo fue refinando su arte hasta ganarse el respeto y la reverencia de toda la familia. El nacimiento de una muñeca era siempre motivo de regocijo[16] sagrado, lo cual explicaba el que jamás se les hubiese ocurrido vender una de ellas, ni siquiera cuando las niñas eran ya grandes y la familia comenzaba a pasar necesidad[17]. La tía había ido agrandando el tamaño de las muñecas de manera que correspondieran a la estatura y a las medidas de cada una de las niñas. Como eran nueve y la tía hacía una muñeca de cada niña por año, hubo que separar una pieza de la casa para que la habitasen exclusivamente las muñecas. Cuando la mayor cumplió diez y ocho años había ciento veintiséis muñecas de todas las edades en la habitación. Al abrir la puerta, daba la sensación de entrar en un palomar[18], o en el cuarto de muñecas del palacio de las tzarinas, o en un almacén donde alguien había puesto a madurar una larga hilera de hojas de tabaco. Sin embargo, la tía no entraba en la habitación por ninguno de estos placeres, sino que echaba el pestillo a la puerta e iba levantando amorosamente cada una de las muñecas canturreándoles[19] mientras las mecía:[20] Así eras cuando tenías un año, así cuando tenías dos, así cuando tenías tres, reviviendo la vida de cada una de ellas por la dimensión del hueco que le dejaban entre los brazos.

El día que la mayor de las niñas cumplió diez años, la tía se sentó en el sillón frente al cañaveral y no se volvió a levantar jamás. Se balconeaba días enteros observando los cambios de agua de las cañas y sólo salía de su sopor[21] cuando la venía a visitar el doctor o cuando se despertaba con ganas de hacer una muñeca. Comenzaba entonces a clamar para que todos los habitantes de la casa viniesen a ayudarla. Podía verse ese día a los peones de la hacienda haciendo constantes relevos al pueblo como alegres mensajeros incas, a comprar cera, a comprar barro de porcelana, encajes, agujas, carretes de hilos de todos los colores. Mientras se llevaban a cabo estas diligencias, la tía llamaba a su habitación a la niña con la que había soñado esa noche y le tomaba las medidas. Luego le hacia una mascarilla de cera que cubría de yeso por ambos lados como una cara viva dentro de dos caras muertas; luego hacía salir un hilillo rubio interminable por un hoyito en la barbilla. La porcelana de las manos era siempre translúcida; tenía un ligero tinte marfileño que contrastaba con la blancura granulada de las caras de biscuit. Para hacer el cuerpo, la tía enviaba al jardín por veinte higüeras relucientes. Las cogía con una mano y con un movimiento experto de la cuchilla las iba rebanando[22] una a una en cráneos relucientes de cuero verde. Luego las inclinaba en hilera contra la pared del balcón, para que el sol y el aire secaran los cerebros algodonosos de guano[23] gris. Al cabo de algunos días raspaba el contenido con una cuchara y lo iba introduciendo con infinita paciencia por la boca de la muñeca.

Lo único que la tía transigía en utilizar en la creación de las muñecas sin que estuviese hecho por ella, eran las bolas de los ojos. Se los enviaban por correo desde Europa en todos los colores, pero la tía los consideraba inservibles hasta no haberlos dejado sumergidos durante un número de días en el fondo de la quebrada para que aprendiesen a reconocer el más leve movimiento de las antenas de las chágaras. Sólo

---

[16] alegría

[17] **pasar...** tener dificultades económicas

[18] lugar donde se crían las palomas

[19] cantándoles a media voz

[20] movía de un lado a otro (como a un bebé)

[21] adormecimiento

[22] cortando de una parte a otra

[23] *en Puerto Rico:* materia algodonosa que se utiliza para rellenar almohadas y colchones

entonces los lavaba con agua de amoníaco y los guardaba, relucientes como gemas, colocados sobre camas de algodón, en el fondo de una lata de galletas holandesas. El vestido de las muñecas no variaba nunca, a pesar de que las niñas iban creciendo. Vestía siempre a las más pequeñas de tira bordada y a las mayores de broderí, colocando en la cabeza de cada una el mismo lazo abullonado y trémulo de pecho de paloma.

Las niñas empezaron a casarse y a abandonar la casa. El día de la boda la tía les regalaba a cada una la última muñeca dándoles un beso en la frente y diciéndoles con una sonrisa: «Aquí tienes tu Pascua de Resurrección». A los novios los tranquilizaba asegurándoles que la muñeca era sólo una decoración sentimental que solía colocarse sentada, en las casas de antes, sobre la cola del piano. Desde lo alto del balcón la tía observaba a las niñas bajar por última vez las escaleras de la casa sosteniendo en una mano la modesta maleta a cuadros de cartón y pasando el otro brazo alrededor de la cintura de aquella exuberante muñeca hecha a su imagen y semejanza, calzada con zapatillas de ante[24], faldas de bordados nevados y pantaletas de valenciennes. Las manos y la cara de estas muñecas, sin embargo, se notaban menos transparentes, tenían la consistencia de la leche cortada. Esta diferencia encubría otra más sutil: la muñeca de boda no estaba jamás rellena de guata, sino de miel.

Ya se habían casado todas las niñas y en la casa quedaba sólo la más joven cuando el doctor hizo a la tía la visita mensual acompañado de su hijo que acababa de regresar de sus estudios de medicina en el norte. El joven levantó el volante de la falda almidonada y se quedó mirando aquella inmensa vejiga abotagada que manaba[25] una esperma perfumada por la punta de sus escamas verdes. Sacó su estetoscopio y la auscultó cuidadosamente. La tía pensó que auscultaba la respiración de la chágara para verificar si todavía estaba viva, y cogiéndole la mano con cariño se la puso sobre un lugar determinado para que palpara el movimiento constante de las antenas. El joven dejó caer la falda y miró fijamente al padre. Usted hubiese podido haber curado esto en sus comienzos, le dijo. Es cierto, contestó el padre, pero yo sólo quería que vinieras a ver la chágara que te había pagado los estudios durante veinte años.

En adelante fue el joven médico quien visitó mensualmente a la tía vieja. Era evidente su interés por la menor y la tía pudo comenzar su última muñeca con amplia anticipación. Se presentaba siempre con el cuello almidonado, los zapatos brillantes y el ostentoso alfiler de corbata[26] oriental del que no tiene donde caerse muerto. Luego de examinar a la tía se sentaba en la sala recostando su silueta[27] de papel dentro de un marco ovalado, a la vez que le entregaba a la menor el mismo ramo de siemprevivas moradas. Ella le ofrecía galletitas de jengibre y cogía el ramo quisquillosamente[28] con la punta de los dedos como quien coge el estómago de un erizo[29] vuelto al revés. Decidió casarse con él porque le intrigaba su perfil dormido, y porque ya tenía ganas de saber cómo era por dentro la carne de delfín.

El día de la boda la menor se sorprendió al coger la muñeca por la cintura y encontrarla tibia, pero lo olvidó en seguida, asombrada ante su excelencia artística. Las manos y la cara estaban confeccionadas con delicadísima porcelana de Mikado. Reconoció en la sonrisa entreabierta

---

[24] tipo de piel
[25] brotaba, salía
[26] **alfiler...** accesorio que sirve para sujetar la corbata
[27] perfil de una figura
[28] de un modo demasiado delicado
[29] animal con el dorso cubierto de espinas

y un poco triste la colección completa de sus dientes de leche. Había, además, otro detalle particular: la tía había incrustado en el fondo de las pupilas de los ojos sus dormilonas[30] de brillantes.

El joven médico se la llevó a vivir al pueblo, a una casa encuadrada dentro de un bloque de cemento. La obligaba todos los días a sentarse en el balcón, para que los que pasaban por la calle supiesen que se había casado en sociedad. Inmóvil dentro de su cubo de calor, la menor comenzó a sospechar que su marido no sólo tenía el perfil de silueta de papel sino también el alma. Confirmó sus sospechas al poco tiempo. Un día él le sacó los ojos a la muñeca con la punta del bisturí[31] y los empeñó por[32] un lujoso reloj de cebolla[33] con una larga leontina[34]. Desde entonces la muñeca siguió sentada sobre la cola del piano, pero con los ojos bajos.

A los pocos meses el joven médico notó la ausencia de la muñeca y le preguntó a la menor qué había hecho con ella. Una cofradía[35] de señoras piadosas le habían ofrecido una buena suma por la cara y las manos de porcelana para hacerle un retablo a la Verónica en la próxima procesión de Cuaresma. La menor le contestó que las hormigas había descubierto por fin que

la muñeca estaba rellena de miel y en una sola noche se la habían devorado. «Como las manos y la cara eran de porcelana de Mikado», dijo, «seguramente las hormigas las creyeron hechas de azúcar, y en este preciso momento deben de estar quebrándose los dientes, royendo con furia dedos y párpados en alguna cueva subterránea». Esa noche el médico cavó toda la tierra alrededor de la casa sin encontrar nada.

Pasaron los años y el médico se hizo millonario. Se había quedado con toda la clientela del pueblo, a quienes no les importaba pagar honorarios exorbitantes para poder ver de cerca a un miembro legítimo de la extinta aristocracia cañera[36]. La menor seguía sentada en el balcón, inmóvil dentro de sus gasas y encajes, siempre con los ojos bajos. Cuando los pacientes de su marido, colgados de collares, plumachos y bastones, se acomodaban cerca de ella removiendo los rollos de sus carnes satisfechas con un alboroto de monedas, percibían a su alrededor un perfume particular que les hacía recordar involuntariamente la lenta supuración de una guanábana. Entonces les entraban a todos unas ganas irresistibles de restregarse las manos como si fueran patas.

Una sola cosa perturbaba la felicidad del médico. Notaba que mientras él se iba poniendo viejo, la menor guardaba la misma piel aporcelanada y dura que tenía cuando la iba a visitar a la casa del cañaveral. Una noche decidió entrar en su habitación para observarla durmiendo. Notó que su pecho no se movía. Colocó delicadamente el estetoscopio sobre su corazón y oyó un lejano rumor de agua. Entonces la muñeca levantó los párpados y por las cuencas vacías de los ojos comenzaron a salir las antenas furibundas de las chágaras.

---

[30] tipo de aretes o pendientes
[31] instrumento quirúrgico en forma de un cuchillo pequeño
[32] **los...** los dio (vendió) en pago por
[33] **reloj...** reloj de bolsillo
[34] cadena de los relojes de bolsillo
[35] hermandad que forman algunos devotos
[36] **aristocracia...** clase social de las familias que tenían plantaciones de caña

Interactuando con el texto

A. Resumen del cuento

1. Imagínate que estás en una fiesta donde todo el mundo está hablando de los libros que han leído recientemente. Si tuvieras que contarles a estas personas sobre el cuento «La muñeca menor», ¿qué les dirías? ¿Qué detalles incluirías? ¿Qué detalles excluirías? Escribe el resumen que les contarías.

2. Comparte tu resumen con el de otros estudiantes de la clase. ¿Has incluido los mismos detalles que tus compañeros? ¿Por qué sí o por qué no?

B. Análisis del texto

1. Considera la información que anotaste sobre cada uno de los personajes principales. ¿Cuáles son las características que definen a los personajes femeninos y a los masculinos? Reproduce en tu cuaderno la tabla que aparece a continuación. En esta tabla anota las características que identificas, junto con alguna cita del texto que apoye tu opinión.

Personajes femeninos	Características	Citas del texto
1.		
2.		
Personajes masculinos	Características	Citas del texto
1.		
2.		

2. Utilizando la información que has incluido en la tabla de la pregunta anterior, ¿a qué generalización llegas sobre la manera en que las mujeres y los hombres están representados en este texto? Explica.

3. ¿Cuál es el conflicto central de este cuento? Explica.

4. ¿Cómo interpretas el final de este cuento? Explica. ¿Es muy diferente del final que te habías imaginado antes de leer el cuento?

5. ¿Qué representa el símbolo de la chágara? ¿Es diferente tu respuesta ahora?

6. ¿Qué representan las muñecas? Ahora que has acabado el cuento, ¿qué piensas que significa el título del cuento?

Creando textos

A. Escritura personal. Escribe en tu diario las reacciones que te ha causado el cuento. ¿Te gustó? ¿Por qué? ¿Fue difícil de leer? ¿Te gustaría leer más cuentos de la literatura fantástica? ¿Por qué?

B. Escritura pública.

1. ¿Crees que el cuento tiene un impacto positivo o negativo en los lectores? En parejas, escriban un párrafo en el que expongan y respalden sus opiniones sobre este punto. Utilicen ejemplos concretos del texto.

2. Uno de los temas principales del cuento es el de los problemas que enfrenta la mujer en diferentes estratos de la sociedad. ¿Cuáles son algunos de estos problemas? ¿Son problemas que confronta la mujer estadounidense de hoy? ¿Y la mujer latinoamericana? Trabajando en parejas, expliquen sus ideas y opiniones sobre estas preguntas en uno o dos párrafos. Para respaldar sus opiniones, usen la información que han obtenido de las actividades anteriores.

Tercera lectura: Nosotras y ellos

Rosa Montero es una escritora española de diversos talentos. Estudió periodismo y psicología. Colaboró con grupos de teatro independiente a la vez que empezó a publicar en varios medios informativos (*Fotogramas, Pueblo, Posible*). Desde el año 1976 trabaja de manera exclusiva para el diario *El País,* en el que fue redactora —jefa del suplemento dominical.

En 1980 ganó el Premio Nacional de Periodismo por sus reportajes y artículos literarios. Ha publicado muchos libros, entre los cuales se destacan *Crónica del desamor, La función Delta, Te trataré como a una reina, Amado Amo, Temblor, Bella y oscura* y un libro de ensayos biográficos, *Historias de mujeres.*

El artículo que sigue, «Nosotras y ellos», se publicó en el periódico *El País* en una columna humorística que Montero escribe regularmente.

Acercándonos al texto

Trabajando en grupos, hagan lo siguiente:

1. Escriban una lista de todas las maneras en que las mujeres y los hombres son diferentes. Si no creen que haya diferencia alguna, anótenlo también.

2. Después de hacer la lista, anoten los contextos en que la diferencia es importante.

3. Compartan su lista con las de otros grupos y comenten las diferencias que encuentren. ¿Están de acuerdo con sus compañeros? ¿Por qué sí o por qué no?

Tercera lectura: Nosotras y ellos

ROSA MONTERO

'Ellos' son desconcertantes, calamitosos y rarísimos. O al menos lo son para nosotras, del mismo modo que nosotras somos siempre un misterio absoluto para ellos.

He tardado muchos años de mi vida en llegar a comprender que si me gustan les hombres es precisamente porque no los entiendo. Porque son unos marcianos[1] para mí, criaturas raras y como desconectadas por dentro, de manera que sus procesos mentales no tienen que ver con sus sentimientos; su lógica, con sus emociones, sus deseos, con su voluntad, sus palabras con sus actos. Son un enigma, un pozo[2] lleno de ecos.

Se habrán dado cuenta de que esto mismo es lo que siempre han dicho los hombres de nosotras: que los mujeras somos seres extraños e imprevisibles. Definidas socialmente así durante siglos por la voz del varón, que era la única voz pública, las mujeres hemos acarreado[3] el sambenito[4] de ser incoherentes e incomprensibles, mientras que los hombres aparecían como el más luminoso colmo de la claridad y la coherencia. Pues bien, de eso nada: *ellos* son desconcertantes[5], calamitosos y rarísimos. O al menos lo son para nosotras, del mismo modo que nosotras somos un misterio para ellos. Y es que poseemos, hombres y mujeres, lógicas distintas, concepciones del mundo diferentes, y

somos, las unas para los otros, polos opuestos que al mismo tiempo se atraen y se repelen.

No sé bien qué es ser mujer, de la misma manera que no sé qué es ser hombre. Sin duda, somos identidades en perpetua mutación, complejas y cambiantes. Es obvio que gran parte de las llamadas características femeninas o masculinas son producto de una educación determinada, es decir, de la tradición, de la cultura. Pero es de suponer que la biología también debe de influir en nuestras diferencias. El problema radica en saber por dónde pasa la raya, la frontera; qué es lo aprendido y qué lo innato. Es la vieja y no resuelta discusión entre ambiente y herencia.

Sea como fuere[6], lo cierto es que hoy parece existir una cierta mirada de mujer sobre el mundo, así como una cierta mirada de varón. Y así, miro a los hombres con mis ojos femeninos y me dejan pasmada[7]. Me asombran, me divierten, en ocasiones me admiran, a menudo me irritan y me desesperan, como irrita y desespera lo que parece absurdo. A ellos, lo sé, les sucede lo mismo. Leí en una ocasión un ingenioso artículo de Julian Barnes, uno de los jóvenes (ya no tan jóvenes) escritores británicos, en el que, tras hablar de lo raritas que somos las chicas, hacía un decálogo de misterios para él irresolubles en torno al alma femenina. He olvidado los demás, pero recuerdo uno de esos enigmas: ¿por qué las mujeres al conducir, se preguntaba Barnes, mueven todo el cuerpo hacia un lado o hacia el otro cuando toman las curvas? Que es el mismo tipo de pregunta que la del entomólogo que se cuestiona: «¿Por qué ese bonito escarabajo[8]

[1] del planeta Marte
[2] hoyo hecho en la tierra de donde se saca agua
[3] llevado, tenido
[4] mala fama
[5] que causan confusión
[6] *Be that as it may*; «fuere» es la forma del futuro de subjuntivo, ya arcaica
[7] extremadamente asombrada
[8] insecto pequeño

pelotero frota sus patitas de atrás por las mañanas?». O sea, que así de remotos permanecemos los unos de las otras, como una ballena de un batracio[9], o como un escarabajo de un profesor de ciencias naturales. A veces se diría que no pertenecemos a la misma especie y que carecemos de un lenguaje común.

El lenguaje, sobre todo el lenguaje, he aquí el abismo fundamental que nos separa. Porque nosotras hablamos demasiado y ellos hablan muy poco. Porque ellos jamás dicen lo que nosotras queremos oír, y lo que nosotras decimos les abruma. Porque nosotras necesitamos poner en palabras nuestros sentimientos y ellos no saben nombrar nunca lo que sienten. Porque a ellos les aterra[10] hablar de sus emociones, y a nosotras nos espanta no poder compartir nuestras emociones verbalmente. Porque lo que ellos dicen no es lo que nosotras escuchamos, y lo que ellos escuchan no es lo que nosotras hemos dicho. Por todos estos

malentendidos y muchos otros, la comunicación entre los sexos es un perpetuo desencuentro[11].

Y de esa incomunicación surge el deseo. Siempre creí que a lo que yo aspiraba era a la comunicación perfecta con un hombre, o, mejor dicho, con el hombre, con ese príncipe azul de los sueños de infancia, un ser que sabría adivinarme hasta en los más menudos pliegues interiores. Ahora he aprendido no sólo que esa fusión es imposible, sino además que es probablemente indeseable. Porque de la distancia y de la diferencia, del esfuerzo por saltar abismos y conquistar al otro o a la otra, del afán por comprenderle y descifrarle, nace la pasión. ¿Qué es el amor, sino esa gustosa enajenación[12]; el salirte de ti para entrar en el otro o la otra, para navegar por una galaxia distante de la tuya?

De manera que ahora, cada vez que un hombre me exaspera y me irrita, tiendo a pensar que esa extraña criatura es un visitante de, pongamos, Júpiter, al que se debe tratar con paciencia científica y con curiosidad y atención antropológicas. Hombres, seres extraordinarios y disparatados, capaces de todo tipo de heroicidades[13] y bajezas. Esos hombres ásperos[14] y dulces, amantes y enemigos; espíritus ajenos que, al ser lo otro, ponen las fronteras a nuestra identidad como mujeres y nos definen.

---

[9] sapo o rana
[10] **les...** les da terror
[11] encuentro fallido
[12] salirse fuera de sí (hacerse ajeno)
[13] actos nobles o heroicos
[14] difíciles, rasposos

Interactuando con el texto

Después de leer «Nosotras y ellos» contesten las siguientes preguntas en parejas.

1. ¿Cómo ve Rosa Montero a los hombres? Explíquenlo en sus propias palabras.
2. ¿Cómo cree Montero que los hombres ven a las mujeres?
3. Según la autora, ¿cuál es la principal característica que separa al hombre de la mujer? ¿Están de acuerdo?
4. ¿Qué metáforas usa la escritora para comparar la manera en que los hombres y las mujeres se ven los unos a los otros?
5. ¿Cómo se comparan las ideas de Montero con las que Uds. anotaron antes de leer el artículo? Expliquen.

Creando textos

A. Escritura personal. Escribe en tu diario las reacciones a este artículo. ¿Te gustó? ¿Por qué? ¿Estás de acuerdo? ¿Por qué? ¿Has tenido alguna vez problemas al tratar de comunicarte con un miembro del sexo opuesto? Explica.

B. Escritura pública. Al final de su ensayo, Montero comenta que los hombres, «al ser lo otro, ponen las fronteras a nuestra identidad como mujeres y nos definen». ¿Estás de acuerdo con que los hombres, por ser diferentes de la mujer, definen a la mujer? Trabaja con un(a) compañero(a) y juntos escriban unos párrafos en los que exponen sus opiniones y las respaldan con ejemplos específicos. Traten de incluir algunas de las palabras o estructuras gramaticales que encontraron en el ensayo de Montero.

Gramática funcional

Función interpersonal del lenguaje: Cómo ofrecer información

Uno de los objetivos de este capítulo es el de estudiar cómo la estructura lingüística de nuestros textos ayuda a lograr las diferentes funciones interactivas que intentamos lograr con estos escritos. En la sección previa de **Gramática funcional** examinamos la construcción lingüística de una función en particular, la de pedirle algo a alguien. Observamos en «Hombre pequeñito» que la decisión de la poeta de dirigirse directamente al hombre sirvió para establecer el tono de confrontación. También observamos que la decisión de la poeta de usar la forma imperativa de los verbos para pedirle al hombre su libertad sirvió para comunicarle tal petición al hombre de manera muy encarecida: ella se lo exige directamente y espera que lo cumpla.

En esta sección vamos a considerar otra función interactiva: la de ofrecer información. Ésta tal vez sea la función interactiva que tendrás que considerar más a menudo al componer tus trabajos académicos. Usando el ensayo «Nosotras y ellos» como punto de partida, vamos a examinar otras maneras de expresar nuestras opiniones por medio de un texto escrito, lo cual es un caso específico de ofrecimiento de información.

Antes de analizar el ensayo de Montero, vale la pena pensar un poco sobre lo que has escrito durante los últimos meses con el objetivo de ofrecer a los lectores cierta información propia.

- ¿Has tenido que hacerlo en algún texto académico?
- ¿Has escrito alguna vez una carta a la redacción de algún periódico o revista para quejarte de algo?
- ¿Has enviado un correo electrónico (*e-mail*) a algún *newsgroup* o grupo de discusión para expresar tu opinión en una de las discusiones? Si lo has hecho, piensa en el lenguaje que usaste para expresar tu opinión. ¿Presentaste tu opinión de una forma convincente? ¿Cómo lo hiciste?

El ensayo «Nosotras y ellos» presenta un ejemplo bastante claro de un texto cuyo objetivo es el de ofrecerle información al lector. En este caso, la información es la opinión de la autora sobre las diferencias entre los hombres y las mujeres. El ensayo ilustra dos aspectos importantes de la función de ofrecer información o, más específicamente, de expresar una opinión: (1) el nivel de certeza con que representamos la validez de la información ofrecida y (2) el nivel de responsabilidad que queremos asumir al presentar esta información. Ahora vamos a analizar el texto con respecto a cada uno de estos dos aspectos.

Nivel de certeza sobre la validez de la información

Al hablar del nivel de certeza, nos referimos a la probabilidad de que esta información sea posible, probable, muy probable, o cierta, entre otros. Como escritores, el nivel de certeza con el que expresamos la validez de la información que presentamos es sumamente importante, especialmente en los escritos académicos. En estos trabajos el (la) escritor(a) tiene que juzgar cuidadosamente si quiere presentar la información como absolutamente cierta o dejarla abierta a la duda.

En español tenemos varias posibilidades lingüísticas para indicar diversos grados de certeza. Podemos observar algunas de ellas en el ensayo de Montero. Considera las siguientes oraciones del texto donde el *marcador,* es decir, el elemento que marca el nivel de certeza está en negrita.

Sin duda, somos identidades en perpetua mutación, complejas y cambiantes.
. . . lo cierto es que hoy **parece** existir una cierta mirada de mujer sobre el mundo, así como una cierta mirada de varón.
Es obvio que gran parte de las llamadas características femeninas o masculinas son producto de una educación determinada.
A veces se diría que no pertenecemos a la misma especie y que carecemos de un lenguaje común.
Son un enigma, un pozo lleno de ecos.
Es de suponer que la biología también **debe** influir en nuestras diferencias.
Ahora he aprendido no sólo que esa fusión es imposible, sino además que **es probablemente indeseable**.

Aunque es siempre difícil clasificar el lenguaje en categorías fijas, con estos ejemplos podemos distinguir algunas diferencias con respecto al nivel de certeza con que Montero representa la validez de la información. Tenemos, por ejemplo, las frases *lo cierto es…, sin duda…* y *es obvio que…,* las cuales indican que la escritora quiere representar esa información como extremadamente válida o cierta. Otros marcadores posibles para indicar un alto nivel de certeza que no se encuentran en este ensayo incluyen *no cabe duda que* y *es indudable que.*

Fíjate que en muchos de los casos donde Montero presenta información a los lectores, sus oraciones no tienen ningún marcador de certeza sobre la validez de la información. Montero dice, por ejemplo, que los hombres *son un enigma,* que *son desconcertantes, calamitosos y rarísimos* y que *sus procesos mentales no tienen que ver con sus sentimientos.* Cuando habla del lenguaje dice que *la comunicación entre los sexos es un perpetuo desencuentro.* En estos casos Montero no está representando la información ni como absolutamente cierta ni como abierta a la duda. El hecho de que nos presenta la información directamente sí tiene el efecto de crear certeza. Es decir, la certeza queda de cierto modo marcada implícitamente. Sin embargo, el marcar explícitamente la certeza puede crear un discurso más persuasivo que el hacerlo implícitamente.

- ¿Puedes pensar en otros marcadores explícitos para indicar un alto nivel de certeza sobre la validez de la información que presentamos? ¿Cuáles son?

Hay otros ejemplos del texto en los que Montero no se compromete tanto al suscribir la validez de la información que presenta. Por ejemplo, usa la frase *es de suponer que,* lo cual pone límites a la certeza con que expresa la información que sigue (*la biología también debe influir en nuestras diferencias*). Otros marcadores de este tipo, que no se encuentran en el texto, incluyen *se supone que, es posible que, posiblemente* y *probablemente.* Todos éstos indican un bajo nivel de certeza sobre la validez de la información.

Finalmente, podemos identificar los marcadores que usó Montero para indicar un nivel intermedio de certeza. Las siguientes dos oraciones ilustran la presentación de ideas suscritas con un nivel intermedio de certeza:

(1) hoy **parece** existir una cierta mirada de mujer sobre el mundo…
(2) la biología también **debe** influir en nuestras diferencias.

- ¿Puedes pensar en otros marcadores para indicar un nivel de certeza bajo e intermedio? ¿Cuáles son?

Nivel de responsabilidad

Es importante reconocer otro aspecto de la función de ofrecer información: el nivel de responsabilidad que asumimos por la información al presentarla. Es decir, podemos exponer la información de una forma más o menos subjetiva o más o menos objetiva. Observa los siguientes ejemplos de «Nosotras y ellos» que van desde los más subjetivos a los más objetivos.

Creí que…
Porque son unos marcianos para mí…
He tardado muchos años en mi vida en llegar a comprender que…
Leí en una ocasión un ingenioso artículo de Julian Barnes…
Se habría dado cuenta de que…
Se diría que…

Obviamente la forma más subjetiva es la que anuncia directamente al lector que lo que sigue es la opinión de la escritora. Así que las frases *creo que, pienso que, en mi opinión, he aprendido que, he tardado muchos años en llegar a comprender que* y *para mí,* entre otras, son marcadores de un alto nivel de responsabilidad que el (la) escritor(a) asume por la información que presenta.

- ¿Cuáles son otras frases que pueden crear un discurso más subjetivo?

Las formas más objetivas incluyen la *se* impersonal. Nota que al decir *se diría que*, *se habría dado cuenta*, *se cree*, y otros, la autora no asume la responsabilidad de la información u opinión que sigue. De hecho, no le atribuye la responsabilidad a nadie, pues la función de la *se* impersonal es justamente la de no presentar el agente responsable de la acción. Se puede lograr el mismo efecto con las llamadas frases impersonales, tales como, *es evidente que*, *es posible que*, *es imposible que*, y demás. Nota que estas frases impersonales también indican cierto nivel de certeza con respecto a la validez de la información presentada; sin embargo, puesto que la evaluación de la validez se logra de una forma impersonal, la escritora no asume la responsabilidad de esta evaluación.

Entre estas dos posibilidades, la de la subjetividad y la de la objetividad, los ejemplos del ensayo de Montero nos demuestran una tercera posibilidad: la de asignar la responsabilidad a otra persona. Considera, por ejemplo, la oración, «*Leí en una ocasión un ingenioso artículo de Julian Barnes… en el que… hacía un decá-logo de misterios para él irresolubles en torno al alma femenina*». Aquí Montero nos señala claramente que la opinión que presenta es la de otra persona; en este caso Montero le asigna la responsabilidad a una persona específica, Julian Barnes.

Con estas tres posibilidades se ve que existe una gradación que va desde el lenguaje más subjetivo hasta el lenguaje más objetivo. La decisión de expresar nuestras ideas de una forma o de otra depende de los propósitos de la escritura y también del contexto. Por ejemplo, en el ensayo «Nosotras y ellos» el propósito de Rosa Montero fue el de presentar su opinión sobre la naturaleza de la atracción entre los hombres y las mujeres. No pretende presentar los resultados de una investigación científica ni trata de argüir su punto de vista. De hecho, escribió este ensayo para la diversión y el entretenimiento de los lectores del periódico español *El País*. Por eso es apropiado que Montero empiece el ensayo de forma muy personal y subjetiva. Fíjate sin embargo, que no presenta todos sus puntos de forma subjetiva, pues la constante repetición de *yo creo* o *en mi opinión*, entre otros, puede resultar monótono.

Hay otros contextos en los que es necesario presentar la información de una forma más objetiva. Por ejemplo, en muchos de los trabajos académicos que tienes que hacer, tu tarea es la de investigar algo y presentar los resultados de tu investi-gación. En estos casos, no es tan relevante *tu* opinión, sino los hechos objetivos y las opiniones de los expertos del campo de investigación particular. Así es que en este tipo de escritura tienes que presentar la información de una forma más objetiva y debes indicar la fuente de la información.

En todo caso, usar un lenguaje más subjetivo o más objetivo será una decisión que hará el (la) escritor(a) basándose en los propósitos y el contexto de la escritura.

Actividades

A. Lee los siguientes párrafos de un artículo de fondo. Subraya los marcadores del nivel de certeza sobre la validez de la información presentada y el nivel de responsabilidad que asume el (la) escritor(a) al presentar la información.

Después de analizar el texto, comenta con un(a) compañero(a) el efecto que tienen estos marcadores en el tono del ensayo. ¿Se encuentra el texto más cerca del extremo subjetivo u objetivo del continuo? Expliquen sobre qué basan sus opiniones. ¿Qué tipo de texto es? ¿Cómo lo saben?

Esta semana el PSOE (Partido Socialista Obrero Español (el partido político en poder en España) ultima una propuesta de reforma de ley electoral mediante la cual todos los partidos estarían obligados a incluir en sus listas de candidatos un mínimo de un 40% de mujeres. El PSOE se atasca y se oxida entre sus problemas internos, y de ahí que esta propuesta venga a ser una propicia manera de centellear y dinamizarse con una polémica en la que intervienen chicos y chicas, conservadores y progresistas, feministas, mujeriegos y gentes del montón.

Se trataría por lo tanto de proponer un tema que con relativa facilidad pueda saltar desde las cenas de matrimonios a las barras de los bares y, desde las barras, a las oficinas y las tertulias de café. ¿Es justo o es injusto que se prive la entrada de mujeres en la actualidad política de los señores y señoras diputados?

En el fondo, esta proposición de ley se impregna de la misma naftalina. Como también, sin quererlo, se bañan de ñoñería algunos movimientos feministas que ovacionan a la literatura de autoras por ser mujeres, el cine femenino por ser de directoras o a las diputadas por ser del género. Ya se ve, sin embargo el ramillete de fracasos ministeriales femeninos del PP (Partido Popular) —(otro partido político de España), fruto de simples cálculos políticos; o, por el contrario, el éxito de numerosas mujeres empresarias, científicas o magistradas que se ganaron el mejor estatus sin pasar por la humillación de ser tratadas con muletas.

No un 40% como dicen los del PSOE, sino un 51% debería ser el emblema aritmético en correspondencia con la proporción de mujeres que recoge el censo. Otra cantidad suena a cambalache, a electoralismo, a desorientación. El PSOE, faltó apenas de una cucharada de votos para ponerse por encima del PP, ensaya ahora con la iniciativa de este dulce brebaje electoral una golosina para chicas despistadas. Para votantes, en todos los casos, sin demasiado fuste crítico y a las que de ningún modo les parecerá mal el truco de desquitarse, mediante el mandato de diputada o senadora, del papel mandón que todavía muchos tipos, amantes, novios y cónyuges, también mostrencos, imponen en las relaciones del tú a tú.

B. Vuelve al párrafo que escribiste en la actividad de escritura pública de **Creando textos** e identifica la forma en que has presentado y representado tus opiniones. ¿Presentaste tus ideas de una forma subjetiva u objetiva? ¿Has presentado tus ideas con un alto nivel de certeza? ¿De qué manera?

ESCRITURA

Objetivos:

Esta sección trata de las siguientes partes del proceso de escribir:
- la exposición de tu opinión sobre algún aspecto del tema de la mujer en la sociedad actual
- la selección y organización de las ideas que necesitas para apoyar tu opinión
- el uso de estrategias ya presentadas sobre las maneras en las que comunicamos y expresamos nuestra opinión a los lectores

Párrafos de desarrollo

En el capítulo anterior nos concentramos en el párrafo introductorio y las estrategias para seleccionar y delimitar una tesis. En este capítulo, analizaremos el segundo elemento de un ensayo: el desarrollo.

El desarrollo es una parte integral del ensayo. Su función es la de explicar, ilustrar, discutir o probar la tesis que se propone. Aunque muchos creen que el ensayo académico por excelencia consta de tres párrafos de desarrollo, en realidad no existe un número determinado que defina un buen ensayo, sea éste académico o no. Lo que sí determina un buen desarrollo son las siguientes características:

- Los párrafos de desarrollo deben tener un alto nivel de cohesión entre sí.
- Cada párrafo de desarrollo debe tratar un aspecto diferente del tema central del ensayo.
- La idea central de cada párrafo de desarrollo debe estar íntimamente ligada a la tesis del ensayo.

La unidad de los párrafos de desarrollo: Estrategias

Obviamente hay varias estrategias para presentar y organizar los párrafos de desarrollo para probar la tesis, y al igual que no hay un número mágico de párrafos de desarrollo para hacer un buen ensayo, tampoco hay una estrategia determinada que sea la mejor. Sin duda, la manera en que uno presenta y organiza la información en los párrafos de desarrollo depende de los propósitos del ensayo (si el (la) escritor(a) escribe para explicar, convencer, argüir, etc.). A continuación se resumen diferentes estrategias para presentar y organizar tus ideas de apoyo que pueden ser útiles para cumplir con tus objetivos. Es importante notar, sin embargo, que éstas son solamente algunas de las estrategias posibles y que no representan categorías fijas o absolutas, pues a veces será necesario recurrir a una combinación de estas estrategias para demostrar o apoyar la tesis de manera eficaz.

orden cronológico

de las ideas menos controvertidas
   a las más controvertidas

de las ideas menos interesantes
   a las más interesantes

de lo conocido a lo desconocido

la clasificación

comparación o contraste

la descripción

de lo general a lo específico

del problema a la solución

la narración

Trabajen en parejas y contesten las siguientes preguntas:

1. ¿Han usado algunas de estas estrategias de organización al escribir un ensayo? ¿Sobre qué tema era el ensayo? ¿Qué objetivo tenía el ensayo (explicar, convencer, debatir)?

2. ¿Hay otras estrategias que handado usado y que les han dado resultado? ¿Cuáles son? ¿En qué tipo de ensayo las usaron?

Seleccionando las ideas de apoyo

Para poder seleccionar las ideas de apoyo y las estrategias de organización que más te convengan para probar la tesis, es sumamente importante empezar con una buena tesis que exprese claramente la idea que vas a ejemplificar, explicar, analizar y debatir. Una vez que tengas tu tesis, una manera efectiva para seleccionar las ideas de apoyo es hacerte preguntas sobre esta tesis, teniendo en cuenta el propósito del ensayo, el tema y la idea central. Las respuestas a estas preguntas te pueden llevar no solamente a establecer las ideas más pertinentes para el ensayo, sino que también te pueden sugerir el esquema de organización más apropiado, de acuerdo con tus propósitos.

Imagina, por ejemplo, que has escrito la siguiente tesis para un ensayo cuyo objetivo es el de informar a los nuevos estudiantes sobre las diferentes organizaciones estudiantiles de la universidad a la cual asistes:

En la Universidad de California en Davis hay una gran variedad de organizaciones estudiantiles que representan claramente la amplia diversidad de su alumnado.

Esta oración te lleva lógicamente a las siguientes preguntas:

- ¿Qué tipo de diversidad se encuentra en esta universidad?
- ¿Cuáles son las organizaciones que la representan?

En este caso las preguntas indican que *un* modo apropiado para apoyar esta tesis es presentar ejemplos concretos de la diversidad que reflejan estas organizaciones estudiantiles. Algunas respuestas posibles serían:

Hay asociaciones étnicas: latinas, asiáticas, africanoamericanas y otras.
Hay clubes religiosos: judíos, cristianos, budistas, musulmanes y otros.
Hay hermandades estudiantiles (de hombres, de mujeres y
de hombres y mujeres): Alpha Chi, Sigma Chi, Pi Kappa Alpha, etcétera.
Hay diferentes clubes: de natación, de debates, de esquí, de música y otros.

Cada párrafo del ensayo podría elaborar una de estas categorías, describiendo las asociaciones específicas, o comentando algo sobre sus miembros y las actividades que hacen. El orden de los párrafos dependerá de la naturaleza de la información que presentan. Puesto que la tesis hace hincapié en la diversidad de estos grupos, tal vez sería apropiado comenzar con los tipos de clubes de deportes, hobbies y demás, para luego dar más énfasis a las asociaciones étnicas, religiosas y estudiantiles. El bosquejo para este ensayo podría ser así:

Tesis: En la Universidad de California en Davis hay una gran variedad de organizaciones estudiantiles que representan claramente la amplia diversidad de su alumnado.

Párrafos de apoyo:
Ejemplos:
1. Hay clubes para aficionados a diferentes intereses, pasatiempos o deportes.
2. Hay asociaciones para diferentes grupos étnicos.
3. Hay asociaciones para gente de diferentes religiones.
4. Hay hermandades estudiantiles (fraternidades y sororidades).

Es importante reconocer, sin embargo, que esta tesis y las preguntas derivadas de ella sugieren otros esquemas posibles de organización. Usando los ejemplos anteriores, se podría comentar primero sobre la naturaleza de la diversidad de los estudiantes de la universidad y luego mencionar los diferentes tipos de clubes y asociaciones que hay para satisfacer los gustos e intereses de estos estudiantes. El esquema de organización podría ser:

Tesis: En la Universidad de California en Davis hay una gran variedad de organizaciones estudiantiles que representan la amplia diversidad de su alumnado.

Párrafos de apoyo:
1. La diversidad del alumnado de la universidad
   a. ejemplos…
2. La variedad de las organizaciones estudiantiles
   a. ejemplos…

Fíjate que este esquema no implica que el ensayo tenga solamente dos párrafos de desarrollo. Podrías comentar diferentes aspectos de la diversidad, lo cual requeriría más de un párrafo.

Ahora vamos a observar el desarrollo de una tesis un poco más complicada, la de Rosa Montero en el ensayo «Nosotras y ellos».

«Nosotras y ellos»: tesis
He tardado muchos años de mi vida en llegar a comprender que si me gustan los hombres es precisamente porque no los entiendo.

Para generar las preguntas de la tesis, tenemos que pensar en el tipo de información que uno esperaría encontrar en el ensayo después de leer solamente la tesis. En este caso, puesto que Montero nos dice que no entiende a los hombres, la pregunta que podríamos esperar que contestara sería:

- ¿Por qué no los entiende?

Ahora, al examinar el desarrollo del ensayo se ve que está organizado alrededor de la respuesta a esta pregunta: Montero no entiende a los hombres porque son muy diferentes de las mujeres. Observa además que Montero utiliza la estrategia de la comparación para demostrar que los hombres son diferentes de las mujeres.

Actividades

A. Vuelvan a leer el ensayo «Nosotras y ellos» e identifiquen las estrategias que utiliza Montero para lograr el propósito de explicar su punto de vista sobre las relaciones entre los dos sexos.

   1. ¿En qué partes del ensayo contesta cada una de las preguntas que se presentaron en la sección anterior?

   2. ¿En qué partes utiliza Montero la comparación? ¿Creen que esta estrategia produce el efecto adecuado?

B. Miren de nuevo el ensayo «La familia» de Alfonso Reyes, la primera lectura del Capítulo 2.

   1. ¿Cuál es la tesis de este ensayo?

   2. ¿Cuáles son las preguntas que contesta Reyes en este ensayo?

   3. ¿Qué estrategia(s) utiliza Reyes al contestar estas preguntas?

C. A continuación aparecen tres tesis diferentes. Para cada una, identifiquen primero el propósito por el que escribirían el ensayo y luego, generen las preguntas claves y las respuestas que se deberían contestar al desarrollar el ensayo. Finalmente, identifiquen las estrategias que se podrían utilizar para presentar y organizar los párrafos de desarrollo.

   1. Tesis: El debate sobre la legalización de las drogas debe ser fundamentalmente un debate económico.

      Propósito del ensayo:

      Preguntas claves:

      Respuestas posibles:

      Estrategias para presentar y organizar las ideas de apoyo:

   2. Tesis: Un ciudadano norteamericano que sea capaz de hablar dos idiomas presenta beneficios para su país.

      Propósito del ensayo:

      Preguntas claves:

      Respuestas posibles:

      Estrategias para presentar y organizar las ideas de apoyo:

3. Tesis: El bilingüismo es un concepto poco entendido en los Estados Unidos.

   Propósito del ensayo:

   Preguntas claves:

   Respuestas posibles:

   Estrategias para presentar y organizar las ideas de apoyo:

D. Compartan con otros grupos de la clase los esquemas que acaban de generar en parejas. Comenten las diferentes maneras que han encontrado para desarrollar cada una de estas tesis.

Creando nuevos textos

A lo largo de este capítulo hemos analizado y comentado varios aspectos del tema de la mujer en la sociedad actual. Por medio de diferentes géneros (un poema, un cuento y un ensayo) hemos considerado las opiniones de otras personas acerca del papel de la mujer en la sociedad, la definición de ésta y la naturaleza de la mujer frente al hombre. Ahora es tu turno para contribuir a este discurso. Piensa en uno de los siguientes temas (u otro que te haya interesado en este capítulo) y elabora un ensayo donde expongas y expliques tu opinión.

1. En el cuento «La muñeca menor», Rosario Ferré utiliza el símbolo de la muñeca para representar la imagen de la mujer creada por la sociedad de una época determinada en Puerto Rico. Comenta la validez de esta concepción de la mujer en la sociedad estadounidense actual.

2. ¿Cómo se caracteriza el feminismo en los Estados Unidos hoy en día? ¿Ha cambiado el concepto a través de los años? ¿Ha cambiado su función en la sociedad a lo largo de los años? ¿Cómo?

3. Rosa Montero comenta que el hombre, al ser diferente de la mujer, la define. En tu opinión, ¿qué es la feminidad? ¿Cómo se definen los conceptos de *mujer* y *feminidad* en la sociedad actual?

4. ¿Es importante o relevante en la vida de la gente joven de hoy el concepto del feminismo? ¿Por qué? ¿Sobre qué basas tu opinión?

Acercándonos al texto

Las siguientes secciones te guiarán en la elaboración de las tres versiones del ensayo (dos preliminares y la última para ser evaluada). Recuerda que la escritura es un proceso de varias etapas en el que vas desarrollando tu escritura.

Escritura libre

1. Selecciona el tema que más te interese desarrollar.

2. Piensa en este tema y durante diez minutos escribe cualquier idea que se te ocurra. No te preocupes por la ortografía ni por la gramática en esta etapa: simplemente escribe.

3. Al cabo de los diez minutos lee lo que escribiste y decide si el tema te interesó lo suficiente como para desarrollarlo más. Si no crees que tengas tanto que decir sobre este tema, elige otro y vuelve a hacer la escritura libre.

4. Repasa los escritos que has hecho en las secciones de **Interactuando con el texto** y **Creando textos** de este capítulo. ¿Hay ideas en estos escritos que te puedan servir al elaborar las ideas para el ensayo? Con un(a) compañero(a) de clase comenta las posibilidades que ofrecen tus escritos.

Elaborando una tesis

1. Ahora que has seleccionado un tema, piensa en el comentario más importante o interesante que te gustaría comunicar sobre el tema por medio de tu ensayo. Escribe esta idea en un papel. Si tienes más de una, escríbelas todas para poder después seleccionar una entre ellas.

2. Comenta con un(a) compañero(a) de clase las posibilidades que ofrece(n) esta(s) idea(s) para elaborar un ensayo.

   a. ¿Son demasiado amplias? ¿Cómo podrías limitarlas?
   b. ¿Son demasiado limitadas? ¿Cómo podrías ampliarlas?

3. Cuando estés contento(a) con la idea central que quieres comunicar por medio de este ensayo, formula una tesis y escríbela en tu papel.

4. Comenta tu tesis con un(a) compañero(a) de clase.

   a. ¿Presenta una opinión?
   b. ¿Es lo suficientemente amplia como para poder escribir un ensayo de dos páginas?

Generando y organizando las ideas de apoyo

1. Vuelve a mirar tu tesis. Teniendo en cuenta la tesis, ¿cuáles son las preguntas que se esperaría que contestaras en el ensayo? Escríbelas en tu papel.

2. Teniendo en cuenta el propósito que tienes al escribir este ensayo y el tema e idea central, ¿cuáles son algunas de las posibles respuestas a estas preguntas?

3. ¿Qué estrategia piensas que será más eficaz para organizar estas ideas de apoyo? ¿Por qué?

4. Si tuvieras que elaborar un bosquejo de la organización de este ensayo, ¿cómo sería ahora? **¡Ojo!**: la elaboración de un bosquejo es solamente una estrategia para ayudarte a organizar las ideas al escribir. Tanto la manera en que uno elabora un bosquejo como la manera en que uno utiliza el bosquejo al escribir debe ser una decisión individual. El bosquejo tampoco debe obligarte o limitarte a una estructura determinada. Muchas veces al empezar a escribir el ensayo, encontramos que la estructura que elaboramos en el bosquejo no encuadra bien nuestras ideas y tenemos que cambiarla. Esto es parte del proceso de escribir.

5. Cuando tengas el bosquejo, piensa en las ideas de apoyo. Para asegurarte de que son pertinentes a la tesis, escribe al lado de cada una la relación que tiene con la tesis.

6. Ahora piensa en la relación que tiene cada idea de apoyo con la que precede y la que sigue. Para que el ensayo fluya bien, los lectores deben entender clara-

mente esta relación. Al lado de cada párrafo, anota cómo vas a hacer la transición de un párrafo a otro para que la relación entre cada una de las ideas de apoyo esté clara.

7. Deja que un(a) compañero(a) lea el bosquejo que desarrollaste y conteste las siguientes preguntas:

a. ¿Está expresada claramente la tesis? ¿Es una opinión que se puede demostrar o probar en el ensayo? ¿Es interesante? ¿Tienes sugerencias para mejorar la tesis?

b. ¿Qué opinas de las ideas de apoyo y de la estrategia de organización? ¿Piensas que apoyan la opinión expresada en la tesis? ¿Contestan las preguntas que esperarías que contestara el ensayo al leer la tesis? ¿Tienes sugerencias para mejorar esta parte del ensayo?

c. ¿Te parece lógico el orden en que están presentadas las ideas de apoyo? ¿Por qué? ¿Qué relación tiene cada párrafo del desarrollo con el otro? ¿Hay otro orden que te parezca más lógico? ¿Por qué?

Primera versión del ensayo

Ahora te toca escribir la primera versión del ensayo. Antes de hacerlo, considera las siguientes preguntas.

A. ¿Quiénes van a ser los lectores de tu ensayo? ¿Qué tono vas a adoptar para interactuar con estos lectores? ¿Te vas a dirigir directamente a tus lectores? ¿Por qué? ¿Será apropiado para el contexto de este ensayo?

B. ¿Cómo vas a captar la atención del (de la) lector(a) en la introducción?

C. ¿Qué información vas a incluir para elaborar las ideas de apoyo? No te olvides de que esta información debe apoyar la frase temática de cada párrafo de apoyo.

D. ¿En qué orden vas a presentar tus ideas de apoyo? ¿Por qué? ¿Cómo vas a conectar los párrafos de desarrollo?

E. Escribe la primera versión de tu ensayo.

F. A la redacción.   A continuación se presenta un ensayo escrito por un estudiante universitario para una clase de composición avanzada. Es un trabajo académico, escrito para ser evaluado por un(a) profesor(a). Nota que éste es un *borrador*, es decir, una versión preliminar que todavía puede mejorarse antes de que se entregue para ser evaluada.

Vamos a analizar este borrador, prestando atención especial a la tesis y al desarrollo de las ideas que la apoyan, con el fin de señalar cómo se puede mejorar este ensayo. Lee el ensayo, y luego, en grupos, contesten las preguntas que le siguen.

La fuerza laboral: ¿un lugar para la mujer?

Aunque la situación de la mujer moderna ha crecido considerablemente, ella aún no comparte la igualdad de las oportunidades con los hombres en la fuerza laboral. Existen varias suposiciones peligrosas, las cuales perpetúan la desigualdad por mantener los ámbitos tradicionales entre los sexos: el ámbito público o laboral es reservado para el hombre y el ámbito privado —el hogar— para la mujer. Por un lado, la mujer estereotípicamente es «pasiva y débil» e incapaz de ser agresiva o de hacer trabajo muy difícil. Además, ella está conectada biológicamente al bebé; por eso, debe quedarse en casa para cuidar a los niños. Por el otro lado, si el hombre quiere ayudar en el hogar se le considera bastante «femenino,» porque no tiene el apoyo cultural para entrar en el ruedo exclusivamente limitado a la mujer. Por lo tanto, esta división definida no le permite a la mujer escaparse de su lugar tradicional.

¿Por qué está arraigada en nuestra sociedad la creencia de que la mujer no puede ser firme en las situaciones públicas? ¿Por qué creemos que la mujer es pasiva cuando se ve enfrentada con la autoridad? Estereotípicamente, una mujer empezará a llorar si la policía le da una multa. Varios elementos de nuestra sociedad, como la literatura, la tele y las instituciones religiosas mantienen estas creencias falsas. Por ejemplo, la Sagrada Biblia, una obra literaria muy valorada, declara que la mujer debe honrar y obedecer a su esposo. Por eso, las mujeres no tienen autoridad religiosa, la cual es reservada para los hombres en casi todas las religiones cristianas. Por consiguiente, en las comunidades religiosas se ve a la mujer como obediente y respetuosa al hombre. Se cree que todas sus características estereotípicas muestran que son, por naturaleza, inferiores al sexo opuesto —son débiles, pasivas— mientras que los hombres, que sí tienen la autoridad, son agresivos y dominantes.

También es una construcción social que la mujer debe quedarse en casa con sus hijos. Es típico ver en los anuncios de la televisión a la mujer preocupada por la limpieza de la casa. Pero, ¿es verdad que el trabajo del hogar —limpiar el baño, lavar los platos, cambiar los pañales— es solamente para la mujer? Simplemente porque ella tiene un conexión biológica con el bebé, ¿debe trabajar en la casa? Antes de los progresos efectivos en los anticonceptivos, la mujer no podía planear los embarazos. A menudo, no iba a la universidad, ni trabajaba afuera de la casa porque tenía un bebé bastante temprano en su vida. Aunque hoy día, ella puede decidir más o menos cuándo o si quiere tener un bebé, las asociaciones tradicionales con el bebé y el hogar continúan.

(continúa)

Sin embargo, los estereotipos no solamente aplican a la mujer; el hombre también se encuentra atrapado por los estereotipos, los cuales no le permiten salir del ámbito público para entrar en el ámbito privado del hogar. Por ejemplo, el hombre cree que debe ser el «ganador del pan», es decir, el apoyo económico para la familia. De otra forma, no es «masculino». También, no hay apoyo en la mayoría de ocupaciones para el hombre que ayuda a su esposa. Por ejemplo, no es común que se le permita al hombre ni el tiempo ni el sueldo para estar con su familia cuando tiene un bebé. Si él pudiera tener tiempo para estar con su familia después del nacimiento, la mujer no tendría toda la responsabilidad de cuidar al bebé. Entonces, habría un poco más de apoyo cultural para que los dos sexos se muevan en ruedos distintos. Pero, el sistema laboral no provee asistencia para el hombre en casos de embarazo.

El problema de que la mujer no puede salir del hogar, un lugar «femenino», es un resultado de sus circunstancias sociales. Aunque la mujer es más exitosa hoy y sus condiciones se han mejorado, todavía no puede ser igual con el hombre. Las creencias sobre la mujer pasiva, con su relación con el bebé perpetúan sus padecimientos en la fuerza laboral. Aún cuando sí puede escapar de la casa y entrar en el ámbito público, todavía no recibe igualdad con respecto al sueldo y las posiciones altas, limitadas a los hombres.

1. En un papel, escribe la tesis de este ensayo y haz el bosquejo de los párrafos de análisis. ¿Qué esquema de organización utilizó el (la) estudiante?

2. ¿Es un buen desarrollo? ¿Por qué? ¿Puedes pensar en otras estrategias para desarrollar la tesis?

3. ¿Elabora cada párrafo del desarrollo solamente *un* aspecto de la tesis?

4. ¿Está clara la conexión entre cada uno de los párrafos de desarrollo y la tesis? En el bosquejo que tienes en tu papel, escribe una frase que describa la conexión entre la tesis y cada uno de los párrafos de apoyo. ¿Puedes hacer algunas de estas conexiones más claras? ¿Cómo?

5. ¿Cómo presenta la información el (la) autor(a)? ¿De una forma objetiva o subjetiva? Indica sobre qué basas esa evaluación. Considerando el contexto académico en que se escribió, ¿es apropiada la manera en que presenta la información (su opinión)? Explica.

6. **Taller de escritura.** Ahora que tienes la primera versión de tu ensayo, intercámbialo con el de un(a) compañero(a).

   a. Lee solamente la introducción del ensayo de tu compañero(a) y contesta las siguientes preguntas:

- ¿Cómo capta la atención la introducción? ¿Qué recurso usa el (la) escritor(a)?
- ¿Presenta suficiente información de trasfondo la introducción? ¿Hay frases que se refieren a cosas, situaciones o sucesos que no conoces? Si las hay, subráyalas. Explica lo que no te parece que esté claro.
- Subraya la tesis. ¿Es una oración completa en la cual se plantea una opinión o una idea sobre un tema específico?
- Después de leer la introducción y la tesis escribe en un papel las preguntas que esperas que te conteste el ensayo. Explica brevemente por qué esperas que te conteste esas preguntas.

b. Lee el desarrollo del ensayo y contesta las siguientes preguntas:

- Subraya la oración temática de cada párrafo del cuerpo. ¿Tienen todas que ver con la tesis?
- Analiza cada párrafo. ¿Presenta solamente información que apoya la oración temática del párrafo u observas un cambio de tema en el mismo párrafo? Si hay cambios de tema, indica en el papel dónde ocurren.
- ¿Qué relación tiene cada párrafo de desarrollo con la tesis del ensayo? Al lado de cada párrafo escribe la relación que ves entre el párrafo y la tesis del ensayo. ¿Es ésta la relación que veía el (la) escritor(a)? ¿Tiene sentido la progresión de un párrafo a otro? ¿Tienes sugerencias para mejorar esta progresión?

c. Lee la conclusión. ¿Cómo concluye el ensayo? ¿Hace hincapié en las ideas claves del ensayo? ¿Presenta otro tema que no se trató en el ensayo? Si se presenta otro tema, indícaselo al (a la) escritor(a).

d. Lee el ensayo entero y contesta las siguientes preguntas:

- ¿Qué tono adopta el (la) escritor(a) en este ensayo? ¿Es constante a lo largo de todo el ensayo? ¿Te parece apropiado tomando en cuenta el contexto de este escrito? Explica.
- ¿Tienes otras sugerencias sobre el contenido de este ensayo?

Segunda versión del ensayo

Ahora elabora la segunda versión tomando en cuenta lo siguiente:

Aspectos de contenido y organización

1. Piensa en los comentarios que has recibido sobre tu primera versión. ¿Estás de acuerdo con los comentarios de tu compañero(a) de clase? ¿Por qué?
2. Haz los cambios que quieras hacer o que necesites hacer para mejorar el ensayo. Cuando termines, vuelve a las preguntas del taller de la primera versión y contéstalas tú mismo(a) para asegurarte de que esta nueva versión está bien escrita.

Aspectos de la gramática funcional

En este capítulo hemos considerado diferentes aspectos de la función interpersonal del lenguaje. En particular hemos considerado diferentes opciones lingüísticas para dirigirte al público, y opciones lingüísticas para presentar y representar tus ideas de una forma más o menos subjetiva u objetiva. Como has visto en los textos analizados, estos recursos ayudan a establecer el tono del ensayo. Pensando en estos dos aspectos interpersonales, vuelve a leer tu ensayo y contesta las siguientes preguntas:

1. ¿Cómo te diriges a los lectores? ¿Por qué? ¿Es apropiado teniendo en cuenta el contexto de este trabajo?
2. ¿Te has dirigido a los lectores de la misma manera a lo largo de todo el ensayo? Es decir, si te diriges directamente a los lectores usando la forma *tú*, por ejemplo, ¿lo haces durante todo el ensayo o cambias a *Ud.* en algún momento? Si encuentras que has alternado entre diferente formas, elige una y vuelve a hacer los cambios necesarios.
3. La decisión de presentar tus ideas u opiniones de una forma más o menos subjetiva u objetiva es una decisión individual que hace el (la) escritor(a) según el propósito del ensayo y los lectores. Sin embargo, hay que reconocer que es una decisión consciente hecha por alguna razón específica. Mira tu ensayo y subraya las frases o palabras que indican la subjetividad o la objetividad. Cuando termines, vuelve a repasar cada frase y piensa en la razón por la que has representado tus ideas de esa forma. Si encuentras que quieres hacer algún cambio, hazlo ahora.

Repasa los consejos que ya habías escrito para ti mismo(a) en la **Carpeta de escritura**. ¿Los has incorporado en la redacción de esta composición?

Tecera versión de la composición

Intercambia tu ensayo con tu compañero(a) y señala, subrayándolos, los errores superficiales de:

a. concordancias de persona y número (sujeto-verbo)

b. concordancias de número y género (sustantivo-adjetivo)

c. tiempos verbales

d. errores ortográficos

e. acentos

NO corrijas ningún error; simplemente indícaselos a tu compañero(a) para que él (ella) haga los cambios requiridos.

La última etapa de la revisión del ensayo es la revisión gramatical. En esta etapa es importante no solamente tratar de *corregir* los errores superficiales anteriores sino tambien tratar de lograr un vocabulario y una sintaxis más precisos y apropiados. Devuélvanse las composiciones y revisen cada uno su ensayo prestando atención a los siguientes aspectos:

1. ¿Has tratado de usar en tu ensayo algunas de las palabras relacionadas con el tema de la mujer en la sociedad actual? ¿Has tratado de incorporar otras palabras que aprendiste en las lecturas de este capítulo? ¿Cuáles son?

2. ¿Encontraste en las lecturas de este capítulo algunas estructuras sintácticas que no conocías antes? ¿Podrías usar algunas de estas estructuras en este ensayo?

3. Lee tu ensayo y subraya todas las palabras que se parecen a las palabras en inglés. Después vuelve a cada una de estas palabras y contesta las siguientes preguntas:

   a. ¿Es una palabra en español o la inventaste?

   b. ¿La has deletreado correctamente? Búscala en el diccionario.

   c. ¿La has usado en un contexto apropiado? Busca su significado en un diccionario español-español para asegurarte de que el contexto es apropiado.

Palabra abierta

A. Reúnete con tres compañeros(as) de clase para contestar las siguientes preguntas:

1. ¿Qué te gusta de tu ensayo? ¿Qué no te gusta? Si pudieras cambiar algún aspecto de tu ensayo ahora, ¿qué cambiarías? ¿Por qué?

2. ¿Fue este ensayo más o menos difícil que otros? ¿Por qué?

3. ¿Fue eficaz la sesión de intercambio de ideas que tuvieron con sus compañeros sobre problemas de organización y contenido?

4. ¿Cómo podría mejorarse este intercambio de impresiones sobre aspectos específicos de la redacción? ¿Qué tipo de corrección deseas que se haga? ¿Cómo quisieras que sus compañeros corrigieran sus ensayos? ¿Qué ejercicios de corrección serían apropiados?

B. Carpeta de escritura. Escribe una lista de palabras que podrías utilizar la próxima vez que redactes un ensayo y guárdala en tu carpeta. Escribe en tu cuaderno algún consejo nuevo para la próxima vez que escribas un ensayo. ¿Qué quieres recordar hacer la próxima vez para escribir mejor? ¿Probaste alguna estrategia nueva que te resultó bien al escribir esta composición? Anótala también. ¿En qué aspecto de tu escritura has notado más mejoría? ¿Cómo lograste mejorar ese aspecto?

El realismo mágico: Una visión latinoamericana del mundo

Los objetivos de tema y de género de este capítulo son:

- fomentar el interés por el estudio de la literatura y por el género del realismo mágico en particular
- elaborar un ensayo de análisis literario

Los objetivos lingüísticos y de redacción son:

- examinar la relación entre el propósito discursivo de los textos y los aspectos léxicogramaticales de los mismos
- reconocer los aspectos léxicogramaticales que definen el lenguaje académico
- integrar estategias de cohesión ya estudiadas al redactar escritos de registro académico
- considerar los elementos esenciales para redactar la conclusión del ensayo académico

L
E
C
T
U
R
A

Acercándonos al tema

A. Vocabulario del tema: El realismo mágico

1. En este capítulo vamos a leer y a comentar aspectos de obras literarias desde una perspectiva crítica, así es que algunos de los siguientes términos te pueden servir al redactar tu propio ensayo. Mira la lista a continuación e identifica las palabras que ya conoces y las que todavía no conoces. Para las que no conoces, busca la definición en un diccionario. Después, en parejas, comenten todas las definiciones para ver si están de acuerdo.

el lector	el cuento	la ironía
el personaje	la novela	el tono
el carácter	la escena	la voz
el tema	el climax	la sátira
el argumento	el desenlace	el género
el relato	la narrativa	

2. En la siguiente lista encontrarás algunos términos que tal vez te sean útiles al comentar el tema del realismo mágico y el cuento que vas a leer en este capítulo. ¿Cuáles de estas palabras ya conoces? Para las que no conoces, ¿puedes adivinar su significado? Busca en el diccionario el significado de las palabras que todavía no conozcas. Comparte tus definiciones con un(a) compañero(a) de clase.

habitual	asombro	cabalmente	atreverse
retrato	tumultuoso	milagro	sucumbir
espontáneo	convivencia	tenacidad	sobrenatural
subyacente	mestizaje	perseverancia	escapista
creador	pretender	soledad	originalidad
matices	alucinante	evocar	evocaciones

B. Una definición.   Trabajando en parejas, comenten su definición del término «realismo mágico».

1. ¿Han oído este término antes? ¿Dónde?
2. Escriban su interpretación del término. No importa si está correcta o no. Compartan su interpretación con otros compañeros de la clase.
3. ¿Han leído literatura del realismo mágico antes? ¿Cómo se llamaba el cuento o la novela? ¿Les gustó? ¿Por qué?
4. ¿Qué otros tipos de lectura les gusta leer en español? ¿Por qué?

Primera lectura: Realismo mágico

Arturo Uslar Pietri (Venezuela, 1906-), novelista, ensayista, periodista, poeta, historiador, pedagogo y político, es, sin duda, uno de los intelectuales contemporáneos más apreciados de Hispanoamérica. Entre los muchos premios que ha recibido durante su distinguida carrera literaria, se encuentran el Premio Príncipe de Asturias de las Letras (1990) y el Premio Rómulo Gallegos (1991).

Tal vez la contribución literaria más importante de Uslar Pietri ha sido su novela *Las lanzas coloradas*, que publicó en 1931. Según Mario Vargas Llosa, *Las lanzas coloradas* es la novela que «ha abierto la puerta para lo que sería luego el reconocimiento de la novela latinoamericana en todo el mundo». A partir de esta novela cultivó el realismo mágico, un término que él mismo acuñó más tarde en *Letras y hombres de Venezuela* (1946).

En el siguiente ensayo, que apareció en una colección titulada *Godos, insurgentes y visionarios* (1985), Uslar Pietri vuelve a considerar los orígenes del realismo mágico y describe cómo se desarrolló este género latinoamericano tan original.

Acercándonos al texto

A. Trabajando en grupos pequeños, traten de identificar los siguientes términos y personas.

el romanticismo	el surrealismo	el realismo
la novela de caballería	Flaubert	el modernismo
Pérez de Galdós		

1. ¿Conocen algunos de estos términos o personas?
2. ¿Pueden nombrar algunos textos u otras personas asociadas con estos términos?

B. Contesta las siguientes preguntas.

1. ¿Qué obras de la literatura hispanoamericana has leído hasta ahora?
2. ¿Las has leído en español o en inglés?
3. A qué género literario pertenecen las obras que has leído: ¿Eran novelas? ¿Cuentos cortos? ¿Poemas? ¿Eran realistas? ¿Surrealistas? ¿Románticas?

C. En este ensayo Uslar Pietri nos habla de un momento particular en la historia de la literatura latinoamericana. Se refiere al momento en el cual comenzó una nueva literatura que hasta ese momento no existía. Uslar Pietri pinta ese momento tan dinámico por medio de un lenguaje descriptivo y haciendo referencia a los participantes principales de la época, como Miguel Ángel Asturias, novelista guatemalteco, y Alejo Carpentier, autor cubano. Lee el primer párrafo y piensa en la escena que evoca.

1. Escribe una breve descripción de cómo te imaginas la escena.
2. Comparte tu descripción con un(a) compañero(a) de clase.

Primera lectura: Realismo mágico

ARTURO USLAR PIETRI

Desde 1929 y por algunos años tres jóvenes escritores hispanoamericanos se reunían, con cotidiana frecuencia, en alguna terraza de un café de París para hablar sin término de lo que más les importaba que era la literatura de la hora y la situación política de la América Latina que, en el fondo, era una misma sola cosa. Miguel Ángel Asturias venía de la Guatemala de Estrada Cabrera y Ubico, con la imaginación llena del «Popol-Vuh», Alejo Carpentier había salido de la Cuba de Machado y yo venía de la Venezuela de Gómez. En Asturias se manifestaba, de manera casi obsesiva, el mundo disuelto de la cultura maya, en una mezcla fabulosa en la que aparecían, como extrañas figuras de un drama de guiñol[1], los esbirros[2] del Dictador, los contrastes inverosímiles de situaciones y concepciones y una visión casi sobrenatural en una realidad casi irreal. Carpentier sentía pasión por los elementos negros en la cultura cubana. Podía hablar por horas de los santeros, de los ñáñigos, de los ritos del vudú, de la mágica mentalidad del cubano medio en presencia de muchos pasados y herencias. Yo, por mi parte, venía de un país en el que no predominaban ni lo indígena, ni lo negro, sino la rica mezcla inclasificable de un mestizaje cultural contradictorio. La política venía a resultar un aspecto, acaso el más visible, de esas situaciones de peculiaridad que poco tenían que ver con los patrones europeos. ¿Qué podía haber en común entre el señor Poincaré y Estrada Cabrera, Machado y Gómez, y qué podría identificar al maestro de Escuela de Guatemala convertido en tirano, al rumbero y trágico habanero tradicional que era Machado y al caudillo[3] rural, astuto e instintivo, que era Gómez? Lo que salía de todos aquellos relatos y evocaciones era la noción de una condición peculiar del mundo americano que no era posible reducir a ningún modelo europeo. Se pasaban las horas evocando personajes y situaciones increíbles. Estrada Cabrera y sus poetas, el siniestro hombre de la mulita que recorría solitario y amenazante las calles de Guatemala, Machado y aquella Cuba rumbosa, rumbera y trágica, y Gómez, su ministerio rural rodeado de sus doctores sutiles y de sus silenciosos «chácharos».

Nos parecía evidente que esa realidad no había sido reflejada en la literatura. Desde el romanticismo, hasta el realismo del XIX y el modernismo, había sido una literatura de mérito variable, seguidora ciega de modas y tendencias de Europa. Se habían escrito novelas a la manera de Chateaubriand, o de Flaubert, o de Pereda, o de Galdós, o de D'Annunzio. Lo criollo[4] no pasaba de un nivel costumbrista[5] y paisajista. Ya Menéndez y Pelayo había dicho que el gran personaje y el tema fundamental de la literatura hispanoamericana era la naturaleza. Paisaje y costumbrismo, dentro de la imitación de modelos europeos, constituían los rasgos dominantes de aquella literatura, que

---

[1] **drama...** teatro de títeres
[2] oficiales de un dictador que realizan actos de violencia para él
[3] cacique; líder que generalmente no ha sido elegido democráticamente
[4] cultura desarrollada en América con influencias indígenas, europeas y africanas
[5] atención especial a las costumbres típicas de un país o región

parecía no darse cuenta del prodigioso[6] mundo humano que la rodeaba y al que mostraba no haberse puesto a contemplar en su peculiaridad extraña y profunda.

Era necesario levantar ese oscuro telón[7] deformador que había descubierto aquella realidad mal conocida y no expresada, para hacer una verdadera literatura de la condición latinoamericana.

Por entonces, Miguel Ángel Asturias, que trabajaba en *El señor Presidente*, publicó sus *Leyendas de Guatemala*. Produjo un efecto deslumbrante; en ellas expresaba y resucitaba una realidad casi ignorada e increíble, resucitaba el lenguaje y los temas del «Popol Vuh», en una lengua tan antigua y tan nueva que no tenía edad ni parecido. Por el mismo tiempo, Carpentier escribió su novela negra, *Ecué Yamba O,* llena de magia africana y de realidad sorprendente, al igual que yo terminé y publiqué mi primera novela *Las lanzas coloradas*.

Se trataba, evidentemente, de una reacción. Reacción contra la literatura descriptiva e imitativa que se hacía en la América hispana, y también reacción contra la sumisión tradicional a modas y escuelas europeas. Se estaba en la gran época creadora y tumultuosa del surrealismo francés, leíamos, con curiosidad, los manifiestos de Bretón y la poesía de Eluard; y de Desnos, e íbamos a ver *El perro andaluz* de Buñuel, pero no para imitarlos o para hacer surrealismo.

Más tarde algunos críticos literarios han querido ver en esa nueva actitud un mero reflejo de aquellos modelos. Alguna influencia hubo, ciertamente, y no podía menos que haberla, pero es desconocer el surrealismo o desconocer esa nueva corriente de la novelística criolla pensar que son la misma cosa bajo diferentes formas y lenguaje.

El surrealismo es un juego otoñal[8] de una literatura aparentemente agotada[9]. No sólo se quería renovar el lenguaje sino también los objetos. Se recurría a la incongruencia, a la contradicción, a lo escandaloso, a la búsqueda de lo insólito[10], para producir un efecto de asombro, un choque de nociones y percepciones incoherentes y un estado de trance o de sueño en el desacomodado lector. Era pintar relojes derretidos, jirafas incendiadas, ciudades sin hombres, o poner juntas las nociones y los objetos más ajenos y disparatados[11], como el revólver de cabellos blancos, o el paraguas sobre la mesa del quirófano[12]. El fondo era un juego creador, pero sin duda un juego que terminaba en una fórmula artificial y fácil.

Lo que se proponían aquellos escritores americanos era completamente distinto. No querían hacer juegos insólitos con los objetos y las palabras de la tribu, sino, por el contrario, revelar, descubrir, expresar, en toda su plenitud inusitada esa realidad casi desconocida y casi alucinatoria[13] que era la de la América Latina para penetrar el gran misterio creador del mestizaje cultural. Una realidad, una sociedad, una situación peculiares que eran radicalmente distintas de las que reflejaba la narrativa europea.

---

[6] maravilloso, milagroso
[7] lienzo que se sube y se baja en el escenario (por ejemplo, en las obras de teatro)
[8] viejo
[9] totalmente consumida
[10] poco común
[11] contrarios a la razón
[12] sala donde se llevan a cabo cirugías
[13] que alucina, impresionante

De manera superficial, algunos críticos han evocado a este propósito, como antecedentes válidos, las novelas de caballería, *Las mil y una noches* y toda la literatura fantástica. Esto no puede ser sino el fruto de un desconocimiento. Lo que caracterizó, a partir de aquella hora, la nueva narrativa latinoamericana no fue el uso de una desbordada fantasía sobrepuesta a la realidad, o sustituta de la realidad, como en los cuentos árabes, en los que se imaginan los más increíbles hechos y surgen apariciones gratuitas provocadas por algún poder sobrehumano o de hechicería. En los latinoamericanos se trataba de un realismo peculiar, no se abandonaba la realidad, no se prescindía de[14] ella, no se la mezclaba con hechos y personificaciones mágicas, sino que se pretendía reflejar y expresar un fenómeno existente pero extraordinario dentro de los géneros y las categorías de la literatura tradicional. Lo que era nuevo no era la imaginación sino la peculiar realidad existente y, hasta entonces, no expresada cabalmente. Esa realidad, tan extraña para las categorías europeas, que había creado en el nuevo mundo, tan nuevo en tantas cosas, la fecunda[15] y honda convivencia de las tres culturas originales en un proceso de mezcla sin término, que no podía ajustarse a ningún patrón recibido. No era un juego de la imaginación, sino un realismo que reflejaba fielmente una realidad hasta entonces no vista, contradictoria y rica en peculiaridades y deformaciones, que la hacían inusitada y sorprendente para las categorías de la literatura tradicional.

No se trataba de que surgiera de una botella un «efrit», ni de que frotando[16] una lámpara apareciera un sueño hecho realidad aparente, tampoco de una fantasía gratuita y escapista, sin personajes ni situaciones vividas, como en los libros de caballerías o en las leyendas de los románticos alemanes, sino un realismo no menos estricto y fiel a una realidad que el que Flaubert, o Zola o Galdós usaron sobre otra muy distinta. Se proponía ver y hacer lo que estaba allí, en lo cotidiano[17], y parecía no haber sido visto ni reconocido. Las noches de la Guatemala de Estrada Cabrera, con sus personajes reales y alucinantes, el reino del Emperador Cristophe, más rico en contrastes y matices que ninguna fantasía, la maravillante presencia de la más ordinaria existencia y relación.

Era como volver a comenzar el cuento, que se creía saber, con otros ojos y otro sentido. Lo que aparecía era la subyacente condición creadora del mestizaje cultural latinoamericano. Nada inventó, en el estricto sentido de la palabra, Asturias, nada Carpentier, nada Aguilera Malta, nada ninguno de los otros, que ya no estuviera allí desde tiempo inmemorial, pero que, por algún motivo, había sido desdeñado[18].

Era el hecho mismo de una situación cultural peculiar y única, creada por el vasto proceso del mestizaje de culturas y pasados, mentalidades y actitudes, que aparecía rica e inconfundiblemente en todas las manifestaciones de la vida colectiva y del carácter individual. En cierto sentido, era como haber descubierto de nuevo la América hispana, no la que habían creído formar los españoles, ni aquélla a la que creían no poder renunciar los indigenistas, ni tampoco la fragmentaria África que trajeron los esclavos, sino aquella otra cosa que había brotado espontánea y libremente de su larga

---

[14] **no...** no renunciaba a

[15] fértil

[16] pasando las manos sobre algo repetidamente

[17] común

[18] tratado con desdén, menospreciado

convivencia y que era una condición distinta, propia, mal conocida, cubierta de prejuicios que era, sin embargo, el más poderoso hecho de identidad reconocible.

Los mitos y las modalidades vitales, heredados de las tres culturas, eran importantes, pero más allá de ellos, en lo más ordinario de la vida diaria surgían concepciones, formas de sociabilidad, valores, maneras, aspectos que ya no correspondían a ninguna de ellas en particular.

Si uno lee, con ojos europeos, una novela de Asturias o de Carpentier, puede creer que se trata de una visión artificial o de una anomalía desconcertante[19] y nada familiar. No se trataba de un añadido de personajes y sucesos fantásticos, de los que hay muchos y buenos ejemplos desde los inicios de la literatura, sino de la revelación de una situación diferente, no habitual, que chocaba con los patrones aceptados del realismo. Para los mismos hispanoamericanos era como un redescubrimiento de su situación cultural. Esta línea va desde *Las leyendas de Guatemala* hasta *Cien años de soledad*. Lo que García Márquez describe y que parece pura invención, no es otra cosa que el retrato de una situación peculiar, vista con los ojos de la gente que la vive y la crea, casi sin alteraciones. El mundo criollo está lleno de magia en el sentido de lo inhabitual y lo extraño.

La recuperación plena de esa realidad fue el hecho fundamental que le ha dado a la literatura hispanoamericana su originalidad y el reconocimiento mundial.

Por mucho tiempo no hubo nombre para designar esa nueva manera creadora, se trató no pocas veces de asimilarla a alguna tendencia francesa o inglesa, pero evidentemente, era otra cosa.

Muchos años después de la publicación de las primeras obras que representaban esa novedad, el año de 1949, mientras escribía un comentario sobre el cuento, se me ocurrió decir, en mi libro *Letras y hombres de Venezuela*: «Lo que vino a predominar… y a marcar su huella de una manera perdurable fue la consideración del hombre como misterio en medio de los datos realistas. Una adivinación poética o una negación poética de la realidad. Lo que, a falta de otra palabra, podría llamarse un realismo mágico». ¿De dónde vino aquel nombre que iba a correr con buena suerte? Del oscuro caldo del subconsciente. Por el final de los años 20 yo había leído un breve estudio del crítico de arte alemán Franz Roh sobre la pintura postexpresionista europea, que llevaba el título de *Realismo mágico*. Ya no me acordaba del lejano libro pero algún oscuro mecanismo de la mente me lo hizo surgir espontáneamente en el momento en que trataba de buscar un nombre para aquella nueva forma de narrativa. No fue una designación de capricho[20] sino la misteriosa correspondencia entre un nombre olvidado y un hecho nuevo.

Poco más tarde Alejo Carpentier usó el nombre de «lo real maravilloso» para designar el mismo fenómeno literario. Es un buen nombre, aun cuando no siempre la magia tenga que ver con las maravillas, en la más ordinaria realidad hay un elemento mágico, que sólo es advertido por algunos pocos. Pero esto carece de[21] importancia.

Lo que importa es que, a partir de esos años 30, y de una manera continua, la mejor literatura de la América Latina, en la novela, en el cuento y en la poesía, no ha hecho otra cosa que presentar y expresar el sentido mágico de una realidad única.

---

[19] **anomalía...** algo fuera de lo normal
[20] **de...** arbitraria
[21] **carece...** no tiene

Interactuando con el texto

Después de leer el ensayo, contesten las siguientes preguntas.

1. ¿Cuáles son algunos de los movimientos literarios europeos que menciona Uslar Pietri?
2. Según Uslar Pietri, ¿cuál era la diferencia entre el surrealismo y la literatura latinoamericana que emergía en aquel momento?
3. En sus propias palabras, describan cómo era esta nueva literatura latinoamericana.
4. ¿Por qué insistía Uslar Pietri en una distinción entre la literatura europea y la latinoamericana?
5. ¿De dónde vino el término «realismo mágico»?

Gramática funcional

Los aspectos léxicogramaticales que definen el lenguaje académico

En esta sección vamos a explorar el léxico que ha utilizado Uslar Pietri para comentar varios aspectos de los orígenes del realismo mágico. Nos interesa resaltar cómo el léxico contribuye a crear el registro del lenguaje académico. El léxico dentro de la gramática funcional se relaciona con **el campo,** o sea cómo establecemos la relación entre la realidad y el tema que vamos a tratar. En el caso de este ensayo es obvio que el tema es el realismo mágico; la siguiente es una lista de los términos en el ensayo que se relacionan con este tema:

escritores hispanoamericanos	América Latina	Popol-Vuh
literatura	sobrenatural	cultura maya
situación política	realidad casi irreal	mestizaje cultural

1. ¿Puedes agregar otros términos que tengan que ver con la literatura, en general, y con la caracterización del realismo mágico en particular? ¿Cómo los reconoces?
2. En el siguiente párrafo, identifica **el campo** al que pertenecen los términos en negrita. ¿Piensas que se desarrollan uno o más temas en este fragmento? Si crees que hay más de un tema, ¿podrías marcar cuáles son las palabras que lo desarrollan?

   El fenómeno de la globalización es muy reciente. Es desde hace pocos años que se dan las dos condiciones que lo hacen posible: **redes de comunicación de cobertura mundial** y **software** barato y masivo. Aunque todavía falta perspectiva para ver el efecto que todo esto tiene y tendrá en nuestra vida, no hay duda de que será importante: **Internet** ya ha entrado, con todo derecho, en la historia de la **comunicación,** a parecida altura que, por ejemplo, la invención de la **imprenta.**

Reflexionando sobre esta actividad, podemos descubrir cómo al tejer los distintos temas, éstos se relacionan por medio de palabras afines que nos permiten formar estas ideas. El propósito de ver estas relaciones ayuda en el momento de construir nuestros propios ensayos. Podemos diferenciar entre las palabras que hacen al tema específico que estamos tratando y las otras que nos sirven para expresar nuestras ideas sobre esos temas, cuando analizamos un texto. A esas palabras que pertenecen a un mismo tema las podemos llamar **cadenas léxicas,** es decir que se unen o forman una cadena por el significado que tienen en común. Por ejemplo, todas las palabras en negrita (internet, imprenta, redes de comunicación, etc.) pertenecen al grupo de palabras relacionadas con la comunicación en general.

En el ensayo de Uslar Pietri, «El realismo mágico», él habla del tema del realismo mágico que pertenece al campo de la literatura y lo desarrolla a través de todo el ensayo. Al mismo tiempo se puede ver que el ensayo tiene las características de un trabajo para ser leído, especialmente por la forma en que se relacionan las ideas en enunciados complejos y largos. Prestando atención al léxico notamos muchos términos que nos permiten articular y argumentar las ideas sobre el tema. Observa estas palabras:

se manifestaba	una presencia	fabulosa
predominaban	un aspecto	contradictorio
parecía (evidente)	la noción	inclasificable
constituían	los rasgos	dominantes
mostraba	los contrastes	inverosímiles
produjo	un efecto	visible
expresaba	situaciones	tradicionales
importaba	concepciones	profundas
se trataba	el tema	fundamental
identificar	la condición	verdadera

¿Crees que te podrían servir para elaborar otros temas? Seguramente que sí, por ejemplo, hablando de la tecnología podríamos decir:

La tecnología ha tenido *un efecto visible* en las comunicaciones.

Estas palabras y frases nos pueden servir para desarrollar conceptos y relacionar ideas sobre temas muy variados. La primera es una lista de verbos que sirven para relacionar conceptos, la segunda es una lista de nombres (o sustantivos) que muchas veces pueden relacionarse con esos verbos y la tercera es una lista de algunos adjetivos que pueden combinarse con esos nombres. Es evidente que muchas de estas palabras son utilizadas mucho más frecuentemente cuando estamos escribiendo que cuando hablamos, especialmente porque en la primera situación tenemos más tiempo para escoger nuestras palabras.

Actividades

A. ¿Puedes encontrar otras palabras o expresiones en el ensayo de Uslar Pietri que consideres típicas de un lenguaje académico escrito?

B. En parejas, subrayen todas las palabras o frases del siguiente párrafo que lo caractericen como un lenguaje académico escrito. Justifiquen sus respuestas.

En una perspectiva histórica, el siglo XVIII podría considerarse como un período de transición entre una mentalidad de cultura oral y una mentalidad de cultura escrita. Las sociedades americanas del siglo XVIII eran comunitarias, orientadas más hacia lo social que hacia lo individual y sin instituciones con clara función socializadora. Se podría pensar en una cultura preponderantemente oral, en tanto que muy pocos individuos sabían leer y escribir. El procesamiento escrito de la información no estaba integrado a las formas de vida y necesidades sociales de la mayoría de las personas, sino que, por el contrario, la lengua escrita era manejada por un grupo muy limitado de personas. Sin embargo, pueden indentificarse los comienzos de una necesidad incipiente: se consolidaba la institucionalización de la enseñanza, comenzaban a aparecer necesidades sociales de manejos más complejos de la información y de archivo, asociadas a distintos aspectos de la vida social. Se podría hablar entonces, de una transición: si bien la sociedad del siglo XVIII conocía la escritura, la utilizaba un escaso porcentaje de la población y el uso social que se hacía de ella era todavía muy limitado.

Creando textos

A. Escritura personal. Escribe tu reacción al ensayo de Uslar Pietri. ¿Te gustó el ensayo? ¿Fue difícil o fácil de leer? ¿Por qué? Discute una vez más el término «realismo mágico».

B. Escritura pública. Piensa en alguna forma de arte: la música (de rap, hip-hop, salsa, merengue, banda, clásica…), la literatura popular, la televisión, el teatro, la moda, u otra. Después haz esta actividad.

1. ¿Qué se podría decir de los estilos del último momento? ¿Existen algunas tendencias que se pueden identificar? ¿Cuáles son? ¿Tiene un nombre esta tendencia o la puedes nombrar tú? ¿De qué manera es distinto el estilo de hoy al del pasado? ¿De qué manera se parecen?

2. Forma grupos pequeños con otros estudiantes interesados en el mismo tema. Tengan una conversación en torno a estas preguntas, tal y como tuvieron Uslar Pietri y sus amigos en torno a la literatura del momento.
3. Después, escriban varios párrafos en los que desarrollen los comentarios que surgieron en la conversación. Traten de usar el modelo de Uslar Pietri: primero describan la tendencia o estilo artístico (incluyendo el nombre de cada artista y una breve descripción de su estilo) y después expliquen en más detalle cómo se distinguen estos estilos en el ámbito actual del arte.

4. Después de escribir sus párrafos, vuelvan a ver si pueden utilizar algunas de las palabras del ensayo de Uslar Pietri.

Segunda lectura: «La santa»

Gabriel García Márquez (1928-) es un periodista y novelista colombiano conocido como uno de los pioneros del realismo mágico. Nació y se educó en Colombia, pero su política liberal e izquierdista chocó con la política ultraconservadora de los dictadores colombianos, y como resultado, tuvo que pasar las décadas de 1960 y 1970 exiliado en México y España para escapar de la persecución.

La hojarasca, su primera novela, fue publicada en 1955. A ésta le sigue un libro de cuentos, *Los funerales de la Mamá Grande,* en 1961. Pero su consagración literaria se produjo con *Cien Años de Soledad,* publicada por primera vez en 1967. A partir de esa fecha, la fama de García Márquez no ha dejado de crecer. Ha recibido numerosos premios, entre los cuales se destaca el Premio Nobel de Literatura de 1982, con el cual se lo reconoció como uno de los escritores contemporáneos más notables, no sólo del mundo hispano, sino del mundo entero.

«La santa» pertenece a una colección de cuentos titulada *Doce cuentos peregrinos.* Aunque la colección se publicó en 1992, García Márquez escribió estos doce cuentos en diferentes momentos durante los últimos 18 años. Aunque fueron escritos en diversos momentos, todos los cuentos giran en torno al mismo tema: el de un latinoamericano a la deriva en Europa.

Acercándonos al texto

A. Santos y milagros.

1. Escribe un párrafo sobre lo que significa ser santo. Identifica a las diferentes personas o figuras históricas, políticas y demás, que consideras que sean santas. ¿Por qué consideras que estas personas son santas?

2. Escribe un párrafo definiendo qué entiendes por un milagro. ¿Cuándo ocurre? ¿Cómo se sabe que ha sido un milagro? ¿Puedes presentar ejemplos recientes de milagros?

3. Comparte estos párrafos con tus compañeros de clase. Anota cualquier diferencia entre sus definiciones y sus ejemplos. ¿A qué se deben estas diferencias de opinión? ¿Quién tiene la definición correcta?

B. Para guiarte en la lectura de «La santa» mira las siguientes preguntas y trata de anotar las respuestas cuando las encuentres al leer el texto. Anota la página y las partes del texto donde encuentres las respuestas. Después de leer el texto completo, repasa las preguntas y tus respuestas para asegurarte de que están correctas.

1. ¿Dónde tiene lugar el cuento?
2. ¿Quién es el narrador? ¿Qué relación tiene con Margarito Duarte?

3. ¿De dónde era Duarte?
4. ¿Qué le pasó a la esposa de Duarte?
5. ¿Cómo murió la hija de Duarte? ¿Qué le pasó a la hija después de su muerte? Describe en detalle.
6. ¿Por qué fue Duarte a Roma?
7. ¿Por qué anotó Duarte sus gastos del viaje con tanto detalle?
8. ¿Quién es Ribero Silva y a qué se dedica?
9. ¿Qué hacen cada tarde el narrador y Ribero Silva?
10. ¿Qué hacía el león cuando cantaba Ribero Silva?
11. ¿Qué hizo el león cuando Duarte fue a visitarlo?
12. ¿Quién es Lakis?
13. ¿Qué quiere hacer Lakis con la hija de Duarte?
14. ¿Quién es César Zavattini? ¿Qué quiere hacer con la hija de Duarte?
15. ¿Habló Duarte con el Papa por fin? ¿Por qué?
16. Después de veintidós años, cuando el narrador volvió a Roma y vio a Duarte, ¿cómo era la situación de Duarte con respecto al caso de su hija? ¿Cuál era la actitud de Duarte ante esta situación?

Segunda lectura: La santa

GABRIEL GARCÍA MÁRQUEZ

Veintidós años después volví a ver a Margarito Duarte. Apareció de pronto en una de las callecitas secretas del Trastévere, y me costó trabajo reconocerlo a primera vista por su castellano difícil y su buen talante de romano antiguo. Tenía el cabello blanco y escaso, y no le quedaban rastros de la conducta lúgubre y las ropas funerarias de letrado andino[1] con que había venido a Roma por primera vez, pero en el curso de la conversación fui rescatándolo poco a poco de las perfidias de sus años y volví a verlo como era: sigiloso, imprevisible, y de una tenacidad de picapedrero. Antes de la segunda taza de café en uno de nuestros bares de otros tiempos, me atreví a hacerle la pregunta que me carcomía[2] por dentro.

—¿Qué pasó con la santa?

—Ahí está la santa—me contestó—. Esperando.

Sólo el tenor Rafael Ribero Silva y yo podíamos entender la tremenda carga humana de su respuesta. Conocíamos tanto su drama, que durante años pensé que Margarito Duarte era el personaje en busca de autor que los novelistas esperamos durante toda una vida, y si nunca dejé que me encontrara fue porque el final de su historia me parecía inimaginable.

Había venido a Roma en aquella primavera radiante en que Pío XII padecía una crisis de hipo[3] que ni las buenas ni las malas artes de médicos y hechiceros habían logrado remediar. Salía por primera vez de su escarpada aldea del Tolima, en los Andes colombianos, y se le notaba hasta en el modo de dormir. Se presentó una mañana en nuestro consulado con la maleta de pino lustrado que por la forma y el tamaño parecía el estuche[4] de un violonchelo, y le planteó al cónsul el motivo sorprendente de su viaje. El cónsul llamó entonces por teléfono al tenor Rafael Ribero Silva, su compatriota, para que le consiguiera un cuarto en la pensión donde ambos vivíamos. Así lo conocí.

Margarito Duarte no había pasado de la escuela primaria, pero su vocación por las bellas letras le había permitido una formación más amplia con la lectura apasionada de cuanto material impreso encontraba a su alcance. A los dieciocho años, siendo el escribano[5] del municipio, se casó con una bella muchacha que murió poco después en el parto de la primera hija. Ésta, más bella aun que la madre, murió de una fiebre esencial a los siete años. Pero la verdadera historia de Margarito Duarte había empezado seis meses antes de su llegada a Roma, cuando hubo que mudar el cementerio de su pueblo para construir una represa[6]. Como todos los habitantes de la región, Margarito desenterró los huesos de sus muertos para llevarlos al cementerio nuevo. La esposa era polvo. En la tumba contigua, por el contrario, la niña seguía intacta después de once años. Tanto, que cuando destaparon[7]

---

[1] de los Andes

[2] **me...** no me dejaba tranquilo

[3] inglés: *hiccups*

[4] caja para guardar un objeto

[5] persona que redacta las escrituras y actas oficiales

[6] obra para contener y almacenar las aguas

[7] quitaron la tapa (de la caja)

la caja se sintió el vaho de las rosas frescas con que la habían enterrado. Lo más asombroso, sin embargo, era que el cuerpo carecía de[8] peso.

Centenares de curiosos atraídos por el clamor del milagro desbordaron la aldea. No había duda. La incorruptibilidad del cuerpo era un síntoma inequívoco de la santidad, y hasta el obispo de la diócesis estuvo de acuerdo en que semejante prodigio[9] debía someterse al veredicto del Vaticano[10]. De modo que se hizo una colecta pública para que Margarito Duarte viajara a Roma, a batallar por una causa que ya no era sólo suya ni del ámbito estrecho de su aldea, sino un asunto de la nación.

Mientras nos contaba su historia en la pensión del apacible barrio de Parioli, Margarito Duarte quitó el candado y abrió la tapa del baúl primoroso. Fue así como el tenor Ribero Silva y yo participamos del milagro. No parecía una momia marchita como las que se ven en tantos museos del mundo, sino una niña vestida de novia que siguiera dormida al cabo de una larga estancia bajo la tierra. La piel era tersa y tibia, y los ojos abiertos eran diáfanos[11], y causaban la impresión insoportable de que nos veía desde la muerte. El raso[12] y los azahares[13] falsos de la corona no habían resistido al rigor del tiempo con tan buena salud como la piel, pero las rosas que le habían puesto en las manos permanecían vivas. El peso del estuche de pino, en efecto, siguió siendo igual cuando sacamos el cuerpo.

Margarito Duarte empezó sus gestiones[14] al día siguiente de la llegada. Al principio con una ayuda diplomática más compasiva que eficaz, y luego con cuantas artimañas[15] se le ocurrieron para sortear los incontables obstáculos del Vaticano. Fue siempre muy reservado sobre sus diligencias, pero se sabía que eran numerosas e inútiles. Hacía contacto con cuantas congregaciones religiosas y fundaciones humanitarias encontraba a su paso, donde lo escuchaban con atención pero sin asombro, y le prometían gestiones inmediatas que nunca culminaron. La verdad es que la época no era la más propicia[16]. Todo lo que tuviera que ver con la Santa Sede había sido postergado hasta que el Papa superara la crisis de hipo, resistente no sólo a los más refinados recursos de la medicina académica, sino a toda clase de remedios mágicos que le mandaban del mundo entero.

Por fin, en el mes de julio, Pío XII se repuso y fue a sus vacaciones de verano en Castelgandolfo. Margarito llevó la santa a la primera audiencia semanal con la esperanza de mostrársela. El Papa apareció en el patio interior, en un balcón tan bajo que Margarito

---

[8] **carecía...** no tenía
[9] suceso extraño
[10] **someterse...** el Vaticano tenía que decidir si era milagro o no
[11] claros, transparentes
[12] tela de seda
[13] flores blancas
[14] las cosas que tenía que hacer
[15] trámites que requieren astucia e inventiva
[16] favorable

pudo ver sus uñas bien pulidas y alcanzó a percibir su hálito de lavanda[17]. Pero no circuló por entre los turistas que llegaban de todo el mundo para verlo, como Margarito esperaba, sino que pronunció el mismo discurso en seis idiomas y terminó con la bendición general.

Al cabo de tantos aplazamientos[18], Margarito decidió afrontar las cosas en persona, y llevó a la Secretaría de Estado una carta manuscrita de casi sesenta folios, de la cual no obtuvo respuesta. Él lo había previsto, pues el funcionario que la recibió con los formalismos de rigor apenas si se dignó darle una mirada oficial a la niña muerta, y los empleados que pasaban cerca la miraban sin ningún interés. Uno de ellos le contó que el año anterior habían recibido más de ochocientas cartas que solicitaban la santificación de cadáveres intactos en distintos lugares del mundo. Margarito pidió por último que se comprobara la ingravidez[19] del cuerpo. El funcionario la comprobó, pero se negó a admitirla.

—Debe ser un caso de sugestión colectiva—dijo.

En sus escasas horas libres y en los áridos domingos del verano, Margarito permanecía en su cuarto, encarnizado[20] en la lectura de cualquier libro que le pareciera de interés para su causa. A fines de cada mes, por iniciativa propia, escribía en un cuaderno escolar una relación minuciosa de sus gastos con su caligrafía preciosista de amanuense mayor, para rendir cuentas estrictas y oportunas a los contribuyentes de su pueblo. Antes de terminar el año conocía los dédalos[21] de Roma como si hubiera nacido en ellos, hablaba un italiano fácil y de tan pocas palabras como su castellano andino, y sabía tanto como el que más sobre procesos de canonización. Pero pasó mucho más tiempo antes de que cambiara su vestido fúnebre, y el chaleco y el sombrero de magistrado que en la Roma de la época eran propios de algunas sociedades secretas con fines inconfesables. Salía desde muy temprano con el estuche de la santa, y a veces regresaba tarde en la noche, exhausto y triste, pero siempre con un rescoldo de luz[22] que le infundía alientos nuevos para el día siguiente.

—Los santos viven en su tiempo propio—decía.

Yo estaba en Roma por primera vez, estudiando en el Centro Experimental de Cine, y viví su calvario con una intensidad inolvidable. La pensión donde vivíamos era en realidad un apartamento moderno a pocos pasos de la Villa Borghese, cuya dueña ocupaba dos alcobas y alquilaba cuatro a estudiantes extranjeros. La llamábamos María Bella, y era guapa y temperamental en la plenitud de su otoño, y siempre fiel a la norma sagrada de que cada quien es rey absoluto dentro de su cuarto. En realidad, la que llevaba el peso de la vida cotidiana era su hermana mayor, la tía Antonieta, un ángel sin alas que le trabajaba por horas durante el día, y andaba por todos lados con su balde[23] y su escoba de jerga lustrando más allá de lo posible los mármoles del piso. Fue ella quien nos enseñó a comer los pajaritos cantores que cazaba Bartolino, su esposo, por un mal hábito que le quedó de la guerra, y quien terminaría por llevarse a Margarito a vivir en su casa cuando los recursos no le alcanzaron para los precios de María Bella.

---

[17] **hálito...** vapor que arroja esa flor
[18] **tantos...** tantas posposiciones y retrasos
[19] falta de gravedad o peso
[20] concentrado intensamente
[21] todos los rincones
[22] **rescoldo...** ilusión o esperanza
[23] recipiente para el agua

Nada menos adecuado para el modo de ser de Margarito que aquella casa sin ley. Cada hora nos reservaba una novedad, hasta en la madrugada, cuando nos despertaba el rugido pavoroso del león en el zoológico de la Villa Borghese. El señor Ribero Silva se había ganado el privilegio de que los romanos no se resintieran con sus ensayos tempraneros. Se levantaba a las seis, se daba su baño medicinal de agua helada y se arreglaba la barba y las cejas de Mefistófeles, y sólo cuando ya estaba listo con la bata de cuadros escoceses, la bufanda de seda china y su agua de colonia personal, se entregaba en cuerpo y alma a sus ejercicios de canto. Abría de par en par[24] la ventana del cuarto, aun con las estrellas del invierno, y empezaba por calentar la voz con fraseos progresivos de grandes arias de amor, hasta que se soltaba a cantarla a plena voz. La expectativa diaria era que cuando daba el do de pecho le contestaba el león de la Villa Borghese con un rugido de temblor de tierra.

—Eres San Marcos reencarnado, *figlio mio*[25] —exclamaba la tía Antonieta asombrada de veras—. Sólo él podía hablar con los leones.

Una mañana no fue el león el que le dio la réplica. El tenor inició el dueto de amor del *Otello: Già nella notte densa s'estingue ogni clamor*. De pronto, desde el fondo del patio, nos llegó la respuesta en una hermosa voz de soprano. El tenor prosiguió, y las dos voces cantaron el trozo completo, para solaz[26] del vecindario que abrió las ventanas para santificar sus casas con el torrente de aquel amor irresistible. El tenor estuvo a punto de desmayarse[27] cuando supo que su Desdémona invisible era nadie menos que la gran María Caniglia.

Tengo la impresión de que fue aquel episodio el que le dio un motivo válido a Margarito Duarte para integrarse a la vida de la casa. A partir de entonces se sentó con todos en la mesa común y no en la cocina, como al principio, donde la tía Antonieta lo complacía casi a diario con su guiso maestro de pajaritos cantores. María Bella nos leía de sobremesa los periódicos del día para acostumbrarnos a la fonética italiana, y completaba las noticias con una arbitrariedad y una gracia que nos alegraban la vida. Uno de esos días contó, a propósito de la santa, que en la ciudad de Palermo había un enorme museo con los cadáveres incorruptos de hombres, mujeres y niños, e inclusive de varios obispos, desenterrados de un mismo cementerio de los padres capuchinos. La noticia inquietó tanto a Margarito, que no tuvo un instante de paz hasta que fuimos a Palermo. Pero le bastó una mirada de paso por las abrumadoras galerías de momias sin gloria para formarse un juicio de consolación.

—No son el mismo caso—dijo. A éstos se les nota en seguida que están muertos.

Después del almuerzo Roma sucumbía en[28] el sopor de agosto. El sol de medio día se quedaba inmóvil en el centro del cielo, y en el silencio de las dos de la tarde sólo se oía el rumor del agua, que es la voz natural de Roma. Pero hacia las siete de la noche las ventanas se abrían de golpe para convocar el aire fresco que empezaba a moverse, y una muchedumbre jubilosa se echaba a las calles sin ningún propósito distinto que el de vivir, en medio de los petardos de las motocicletas, los gritos de los vendedores de sandía y las canciones de amor entre las flores de las terrazas.

---

[24] **de...** totalmente

[25] *figlio...* italiano: hijo mío

[26] placer

[27] perder el sentido

[28] **sucumbía...** quedaba bajo el efecto de

El tenor y yo no hacíamos la siesta. Íbamos en su vespa[29], él conduciendo y yo en la parrilla, y les llevábamos helados y chocolates a las putitas de verano que mariposeaban bajo los laureles centenarios de la Villa Borghese, en busca de turistas desvelados a pleno sol. Eran bellas, pobres y cariñosas, coma la mayoría de las italianas de aquel tiempo, vestidas de organza azul, de popelina rosada, de lino verde, y se protegían del sol con las sombrillas apolilladas por las lluvias de la guerra reciente. Era un placer humano estar con ellas, porque saltaban por encima de las leyes del oficio y se daban el lujo de perder un buen cliente para irse con nosotros a tomar un café bien conversado en el bar de la esquina, o a pasear en las carrozas de alquiler por los senderos del parque, o a dolernos de los reyes destronados y sus amantes trágicas que cabalgaban al atardecer en el *galoppatoio*. Más de una vez les servíamos de intérpretes con algún gringo descarriado[30].

No fue por ellas que llevamos a Margarito Duarte a la Villa Borghese, sino para que conociera el león. Vivía en libertad en un islote desértico circundado por un foso profundo, y tan pronto como nos divisó[31] en la otra orilla empezó a rugir con un desasosiego[32] que sorprendió a su guardián. Los visitantes del parque acudieron sorprendidos. El tenor trató de identificarse con su do de pecho matinal, pero el león no le prestó atención. Parecía rugir hacia todos nosotros sin distinción, pero el vigilante se dio cuenta al instante de que sólo rugía por Margarito. Así fue: para donde él se moviera se movía el león, y tan pronto como se escondía dejaba de rugir. El vigilante, que era doctor en letras clásicas de la universidad de Siena, pensó que Margarito debió estar ese día con otros leones que lo habían contaminado de su olor. Aparte de esa explicación que era inválida, no se le ocurrió otra.

—En todo caso—dijo—no son rugidos de guerra sino de compasión.

Sin embargo, lo que impresionó al tenor Ribera Silva no fue aquel episodio sobrenatural, sino la conmoción de Margarito cuando se detuvieron a conversar con las muchachas del parque. Lo comentó en la mesa, y unos por picardía[33], y otros por comprensión, estuvimos de acuerdo en que sería una buena obra ayudar a Margarito a resolver su soledad. Conmovida por la debilidad de nuestros corazones, María Bella se apretó la pechuga de madraza bíblica con sus manos empedradas de anillos de fantasía.

—Yo lo haría[34] por caridad—dijo—, si no fuera porque nunca he podido con los hombres que usan chaleco.

Fue así como el tenor pasó por la Villa Borghese a las dos de la tarde, y se llevó en ancas de su vespa a la mariposita[35] que le pareció más propicia para darle una hora de buena compañía a Margarito Duarte. La hizo desnudarse en su alcoba, la bañó con jabón de olor, la secó, la perfumó con su agua de colonia personal, y la empolvó de cuerpo entero con su talco alcanforado para después de afeitarse. Por último le pagó el tiempo que ya llevaban y una hora más, le indicó letra por letra lo que debía de hacer.

---

[29] marca de motocicleta
[30] perdido
[31] **nos...** nos vio
[32] falta de tranquilidad
[33] **por...** para divertirse
[34] **lo...** (haría el amor con Margarito)
[35] **se...** llevó en su motocicleta a la mujer

La bella desnuda atravesó en puntillas[36] la casa en penumbras[37], como un sueño de la siesta, y dio dos golpecitos tiernos en la alcoba del fondo. Margarito Duarte, descalzo y sin camisa, abrió la puerta.

—*Buona sera giovanotto*—le dijo ella, con voz y modos de colegiala—. *Mi manda il tenore.*

Margarito asimiló el golpe con una gran dignidad. Acabó de abrir la puerta para darle paso, y ella se tendió en la cama mientras él se ponía a toda prisa la camisa y los zapatos para atenderla con el debido respeto. Luego se sentó a su lado en una silla, e inició la conversación. Sorprendida, la muchacha dijo que se diera prisa, pues sólo disponían de una hora. Él no se dio por enterado[38].

La muchacha dijo después que de todos modos habría estado el tiempo que él hubiera querido sin cobrarle ni un céntimo, porque no podía haber en el mundo un hombre mejor comportado. Sin saber qué hacer mientras tanto, escudriñó el cuarto con la mirada, y descubrió el estuche de madera sobre la chimenea. Preguntó si era un saxofón. Margarito no le contestó, sino que entreabrió la persiana para que entrara un poco de luz, llevó el estuche a la cama y levantó la tapa. La muchacha trató de decir algo, pero se le desencajó la mandíbula[39]. O como nos dijo después: *Mi si gelò il culo*. Escapó despavorida, pero se equivocó de sentido en el corredor, y se encontró con la tía Antonieta que iba a poner una bombilla nueva en la lámpara de mi cuarto. Fue tal el susto de ambas, que la muchacha no se atrevió a salir del cuarto del tenor hasta muy entrada la noche.

La tía Antonieta no supo nunca que pasó. Entró en mi cuarto tan asustada, que no conseguía atornillar la bombilla en la lámpara por el temblor de las manos. Le pregunté qué le sucedía. «Es que en esta casa espantan», me dijo. «Y ahora a pleno día». Me contó con una gran convicción que, durante la guerra, un oficial alemán degolló[40] a su amante en el cuarto que ocupaba el tenor. Muchas veces, mientras andaba en sus oficios, la tía Antonieta había visto la aparición de la bella asesinada recogiendo sus pasos por los corredores.

—Acabo de verla caminando en pelota[41] por el corredor—dijo—. Era idéntica.

La ciudad recobró su rutina en otoño. Las terrazas floridas del verano se cerraron con los primeros vientos, y el tenor y yo volvimos a la vieja tractoría del Trastévere donde solíamos cenar con los alumnos de canto del conde Carlo Calcagni, y algunos compañeros míos de la escuela de cine. Entre estos últimos, el más asiduo era Lakis, un griego inteligente y simpático, cuyo único tropiezo eran sus discursos adormecedores sobre la injusticia social. Por fortuna, los tenores y las sopranos lograban casi siempre derrotarlo con trozos de ópera cantados a toda voz, que sin embargo no molestaban a nadie aun después de la media noche. Al contrario, algunos trasnochadores[42] de paso se sumaban al coro, y en el vecindario se abrían ventanas para aplaudir.

Una noche, mientras cantábamos, Margarito entró en puntillas para no interrumpirnos. Llevaba el estuche de pino que no había tenido tiempo de dejar en la pensión después de mostrarle la santa

---

[36] **en...** en los dedos de los pies
[37] **en...** oscura completamente
[38] **Él...** se portó como si no se hubiera dado cuenta de la situación
[39] **se...** se quedó con la boca abierta de sorpresa
[40] le cortó la cabeza
[41] **en...** desnuda
[42] gente que no se acuesta hasta muy tarde en la noche

al párroco de San Juan de Letrán, cuya influencia ante la Sagrada Congregación del Rito era de dominio público. Alcancé a ver de soslayo que lo puso debajo de una mesa apartada, y se sentó mientras terminábamos de cantar. Como siempre ocurría al filo de[43] la media noche, reunimos varias mesas cuando la tractoría empezó a desocuparse, y quedamos juntos los que cantaban, los que hablábamos de cine, y los amigos de todos. Y entre ellos, Margarito Duarte que ya era conocido allí como el colombiano silencioso y triste del cual nadie sabía nada. Lakis, intrigado, le preguntó si tocaba el violonchelo[44]. Yo me sobrecogí[45] con lo que me pareció una indiscreción difícil de sortear. El tenor, tan incómodo como yo no logró remendar[46] la situación. Margarito fue el único que tomó la pregunta con toda naturalidad.

—No es un violonchelo—dijo—. Es la santa.

Puso la caja sobre la mesa, abrió el candado y levantó la tapa. Una ráfaga de estupor estremeció el restaurante. Los otros clientes, los meseros, y por último la gente de la cocina con sus delantales ensangrentados, se congregaron atónitos a contemplar el prodigio. Algunos se persignaron. Una de las cocineras se arrodilló con las manos juntas, presa de un temblor de fiebre, y rezó en silencio.

Sin embargo, pasada la conmoción inicial, nos enredamos en una discusión a gritos sobre la insuficiencia de la santidad en nuestros tiempos. Lakis, por supuesto, fue el más radical. Lo único que quedó en claro al final fue su idea de hacer una película crítica con el tema de la santa.

—Estoy seguro—dijo—que el viejo Cesare no dejaría escapar este tema.

Se refería a Cesare Zavattini, nuestro maestro de argumento y guión, uno de los grandes de la historia de cine y el único que mantenía con nosotros una relación personal al margen de la escuela. Trataba de enseñarnos no sólo el oficio, sino una manera distinta de ver la vida. Era una máquina de pensar argumentos. Le salían a borbotones[47], casi contra su voluntad. Y con tanta prisa, que siempre le hacía falta la ayuda de alguien para pensarlos en voz alta y atraparlos al vuelo. Sólo que al terminarlos se le caían los ánimos. «Lástima que haya que filmarlo» decía. Pues pensaba que en la pantalla perdería mucho de su magia original. Conservaba las ideas en tarjetas ordenadas por temas y prendidas con alfileres en los muros, y tenía tantas que ocupaban una alcoba de su casa.

El sábado siguiente fuimos a verlo con Margarito Duarte. Era tan goloso[48] de la vida, que lo encontramos en la puerta de su casa de la calle Angela Merici, ardiendo de ansiedad por la idea que le habíamos anunciado por teléfono. Ni siquiera nos saludó con la ansiedad de costumbre, sino que llevó a Margarito a una mesa preparada, y él mismo abrió el estuche. Entonces ocurrió lo que menos imaginábamos. En vez de enloquecerse, como era previsible, sufrió una especie de parálisis mental.

—*Ammazza!*[49]—murmuró espantado.

Miró a la santa en silencio por dos o tres minutos, cerró la caja él mismo, y sin decir nada condujo a Margarito hacia la puerta, como a un niño que diera sus primeros pasos. Lo despidió con

---

[43] **al...** muy poco antes de
[44] (refiriéndose al estuche que llevaba Duarte)
[45] **me...** me sorprendí
[46] corregir
[47] **a...** en gran cantidad
[48] apasionado, con grandísimo interés
[49] italiano: interjección de sorpresa

unas palmaditas en la espalda. «Gracias, hijo, muchas gracias», le dijo. «Y que Dios te acompañe en tu lucha». Cuando cerró la puerta se volvió hacia nosotros, y nos dio su veredicto.

—No sirve para el cine—dijo—. Nadie lo creería.

Esa lección sorprendente nos acompañó en el tranvía de regreso. Si él lo decía, no había ni que pensarlo: la historia no servía. Sin embargo, María Bella nos recibió con el recado urgente de que Zavattini nos esperaba esa misma noche, pero sin Margarito.

Lo encontramos en uno de sus momentos estelares. Lakis había llevado a dos o tres condiscípulos pero él ni siquiera pareció verlos cuando abrió la puerta.

Ya lo tengo—gritó—. La película será un cañonazo[50] si Margarito hace el milagro de resucitar a la niña.

—¿En la película o en la vida?—le pregunté.

Él reprimió[51] la contrariedad. «No seas tonto», me dijo. Pero enseguida le vimos en los ojos el destello[52] de una idea irresistible. «A no ser que sea capaz de resucitarla en la vida real», dijo, y reflexionó en serio:

—Debería probar.

Fue sólo una tentación instantánea, antes de retomar el hilo. Empezó a pasearse por la casa, como un loco feliz, gesticulando a manotadas[53] y recitando la película a grandes voces. Lo escuchábamos deslumbrados, con la impresión de estar viendo las imágenes como pájaros fosforescentes que se le escapaban en tropel[54] y volaban enloquecidos por toda la casa.

—Una noche—dijo—cuando ya han muerto como veinte Papas que no lo recibieron, Margarito entra en su casa, cansado y viejo, abre la caja, le acaricia la cara a la muertita, y le dice con toda la ternura del mundo: «Por el amor de tu padre, hijita: levántate y anda».

Nos miró a todos, y remató con un gesto triunfal:

—¡Y la niña se levanta!

Algo esperaba de nosotros. Pero estábamos tan perplejos, que no encontrábamos qué decir. Salvo Lakis, el griego, que levantó el dedo, como en la escuela, para pedir la palabra.

—Mi problema es que no lo creo—dijo, y ante nuestra sorpresa, se dirigió directo a Zavattini—: Perdóneme, maestro, pero no lo creo.

Entonces fue Zavattini el que se quedó atónito.

—¿Y por qué no?

—Qué sé yo—dijo Lakis, angustiado—. Es que no puede ser.

—*Ammazza!*—gritó entonces el maestro, con un estruendo que debió oírse en el barrio entero—. Eso es lo que más me jode[55] de los estalinistas: que no creen en la realidad.

En los quince años siguientes, según él mismo me contó, Margarito llevó la santa a Castelgandolfo por si se daba la ocasión de mostrarla. En una audiencia de unos doscientos peregrinos de

---

[50] (informal) muy popular, un éxito
[51] contuvo, moderó
[52] señal
[53] **a...** dando golpes con las manos
[54] **en...** en grupos y aceleradamente
[55] **me...** (coloquial) me fastidia, me da dificultades

América Latina alcanzó a contar su historia, entre empujones y codazos, al benévolo Juan XXIII. Pero no pudo mostrarle a la niña porque debió dejarla a la entrada, junto con los morrales de otros peregrinos, en previsión de un atentado. El Papa lo escuchó con tanta atención como le fue posible entre la muchedumbre, y le dio en la mejilla una palmadita de aliento.

—*Bravo, figlio mio*—le dijo—. Dios premiará tu perseverancia.

Sin embargo, cuando de veras se sintió en vísperas de[56] realizar su sueño fue durante el reinado fugaz[57] del sonriente Albino Luciani. Un pariente de éste, impresionado por la historia de Margarito, le prometió su mediación. Nadie le hizo caso. Pero dos días después, mientras almorzaban, alguien llamó a la pensión con un mensaje rápido y simple para Margarito: no debía moverse de Roma, pues antes del jueves sería llamado del Vaticano para una audiencia privada.

Nunca se supo si fue una broma. Margarito creía que no, y se mantuvo alerta. No salió de la casa. Si tenía que ir al baño lo anunciaba en voz alta «Voy al baño». María Bella, siempre graciosa en los primeros albores de la vejez, soltaba su carcajada[58] de mujer libre.

—Ya lo sabemos, Margarito,—gritaba—, por si te llama el Papa.

La semana siguiente, dos días antes del telefonema anunciado, Margarito se derrumbó ante el titular del periódico que deslizaron por debajo de la puerta: *Morto il Papa*[59]. Por un instante lo sostuvo en vilo[60] la ilusión de que era un periódico atrasado que habían llevado por equivocación, pues no era fácil creer que se muriera un Papa cada mes. Pero así fue: el sonriente Albino Luciani, elegido treinta y tres días antes, había amanecido muerto en su cama.

Volví a Roma veintidós años después de conocer a Margarito Duarte, y tal vez no hubiera pensado en él si no lo hubiera encontrado por casualidad. Yo estaba demasiado oprimido por los estragos[61] del tiempo para pensar en nadie. Caía sin cesar una llovizna boba como de caldo tibio, la luz de diamante de otros tiempos se había vuelto turbia, y los lugares que habían sido míos y sustentaban mis nostalgias eran otros y ajenos. La casa donde estuvo la pensión seguía siendo la misma, pero nadie dio razón de María Bella. Nadie contestaba en seis números de teléfonos que el tenor Ribero Silva me había mandado a través de los años. En un almuerzo con la nueva gente de cine evoqué la memoria de mi maestro, y un silencio súbito aleteó sobre[62] la mesa por un instante, hasta que alguien se atrevió a decir:

—*Zavattini? Mai sentito.*

Así era: nadie había oído hablar de él. Los árboles de la Villa Borghese estaban desgreñados[63] bajo la lluvia, el *galoppatoio* de las princesas tristes había sido devorado por una maleza sin flores, y las bellas de antaño habían sido sustituidas por atletas andróginos travestidos de manolas. El único sobreviviente de una fauna extinguida era el viejo león, sarnoso y acatarrado[64], en su isla de aguas

---

[56] **en...** justo antes de
[57] que no duró mucho tiempo
[58] risa fuerte y ruidosa
[59] **Morto...** italiano: el Papa ha muerto
[60] **en...** inquietamente
[61] daños
[62] **aleteó...** (metafórico) voló por encima de
[63] desordenados, despeinados
[64] **sarnoso...** con enfermedad de la piel y con catarro

marchitas. Nadie cantaba ni se moría de amor en las tractorías plastificadas de la Plaza de España. Pues la Roma de nuestras nostalgias era ya otra Roma antigua dentro de la antigua Roma de los Césares. De pronto, una voz que podía venir del más allá me paró en seco[65] en una callecita del Trastévere:

—Hola, poeta.

Era él, viejo y cansado. Habían muerto cinco papas, la Roma eterna mostraba los primeros síntomas de la decrepitud, y él seguía esperando. «He esperado tanto que ya no puede faltar mucho más», me dijo al despedirse, después de casi cuatro horas de añoranzas[66]. «Puede ser cosa de meses». Se fue arrastrando los pies por el medio de la calle, con sus botas de guerra y su gorra descolorida de romano viejo, sin preocuparse de los charcos[67] de lluvia donde la luz empezaba a pudrirse. Entonces no tuve ya ninguna duda, si es que alguna vez la tuve, de que el santo era él. Sin darse cuenta, a través del cuerpo incorrupto de su hija, llevaba ya veintidós años luchando en vida por la causa legítima de su propia canonización.

Agosto 1981

---

[65] **me...** me sorprendió y me llamó la atención
[66] **de...** de recuerdos, de nostalgia
[67] agua detenida en medio de las calles

Interactuando con el texto

Después de leer el cuento contesta las siguientes preguntas de análisis.

1. Varias personas, acciones y sucesos de la narración son caracterizados como santos, milagrosos, sobrenaturales, y demás. En tu cuaderno, haz una lista (como la que sigue) donde anotes todos los personajes, las acciones y los sucesos que son descritos de este modo.

Persona o suceso	Característica	Personaje(s) que hace(n) la caracterización
1.		
2.		
. . .		

2. ¿Qué función tiene el narrador en este cuento? ¿Logra algún efecto especial García Márquez al narrar la historia por boca de uno de los personajes del cuento? Explica.

3. El narrador dice que Duarte «llevaba veintidós años luchando en vida por la causa legítima de su propia canonización». ¿Por qué usa la palabra *legítima*? ¿Qué significa esta cita? ¿Sugiere algún tipo de ironía? Explica.

Creando textos

A. Escritura personal.   Escribe tus reacciones al cuento de García Márquez. Si has leído algo de este autor antes, comenta si este cuento se parece a lo que has leído antes. Comenta también si te gustó el cuento. ¿Por qué sí o por qué no?

B. Escritura pública.   Hagan lo siguiente trabajando en grupos de tres:

1. Piensen en la descripción del realismo mágico que nos ofreció Uslar Pietri.
2. Designando a una persona como redactor(a) del grupo, enumeren todas las características de «La santa» que pueden identificarse como rasgos del realismo mágico. Dediquen a esto tres o cuatro minutos.
3. Después de hacer esta lluvia de ideas, seleccionen los tres ejemplos más representativos y señalen en el texto dónde aparecen.
4. Elaboren unos párrafos en los que expliquen cómo «La santa» es un ejemplo de la literatura del género del realismo mágico. Pueden usar el siguiente esquema de organización o pueden elaborar otro que escoja el grupo.

Un posible esquema de organización sería:

I. Introducción

    A. Definición del realismo mágico (haciendo referencia a Uslar Pietri o a cualquier otra fuente de información)

    B. Presentación de la tesis

II. Desarrollo: Presentación de ejemplos del cuento que demuestran los rasgos del género expuestos en la introducción (con citas del texto para que el lector pueda ver la relación con el realismo mágico).

III. Conclusión: Comentario general que resuma la tesis, pero que no la repita palabra por palabra.

Tercera lectura: «Dos palabras»

Isabel Allende (1942–) es, sin duda, una de las escritoras latinas más conocidas en todo el mundo. Aunque es chilena, nació en Lima, Perú, donde su padre trabajaba como diplomático. Volvió a Chile y allí pasó la mayor parte de su juventud. Empezó su carrera literaria como periodista en Chile, donde escribió una columna humorística durante quince años. Vivió en Chile hasta 1973 cuando un golpe de estado derrocó a su tío, el presidente Salvador Allende Gossens. Después del asesinato de su tío, Isabel Allende, como miles de chilenos, tuvo que abandonar el país y se exilió en Caracas, Venezuela.

Fue durante esos años de exilio cuando empezó a escribir su primera novela, *La casa de los espíritus* (1982), la cual hizo a Allende una de las escritoras más importantes de esta época. Otras novelas suyas incluyen *De amor y de sombra* (1984), *Eva Luna* (1987), *Los cuentos de Eva Luna* (1988), *Paula* (1994), *Afrodita* (1998) e *Hija de la fortuna* (1999). En la temática de sus novelas figuran la política (sobre todo los años de la dictadura en Chile), el amor y la familia, siempre mezclados con el realismo mágico.

«Dos palabras» proviene de la colección de cuentos titulada *Los cuentos de Eva Luna.* Continuando la magia de la novela *Eva Luna,* la colección de cuentos es, según el personaje principal de esta novela, los cuentos «que nunca ha contado antes a nadie».

Acercándonos al texto

A. Considerando los elementos del realismo mágico ya discutidos en clase, ¿qué podrían significar las *dos palabras* del título? Escribe algunas frases u oraciones sobre lo que podría significar el título. Comparte las ideas con tus compañeros de clase.

B. Indica el significado de las siguientes palabras (el número corresponde a la página en que cada una aparece). Antes de buscar el significado en el diccionario, intenta adivinarlo por el contexto en que aparece, o por su forma (¿se parece a alguna palabra en español o en inglés que ya conoces?).

1. crepúsculo [Crepusculario] [198]
2. aguardaban [198]
3. tenderete [198]
4. arribar [arribó] [199]
5. descarada [199]
6. estafar [199]
7. balbucear [balbuceó] [202]
8. susurrar [susurrando] [202]
9. ablandar [ablandaba] [202]
10. murmurar [murmuraba] [202]
11. hechizo [203]
12. endemoniadas [203]
13. carnívoros [203]
14. mansos [203]

C. Lee solamente los primeros dos párrafos del cuento. Después de leerlos, piensa en el contenido de los párrafos, el título de cuento y en las palabras que aparecen arriba. Escribe un párrafo en el que cuentes qué va a pasar en el cuento. Comparte tu párrafo con otros de la clase. Guárdalo para compararlo con el cuento después de leerlo.

Tercera lectura: Dos palabras

ISABEL ALLENDE

Tenía el nombre de Belisa Crepusculario, pero no por fe de bautismo[1] o acierto de su madre, sino porque ella misma lo buscó hasta encontrarlo y se vistió con él. Su oficio era vender palabras. Recorría[2] el país, desde las regiones más altas y frías hasta las costas calientes, instalándose en las ferias y en los mercados, donde montaba cuatro palos con un toldo[3] de lienzo, bajo el cual se protegía del sol y de la lluvia para atender a su clientela. No necesitaba pregonar su mercadería, porque de tanto caminar por aquí y por allá, todos la conocían. Había quienes la aguardaban de un año para otro, y cuando aparecía por la aldea con su atado[4] bajo el brazo hacían cola frente a su tenderete[5]. Vendía a precios justos. Por cinco centavos entregaba versos de memoria, por siete mejoraba la calidad de los sueños, por nueve escribía cartas de enamorados, por doce inventaba insultos para enemigos irreconciliables. También vendía cuentos, pero no eran cuentos de fantasía, sino largas historias verdaderas que recitaba de corrido, sin saltarse nada. Así llevaba las nuevas de un pueblo a otro. La gente le pagaba por agregar una o dos líneas: nació un niño, murió fulano, se casaron nuestros hijos, se quemaron las cosechas. En cada lugar se juntaba una pequeña multitud a su alrededor para oírla cuando comenzaba a hablar y así se enteraban de las vidas de otros, de los parientes lejanos, de los pormenores[6] de la Guerra Civil. A quien le comprara cincuenta centavos, ella le regalaba una palabra secreta para espantar la melancolía. No era la misma para todos, por supuesto, porque eso habría sido un engaño colectivo. Cada uno recibía la suya con la certeza de que nadie más la empleaba para ese fin en el universo y más allá.

Belisa Crepusculario había nacido en una familia tan mísera que ni siquiera poseía nombres para llamar a sus hijos. Vino al mundo y creció en la región más inhóspita, donde algunos años las lluvias se convierten en avalanchas de agua que se llevan todo y en otros no cae ni una gota del cielo, el sol se agranda hasta ocupar el horizonte entero y el mundo se convierte en un desierto. Hasta que cumplió doce años no tuvo otra ocupación ni virtud que sobrevivir al hambre y la fatiga de siglos. Durante una interminable sequía[7] le tocó enterrar a cuatro hermanos menores y cuando comprendió que llegaba su turno, decidió echar a andar por las llanuras en dirección al mar, a ver si en el viaje lograba burlar a la muerte. La tierra estaba erosionada, partida en profundas grietas[8], sembrada de piedras, fósiles de árboles y de arbustos espinudos, esqueletos de animales blanqueados por el calor. De vez en cuando tropezaba con familias que, como ella, iban hacia el sur siguiendo el

---

[1] **fe...** partida de bautismo
[2] andaba por, viajaba por
[3] cubierta de tela que se tiende para proteger del sol
[4] conjunto de cosas atadas
[5] quiosco
[6] detalles
[7] periodo largo sin lluvia
[8] quiebras o aberturas

espejismo del agua. Algunos habían iniciado la marcha llevando sus pertenencias al hombro o en carretillas, pero apenas podían mover sus propios huesos y a poco andar debían abandonar sus cosas. Se arrastraban[9] penosamente, con la piel convertida en cuero de lagarto y los ojos quemados por la reverberación de la luz. Belisa los saludaba con un gesto al pasar, pero no se detenía, porque no podía gastar sus fuerzas en ejercicios de compasión. Muchos cayeron por el camino pero ella era tan tozuda[10] que consiguió atravesar el infierno y arribó[11] por fin a los primeros manantiales, finos hilos de agua, casi invisibles, que alimentaban una vegetación raquítica, y que más adelante se convertían en riachuelos y esteros.

Belisa Crepusculario salvó la vida y además descubrió por casualidad la escritura. Al llegar a una aldea en las proximidades de la costa, el viento colocó a sus pies una hoja de periódico. Ella tomó aquel papel amarillo y quebradizo y estuvo largo rato observándolo sin adivinar su uso, hasta que la curiosidad pudo más que su timidez. Se acercó a un hombre que lavaba un caballo en el mismo charco turbio donde ella saciara su sed.

—¿Qué es esto? —preguntó.

—La página deportiva del periódico —replicó el hombre sin dar muestras de asombro ante su ignorancia.

La respuesta dejó atónita a la muchacha, pero no quiso parecer descarada[12] y se limitó a inquirir el significado de las patitas de mosca dibujadas sobre el papel.

—Son palabras, niña. Allí dice que Fulgencio Barba noqueó al Negro Tiznao en el tercer round.

Ese día Belisa Crepusculario se enteró que las palabras andan sueltas sin dueño y cualquiera con un poco de maña[13] puede apoderárselas para comerciar con ellas. Consideró su situación y concluyó que aparte de prostituirse o emplearse como sirvienta en las cocinas de los ricos, eran pocas las ocupaciones que podía desempeñar. Vender palabras le pareció una alternativa decente. A partir de ese momento ejerció esa profesión y nunca le interesó otra. Al principio ofrecía su mercancía sin sospechar que las palabras podían también escribirse fuera de los periódicos. Cuando lo supo calculó las infinitas proyecciones de su negocio, con sus ahorros le pagó veinte pesos a un cura para que le enseñara a leer y escribir y con los tres que le sobraron se compró un diccionario. Lo revisó desde la A hasta la Z y luego lo lanzó al mar, porque no era su intención estafar[14] a los clientes con palabras envasadas[15].

Varios años después, en una mañana de agosto, se encontraba Belisa Crepusculario en el centro de una plaza, sentada bajo su toldo vendiendo argumentos de justicia a un viejo que solicitaba su pensión desde hacía diecisiete años. Era día de mercado y había mucho bullicio a su alrededor. Se escucharon de pronto galopes y gritos, ella levantó los ojos de la escritura y vio primero una nube de polvo y enseguida un grupo de jinetes que irrumpió en el lugar. Se trataba de los hombres del Coronel,

---

[9] **Se...** se movián rozando el cuerpo con el suelo
[10] terca, obstinada
[11] llegó
[12] atrevida, insolente
[13] destreza, habilidad
[14] timar, robar
[15] empaquetadas

que venían al mando del Mulato, un gigante conocido en toda la zona por la rapidez de su cuchillo y la lealtad hacia su jefe. Ambos, el Coronel y el Mulato, habían pasado sus vidas ocupados en la Guerra Civil y sus nombres estaban irremisiblemente unidos al estropicio[16] y la calamidad. Los guerreros entraron al pueblo como un rebaño en estampida, envueltos en ruido, bañados de sudor y dejando a su paso un espanto de huracán. Salieron volando las gallinas, dispararon a perderse los perros, corrieron las mujeres con sus hijos y no quedó en el sitio del mercado otra alma viviente que Belisa Crepusculario, quien no había visto jamás al Mulato y por lo mismo le extrañó que se dirigiera a ella.

—A ti te busco —le gritó señalándola con su látigo enrollado y antes que terminara de decirlo, dos hombres cayeron encima de la mujer atropellando el toldo y rompiendo el tintero, la ataron de pies y manos y la colocaron atravesada como un bulto de marinero sobre la grupa de la bestia del Mulato. Emprendieron galope en dirección a las colinas.

Horas más tarde, cuando Belisa Crepusculario estaba a punto de morir con el corazón convertido en arena por las sacudidas[17] del caballo, sintió que se detenían y cuatro manos poderosas la depositaban en tierra. Intentó ponerse de pie y levantar la cabeza con dignidad, pero le fallaron las fuerzas y se desplomó con un suspiro, hundiéndose en un sueño ofuscado. Despertó varias horas después con el murmullo de la noche en el campo, pero no tuvo tiempo de descifrar esos sonidos, porque al abrir los ojos se encontró ante la mirada impaciente del Mulato, arrodillado a su lado.

—Por fin despiertas, mujer —dijo alcanzándole su cantimplora para que bebiera un sorbo de aguardiente[18] con pólvora y acabara de recuperar la vida.

Ella quiso saber la causa de tanto maltrato y él le explicó que el Coronel necesitaba sus servicios. Le permitió mojarse la cara y enseguida la llevó a un extremo del campamento, donde el hombre más temido del país reposaba en una hamaca colgada entre dos árboles. Ella no pudo verle el rostro, porque tenía encima la sombra incierta del follaje y la sombra imborrable de muchos años viviendo como un bandido, pero imaginó que debía ser de expresión perdularia[19] si su gigantesco ayudante se dirigía a él con tanta humildad. Le sorprendió su voz, suave y bien modulada como la de un profesor.

—¿Eres la que vende palabras? —preguntó.

—Para servirte —balbuceó[20] ella oteando en la penumbra para verlo mejor.

El Coronel se puso de pie y la luz de la antorcha que llevaba el Mulato le dio de frente. La mujer vio su piel oscura y sus fieros ojos de puma y supo al punto que estaba frente al hombre más solo de este mundo.

—Quiero ser Presidente —dijo él.

Estaba cansado de recorrer esa tierra maldita en guerras inútiles y derrotas que ningún subterfugio podía transformar en victorias. Llevaba muchos años durmiendo a la intemperie, picado de mosquitos, alimentándose de iguanas y sopa de culebra, pero esos inconvenientes menores no constituían razón suficiente para cambiar su destino. Lo que en verdad le fastidiaba era el terror en los ojos ajenos. Deseaba entrar a los pueblos bajo arcos de triunfo, entre banderas de colores y flores,

---

[16] trastorno ruidoso
[17] movimiento violento
[18] bebida alcohólica extremadamente potente
[19] viciosa
[20] habló con dificultad

que lo aplaudieran y le dieran de regalo huevos frescos y pan recién horneado. Estaba harto de comprobar cómo a su paso huían los hombres, abortaban de susto las mujeres y temblaban las criaturas, por eso había decidido ser Presidente. El Mulato le sugirió que fueran a la capital y entraran galopando al Palacio para apoderarse del gobierno, tal como tomaron tantas otras cosas sin pedir permiso, pero al Coronel no le interesaba convertirse en otro tirano, de esos ya habían tenido bastantes por allí y, además, de ese modo no obtendría el afecto de las gentes. Su idea consistía en ser elegido por votación popular en los comicios[21] de diciembre.

—Para eso necesito hablar como un candidato. ¿Puedes venderme las palabras para un discurso? —preguntó el Coronel a Belisa Crepusculario.

Ella había aceptado muchos encargos, pero ninguno como ése, sin embargo no pudo negarse, temiendo que el Mulato le metiera un tiro entre los ojos o, peor aún, que el Coronel se echara a llorar. Por otra parte, sintió el impulso de ayudarlo, porque percibió un palpitante calor en su piel, un deseo poderoso de tocar a ese hombre, de recorrerlo con sus manos, de estrecharlo entre sus brazos.

Toda la noche y buena parte del día siguiente estuvo Belisa Crepusculario buscando en su repertorio las palabras apropiadas para un discurso presidencial, vigilada de cerca por el Mulato, quien no apartaba los ojos de sus firmes piernas de caminante y sus senos virginales. Descartó las palabras ásperas y secas, las demasiado floridas, las que estaban desteñidas por el abuso, las que ofrecían promesas improbables, las carentes de verdad y las confusas, para quedarse sólo con aquellas capaces de tocar con certeza el pensamiento de los hombres y la intuición de las mujeres. Haciendo uso de los conocimientos comprados al cura por veinte pesos, escribió el discurso en una hoja de papel y luego hizo señas al Mulato para que desatara la cuerda con la cual la había amarrado por los tobillos a un árbol. La condujeron nuevamente donde el Coronel y al verlo ella volvió a sentir la misma palpitante ansiedad del primer encuentro. Le pasó el papel y aguardó, mientras él lo miraba sujetándolo con la punta de los dedos.

—¿Qué carajo dice aquí? —preguntó por último.

—¿No sabes leer?

—Lo que yo sé hacer es la guerra —replicó él.

Ella leyó en alta voz el discurso. Lo leyó tres veces, para que su cliente pudiera grabárselo en la memoria. Cuando terminó vio la emoción en los rostros de los hombres de la tropa que se juntaron para escucharla y notó que los ojos amarillos del Coronel brillaban de entusiasmo, seguro de que con esas palabras el sillón presidencial sería suyo.

—Si después de oírlo tres veces los muchachos siguen con la boca abierta, es que esta vaina sirve, Coronel —aprobó el Mulato.

—¿Cuánto te debo por tu trabajo, mujer? —preguntó el jefe.

—Un peso, Coronel.

—No es caro —dijo él abriendo la bolsa que llevaba colgada del cinturón con los restos del último botín.

—Además tienes derecho a una ñapa[22]. Te corresponden dos palabras secretas —dijo Belisa Crepusculario.

---

[21] elecciones
[22] un regalo de bono

—¿Cómo es eso?

Ella procedió a explicarle que por cada cincuenta centavos que pagaba un cliente, le obsequiaba una palabra de uso exclusivo. El jefe se encogió de hombros, pues no tenía ni el menor interés en la oferta, pero no quiso ser descortés con quien lo había servido tan bien. Ella se aproximó sin prisa al taburete[23] de suela donde él estaba sentado y se inclinó para entregarle su regalo. Entonces el hombre sintió el olor de animal montuno[24] que se desprendía de esa mujer, el calor de incendio que irradiaban sus caderas, el roce terrible de sus cabellos, el aliento de yerbabuena susurrando en su oreja las dos palabras secretas a las cuales tenía derecho.

—Son tuyas, Coronel —dijo ella al retirarse—. Puedes emplearlas cuanto quieras.

El Mulato acompañó a Belisa hasta el borde del camino, sin dejar de mirarla con ojos suplicantes de perro perdido, pero cuando estiró la mano para tocarla, ella lo detuvo con un chorro de palabras inventadas que tuvieron la virtud de espantarle el deseo, porque creyó que se trataba de alguna maldición irrevocable.

En los meses de setiembre, octubre y noviembre el Coronel pronunció su discurso tantas veces, que de no haber sido hecho con palabras refulgentes[25] y durables el uso lo habría vuelto ceniza. Recorrió el país en todas direcciones, entrando a las ciudades con aire triunfal y deteniéndose también en los pueblos más olvidados, allá donde sólo el rastro de basura indicaba la presencia humana, para convencer a los electores que votaran por él. Mientras hablaba sobre una tarima[26] al centro de la plaza, el Mulato y sus hombres repartían caramelos y pintaban su nombre con escarcha dorada en las paredes, pero nadie prestaba atención a esos recursos de mercader, porque estaban deslumbrados por la claridad de sus proposiciones y la lucidez poética de sus argumentos, contagiados de su deseo tremendo de corregir los errores de la historia y alegres por primera vez en sus vidas. Al terminar la arenga del Candidato, la tropa lanzaba pistoletazos al aire y encendía petardos[27] y cuando por fin se retiraban, quedaba atrás una estela de esperanza que perduraba muchos días en el aire, como el recuerdo magnífico de un cometa. Pronto el Coronel se convirtió en el político más popular. Era un fenómeno nunca visto, aquel hombre surgido de la guerra civil, lleno de cicatrices y hablando como un catedrático, cuyo prestigio se regaba por el territorio nacional conmoviendo el corazón de la patria. La prensa se ocupó de él. Viajaron de lejos los periodistas para entrevistarlo y repetir sus frases, y así creció el número de sus seguidores y de sus enemigos.

—Vamos bien, Coronel —dijo el Mulato al cumplirse doce semanas de éxito.

Pero el candidato no lo escuchó. Estaba repitiendo sus dos palabras secretas, como hacía cada vez con mayor frecuencia. Las decía cuando lo ablandaba la nostalgia, las murmuraba dormido, las llevaba consigo sobre su caballo, las pensaba antes de pronunciar su célebre discurso y se sorprendía saboreándolas en sus descuidos. Y en toda ocasión en que esas dos palabras venían a su mente, evocaba la presencia de Belisa Crepusculario y se le alborotaban los sentidos con el recuerdo del olor montuno, el calor de incendio, el roce terrible y el aliento de yerbabuena, hasta que empezó

---

[23] asiento
[24] rústico, que suele andar por las montañas
[25] brillantes
[26] plataforma desde donde se llevan a cabo actos públicos como discursos
[27] tipo de explosivo

a andar como un sonámbulo[28] y sus propios hombres comprendieron que se le terminaría la vida antes de alcanzar el sillón de los presidentes.

—¿Qué es lo que te pasa, Coronel? —le preguntó muchas veces el Mulato, hasta que por fin un día el jefe no pudo más y le confesó que la culpa de su ánimo eran esas dos palabras que llevaba clavadas en el vientre.

—Dímelas, a ver si pierden su poder —le pidió su fiel ayudante.

—No te las diré, son sólo mías —replicó el Coronel.

Cansado de ver a su jefe deteriorarse como un condenado a muerte, el Mulato se echó el fusil al hombro y partió en busca de Belisa Crepusculario. Siguió sus huellas por toda esa vasta geografía hasta encontrarla en un pueblo del sur, instalada bajo el toldo de su oficio, contando su rosario de noticias. Se le plantó delante con las piernas abiertas y el arma empuñada.

—Tú te vienes conmigo —ordenó.

Ella lo estaba esperando. Recogió su tintero, plegó el lienzo de su tenderete, se echó el chal sobre los hombros y en silencio trepó al anca del caballo. No cruzaron ni un gesto en todo el camino, porque al Mulato el deseo por ella se le había convertido en rabia y sólo el miedo que le inspiraba su lengua le impedía destrozarla a latigazos. Tampoco estaba dispuesto a comentarle que el Coronel andaba alelado, y que lo que no habían logrado tantos años de batallas lo había conseguido un encantamiento susurrado al oído. Tres días después llegaron al campamento y de inmediato condujo a su prisionera hasta el candidato, delante de toda la tropa.

—Te traje a esta bruja para que le devuelvas sus palabras, Coronel, y para que ella te devuelva la hombría —dijo apuntando el cañón de su fusil a la nuca de la mujer.

El Coronel y Belisa Crepusculario se miraron largamente, midiéndose desde la distancia. Los hombres comprendieron entonces que ya su jefe no podía deshacerse del hechizo de esas dos palabras endemoniadas[29], porque todos pudieron ver los ojos carnívoros del puma tornarse mansos cuando ella avanzó y le tomó la mano.

---

[28] persona que camina y habla mientras está dormida
[29] llenas de demonios; hechizadas

Interactuando con el texto

A. Después de leer el cuento, organiza los siguientes hechos de la vida de Belisa Crepusculario en orden cronológico para relatar la historia. ¡OJO! No los organices según son narrados en el cuento, sino en el orden cronológico en que suceden.

_____ El Coronel quedó encantado con las dos palabras secretas de Belisa.

_____ Llegó a una aldea donde el viento le sopló a los pies una hoja del periódico.

_____ El Coronel le contó que quería ser elegido Presidente por votación popular y quería que le vendiera las palabras para un discurso.

_____ Descubrió el poder de las palabras y decidió venderlas para ganarse la vida.

_____ Pasó años de hambre y decidió andar hacia el mar para evitar la muerte.

_____ Vino a verla el Mulato y se la llevó al Coronel.

_____ Le dio al Coronel una ñapa de dos palabras secretas.

_____ Nació en una familia mísera.

_____ Le pagó veinte pesos a un cura para que le enseñara a leer y escribir.

_____ Volvió el Mulato a buscar a Belisa y ella lo estaba esperando.

B. En parejas, contesten las siguientes preguntas.

1. Describan la vida de Belisa antes de ser comerciante.
2. ¿Cómo obtuvo su nombre? ¿Cómo se explica en el cuento que Belisa no tuviera nombre antes?
3. ¿Cómo empezó su negocio? Indiquen los distintos artículos que vendía.
4. ¿Por qué deseaba el Coronel hablar con Belisa? ¿Por qué no le interesaba el plan que le proponía el Mulato?
5. ¿Qué criterios utilizó Belisa para seleccionar las palabras adecuadas para el Coronel?
6. ¿Qué hizo el Coronel después de pagarle a Belisa? Describan su vida después del discurso.
7. Según su opinión, ¿cuáles fueron las dos palabras de ñapa o propina que le regaló Belisa al Coronel? ¿Qué reacción provocaron dichas palabras en el Coronel?
8. ¿Por qué va el Mulato a buscar a Belisa?
9. Describan todas las formas en que se utilizaron las palabras para obtener beneficios (por ejemplo, para obtener dinero, etc.)

Gramática funcional

La relación entre el género de un texto y su aspecto léxicogramatical

En esta sección vamos a concentrarnos en los textos de Uslar Pietri y de Isabel Allende para observar cómo los autores logran sus propósitos discursivos, es decir, cómo es que sus textos logran ser ejemplos de los géneros del ensayo y del cuento, respectivamente. También veremos cómo el nivel léxicogramatical de los textos (es decir, el vocabulario y las estructuras gramaticales) queda definido por el género de cada texto.

Analicemos los componentes funcionales de cada tipo de texto. El ensayo de Uslar Pietri presenta y justifica sus opiniones en torno al origen y alcance histórico-literario del concepto del realismo mágico. El propósito discursivo del ensayo es precisamente el de la exposición y el tratamiento de ideas y conceptos a través de una estructura que consta de una introducción, un desarrollo y una conclusión.

«Dos palabras» de Allende pertenece al género de la narrativa corta o del cuento. El texto presenta una realidad creada mediante la narración de una acción para que los lectores se deleiten con su lectura. El propósito discursivo del cuento es el de narrar (contar) un conflicto que tiene un comienzo, un desarrollo con punto culminante y una resolución —los componentes convencionales de la narrativa o de la cuentística.

El propósito discursivo no sólo va a determinar los componentes funcionales del texto sino que también generará la lengua que se use en él. En la primera sección de **Gramática funcional** de este capítulo, hemos visto que el lenguaje (registro) académico del género del ensayo es por definición un lenguaje más formal e impersonal: no hay coloquialismos, se evitan las repeticiones de la lengua oral, las oraciones son complejas. En fin, se aspira a la comunicación de ideas complejas y sofisticadas. En el diagrama que representa la continuidad entre la lengua oral y la lengua escrita, podríamos ubicar el ensayo de Uslar Pietri en el extremo derecho.

```
├ - - - - - - - - - - - - - - - -x- -┤
Oral                                    Escrita
```

«Dos palabras» cuenta un conflicto a través de diálogos y narraciones. El lenguaje utilizado para crear esa realidad se aleja del tipo de lenguaje impersonal y académico del ensayo de Uslar Pietri. A través de los diálogos, esta realidad *recrea* comunicaciones interpersonales que imitan la conversación informal y por lo tanto tiene elementos de un registro oral y más informal: hay coloquialismos, citas directas y otros.

Notamos entonces que aún cuando el ensayo de Uslar Pietri y el cuento de Allende son textos *escritos*, éstos se distinguen entre sí en cuanto a género (el propósito discursivo) y al registro de la lengua (su nivel léxicogramatical).

texto	propósito discursivo	género	componentes funcionales	registro (nivel léxicogramatical)
«Realismo mágico»	presentar y justificar una tesis	ensayo	introducción, desarrollo y conclusión	formal (vocabulario abstracto, sintaxis integrada o condensada)
«Dos palabras»	narrar una realidad creada con el fin de deleitar	cuento	comienzo y desarrollo con un punto culminante y resolución del conflicto	informal (lengua conversacional, presencia de coloquialismos, encadenamiento de oraciones con "y", etc.)

Es muy importante tener presente la relación que existe entre el género, el registro y los elementos léxicogramaticales cuando escribas tus ensayos: ¿Qué tipo de léxico uso? ¿Aparecen coloquialismos? ¿Qué tipo de relación interpersonal establezco con los lectores de mi ensayo? ¿Es impersonal y académica o quiero establecer un trato más cercano, como el que tenemos con nuestros interlocutores en un contexto oral?

Debemos recordar que los coloquialismos y regionalismos se usan en la comunicación oral, en situaciones donde no es necesario prestar mucha atención a la precisión y sofisticación de la expresión, como por ejemplo en conversaciones con amigos, compañeros de trabajo y miembros de la familia. Expresiones como *chau*, *nomás*, *chévere*, *pa'* (de *para*), *pibe* y *bárbaro* se utilizan en situaciones informales, su uso en la escritura establece un registro informal. Es importante tener esto presente cuando revises tus ensayos, ya que como tus objetivos expositivos requieren que utilices un lenguaje académico, debes identificar y eliminar los coloquialismos.

Actividades

A. En «La santa» se utilizan los siguientes coloquialismos: *un cañonazo*, *la muertita*, *hijita*, *me jode*... Búscalos en el texto y, si hay alguno que no conoces, trata de explicar su significado por medio del contexto.

B. Identifica cinco coloquialismos que se utilicen en «Dos palabras». ¿En qué contextos se usan? ¿Quiénes los usan? ¿Qué agregan al texto? ¿Puedes pensar en palabras más formales para los coloquialismos que encuentras? (De ser necesario, utiliza el diccionario o un tesoro léxico).

C. Los siguientes enunciados son de tipo oral. Si tuvieras que comunicar lo mismo por escrito y en un registro más formal, ¿cómo los adaptarías?

   a. «Profesor(a), le entregué el trabajo tarde porque se enfermó mi compañero(a) de cuarto». (Ahora exprésalo en una carta explicando la razón por la cuál no pudiste entregar el ensayo a tiempo.)
   b. «Doctor(a), me duele mucho aquí y no sé que hacer.» (¿Cómo lo escribirías en el formulario que tienes que llenar antes de ver al doctor explicando la razón de tu visita?)

D. En el siguiente ejemplo vamos a ir del lenguaje escrito al oral. Un agente de tráfico escribe la siguiente nota en una citación a la corte: «El Sr. Fernando Gómez ha sido detenido por no detenerse ante un peatón». ¿Cuál pudo haber sido el intercambio oral?

Creando textos

A. Escritura personal.   Escribe en el diario tus reacciones al cuento de Allende. ¿Te gustó el cuento? ¿Por qué? ¿Es posible que ocurra tal cosa en la realidad? ¿Se parece a algún otro cuento que has leído?

B. Escritura pública.

1. Trabajando en parejas, escojan uno de los siguientes temas para escribir un ensayo breve.

   a. ¿Cuál es el valor de la palabra en nuestra sociedad? ¿Hay gente que se beneficia de su venta o de su manipulación? Expliquen en detalle.

   b. El Coronel se transforma de un «hombre surgido de la guerra civil, lleno de cicatrices y hablando como un catedrático» en el «político más popular». ¿Ocurre esto en los ambientes políticos de nuestra sociedad? Expliquen.

   c. Discutan cómo se pueden asociar los conceptos de la *censura* y de la *manipulación* de la prensa (u otros medios) con las ideas presentadas en este cuento.

2. Después de escribir una primera y breve versión del ensayo, vuelve a redactarlo, pensando en las siguientes preguntas:

   ¿Has usado un vocabulario apropiado teniendo en cuenta el *campo* del ensayo o el tema del ensayo? ¿Puedes usar algunas de las palabras que aprendiste en éste o en otros capítulos?

3. ¿Has hecho referencia al cuento «Dos palabras» en tu ensayo? ¿Podría entender tu ensayo alguien que no haya leído el cuento? ¿Por qué sí o por qué no?

4. Teniendo presente el concepto de *tenor*, es decir, la relación social que quieres establecer con los lectores de tu ensayo, ¿has usado un lenguaje objetivo o subjetivo? ¿Por qué? ¿Quién va a leer tu ensayo? En el texto que has redactado, ¿cuáles son algunos ejemplos que demuestran si el tipo de lenguaje que has usado es objetivo o subjetivo? ¿Crea algún efecto particular ese tipo de lenguaje?

Objetivos:

Esta sección trata de los siguientes
aspectos del proceso de escribir:

- la exposición de un comentario crítico sobre algún aspecto de los cuentos del capítulo
- la cohesión entre los párrafos de desarrollo del ensayo
- el uso de un vocabulario más avanzado en el ensayo
- las estrategias para concluir el ensayo

La cohesión entre los párrafos de desarrollo y la conclusión del ensayo

En el capítulo anterior presentamos diferentes estrategias para concebir y organizar los párrafos de desarrollo del ensayo. En esta sección vamos a concentrarnos en cómo establecer y mantener una conexión entre estos párrafos de desarrollo. Aprenderemos, además, algunas estrategias para resumir en la conclusión las ideas expuestas en el ensayo.

La cohesión entre los párrafos de desarrollo

En otros capítulos ya hemos considerado varios recursos gramaticales para crear cohesión dentro de las oraciones y entre las oraciones de los párrafos que escribimos. Estos recursos incluyen los pronombres, los adjetivos posesivos y demostrativos y los conectores o nexos.

Así como es preciso guiar al lector por medio de las oraciones dentro de los diferentes párrafos, es también sumamente importante mantener un alto nivel de cohesión de un párrafo a otro. Esta es tal vez la parte más difícil de escribir un ensayo porque cada párrafo del desarrollo debe tratar un aspecto diferente, aunque íntimamente vinculado a la tesis y al tema del ensayo. El arte de escribir bien radica sobre todo en la habilidad de hacer buenas transiciones de una idea del desarrollo a otra.

El ensayo «Realismo mágico» de Uslar Pietri nos ofrece un buen ejemplo de un ensayo con un alto nivel de cohesión entre los párrafos del desarrollo. Como veremos, esta cohesión se logra por medio de algunos de los recursos que mencionamos en capítulos anteriores.

Considera, por ejemplo, las primeras oraciones del segundo, tercer y cuarto párrafos del ensayo:

(a) Nos parecía evidente que **esa realidad** no había sido reflejada en la literatura.

(b) Era necesario levantar **ese oscuro telón** deformador que había descubierto **aquella realidad** mal conocida y no expresada, para hacer una verdadera literatura de la condición latinoamericana.

(c) **Por entonces**, Miguel Ángel Asturias, que trabaja en *El señor Presidente*, publicó sus *Leyendas de Guatemala*.

Si partimos de la tesis del ensayo, situada en el primer párrafo, «*Lo que salía de todos aquellos relatos y evocaciones era la noción de una condición peculiar del mundo americano que no era posible reducir a ningún modelo europeo*», vemos que la primera oración de cada párrafo de desarrollo hace referencia a alguna palabra o algún concepto de un párrafo anterior para hacer la transición al aspecto particular de la tesis y del tema que este párrafo va a desarrollar.

En la oración (a), por ejemplo, Uslar Pietri usa grupo nominal *esa realidad* para establecer en el segundo párrafo la conexión con la situación descrita en el primer párrafo del ensayo. Nota que la palabra *realidad* no aparece en el primer párrafo; sin embargo esta palabra resume toda la descripción de la «condición peculiar del mundo americano» mencionada en el primer párrafo. El uso del adjetivo demostrativo hace hincapié en el hecho de que el sustantivo (en este caso, la realidad) es algo que ya se ha mencionado anteriormente. En el resto del párrafo Uslar Pietri nos explica cómo esta nueva literatura se distingue de la literatura que se había escrito hasta ese momento en Latinoamérica.

El siguiente párrafo consta de una sola frase, pero sirve para hacer una transición a los nuevos aspectos de la tesis que Uslar Pietri va a desarrollar. En el primer párrafo del ensayo el autor comentó que había una nueva tendencia literaria en Latinoamérica que no se podía caracterizar recurriendo a los modelos europeos; en el segundo párrafo del ensayo estableció que esta tendencia era diferente de la escritura que había aparecido en Latinoamérica hasta ese momento. Ahora Uslar Pietri quiere describir esta nueva literatura. Para establecer la conexión entre las ideas que va a desarrollar y las que ya había expuesto, usa primero el sintagma nominal *ese oscuro telón* del ejemplo (b). Como en el ejemplo (a), aquí Uslar Pietri utiliza una nueva palabra para representar un concepto mencionado en el párrafo anterior. Para señalar que se ha utilizado antes, Uslar Pietri usa el adjetivo demostrativo, *ese*.

¿Puedes identificar el concepto al que se refiere la frase *ese oscuro telón*?

Es interesante notar, además, que en la segunda parte de esta oración, Uslar Pietri utiliza la frase *aquella realidad*. Recuerda que *aquella* es el adjetivo demostrativo que se utiliza para señalar algo que queda temporal o físicamente en un punto bastante distante; en este caso, ese punto se sitúa en el primer párrafo y no en el segundo.

Finalmente, en el ejemplo (c) vemos otra frase útil para establecer una transición: *por entonces*. Uslar Pietri utiliza esta frase para indicarle al lector que va a comentar lo que ocurría durante la misma época que comentaba en el párrafo anterior.

Actividad

Trabajen en parejas y hagan lo siguiente:

1. Vuelvan a leer los próximos cuatro párrafos del ensayo de Uslar Pietri y anoten la relación de cada párrafo con la tesis del ensayo.
2. Después, comenten sobre las diferentes maneras en que Uslar Pietri hace la conexión entre estos cuatro párrafos. ¿Cuáles son los recursos gramaticales que utiliza (i.e. adjetivos posesivos o demostrativos, pronombres, etc.)? ¿Cuáles son los recursos léxicos que utiliza (es decir, los conectores, palabras para resumir conceptos anteriormente mencionados, etc.)
3. Al terminar, compartan el análisis con tu compañero con otras parejas de la clase. ¿Están de acuerdo con los otros?

La conclusión del ensayo

La conclusión es el último paso al escribir un ensayo. Las siguientes son características de una buena conclusión:

1. resume el propósito del ensayo de una forma concisa y sin repetir palabra por palabra la tesis presentada en la introducción
2. hace concreta la relación entre las diferentes ideas presentadas en el ensayo
3. a veces hace hincapié en la contribución o en las posibles implicaciones de la información presentada en el ensayo

Con respecto al estilo de la conclusión, cabe señalar que el (la) escritor(a) tiene a su disposición varias estrategias para ponerle la última palabra a su ensayo. Por ejemplo, el (la) autor(a) puede ir al grano, y con una sola frase que resuma la idea principal del ensayo, concluirlo. Sin embargo, como apuntamos en el número 3 arriba, es a veces provechoso en la conclusión ir un poco más allá de la idea principal del ensayo. Nota que esta estrategia es la opuesta a la que se utiliza frecuentemente para escribir las introducciones, donde a veces empezamos con una idea general y vamos limitándola hasta llegar a la tesis. De hecho, es común estructurar la conclusión de una forma paralela a la introducción, volviendo a una idea sugerida en la introducción. Es decir, si en la introducción presentamos un dato o una anécdota para captar la atención del lector y para empezar la discusión del tema principal, en la conclusión podemos volver a ese dato o esa anécdota para cerrar el ensayo con cierta simetría y coherencia.

Nota, por ejemplo, el estilo de conclusión que utiliza Uslar Pietri en su ensayo «Realismo mágico». Una lectura crítica revela que Uslar Pietri termina el desarrollo de su idea principal en el párrafo que empieza con la oración: «Si uno lee, con ojos europeos, una novela de Asturias o de Carpentier... nada familiar». En este párrafo se resume concisamente el punto principal del ensayo. Sin embargo, el ensayo no termina con este párrafo. ¿Por qué? Porque Uslar Pietri lleva a los lectores un poco más allá de su punto principal y vuelve a una descripción de un momento histórico, tal y como lo hizo en la introducción. Finalmente, en el último párrafo del ensayo, el autor vuelve a destacar el aspecto más importante de su ensayo, «el sentido mágico de una realidad única», y le pone otro párrafo de conclusión. De esta forma vemos que las conclusiones no son siempre un sólo párrafo, sino que a veces pueden ser un conjunto de párrafos. En el caso de Uslar Pietri, este conjunto de párrafos sirve para establecer cierta simetría en el texto, ya que lo empezó de la misma forma. Esta simetría se ve mejor en el siguiente esquema de la estructura de este ensayo:

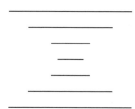

Otro aspecto importante que hay que notar sobre la conclusión del ensayo de Uslar Pietri es la fluidez de las transiciones que nos guían hasta el punto final de su ensayo. De hecho, utiliza la misma técnica que ha utilizado en todo su ensayo: ha ligado las primeras oraciones de los párrafos con palabras, ideas o frases utilizadas en los anteriores. ¿Puedes identificar estas oraciones de transición?

Es probable que en la mayoría de tus ensayos las conclusiones no van a ser tan largas como la de Uslar Pietri. Cuán larga o corta sea la conclusión dependerá del tipo de ensayo que escribas, y si la tesis es compleja y requiere un desarrollo o tratamiento largo. A veces será necesario escribir una conclusión de varias páginas, pero si el ensayo mismo no ocupa más de una página sería difícil imaginar una conclusión más larga que un par de oraciones. Como en todos los otros aspectos del proceso de escribir el ensayo, no debes centrarte en la cantidad de palabras que vas a escribir, sino en el contenido que necesitas comunicar para crear un ensayo interesante y bien organizado.

Actividades

En parejas, hagan lo siguiente:

1. Consideren el párrafo de conclusión del ensayo de Uslar Pietri:

> Lo que importa es que, a partir de esos años 30,
> y de una manera continua, la mejor literatura
> de la América Latina, en la novela, en el cuento
> y en la poesía, no ha hecho otra cosa
> que presentar y expresar el sentido
> mágico de una realidad única.

¿Cuáles son las características de la conclusión que se pueden identificar en este párrafo? ¿Creen que es una conclusión adecuada? ¿Por qué?

2. Vuelvan al ensayo de Rosa Montero, «Nosotras y ellos» (en el capítulo 4), e identifiquen la conclusión. ¿Cómo concluye? ¿Es una buena conclusión? ¿Por qué?

3. Vuelvan al ensayo de Reyes, «La familia» (en el Capítulo 2), y analicen la conclusión. ¿Repite la misma información que presentó en la introducción? ¿Qué técnicas utiliza para concluir el ensayo?

4. Finalmente, consideren las conclusiones de todos estos ensayos. ¿Presentan diferentes modos de escribir una conclusión? ¿Son técnicas que Uds. pueden utilizar al escribir sus propios ensayos? ¿Por qué?

Creando nuevos textos

En este capítulo has aprendido el significado del término *realismo mágico* y has estudiado algunos de los rasgos de este género literario. También has visto dos ejemplos de este tipo de literatura: «La santa» y «Dos palabras». Ahora es tu turno para exponer ideas sobre este género en general y los cuentos en particular por medio de un ensayo crítico. Se llama *crítico* porque en él interpretarás, evaluarás o analizarás por escrito una obra literaria, aportando ejemplos específicos del texto para apoyar tu interpretación, opinión o análisis. Es probable que en tus estudios del español en el futuro vayas a tener que escribir ensayos de este tipo.

En la sección de escritura de otros capítulos has escrito sobre temas específicos. Sin embargo, los profesores a menudo te pedirán que tú mismo(a) selecciones el tema que habrás de desarrollar. Es por eso que en este capítulo te toca a ti seleccionar el tema del ensayo.

Acercándonos al texto

Las siguientes secciones te guiarán en la elaboración de las tres versiones del ensayo. Recuerda que la escritura es un proceso de varias etapas en el que vas desarrollando tu escritura.

Selección del tema

Puesto que el ensayo crítico es mucho más que un simple resumen de la acción de una obra literaria, es a veces difícil seleccionar un tema adecuado para comentar. Muchos estudiantes sienten que no tienen nada interesante que decir. Sin embargo, al leer una obra literaria, todos tenemos opiniones sobre la acción, los personajes u otros aspectos, que tal vez no sean las de todo el mundo. Estas opiniones muchas veces pueden formar la base de un buen ensayo crítico.

En otros capítulos hemos experimentado con diferentes estrategias para generar las ideas antes de escribir. En este capítulo vamos a experimentar con otra estrategia: la de contestar una serie de preguntas críticas. Para seleccionar el tema, piensa en «La santa» o en «Dos palabras» (o en ambos) y contesta las siguientes preguntas. ¡OJO! No es suficiente que simplemente contestes estas preguntas; debes de explicar por qué las has contestado de esa manera. Este análisis te llevará a generar una tesis crítica, y a la vez llevará a los lectores de tu ensayo a disfrutar de un mejor entendimiento de la obra, o a descubrir contigo una perspectiva novedosa de la misma.

Finalmente, donde sea posible, trata de identificar los ejemplos específicos del texto sobre los que basas tus respuestas a las preguntas.

1. ¿Cuál fue tu primera reacción al leer la obra? (Por ejemplo, ¿la encontraste aburrida, deprimente, divertida, encantadora, emocionante, espectacular, extraña, incomprensible?) ¿Por qué?

2. ¿Cuál es la primera idea que te viene a la mente al pensar en esta obra? ¿Por qué?

3. ¿Cuál es el aspecto más impresionante, extraño o notable de esta obra? ¿Por qué crees que es así?

4. ¿Cómo se compara esta obra con otras del mismo género o de temas parecidos? ¿Qué rasgos de género puedes identificar en este texto?

5. ¿A quiénes les gustaría esta obra? ¿Por qué?

6. ¿Cuál piensas que sería la intención o la idea que quería comunicar el (la) autor(a) al escribir el cuento? ¿Por qué?

7. Si sabes algo de la vida del (de la) autor(a), ¿pueden tener alguna correlación los sucesos del cuento con su vida? ¿Por qué piensas así?

8. ¿Cuáles son algunas de las imágenes (símbolos, metáforas, símiles) de esta obra? ¿Qué pueden representar? ¿Una persona específica o una figura política o histórica? ¿Un momento o acontecimiento social, político o histórico? ¿Es interesante esta representación? ¿Por qué?

9. ¿Cómo son los personajes de la obra? ¿Se portan como cualquier otra persona? ¿En qué sentido? Explica.

10. ¿Cuál es el conflicto principal que enfrenta el personaje principal? ¿Cómo lo soluciona? ¿Te parece una buena solución? ¿Por qué? ¿Tiene consecuencias esta solución? ¿Para quién o quiénes? ¿Por qué? ¿Por qué lo solucionó así y no de otra manera? ¿Qué nos dice del personaje el hecho que haya solucionado el conflicto de esta manera? ¿Qué importancia tiene esto?

11. ¿Cómo se narra el cuento? ¿En primera, segunda o tercera persona? ¿Cómo lo sabes?

12. ¿Qué opina el (la) narrador(a) de los personajes del cuento? ¿Cómo lo sabes? ¿Qué importancia pueden tener sus actitudes hacia estas personas? ¿Por qué?

13. ¿Pueden ser la misma persona el (la) narrador(a) y el (la) autor(a)? ¿Por qué? ¿Qué importancia puede tener esto para el cuento?

14. ¿Te puedes hacer otras preguntas sobre la acción, el (la) narrador(a), los personajes, el periodo en que toma lugar el cuento o el momento social, histórico o político en que se escribió el cuento?

Elaborando una tesis

1. Después de contestar estas preguntas, piensa en dos de las respuestas que más te interesen desarrollar en un ensayo. Estas respuestas pueden formar la tesis de tu ensayo. En una hoja de tu carpeta, escribe cada respuesta formulándola como si fuera la tesis de tu ensayo.

2. Antes de trabajar más en tus ideas, recuerda que la tesis tiene que ser una opinión sobre algún aspecto de la obra y no un simple resumen del texto. Observa el siguiente contraste entre una tesis verdadera y una simple afirmación de los hechos del cuento:

Ejemplos:

Oración que sólo resume los hechos del cuento	Oración que demuestra una opinión sobre el cuento
Belisa Crepusculario era una chica pobre que vendió palabras para sobrevivir.	*La vida de Belisa Crepusculario simboliza el cambio de la posición de la mujer en la sociedad latina.*

Nota que el resumen de los hechos del texto no deja muchas posibilidades para elaborar un ensayo. Lo único que uno podría elaborar de esa tesis sería un resumen del cuento, lo cual NO es un ensayo crítico-literario. Piensa ahora en la tesis verdadera. ¿Qué posibilidades ofrece para elaborar un ensayo? ¿Sobre qué datos del texto piensas que la persona que escribió esta tesis apoyaba esta opinión?

3. Comenta ahora las posibilidades para elaborar cualesquiera de tus tesis en un ensayo crítico.

   a. ¿Representan una opinión sobre el (los) cuento(s) y no una afirmación de los hechos del cuento?

   b. ¿Son interesantes?

   c. ¿Son demasiado amplias? ¿Cómo podrías limitarlas?

   d. ¿Son demasiado limitadas? ¿Cómo podrías ampliarlas?

Generando y organizando las ideas de apoyo

1. Cuando estés satisfecho(a) con tu tesis, escríbela de nuevo en una hoja de tu carpeta. Debajo de esta tesis, escribe las ideas de desarrollo que piensas usar para apoyar esta tesis.

2. Sin mostrarle a tu compañero(a) la lista de ideas de desarrollo, pídele que lea tu tesis y escriba una lista de las ideas que espera que se discutan en tu ensayo. Cuando acabe, mira su lista y contesta las siguientes preguntas:

   a. ¿Ha mencionado las mismas ideas que tú tenías?

   b. ¿Ha mencionado algunas ideas que no habías pensado? ¿Te gustaría incluir algunas de estas ideas? ¿Por qué sí o por qué no?

   c. Si las ideas son bastante diferentes, ¿a qué se debe esta diferencia? ¿Sugiere tu tesis algún tema en particular que tú no mencionaste?

   d. Después de ver la lista de tu compañero(a), ¿crees que necesitas cambiar (quitar, limitar, ampliar) algunas de las ideas de apoyo que has escrito? ¿Por qué?

3. Cuando estés satisfecho(a) con tu tesis y con las ideas que vas a desarrollar, piensa en los ejemplos específicos del texto que necesitas para apoyar cada una de las ideas de apoyo. En tu papel, escribe una descripción de cada uno de estos ejemplos y anota la página del cuento donde se encuentran.

4. La explicación de tus ejemplos requiere, claro está, tu interpretación de los hechos del texto, y al escribir el ensayo tendrás que convencer al lector de estas interpretaciones. Por eso es que al seleccionar los ejemplos que quieres incluir, tienes que estar seguro(a) de la posibilidad de tus interpretaciones. Debajo de cada ejemplo que has apuntado, escribe una o dos oraciones en las que explicas cómo este ejemplo apoya tu tesis.

5. Cuando termines, comparte esta lista con un(a) compañero(a). Pídele que lea tu tesis, los ejemplos que propones y las explicaciones de lo que tú piensas que demuestran los ejemplos. ¿Está de acuerdo con las interpretaciones del cuento que has hecho? ¿Por qué? Si no está de acuerdo, ¿será porque necesitas explicarle más sobre tu interpretación o será porque tu interpretación no es la acertada?

6. Piensa en la manera en que quieres organizar los párrafos de desarrollo. ¿Qué esquema de organización te parece más adecuado y eficaz para lograr ese objetivo? ¿Te sugiere algún esquema específico tu tesis? ¿Cuál es? ¿Por qué? Haz un bosquejo de organización.

Primera versión del ensayo

Ahora te toca escribir la primera versión del ensayo. Antes de hacerlo, considera estas preguntas.

A. ¿Quién va a leer tu ensayo? ¿Qué tono vas a adoptar para interactuar con estos lectores? ¿Por qué quieres hacerlo así?

B. ¿Cómo vas a captar la atención del (de la) lector(a) en la introducción? ¿Vas a empezar con una anécdota? ¿Con una cita? ¿Con una definición? ¿Por qué?

C. ¿Vas a mencionar otras obras literarias, personas o conceptos que tal vez no conozcan los lectores? ¿Qué información de trasfondo se necesita para poder leer y entender tu ensayo si incorporas este tipo de información? ¿Cómo vas a presentar esta información de trasfondo en el ensayo? ¿Por qué?

D. ¿Cuál es la relación entre cada una de las ideas de desarrollo y la tesis de tu ensayo? ¿Cómo puedes hacer clara esta relación al escribir el desarrollo de tu ensayo?

E. ¿En qué orden vas a presentar las ideas de desarrollo? ¿Por qué? ¿Cómo vas a hacer que los lectores entiendan la conexión entre los párrafos de desarrollo al leer tu ensayo?

F. ¿Cómo vas a concluir el ensayo: con un resumen de las ideas principales mencionadas en el desarrollo?, ¿Volviendo a la anécdota que contaste en la introducción? ¿Exponiendo la conexión entre las ideas específicas expuestas en el desarrollo y otro concepto más general?

G. Escribe la primera versión de tu ensayo.

H. A la redacción. Antes de revisar la primera versión de tu texto lee el siguiente ensayo escrito por una estudiante universitaria de español avanzado. Después contesta las preguntas que le siguen.

La fuerza y la autoridad

En su novela, *Como agua para chocolate,* Laura Esquivel da una inversión de los papeles estereotipados del hombre y de la mujer. Un estereotipo en el que muchos creen es el que indica que los hombres son los que tienen la autoridad y la fuerza en la sociedad, mientras que las mujeres son sumisas y no más están para servir y obedecer al hombre. Con sus dos personajes de Mamá Elena y Gertrudis, Esquivel demuestra que la mujer también puede ser la voz de la autoridad y fuerza y que en algunas ocasiones los hombres la obedecen. Esquivel usa esta técnica para demostrar que muchos estereotipos sobre la mujer no son verdad. El mensaje de la novela es que uno debe de luchar por lo que quiere en la vida, y esta técnica nos enseña que tanto una mujer como un hombre puede conseguir lo que realmente quiere.

Un estereotipo que existe es que las mujeres son sumisas ante los hombres y que los obedecen en todo. Sin embargo, el personaje de Mamá Elena demuestra que esto es falso, pues cuando unos revolucionarios llegan a su rancho, Mamá Elena no es sumisa ante ellos. La narradora dice que el capitán «supo inmediatamente, por la dureza de esa mirada, que estaba ante una mujer de cuidado» (p. 89). Con una sola mirada Mamá Elena logra que el capitán entienda que ella no es una mujer sumisa. Mamá Elena les deja en claro a los revolucionarios que con ella nadie juega. La narradora dice que «el capitán se dio cuenta de que con Mamá Elena no valían las chanzas, ella hablaba en serio, muy en serio» (p. 89). Ella les advierte que no entrarían en su casa, y cuando lo intentan ella le dispara ante ellos una gallina. Después, una vez más les da una de sus miradas. La narradora dice que «realmente era difícil sostener la mirada de Mamá Elena, hasta para un capitán…El efecto que provocaba en quienes la recibían era de un temor indescriptible» (págs. 90-91). A fin de cuentas los revolucionarios obedecen a Mamá Elena y se van sin haber entrado en la casa.

Otro estereotipo que desmiente Mamá Elena es el que dice que el hombre de la casa es el que da las órdenes. El yerno de Mamá Elena es Pedro, pero Mamá Elena le dice a él lo que tiene que hacer. Mamá Elena deja en claro que ella no necesita un hombre en su casa cuando manda a Pedro y a su familia a mudarse a

(continúa)

Texas. Cuando el Padre Ignacio le dice a Mamá Elena, «usted necesita de un hombre en casa que la defienda» (p.82), ella le contesta, «nunca lo he necesitado para nada... Los hombres no son tan importantes para vivir, Padre» (p. 82). Pedro obedece a Mamá Elena y no regresa de Texas hasta que Mamá Elena ya está muerta.

Finalmente, se ve que el personaje de Gertrudis desmiente el estereotipo que dice que son sólo los hombres los que tienen el poder en la sociedad al hacerse generala de los revolucionarios. La narradora dice que «este nombramiento se lo había ganado a pulso, luchando como nadie en el campo de batalla. En la sangre traía el don de mando, así que en cuanto ingresó al ejército, rápidamente empezó a escalar puestos en el poder hasta alcanzar el mejor puesto» (p. 179). El hecho que sea generala demuestra que realmente tiene una gran fuerza. Los revolucionarios la respetan y saben que ella tiene la autoridad completa.

Con los personajes de Mamá Elena y Gertrudis, Laura Esquivel demuestra que muchos estereotipos acerca de las mujeres y los hombres simplemente no son verdaderos. Por medio de una inversión de los papeles estereotipados, Esquivel nos enseña que tanto las mujeres como los hombres pueden y deben de luchar por lo que realmente quieren ser. Mientras el personaje de Mamá Elena demuestra que las mujeres no tienen que ser sumisas ante los hombres, el de Gertrudis demuestra que una mujer puede ser tan valiente como un hombre.

1. ¿Cuál es la tesis del ensayo? ¿Está bien formulada y presentada? ¿Representa una opinión o una interpretación del texto?

2. ¿Respalda bien sus ideas la autora? ¿Utiliza ejemplos concretos del texto?
3. ¿Qué tipo de léxico utiliza? ¿Representa un registro académico? ¿Podrías establecer un registro más académico aún incorporando algunos de los términos del ensayo de Uslar Pietri o de otro ensayo crítico? Trabaja con un(a) compañero(a) de clase y traten de modificar el léxico de este ensayo reemplazando los coloquialismos que encuentren con equivalentes de uso más formal.

4. **Taller de escritura.**   Ahora que tienes la primera versión de tu ensayo, intercámbialo con el de un(a) compañero(a) y contesta las siguientes preguntas sobre su ensayo.

    a. ¿Es interesante la introducción? ¿Te hace querer continuar leyendo el ensayo? ¿Por qué? ¿Tienes algunas sugerencias para hacerla más interesante?
    b. ¿Presenta la introducción suficiente información de trasfondo? ¿Hay frases que se refieren a cosas, sucesos o situaciones que no conoces? Si las hay, subráyalas para el(la) escritor(a). Señala lo que no te parece claro.
    c. ¿Tiene una buena tesis? ¿Por qué? ¿Es una oración completa? ¿Presenta una opinión sobre algún aspecto específico de uno de los cuentos?

d. ¿Está bien organizado el ensayo? ¿Entiendes la conexión entre cada uno de los párrafos y la tesis? ¿Fluye bien de un párrafo de desarrollo al otro? ¿Qué estrategias usó el(la) autor(a) para establecer cohesión entre estos párrafos? ¿Tienes sugerencias para crear aun más unidad entre estos párrafos?

e. ¿Cómo concluye el ensayo? ¿Hace hincapié en las ideas principales expuestas en el desarrollo? ¿Resume los temas tratados en el ensayo o repite palabra por palabra la introducción? ¿Presenta otro tema que no se trató en el ensayo y que no parece tener una clara relación con el texto? ¿Tienes sugerencias para mejorar la conclusión?

Segunda versión del ensayo

Ahora elabora la segunda versión tomando en cuenta lo siguiente:

Aspectos de contenido y organización

1. Piensa en los comentarios que has recibido sobre tu primera versión del ensayo. ¿Cuáles son las cosas que tienes que mejorar para la segunda versión?

2. Haz los cambios que quieras hacer o que necesites hacer para mejorar tu ensayo. Cuando termines, vuelve a las preguntas del taller de la primera versión y contéstalas para asegurarte de que esta nueva versión está bien escrita.

Aspectos de la gramática funcional

En éste y en los capítulos anteriores hemos considerado tres conceptos importantes del lenguaje: *el campo, el tenor* y *el modo*.

Con respecto *al campo*, hemos considerado la importancia del vocabulario para crear el tema del ensayo. Por ejemplo, Uslar Pietri, en su ensayo «Realismo mágico», utilizó varios términos relacionados con su tema principal para establecer ese tema en la mente de los lectores. ¿Has usado términos relacionados con el tema de tu ensayo? ¿Cuáles son? ¿Puedes pensar en otros que puedas incluir? ¿Puedes usar algunos de los que utilizó Uslar Pietri?

Con respecto al *tenor*, hemos considerado las diferentes maneras en las que el lenguaje sirve para establecer y marcar la relación social entre el(la) autor(a) y el(la) lector(a).

1. ¿Quién va a ser el(la) lector(a) de tu ensayo?

2. ¿Cuál es el contexto en el que escribes este ensayo? Es decir, ¿lo vas a escribir para comunicarte solamente con tu profesor(a)? ¿Para comunicarte con los otros estudiantes de la clase? ¿Con tu comunidad?

3. Teniendo en cuenta el contexto social en el que escribes tu ensayo, ¿cómo vas a dirigirte a tus lectores? ¿Cómo vas a presentar y apoyar la información que aportas en tu ensayo? ¿De una forma objetiva o subjetiva? ¿Por qué?

Finalmente, con respecto al *modo,* hemos hablado sobre cómo el contexto social en el que nos comunicamos define el tipo de lenguaje que utilizamos.

1. ¿Crees que el lenguaje de tu ensayo se parece más al lenguaje escrito o al lenguaje oral? ¿Por qué? ¿Cuáles son algunos ejemplos del lenguaje escrito o del lenguaje oral que se encuentran en tu ensayo?

2. ¿Es apropiado el tipo de lenguaje que utilizas? ¿Por qué?

Repasa también los consejos que ya habías escrito para ti mismo(a) en la **Carpeta de escritura**. ¿Los has incorporado en la redacción de esta composición?

Tercera versión del ensayo

Intercambia tu ensayo con tu compañero(a) y señala, subrayándolos, los errores superficiales de:

a. concordancias de persona y número (sujeto-verbo)

b. concordancias de número y género (sustantivo-adjetivo)

c. tiempos verbales

d. errores ortográficos

e. acentos

NO corrijas ningún error; simplemente indícaselos a tu compañero(a) para que él (ella) haga los cambios requeridos.

La última etapa de la revisión del ensayo es la revisión gramatical. En esta etapa es importante no solamente tratar de *corregir* los errores superficiales anteriores sino tambien tratar de lograr un vocabulario y una sintaxis más precisos y apropiados. Devuélvanse las composiciones y revisen cada uno su ensayo prestando atención a los siguientes aspectos:

1. ¿Has tratado de usar en tu ensayo algunos de los términos relacionados con la literatura y el género del realismo mágico? ¿Has tratado de incorporar otras palabras que aprendiste en las lecturas de este capítulo? ¿Cuáles son?
2. ¿Encontraste en las lecturas de este capítulo algunas estructuras sintácticas que no conocías antes? ¿Podrías usar algunas de estas estructuras en este ensayo?
3. Lee tu ensayo y subraya todas las palabras que se parecen a las palabras en inglés. Después vuelve a cada una de estas palabras y contesta las siguientes preguntas:

    a. ¿Es una palabra en español o la inventaste?
    b. ¿La has deletreado correctamente? Búscala en el diccionario.
    c. ¿La has usado en un contexto apropiado? Busca su significado en un diccionario español-español para asegurarte de que el contexto es apropiado.

Palabra abierta

A. Reúnete con cuatro compañeros de clase para contestar las siguientes preguntas.

1. ¿Te gustó escribir este ensayo? ¿Por qué? ¿Fue difícil seleccionar un tema para comentar? ¿Por qué?
2. ¿Crees que vas avanzando en tu forma de escribir? ¿Cómo? ¿De qué manera ha mejorado tu uso del español?
3. ¿Fue eficaz la sesión de intercambio de ideas que tuvieron con sus compañeros sobre problemas de organización y contenido?

4. ¿Como podría mejorarse este intercambio de impresiones sobre aspectos específicos de la redacción? ¿Qué tipo de correción desean que se haga? ¿Cómo quisieran que sus compañeros corrigieran sus ensayos? ¿Qué ejercicios de correción serían apropiados?

B. Carpeta de escritura.   Escribe una lista de palabras que podrías utilizar la próxima vez que redactes un ensayo y guárdala en tu carpeta. Escribe en tu cuaderno algún consejo nuevo para la próxima vez que escribas un ensayo. ¿Qué quieres recordar hacer la próxima vez para escribir mejor? ¿Probaste alguna estrategia nueva que te resultó bien al escribir esta composición? Anótala también. ¿En qué aspecto de tu escritura has notado más mejoría? ¿Cómo lograste mejorar este aspecto?

6

Fronteras: La experiencia latina en los Estados Unidos

Los objetivos de tema y de género de este capítulo son:

- fomentar el diálogo sobre el tema de los latinos en los Estados Unidos
- tomar una postura en torno a algún aspecto del tema de los latinos en un ensayo de tipo argumentativo

Los objetivos lingüísticos y de redacción son:

- estudiar estrategias lingüísticas para definir y argüir un punto de vista en un ensayo académico
- seleccionar el vocabulario apropiado para presentar las opiniones de manera persuasiva y con más autoridad

Acercándonos al tema

A. Vocabulario del tema: Latinos en los Estados Unidos. Describe o explica en español el significado de cada una de las palabras o frases indicadas. Antes de consultar el diccionario, trata de determinar el significado de las palabras desconocidas por medio del contexto en el que aparecen.

1. La mayoría de ellas son reduccionistas y no ayudan a comprender una sociedad que, por su constante movilidad, con dificultad se presta al **encasillamiento.**

2. Esta situación ha producido **incomprensiones** y actitudes negativas de parte de ambos pueblos.

3. En esencia, «pocho» denota un **hibridismo** que se contempla como falta de pureza.

4. Este último factor está relacionado con el cambio de ambiente que se ha producido en **la región fronteriza**: de ser una zona despoblada se ha convertido en una de importante actividad económica y cultural.

5. ¿Cómo podía vender a las fieles compañeras que le habían escuchado y **aguantado** todo?

6. ¿No se habían venido de Texas porque les decían que acá era **la tierra de las oportunidades y el bienestar**?

7. California ha votado en contra de la segunda idea, **aliándose** a la primera.

8. Éste es el hecho central, **imparable,** y ninguna ley va a domar realidad tan numerosa y bravía.

9. En cualquier caso, Puerto Rico es una nación, tiene derecho a su lengua española y no puede ser objeto de un gigantesco **chantaje político.**

10. Y su condición fronteriza convierte al norteamericano de **ascendencia** mexicana en protagonista de una cultura movible y migratoria.

B. La influencia latina en los Estados Unidos

1. Aunque muchos de los norteamericanos no lo reconocen, la influencia latina figura en casi todas las facetas actuales de nuestra cultura y sociedad. En grupos de tres, comenten cómo puede verse la influencia latina en la cultura y sociedad norteamericana de hoy. Piensen en diferentes aspectos culturales, tales como el arte, la literatura, el entretenimiento (teatro, cine, música, televisión), la lengua o la política. Hagan una lista de todos los ejemplos que generen y después, comparen su lista con las de otros grupos.

2. ¿Cuánto sabes de cada una de estas personalidades latinas que viven o vivieron en los Estados Unidos? En parejas, comenten los logros de cada persona. Después, compartan las respuestas que generaron con el resto de la clase. Si necesitan más información, pueden buscarla en la Red Mundial (*World Wide Web*).

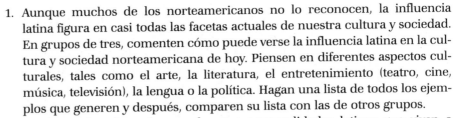

Luis Valdez	Dolores Prida	Carlos Almaraz
César Chávez	Raúl Julia	Rosario Ferré
Sandra Cisneros	Jaime Escalante	Gloria Estefan
Rubén Blades	Isabel Allende	Cristina Saralegui

Primera lectura: La voz urgente

Manuel M. Martín-Rodríguez recibió su licenciatura en Filología Hispánica de la Universidad de Sevilla y su doctorado en Literatura de la Universidad de California. Es autor del libro *Rolando Hinojosa y su «cronicón» chicano: Una novela de lector* y de numerosos artículos que han aparecido en diferentes publicaciones.

El artículo de Martín-Rodríguez que presentamos en este capítulo es la introducción a una antología de la literatura chicana en español titulada *La voz urgente* (1995). En este artículo, el autor intenta darles a los lectores una breve historia de los chicanos, empezando con el origen del término «chicano» y explicando varios aspectos de la experiencia chicana en los Estados Unidos, incluyendo el lenguaje, que tanto demuestra su situación bicultural.

Acercándonos al texto

A. Mira la siguiente lista de términos. Trabajando en parejas, determinen si cada uno de los términos es un nombre apelativo que se asocia con los latinos de ascendencia mexicana en los Estados Unidos o con su lengua. Después, discutan cada término, mencionando si tiene connotaciones positivas o negativas y explicando por qué. Si no conocen alguna palabra, pregúntenle a sus compañeros, a su profesor(a), o búsquenlo en un diccionario o en la Red Mundial.

chicano	espanglish	cholo
pocho	caló	hispano
pachuco	español	la raza

Ahora, compartan la información que obtuvieron en parejas con el resto de la clase. ¿Existe una variedad de opiniones? ¿A qué se debe esta variedad?

B. Trabajando con un(a) compañero(a) de clase, contesten las siguientes preguntas.

1. El texto a continuación es un artículo, pero no es el mismo tipo de artículo que uno encontraría en una columna periodística. Miren rápidamente todo el texto (sin leerlo) y traten de identificar algunos de los rasgos superficiales que lo separan de los artículos periodísticos que ustedes conocen.
2. ¿Han leído un texto como éste antes? ¿Con qué propósito?

Primera lectura: La voz urgente

MANUEL MARTÍN-RODRÍGUEZ

I. Contexto

I.1. Definición del término «chicano»

Muchas definiciones se han propuesto para el término «chicano», que parece ser etimológicamente un apócope[1] de mexicano. La mayoría de ellas son reduccionistas y no ayudan a comprender una sociedad que, por su constante movilidad, con dificultad se presta al encasillamiento. Por la naturaleza introductoria de este trabajo, aquí se va a utilizar una definición puramente operativa, aunque se discutirán varios aspectos y opiniones que el chicanismo lleva consigo. «Chicano» hace referencia a las personas de origen mexicano cuya experiencia vital está marcada de forma sustancial por su pertenencia, en cualquier nivel, a la realidad estadounidense. El chicano, pues, se diferencia del mexicano por su experiencia estadounidense y se diferencia de otros estadounidenses por su origen étnico mexicano. Esta situación ha producido incomprensiones y actitudes negativas de parte de ambos pueblos (el mexicano y el estadounidense) hacia el chicano.

Uno de los principales estudiosos del origen y significación del término «chicano», el poeta Tino Villanueva, profundiza históricamente señalando que «chicano» se refería hasta la segunda mitad de este siglo al obrero mexicano recién llegado a los Estados Unidos, mientras que los ya establecidos eran denominados «pochos»; estos últimos veían a los recién llegados con desdén, como miembros de una categoría social inferior por ser obreros transitorios. Así pues, desde un punto de vista histórico, los términos para el emigrante y el no emigrante estuvieron separados y ambos grupos se miraron con cierta desconfianza el uno al otro. Hoy en día, la distinción se mantiene a veces y es frecuente que «chicano» se aplique al nacido en los Estados Unidos, mientras que los emigrantes, sobre todo los más recientes, se autoconsideran «mexicanos». Como quiera que sea, en todos ellos la bipolaridad México-Estados Unidos es un factor unificador y es por eso que «chicano» en sentido amplio puede abarcar a ambos grupos, sobre todo si se tiene en cuenta que la hostilidad que en un tiempo hubo entre ellos no tiene tanta vigencia[2] hoy en día.

Desde un punto de vista diacrónico[3] es importante notar también la tradicional vinculación[4] del término con la clase trabajadora. Esta vinculación es lógica si se tiene en cuenta que las grandes masas de chicanos en los Estados Unidos han pertenecido desde los primeros momentos a la clase trabajadora y campesina. Así, por ejemplo, en un artículo sobre la novela de Daniel Venegas *Las aventuras de don Chipote* (de 1928), Nicolás Kanellos comenta que Venegas es uno de los primeros autores chicanos conocidos que pertenece a la clase trabajadora y escribe desde el punto de vista de su clase,

---

[1] supresión de algún sonido al final de una palabra
[2] vigor
[3] histórico
[4] conexión

"...and to all those who died, scrubbed floors, wept and fought for us."

sentando así un precedente para los escritores de la época contemporánea quienes libran[5] de una vez para siempre al término «chicano» de cualquier posible carga negativa al asumirlo para sí llenos de orgullo. A partir de 1965 y del Movimiento Chicano, los intelectuales, muchos de ellos de clase obrera o campesinos, se ponen del lado del trabajador para denunciar su explotación y sus míseras condiciones de vida; el vocablo «chicano» se carga ideológicamente de un matiz[6] de militancia política, aspecto este esencial a la hora de definir el término y de entender mucho de lo que se ha escrito sobre él. Como observará el lector, la mayoría de los autores incluidos en la antología escriben desde una perspectiva proletaria[7], siguiendo la tradición de resistencia que la conquista del sudoeste hizo nacer y que se manifiesta desde los tempranos corridos chicanos hasta novelas como la de Venegas o poesía aparecida en periódicos y revistas de finales del siglo XIX y principios del XX.

Una vez definido someramente[8] el término, merece la pena considerar algunos otros nombres que se han aplicado a la minoría chicana. El más utilizado entre todos ellos es «Mexican-American», que tuvo validez durante un largo período (e incluso hoy en día se usa con frecuencia por parte de la

---

[5] liberan
[6] tono
[7] perteneciente a la clase obrera
[8] básicamente, superficialmente

crítica) pero contra el que se levantaron interesantes opiniones. Haciendo un resumen de ellas, se puede decir que la desventaja del vocablo «Mexican-American» se percibía en la disociación que supone la yuxtaposición de los dos términos en virtud del (tan odiado) guión que los separa. De algún modo, el término compuesto parece reflejar una actitud escindida que la conciencia militante contemporánea ha querido superar y que el término «chicano», como significante de una nueva cultura de síntesis, evita.

Junto a estos dos términos, hay que comentar un tercero que, si bien implica una actitud peyorativa, no se puede eludir por la frecuencia con que ha venido siendo utilizado y por su impacto en la propia literatura chicana. Se trata del término «pocho», al que ya aludimos brevemente. En esencia, «pocho» denota un hibridismo que se contempla como falta de pureza y, por ello, se censura por parte de los mexicanos. El pocho se convierte, según esta visión, en una especie de renegado que «finge» pertenecer a una cultura diferente de la de sus padres. Pero la realidad es mucho más compleja. Y este proceso de asimilación de la nueva cultura no es siempre voluntario, por lo que el término pierde toda su validez y, de cualquier modo, resulta difícil pensar que pueda dicho término reflejar la cultura sintética que el chicano elabora día a día. Hablar, como Santamaría, del «peor español» de los «pochos», por ejemplo, ignora la riqueza lingüística del habla chicana que surge de fenómenos tales como la intercalación o alternancia de inglés y español, que se estudiará más adelante.

A continuación, y antes de entrar en el terreno literario, conviene hacer algunas consideraciones sobre la historia de los chicanos que ayudarán a comprender el desarrollo de su literatura.

I.2. Breve introducción histórica

Si se considera, como hemos postulado, que chicano es la persona de origen mexicano que vive en los Estados Unidos, el punto desde el que se puede hablar con propiedad de la existencia de chicanos es el año 1848; en el que el Tratado de Guadalupe-Hidalgo pone fin a la guerra entre los Estados Unidos y México. En virtud de ese tratado, México cede a los Estados Unidos territorios que forman total o parcialmente los actuales estados de California, Nevada, Utah, Colorado y Nuevo México. Texas se había independizado de México dos años antes convirtiéndose en república y, después, en estado de los Estados Unidos. En total, México entrega a su vecino del norte un territorio más extenso que las iniciales trece colonias del este. Desde entonces, la población chicana ha ido creciendo y en la actualidad se calculan en casi treinta millones las personas de origen mexicano en los Estados Unidos. El grueso[9] de esta población reside en el sudoeste del país y en las grandes ciudades del medio oeste, aunque se encuentra diseminada por todos los estados.

Claro que no se puede pensar que a partir de 1848 la situación histórico-social se alterara con brusquedad, porque no se produjo un cambio sustancial de población de forma inmediata. Los núcleos de población mexicana, estimados en unas 75.000 personas en 1848, pasaron a convertirse, en virtud del tratado en una minoría étnica en el país conquistador. Sin embargo, no hubo una ruptura en las características del elemento humano sino más bien una transformación de las estructuras de poder; es decir, que los chicanos no hicieron nada para que cambiara su condición, sino

---

[9] la mayor parte

que fueron «anexionados» junto con las tierras, pasando así a una diferente categoría social, política y cultural. Como recuerda Carey McWilliams, los mexicanos son junto con los indios nativos, la única minoría en Estados Unidos anexionada por conquista y cuyos derechos fueron protegidos por un tratado.

En efecto, el tratado disponía en el Artículo VIII que los mexicanos residentes en las tierras «cedidas» podrían optar entre la nacionalidad mexicana (regresando a México) o estadounidense (permaneciendo en los Estados Unidos, es decir, donde siempre habían vivido), pero en cualquiera de los casos sus propiedades y religión serían respetadas. La realidad posterior fue muy distinta de lo especulado en el tratado y las violaciones del acuerdo fueron constantes. Por medio de ocupaciones violentas, de procesos legales realizados conforme a nuevas leyes escritas en una lengua desconocida para la inmensa mayoría de los afectados y por medio de compras fraudulentas en disonancia con las costumbres locales, la mayoría de las posesiones pasaron a manos de los recién llegados, de manera que en este estado inicial la población anexionada se encontró frente a una típica situación de colonialismo interno, viviendo dentro de los Estados Unidos como un pueblo conquistado.

La noción del colonialismo interno sería aplicable para todo el siglo XIX, pero a partir de la década de 1880 se empezaron a producir transformaciones que alterarían significativamente la situación de los chicanos. En esa década se empiezan a construir las líneas férreas[10] a lo largo del sudoeste, lo que produjo, por un lado, el mejoramiento de los transportes y, por otro, la necesidad de mano de obra[11] barata. Estos dos factores provocaron el comienzo de la emigración masiva de trabajadores mexicanos a los Estados Unidos. Desde ese momento, si bien se mantiene la población anexionada como núcleo inicial durante varios años, la historia chicana dependerá de las distintas vicisitudes por las que pase el tránsito de los trabajadores a través de la frontera.

Uno de los momentos determinantes para la expatriación[12] de población mexicana es el período de la Revolución Mexicana. Las agitaciones sociales que ese período produce son, como ha notado Raúl A. Fernández, un factor temporal que viene a sumarse a otra serie de factores permanentes que favorecen la emigración. La situación de guerra en México impulsaba a los trabajadores a la emigración, pero hay que notar también que las condiciones laborales en los Estados Unidos, debido a la necesidad de mano de obra que la I Guerra Mundial trajo consigo y a la restricción de trabajo para los emigrantes asiáticos, demandaban la absorción de un gran número de inmigrantes. Por la proximidad geográfica tanto por las condiciones socioeconómicas internas, México era el punto perfecto hacia donde mirar.

Por otra parte, la emigración de la época de la Revolución Mexicana fue de notable importancia para el campo de la literatura, debido a la gran cantidad de intelectuales que pasaron a los Estados Unidos huyendo de la agitación social de México. Esta emigración de élite se estableció en las ciudades del sudoeste y creó, en gran medida, la conciencia del «México de afuera», preocupados como estaban los intelectuales por preservar la pureza de las costumbres tradicionales mexicanas de cara al regreso a su país desde lo que consideraban su exilio. La producción de estos intelectuales se encuentra registrada sobre todo, en la prensa de habla española de los años veinte.

Esta época de intensa emigración tuvo sin embargo un brusco final con motivo de la depresión económica de la década siguiente. Tras la crisis de 1929 y en vista de la escasez de trabajo, los mexicanos fueron de inmediato convertidos en víctima propiciatoria[13] y sometidos a deportaciones en masa, en las que cualquier persona de apariencia mexicana o chicana era susceptible de ser enviada a México, sin considerar siquiera sus posibles derechos de ciudadanía. Así, muchos niños nacidos en los Estados Unidos (y por tanto ciudadanos de ese país) fueron enviados a través de la frontera a otro país que para ellos era desconocido. El cuento de Francisco X. Alarcón «Las repatriaciones de noviembre», que incluimos en esta antología, es uno de los más elocuentes sobre el tema.

Pasada la depresión, cuando el mercado estadounidense necesitaba otra vez mano de obra barata, los empresarios[14] habrían de presionar a su gobierno para que éste permitiera una vez más la entrada de trabajadores inmigrantes. En esta ocasión es México el país que se muestra reticente (tras la pésima experiencia de los años treinta) y sólo cuando se une al bando aliado en la II Guerra Mundial decide suministrar trabajadores a los Estados Unidos, como participación en los esfuerzos de guerra. En esta ocasión, sin embargo, se exigieron garantías legales de salario, vivienda y otros beneficios sociales. De esa forma comienza el llamado Programa de Braceros, que tendría dos etapas: la primera, de 1942 a 1947, y la segunda, de 1948 a 1964, la más importante de las dos, porque se calcula que unos cuatro millones y medio de mexicanos cruzaron la frontera. Durante esta segunda etapa del programa de braceros, se produce también la inmigración de numerosos trabajadores indocumentados, muy rentables[15] para los empresarios al no poderse acoger a las garantías salariales pactadas con el gobierno mexicano. Con el tiempo, el fenómeno de la inmigración indocumentada llegará a constituirse en el más destacado de los años de posguerra y, podría decirse, del resto del siglo.

Incluso con este somero análisis es fácil constatar que la política de los Estados Unidos con respecto a la inmigración de mexicanos ha sido radicalmente hipócrita, importando y deportando trabajadores según las conveniencias del mercado laboral. Para México, por su parte, la emigración masiva de trabajadores ha supuesto una válvula de escape para el desempleo y la pobreza rural. Como ha notado Julián Samora, los factores que determinan la migración tienen su origen en las circunstancias sociales de ambos países, incluyendo: la demanda de mano de obra barata en los Estados Unidos, el aumento de la población en México y la incapacidad del estado mexicano para hacer frente a ella con oportunidades de trabajo, y la emigración interna desde zonas rurales de México hasta la capital o a las ciudades de la fronteras. Este último factor está relacionado con el cambio de ambiente que se ha producido en la región fronteriza: de ser una zona despoblada se ha convertido en una de importante actividad económica y cultural. A ello ha contribuido el establecimiento de fábricas estadounidenses en territorio mexicano, las maquiladoras que son un reclamo para los trabajadores del interior, pero que no pueden satisfacer la demanda de empleo que esta migración

---

[13] favorable
[14] gente que hace negocios
[15] que producen dinero

interna provoca, lo que impulsa a muchos trabajadores a pasar «al otro lado». De ellos, los más afortunados tienen permiso de trabajo («green card») y cruzan a diario el puente o puesto fronterizo. Los demás, cruzan escondidos en maleteros o compartimentos secretos de vehículos, saltan el alambre o cruzan el río, lo que les ha valido la etiqueta de «alambristas», «espaldas mojadas» o «mojados». La vida de estos inmigrantes sin papeles ha sido analizada con extrema precisión por Jorge A. Bustamante y Julián Samora.

Otro aspecto que merece la pena considerar al hablar de la emigración de mexicanos a los Estados Unidos es el de las consecuencias provocadas por el influjo de población indocumentada en la situación laboral de los residentes o de los chicanos de nacionalidad estadounidense. El efecto más importante es que el abaratamiento de los salarios obligó a muchos trabajadores «con papeles» a emigrar a las ciudades industriales del norte dejando las labores agrícolas, por lo general peor pagadas, a los recién llegados. Sin duda, el trabajo de los indocumentados contribuyó a acentuar la urbanización de la población chicana. Hoy en día, se estima que más del 90% de la población chicana reside en las ciudades, contrariamente a la creencia vigente durante muchos años de que la población chicana era más que nada rural. La competencia salarial y el hecho de que los indocumentados fueran utilizados a menudo para romper huelgas provocó también que muchos chicanos con residencia legal en el país apoyaran al Immigration and Naturalization Service, la policía de inmigración o «migra», culpando así a la víctima de la situación y apoyando a los responsables de la misma, aunque con el Movimiento Chicano esa actitud cambió.

En cuanto a los aspectos humanos relacionados con el «espalda mojada», hay tres que merecen destacarse por su frecuente aparición en la literatura: el «coyote» o contratista; el patrón, que puede contratar y explotar a los trabajadores indocumentados sin ser sancionado por ello (incluso con las nuevas leyes que penalizan a quien contrata a trabajadores indocumentados, los abusos siguen a la orden del día); y la «migra». El coyote se encarga de cruzar a los trabajadores hasta los Estados Unidos y, por lo general, trabaja de acuerdo con los empresarios agrícolas, por lo que lleva a los trabajadores hasta su destino final. Otras veces, sin embargo, su labor se limita a cruzarlos. Los casos de explotación de los que así tienen que cruzar la frontera son numerosos, incluyendo la denuncia por sus propios patrones para evitar la paga al final de la semana. Por su parte, la policía de emigración, el más temido y odiado de los tres grupos citados, se encarga de detener y deportar a los trabajadores.

Las condiciones socioeconómicas de los trabajadores han proporcionado algunos de los temas constantes de la literatura chicana, como se irá descubriendo en las páginas de esta antología. Desde las primeras muestras literarias chicanas se documenta una situación de explotación, de marginación social y de continua amenaza para los derechos humanos. Desde el punto de vista histórico, los primeros trabajos para los chicanos son agrícolas (el algodón y la remolacha, sobre todo), pero también es importante la construcción del ferrocarril (el «traque», del inglés «tracks») y la minería, en donde la participación mexicana fue decisiva. El caso del ferrocarril, además, influyó mucho en la configuración actual de numerosas ciudades del sudoeste y del medio oeste: puesto que los chicanos eran los encargados de su construcción y mantenimiento, con frecuencia se instalaban cerca de las vías. Con el tiempo, los rieles se convertirían, en muchas poblaciones, en una frontera interna oficiosa que dividiría los barrios chicanos de los anglos. Además de estos trabajos y otros tales como limpiadores, lavaplatos, etc., hay que destacar el trabajo industrial, de creciente importancia. El cemento, la industria textil y de manipulación de productos alimenticios son los terrenos de mayor concentración, sobre todo en las grandes ciudades del medio oeste.

Pero lo más interesante de notar son las condiciones de trabajo y vivienda. Carey McWilliams, hablando de los trabajos en que se ha ocupado a los chicanos, comenta que eran indeseables por su ubicación así como por sus condiciones, siendo casi todos ellos trabajos de temporada. Las condiciones de vivienda no eran mucho mejores, y los campamentos para trabajadores han carecido por muchos años de servicios sanitarios, siendo la mayoría de ellos edificios para el ganado o gallineros temporalmente adaptados para alojar a la población trabajadora. Si esto es cierto para los trabajadores migratorios, en la población establecida en ciudades y pueblos la situación es parecida. Según el censo de 1990, el 23.4% de las familias hispanas viven en situación de pobreza, frente a sólo el 9.2% entre familias no hispanas.

Las condiciones educativas tampoco han favorecido al chicano. En muchos de los textos de esta antología se refleja el impacto del primer día de escuela en inglés para niños que sólo han aprendido el español en casa. Las consiguientes dificultades idiomáticas con frecuencia se distorsionaron considerándolas intelectuales, lo que provocó el que muchos niños chicanos fueran colocados en clases de educación especial para niños con retraso mental, o que muchos tuvieran que repetir cursos sólo por las barreras lingüísticas. Defraudado por un sistema escolar en el que además de esos problemas era frecuente la segregación racial, el chicano tiene uno de los índices más altos de abandono de la escuela. Los programas de educación bilingüe, aunque sujetos a gran controversia, han sido un logro de los movimientos por derechos civiles y se ven con esperanza como una posible solución al problema educativo.

Todo esto nos lleva al tema del racismo. La discriminación racial contra el chicano ha sido intensa, sobre todo en Texas, llegando hasta extremos tan ridículos como no permitir el entierro de un héroe de guerra en el pueblo de Three Rivers, Texas. Como es lógico, esta historia de injusticia pronto comenzó a ser denunciada. La II Guerra Mundial, casi cien años después del tratado de 1848, proporcionó una de las bases para iniciar el movimiento por derechos civiles de los chicanos. Estos fueron reclutados en una cantidad desproporcionada (como ocurriría luego en la guerra de Vietnam) y en parte se alistaron voluntarios creyendo en las promesas de aceptación social y trato de igualdad que el ejército prometía como medio de inserción social. Al término de la contienda, los chicanos eran, en proporción, el grupo minoritario más condecorado. Pero el retorno a casa fue una desilusión, porque la discriminación siguió siendo norma. Contra esas violaciones se fundaron organizaciones como el American G.I. Forum, una organización de veteranos, activa en diversos niveles políticos y sociales. Si bien es representativa de los primeros esfuerzos de posguerra, la fundación del American G.I. Forum no debe verse como un hecho aislado. En el transfondo están las distintas organizaciones obreras, así como las sociedades mutualistas, que desde el siglo XIX fueron activas en el sudoeste y que Acuña, McWilliams y Meier y Rivera estudian con detalle. Con posterioridad y gracias a la influencia del activismo negro, el Movimiento Chicano (por lo general aludido como el Movimiento, a secas) será el intento más serio de cuestionar las desigualdades y arbitrariedades que el chicano ha padecido y que hoy en día continúan, por lo general, sin resolverse.

El Movimiento Chicano, no obstante su nombre singularizante, está lejos de ser un esfuerzo unitario bajo un liderazgo indiscutido y unificado. Por el contrario, se trata de una progresiva toma de conciencia que se expande poco a poco por donde quiera que existen chicanos y que toma diversas formas, permaneciendo más o menos (pero no siempre) comunes los objetivos. Para comprender esta aparente «división» es necesario tener en cuenta una vez más las apreciaciones de McWilliams y su concepto de «la frontera rota». Para él, las colonias españolas de las tierras fronterizas en realidad estaban incomunicadas entre sí y nunca tuvieron una conciencia unitaria. Es decir, que el sudoeste no llegó nunca a formar una entidad homogénea, sino más bien una aglomeración de comunidades casi aisladas entre sí. Del mismo modo, en el movimiento chicano, en lugar de un liderazgo común, diversos líderes locales llevaron adelante la lucha. No sólo existieron diferencias regionales, sino también de intereses, como resume Rodolfo Acuña: César Chávez era un líder campesino de California; José Ángel Gutiérrez, un líder político texano; Reies López Tijerina, en Nuevo México, fue un adalid[16] de la recuperación de las tierras perdidas; y Rodolfo «Corky» González, de Colorado representaba a la frustrada juventud urbana.

El año 1965 se considera el iniciador del Movimiento Chicano y la acción desencadenante del mismo es la huelga que empiezan en Delano, California, los trabajadores agrícolas bajo el liderazgo de César Chávez, con toda probabilidad el líder más relevante de los citados. Esa huelga fue llevada por Chávez con un llamado a la no violencia y una utilización de símbolos tendentes a enfatizar el orgullo racial y cultural (en especial símbolos religiosos como la virgen de Guadalupe). En el terreno literario, la huelga es importante porque marca en gran medida el comienzo de un compromiso de la literatura contemporánea con la militancia: Luis Valdez funda con los trabajadores huelguistas el Teatro Campesino que revolucionaría el concepto del teatro; Alurista confiesa que la misma huelga fue el factor determinante de su compromiso estético-político con el chicanismo y para muchos otros autores este mismo momento fue como una llamada de atención a la militancia.

Desde entonces, y durante una larga fase, la lucha política no sólo se hizo en huelgas y manifestaciones, sino que se plasmó también en la literatura, en donde se forjaron conceptos tan importantes para el nacionalismo cultural como la idea de Aztlán, producto sobre todo de la ideología indigenista de Alurista. Aztlán es la tierra del norte desde donde los aztecas iniciaron una migración hacia el sur que finalizó con la fundación de Tenochtitlán. Para la nueva conciencia chicana, el mito de Aztlán se encuadraba en una migración inversa: la de los trabajadores mexicanos a los Estados Unidos, sobre todo al sudoeste, que se veía así como el mítico territorio de los antepasados aztecas, territorio al que la Raza debería volver en nuestra época, la del Quinto Sol.

El nacionalismo cultural ha sido una fuerza espiritual de inestimable valor para la literatura chicana, en la que junto a una definición de clase se produjo también una definición étnica; de ahí la importancia de apelativos como «Raza» (término usado entre los chicanos para designarse a sí mismos) y similares que intentan implantar el orgullo y la solidaridad racial entre los chicanos. Por su parte, la importancia del Movimiento Chicano estuvo en proporcionar una causa común («la Causa») para luchar tanto desde la militancia política como desde la poética, trayendo al primer plano de la realidad mundial el caso de los chicanos, uno de los secretos mejor guardados de la historia social y literaria actual.

Ahora en los noventa, aunque la militancia parecía haber decaído durante la década anterior, constatamos entre los estudiantes y la juventud chicana en general un resurgimiento del espíritu

---

[16] guía y cabeza

reivindicativo. A medida que una creciente y reciente clase media chicana se acomoda en la sociedad estadounidense, en muchas comunidades la mayoría trabajadora todavía se encuentra luchando por reivindicaciones que parecían haber sido conseguidas ya pero que nunca llegaron a producirse. Como algunos de los textos más recientes en esta antología atestiguan, la lucha chicana continúa.

I.3. Algunas notas sobre el lenguaje de los chicanos

Aunque un estudio detallado del lenguaje de los chicanos estaría fuera de lugar en esta introducción, para comprender la literatura chicana es necesario considerar al menos algunos aspectos de la situación lingüística en que se encuentra el pueblo que la produce. A continuación se encontrarán unas ideas generales sobre esta situación que serán, en parte, retomadas en la sección de poesía contemporánea.

Lo primero que llama la atención es la existencia de dos sistemas lingüísticos: español e inglés. Pero esos dos sistemas no son entidades abstractas, sino sociales, y, por tanto, dentro de ellos hay que distinguir diferentes códigos: variedades rurales y urbanas; códigos estandarizados y populares, niveles culto, familiar, popular, etc. Como es lógico, a ello hay que sumarle una serie de registros o estilos diferentes: formal, coloquial, íntimo, etc. Además, hay que distinguir entre las variedades masculina y femenina que, en ocasiones, difieren de forma sustancial. Por último, se necesita considerar la existencia de un subcódigo con indudable repercusión en la literatura: el llamado «caló pachuco», un argot juvenil de amplias resonancias en las letras contemporáneas. Como señala Rosaura Sánchez, cada una de esas variedades refleja una ideología determinada.

En el caso del españolchicano, la variación regional no es muy significativa en los Estados Unidos (excepto en zonas muy aisladas como el norte de Nuevo México y sur de Colorado), aunque sí existen dos grandes áreas diferenciadas: el sudoeste, por un lado, y las grandes ciudades del norte y centro del país, por otro. Además hay que añadir las ya mencionadas variedades rural y urbana, así como diferencias generacionales (que se manifestarán, sobre todo en la frecuencia de la alternancia de códigos) y de procedencia geográfica (es decir, que un chicano originario del sur de México hablará de forma diferente a la de un chicano procedente del norte de ese país).

En un contexto social, la preferencia por el español o el inglés se debe, sobre todo, a circunstancias familiares y laborales. La escolarización y el deseo de ascenso en el terreno laboral son los principales factores para la propagación del inglés. Muchos chicanos de segunda y tercera generación aprenden el inglés ya en casa y sólo están familiarizados con un vocabulario muy limitado en español (son éstos los denominados hablantes vestigiales). No obstante, la pervivencia del español a pesar de estas presiones sociales es un hecho que merece la pena observar a la luz de la afirmación que hace Rosaura Sánchez de la vinculación entre conservación del español y afirmación de clase, por un lado, y resistencia política a la ideología dominante, por otro. En el caso que aquí nos interesa, las conclusiones de Sánchez son en extremo productivas para la concepción de la literatura chicana como literatura de resistencia frente a la cultura y sociedad dominantes, así como para la constatación del origen obrero o campesino de la mayor parte de los escritores y escritoras chicanos.

Uno de los fenómenos más interesantes que se producen en el habla de los chicanos es la intercalación de elementos de un lenguaje en el otro, es decir, cuando español e inglés se alternan en el transcurso de una conversación o en un texto. Esto puede ocurrir entre distintas oraciones («Me dijo que venía hoy, but he didn't come [pero no vino]») o dentro de la misma oración («Mañana tengo que ir al post office [al correo]»). Como es lógico, esta situación presupone la existencia de hablantes bilingües, es decir, que dominen ambas lenguas en mayor o menor grado. El grado de dominancia hará que un hablante intercambie ambos idiomas o bien que reserve cada uno de ellos para un contexto diferente (por ejemplo, inglés en el mundo del trabajo y español en casa). También el grado de dominio permitirá diferenciar entre lo que se denomina bilingüismo compuesto (cuando el hablante aprende las dos lenguas a la vez y en los mismos contextos) y coordinado (cuando aprende una primero y después la otra, como en el caso de los niños que no aprenden inglés hasta ingresar en la escuela).

Además de la intercalación, otra forma de influencia entre las dos lenguas son los préstamos y calcos lingüísticos, popular y despectivamente llamados «pochismos» cuando son préstamos del inglés al español. Los préstamos del español al inglés, más abundantes de lo que en principio se suele reconocer, son numerosos en varios campos léxicos, sobre todo el de la ganadería, agricultura, minería y gastronomía. Los préstamos del inglés al español se producen dentro del ámbito de la sociedad tecnológica americana y también del mundo laboral en el que se desenvuelven los campesinos y obreros chicanos. En este aspecto, como en todos los demás que conciernen al lenguaje, tenemos ejemplos de cómo la evaluación lingüística está determinada por criterios sociales y no sólo estructurales y de cómo el español es menospreciado desde la perspectiva angloparlante y, a veces, hispanoparlante. Así, si el español chicano utiliza palabras como «troca» (del inglés «truck», camión), «dompe» (del inglés «dump», vertedero) o la expresión «dar para atrás» (del inglés «to give back», devolver), se considera mal español, pochismos, etc. En cambio, las formas en inglés «lariat» (del español «la reata»), «calaboose» (del español «calabozo») o incluso «cowboy» (traducción del español «vaquero»), se aceptan como normales y no conllevan desprestigio alguno. Puesto que los autores chicanos están recogiendo todas estas nuevas voces en su literatura, es de esperar que el tratamiento literario de la lengua popular consiga dignificar la expresión lingüística chicana.

En cuanto al argot llamado «caló» o «pachuco», en su origen es el subcódigo usado por los jóvenes de las pandillas de pachucos, pero su tratamiento literario lo ha difundido de tal manera que unos conocimientos sobre su vocabulario resultan indispensables para leer literatura chicana. George C. Barker ha estudiado tanto su origen lingüístico como su estructura léxica, que incluye palabras del español estándar que cambian de significado («al alba» = «rápido», «carnal» = «hermano», «refinar» = «comer»), de forma («California» = «Califas»), de significado y forma («cantón» > «cantonear» = «vivir»), palabras de uso coloquial mexicano («filero» = «cuchillo»), palabras del dialecto nuevomexicano que cambian de significado («garras» = «trapos» en Nuevo México, «ropa» para los pachucos), adaptaciones que el español del sudoeste hace del inglés («beer» > «birria», cerveza, «to watch» > «guachar», mirar) y palabras de posible creación pachuca y procedentes de otros argots («lisa» = «camisa», «jaspia» = «hambre»). Rosaura Sánchez, en su libro *Chicano Discourse* añade otros dos rasgos del argot pachuco: la introducción de palabras no habituales en el grupo lingüístico («apañar» en el sentido de «coger») y el uso de palabras parónimas para dar novedad a una frase hecha, como en el caso de «ahí nos vemos» > «ahí nos vidrios» o «ya sabes» > «ya sábanas». En cuanto a la función social del pachuco, es la misma que la de cualquier otro argot, con las implicaciones de pertenencia a un grupo marginado social o económicamente y las consecuencias de rápido cambio que toda variedad jergal conlleva.

* Chicanos: 7-8.

† Ver, por ejemplo, la definición que da Francisco J. Santamaría en su diccionario «Castellano corrompido, mezcla de inglés y peor español, que hablan los norteamericanos y residentes extranjeros de origen español, principalmente mejicano, en California (Estados Unidos), y quien lo habla» (873).

§ *Al norte de México*: 118. La cifra de población también está tomada de esta obra.

** Ver Tatcho Mindiola, «Introduction». *Occupied America: A Chicano History Symposium*: 5.

†† Ver *The United States-Mexico Border*, Capítulo 5.

§§ Ver Matt S. Meier y Feliciano Rivera: *The Chicanos: A History of Mexican Americans*, cap. 12.

*** «Mexican Inmigration». *Introduction to Chicano Studies*. Compilado por Livie Isauro Durán y H. Russell Bernard: 241.

††† Ver *Los mojados*, Julián Samora, ed. El artículo de Bustamante «Through the Eyes of a Wetback: A Personal Experience» incluido en esta colección, se reprodujo en español en *Chicanos*, Tino Villanueva, ed. Por desgracia, términos como «espaldas mojadas» y similares, hoy en día casi en desuso en los Estados Unidos debido a su carácter despectivo, son frecuentes en los medios de comunicación españoles en noticias relativas a la inmigración norteafricana.

§§§ R. Acuña analiza este fenómeno considerando también la importancia del automóvil para el mismo. *Occupied America*, 2ª ed. Existe traducción española de la 1ª ed: *América ocupada*.

**** Ver Alberto Camarillo: «Chicanos in the American City.» *Chicano Studies: A Multidisciplinary Approach*. Eds. Eugene E García, et al.

†††† *Al Norte...* 259

§§§§ Hay que notar que bajo la denominación de «hispanos» se encuentran, junto con los chicanos, otros grupos como puertorriqueños y cubanos. Según el censo, las dos terceras partes de hispanos (aproximadamente) son chicanos.

***** Para una apreciación de los programas de educación bilingüe, instituidos en 1968, puede consultarse el libro *Chicano Discourse*, de Rosaura Sánchez.

††††† Es el célebre caso de Félix Longoria. Ver la entrada correspondiente en Matt S. Meier y Feliciano Rivera, *Dictionary of Mexican American History*: 200.

§§§§§ Un buen resumen en español se encuentra en el artículo de Patricia E. Bueno, «Los chicanos y la política», publicado en Tino Villanueva, *Chicanos*: 120-28.

****** *Al Norte...* 89.

†††††† *Occupied America* 365.

§§§§§§ El lector español tiene un análisis detallado de esta huelga en el libro de Tomás Calvo Buezas, *Los más pobres en el país más rico*.

******* «Voces, códigos y cronotopos en la literatura chicana»: 55.

††††††† *Chicano Discourse* 35.

§§§§§§§ Sobre este último punto, puede consultarse también el ensayo de Juan Gómez-Quiñones «On Culture», passim.

******** John M. Lipski distingue estos dos tipos llamándolos, respectivamente, «intersentential» e «intrasentential». *Linguistic Aspects of Spanish-English Language Switching*. Aunque es imposible detenerse mucho en este punto, el lector interesado puede también consultar las entradas bibliográficas correspondientes a J. Amastae, J. Gumperz, E. Hernández Chávez, G. Keller, D. A. Koike, y G. Valdés Fallis.

Bibliografía

Camarillo, Albert. «Chicanos in the American City.» Eugene E. García, et al., eds. 23-39.

Durán, Livie Isauro, y H. Russell Bernard, comps. *Introduction to Chicano Studies*. 1973. New York: MacMillan, 1982.

García, Eugene E., et al., eds. *Chicano Studies: A Multidisciplinary Approach*. New York: Teachers' College Press, 1984.

Gómez-Quiñones, Juan. «On Culture». *Revista chicano-riqueña* 5.2 (Primavera 1977): 29-47.

Lipski, John M. *Linguistic Aspects of Spanish-English Language Switching*. Tempe: Center for Latin American Studies, 1985.

Meier, Matt S., y Feliciano Rivera. *The Chicanos: A History of Mexican Americans*. New York: Hill and Wang, 1972.

Mindiola, Tatcho, Jr. «Introducción». *Occupied America: A Chicano History Symposium*: 5-8.

Sánchez, Rosaura. *Chicano Discourse: Sociohistoric Perspectives*. Rowley: Newbury House Publishers, 1983.

Samora, Julián. «Mexican Immigration». Durán et al., eds. 230-46. *Los Mojados: The Wetback Story*. Notre Dame: University of Notre Dame Press, 1971.

Santamaría, Francisco J. *Diccionario de mejicanismos*. México: Pórrua, 1983.

Interactuando con el texto

Después de leer «La voz urgente», trabaja con un grupo de compañeros y contesten las siguientes preguntas.

1. ¿Cuáles son algunas de las definiciones de la palabra *chicano* que menciona Martín-Rodríguez?
2. Según Martín-Rodríguez, ¿qué significa el término *pocho*? ¿Es la misma definición que dieron en la sección de **Acercándonos al texto**? Si es diferente, ¿de qué modo es diferente?
3. ¿Qué es el Tratado de Guadalupe Hidalgo? ¿Qué papel ha tenido éste en la historia del «chicano»?

4. ¿Qué influencia tuvo la Revolución Mexicana en la historia de la emigración mexicana hacia Estados Unidos?
5. Explica por qué Martín-Rodríguez piensa que la política de los Estados Unidos con respecto a la inmigración de trabajadores mexicanos ha sido hipócrita.
6. Según Martín-Rodríguez, el año 1965 se considera el año en que se inicia el Movimiento Chicano. ¿Por qué?
7. ¿Qué significa *Aztlán*?

VARIEDAD CHICANA

El español chicano se distingue por las siguientes características lingüísticas, algunas de las cuales acaban de ser mencionadas en el ensayo de Martín-Rodríguez: los préstamos lingüísticos, los calcos sintácticos y la alternancia de códigos. Los préstamos son aquellas palabras que tienen su origen en otro idioma, en este caso, el inglés. Incluyen palabras como *fil* (field), *troca* (truck), *parquear* (to park), *lonchear* (to eat lunch or «*el lonche*»). Nota que aunque las palabras vienen de palabras en inglés, se adaptan a la fonología y morfología del español, o sea que se incorporan al sistema de este idioma (y se pronuncian como cualquier otra palabra en español). Los calcos sintácticos son préstamos de la sintaxis de otra lengua. En el español chicano existen frases como *¿Cómo te gustó la película?* en vez de *¿Qué te pareció la película?* donde la estructura del inglés (*How do you like the movie?*) se pasa al español. Finalmente, la alternancia de códigos se refiere al fenómeno lingüístico de combinar el uso de dos lenguas en un mismo discurso o conversación. Como notó Martín-Rodríguez, la alternancia puede ocurrir entre diferentes oraciones (*Tomorrow I'm going to my grandmother's house. Vamos a hacer tamales.*) o dentro de la misma oración (*I don't know qué onda con esa loca agabachada.*).

Aunque se pueden identificar rasgos estructurales que separan el español chicano de otras variedades del español, donde más se nota la diferencia entre ésta y otros dialectos es en el léxico. El español chicano ha desarrollado un léxico bastante amplio, del cual las siguientes palabras son sólo unos ejemplos. Al ver la siguiente lista, ten en cuenta que muchas de estas palabras son coloquiales y se utilizan en el lenguaje oral en diferentes situaciones sociales.

cuate (amigo)	**daime** (moneda americana-**dime**)	**¡úpale!** (interjección que se utiliza al levantar una persona o cosa)
gabacho (latino que se asocia socialmente con gringos)	**chulada** (algo muy mono)	**feria** (dinero-cambio)
güero(a) (**rubio**(a) o de apariencia anglo)	**simón** (sí)	**lana** (dinero)

Gramática funcional

Rasgos que definen un artículo académico de investigación

Como mencionamos anteriormente, «La voz urgente» se publicó como introducción a una antología de literatura chicana en español que incluye el cuento «Las repatriaciones de noviembre» de Francisco X. Alarcón, que vas a leer en este capítulo. Pertenece al género del ensayo, pues es un escrito en el que el autor expone sus ideas (y su punto de vista) sobre el tema del chicano y su historia, y las apoya con ejemplos específicos. Este ensayo también puede ser llamado un artículo académico de investigación, ya que se publicó en una revista o libro académico para divulgar los hallazgos y conclusiones a los que llegó el autor-investigador.

En la sección de **Acercándonos al texto** comentaste con tus compañeros algunas de las diferencias superficiales entre este tipo de artículo y los que se encuentran en los periódicos. En ese primer acercamiento quizás notaste que el artículo de Martín-Rodríguez es un texto de investigación porque tiene notas al pie de página y una bibliografía con referencias a los libros y otros artículos que consultó el autor. Quizás también notaste que el trabajo está dividido en diferentes secciones, marcadas con un sistema de números y encabezadas por subtítulos temáticos.

Todos estos rasgos forman parte de lo que hemos estado llamando el *modo* del texto, es decir, lo que lo define como un texto escrito. Como es obvio, en una conversación no solemos detenernos para darles a nuestros interlocutores referencias formales de textos o una bibliografía para apoyar el contenido de nuestra conversación. Además de definir el artículo como un texto escrito, estos rasgos del modo del artículo académico de investigación, permiten documentar y transmitir los hallazgos y las conclusiones de tal investigación, a la vez que le facilitan la lectura a los lectores-investigadores. Por ejemplo, si tú leyeras este artículo para obtener información más específica de la historia de los chicanos, podrías dejarte guiar por los títulos de las diferentes secciones para así encontrar la información que necesitaras. De igual modo, podrías servirte de la bibliografía para encontrar otras fuentes de información que consultarías en tus propias investigaciones, o para aclarar algún punto que mencionó el autor y que no te quedó muy claro.

Como ya hemos comentado varias veces, el *modo* no es el único elemento que define el género y el registro de un texto, pues éstos también los determinan el *tenor* y el *campo*.

Recuerda que el *tenor* responde a la relación que se crea entre los participantes del acto comunicativo. En el caso de la escritura, la relación se establece entre el autor y los lectores. Esta relación se crea mediante dos maneras principales: la manera en que el autor se dirige a sus lectores y la manera en que les ofrece a éstos la información que quiere comunicar.

Obviamente este texto está dirigido principalmente a los lectores y a los investigadores de la literatura chicana. Sin embargo, notamos que en ningún momento sabemos quién es la persona que escribe la información. Es decir, a diferencia del artículo de Rosa Montero en el Capítulo 4, el de Martín-Rodríguez no nos cuenta nada personal del autor, ni vemos interacción directa con los lectores.

En cuanto a la manera en que presenta la información podemos ver que la mayoría de las oraciones están en tercera persona o usan la *se* pasiva o la *se* impersonal. Por ejemplo:

Muchas definiciones **se han propuesto** para el término «chicano»...
Desde un punto de vista diacrónico **es** importante notar también...
Una vez **definido someramente el término,** merece la pena
considerar algunos otros nombres...

De esta manera (y recordando las secciones de **Gramática funcional** del Capítulo 4) podemos decir que el lenguaje es bastante objetivo. Martín-Rodríguez no asume la responsabilidad de la información que presenta, y presenta la información con un alto nivel de certeza. Observa los siguientes ejemplos:

El nacionalismo cultural **ha sido** una fuerza espiritual de inestimable valor
para la literatura chicana…
El año 1965 **se considera** como el iniciador del Movimiento Chicano…
Las condiciones educativas **tampoco han favorecido** al chicano.

Recuerda que el presentar la información sin ningún marcador de certeza es, de por sí, una manera de marcar la información como cierta. Sin embargo, Martín-Rodríguez también utiliza marcadores para representar sus proposiciones como ciertas. ¿Puedes encontrar algunos? Además, se pueden encontrar ejemplos donde el autor le otorga la responsabilidad de la información a otra persona que es considerada una autoridad en el tema. ¿Puedes encontrar algunos ejemplos? ¿Cuáles son las frases que utiliza Martín-Rodríguez para otorgar la responsabilidad a esta otra persona?

Este lenguaje objetivo e impersonal es fundamental en el ensayo académico de investigación porque sirve para crear la voz de autoridad que es necesaria para este tipo de trabajo. Ahora vamos a analizar los aspectos del *campo* que también sirven para establecer el texto como un ensayo académico de investigación.

Como recordarás, el *campo* se refiere al lenguaje particular, es decir el vocabulario y el estilo gramatical específicos que reflejan el tema y el contexto del texto. En cuanto al léxico, notamos el carácter académico del texto por el uso de palabras como *vinculación, ideología, singularizante, escindida, distorsionarse, reclutar* y otras, que son características de la lengua escrita y académica. ¿Puedes pensar en las palabras más comunes que utilizaríamos en el lenguaje oral y coloquial en vez de ésas?

El lenguaje del texto también se define como académico por la sintaxis, es decir, por la manera en que el autor compacta las ideas y las presenta de una manera más abstracta. Si analizamos la siguiente oración:

«Chicano» hace referencia a las personas **de origen mexicano** cuya experiencia
vital está marcada **de forma sustancial por su pertenencia,** en cualquier nivel,
a la realidad mexicana.

podemos ver que la misma información se podría haber escrito en más de una oración:

Las personas de origen mexicano se llaman «chicanos».
La experiencia de estas personas se enmarca fundamentalmente dentro de la realidad mexicana.

Actividades

Hagan las siguientes actividades en parejas.

A. Indiquen si cada una de las siguientes oraciones pertenece a un registro oral y coloquial o a un registro escrito y académico. Justifiquen sus respuestas.

1. Antes del conflicto presente las instituciones democráticas y humanitarias internacionales fueron socavadas sistemáticamente por sucesivas administraciones norteamericanas, como demuestra el notable artículo del profesor Noam Chomsky titulado «Juzguemos a EE.UU. por sus hechos, y no por sus palabras.»
2. Mi amigo Germán y yo discutíamos todo el tiempo acerca de la historia de la lengua española pues él estaba en mi clase y siempre pensaba que sabía más que yo, pero nunca leía el libro y no sabía realmente de lo que hablaba, en cambio yo siempre estudiaba porque me interesaba muchísimo, pero Germán nunca lo reconoció y siempre trató de decirme cosas a mí.
3. La historia de nuestra Península antes de la conquista romana encierra un cúmulo de problemas aún distantes de ser esclarecidos.

B. Ahora les toca a Uds. crear frases que correspondan más al lenguaje escrito y académico. En cada uno de los siguientes casos, compacten las ideas presentadas para formar una oración más abstracta y académica. Para hacerlo, es posible que tengan que cambiar algunas de las palabras y usar otras más precisas o elaboradas. Cuando terminen, comparen las oraciones resultantes con las de otros grupos de la clase. ¿En qué se diferencian? ¿Son las suyas más académicas? ¿Más orales? ¿Por qué?

1. Elena era una chica poco confiable. Cuando estuvo en esa situación difícil contradecía todo lo que ya había dicho. Fue por eso que decidieron que estaba mintiendo.
2. El texto literario tiene un final que el autor ya ha previsto y que es una parte esencial del texto. Esto es diferente de una conversación oral porque normalmente cuando hablamos con alguien no sabemos cómo vamos a terminar la conversación.
3. El lenguaje de los vascos se llama *euskera*. No tiene ninguna relación lingüística con las lenguas hispanorromanas. No es una lengua indoeuropea.

Creando textos

A. Escritura personal. Durante diez o quince minutos escribe tus reacciones al ensayo de Martín-Rodríguez. ¿Lo encontraste interesante? ¿Por qué?

1. Si eres de ascendencia mexicana, ¿te consideras «chicano»? ¿Por qué? ¿Estás de acuerdo con la definición que propuso el autor? ¿Por qué?

2. Si eres de ascendencia latina, pero no mexicana, ¿te consideras «chicano»? ¿Por qué? ¿Tienes otro término con el que te identificas? ¿Cuál es?

3. Si no eres de ascendencia latina, ¿cuál es tu ascendencia? ¿Existe un «término» con el que te identificas? ¿Por qué? En tu opinión, ¿cómo se compara la experiencia del grupo o de los grupos étnicos a que perteneces en los Estados Unidos con la de los chicanos?

B. **Escritura pública.** Trabaja con tres compañeros de la clase y exploren la variedad de opiniones que existen con respecto al término «chicano» entre los latinos en los Estados Unidos y en su universidad. Para hacerlo, pueden seguir los siguientes pasos:

1. Dividan el trabajo entre los miembros del grupo.
   a. Uno puede buscar el término «chicano» en la Red Mundial y tomar apuntes sobre los diferentes contextos en el que se utiliza.
   b. Otro puede enviar un mensaje a algún foro de discusión electrónica como *alt.mexico, alt.culture.argentina* o *soc.culture.spain* para pedirles a los miembros (que suelen ser del país de origen del foro) sus opiniones sobre el término. Es posible que aquellos latinos que vivan fuera de los Estados Unidos no conozcan el término, pero esa conclusión será interesante de todos modos.
   c. Otro miembro puede entrevistar a varios latinos de la clase o de la universidad para pedirles sus opiniones sobre el término. ¿Utilizan el término «chicano» personas que no son de ascendencia mexicana? ¿Por qué?

2. Después de hacer la investigación, reúnanse para comentar lo que han descubierto.

3. Organicen los resultados de la investigación y explíquenlos en un breve ensayo académico de investigación al estilo del de Martín-Rodríguez.

4. Al escribir el ensayo, no se olviden de citar las fuentes de información que han consultado, tal como lo hizo Martín-Rodríguez en su ensayo.

5. Después de escribir el breve ensayo en grupo, vuelvan a examinarlo, prestando atención especial a los rasgos del *campo,* el *tenor* y el *modo* que definen el ensayo académico. ¿Se dirigen directamente al lector? ¿Usan un lenguaje objetivo? ¿Usan un léxico académico? ¿Son compactas las oraciones?

6. Una vez que Uds. estén satisfechos con su ensayo, compártanlo con el resto de la clase.

Segunda lectura: «Las repatriaciones de noviembre»

Francisco X. Alarcón, poeta chicano, nació en Wilmington, California, en 1954. De niño vivió en Guadalajara, México, pero desde los 18 años ha residido en el estado de California en los Estados Unidos. Ha publicado diez colecciones de poesía, entre otros títulos: *Cuerpo en llamas* (1990), *De amor oscuro* (1991), *Snake Poems* (1992), *Poemas zurdos* (1992), y *No Golden Gate for Us* (1993). Sus libros más recientes son colecciones de poemas bilingües para niños: *Laughing Tomatoes and Other Spring Poems/Jitomates risueños y otros poemas de primavera* (1997), *From the Bellybutton of the Moon and Other Summer Poems/Del Ombligo de la Luna y otros poemas de verano* (1998) y *Angels Ride Bikes and Other Fall Poems/Los Ángeles Andan en Bicicleta y otros poemas de otoño* (1999). Es coautor de tres libros de texto (*Tu mundo, Nuestro mundo* y *Mundo 21*) para la enseñanza de español a nivel secundario y universitario. Actualmente es profesor en el Departamento de Español de la Universidad de California en Davis, donde es Director del Programa de Español para Hispanohablantes.

«Las repatriaciones de noviembre» refleja no solamente la experiencia personal del autor, sino también la realidad compleja que han vivido y siguen viviendo miles de familias chicanas en los Estados Unidos hoy en día.

Acercándonos al texto

En parejas, discutan las siguientes preguntas.

1. ¿Qué significa la palabra *repatriación*? ¿Qué puede significar el título?
2. Lee los primeros dos párrafos.

   a. ¿Dónde está el (la) narrador(a)? ¿Qué está haciendo? ¿Cómo lo sabes?
   b. ¿A quién se refiere el nombre de *jefa*?

3. Lee el tercer párrafo. ¿Qué escena está describiendo el narrador en este párrafo?
4. Lee el cuarto párrafo.

   a. ¿Qué escena está describiendo ahora el narrador?
   b. Subraya la(s) frase(s) que marca(n) la transición del tiempo en la narración.

5. El narrador se dirige directamente a alguien: por ejemplo dice, «dudas que ahora ella te escuche», «estás solo» y «te parece la mañana de un lejano sueño».

   a. ¿A quién se dirige?
   b. ¿Por qué piensas así?
   c. ¿Qué dicen los otros de la clase?

Segunda lectura: Las repatriaciones de noviembre

FRANCISCO X. ALARCÓN

Llamas in the month of dying leaves

José Montoya

—Jefa[1], aquí le traigo sus claveles rojos, a usted que tanto le gustaban...

Pero antes de susurrar la primera palabra has pensado: «Jefa, si hace años no vine al funeral fue porque quiero conservarla viva en la memoria sin que me la pinten o le ricen su pelo largo y lacio».

En ese mismo instante dudas que ahora ella te escuche, pues sabes que ya no está aquí aunque la pequeña lápida[2] de mármol enterrada en el césped verde diga: «María del Rosario Aguilar de Vargas, 1897-1962».

Estás solo esta mañana del dos de noviembre en el cementerio frente al parque Banning de Wilmington, este puerto sucio de Los Ángeles con peste de refinerías de petróleo. Aquí ya nadie se acuerda de sus muertos, piensas cuando colocas el ramo de flores al pie del rectángulo negro. Al tocar el pasto húmedo, sientes la presencia de esta espesa brisa marina que como llovizna lenta y pertinaz había empapado el parabrisas de tu Chevrolet y ahora te empapa las manos y la cabeza descubierta.

Así era aquella mañana hace ya tantos años que ahora te parece la mañana de un lejano sueño que no has podido olvidar. Cómo olvidar ese lunes de noviembre de 1931, con tu madre en la puerta del cuarto aplaudiendo el amanecer y a la vez invocando: «¡Ave María Purísima! Ya levántense que se nos hace tarde para la misa».

No se había dado cuenta que ya estabas despierto, que toda la noche no habías podido dormir en el duro suelo donde ahora ronca tu hermano Carlos y tu hermano Chava parece un capullo de mariposa enroscado de pies a cabeza en su cobija[3].

Te levantas y desde la ventana del cuarto te asomas y sientes esa misma sensación de brisa como vaho de mar en la cara.

Ayer habían venido por las camas y los últimos muebles que quedaban todavía en la casa ahora amueblada únicamente por sus ocupantes tendidos sobre el piso de madera.

Cruzas descalzo el pequeño pasillo y vas abriendo cuidadosamente las puertas, una tras otra, como un ladrón en el silencio busca su botín. Tus hermanos Tony y Chencho siguen profundamente dormidos. Chelo, tu hermana, en su recámara con la cabeza clavada en una almohada de olanes. En el cuarto más grande, tu padre acostado de lado con la cara a la ventana de enfrente, tal vez pensativo.

La casa se ve tan extraña sin muebles, piensas, tú que tan bien la conoces y hasta habías ayudado a tu tío Eliseo a construir el cuarto del fondo en el tiempo récord de tres días. Tu tío con una cerveza en una mano y con un martillo en la otra era un carpintero sin igual en la colonia. ¿Y no le habías

---

[1] nombre para la madre o la esposa de alguien
[2] piedra en que se pone una inscripción
[3] manta

ayudado también un día a componer la plomería debajo de la casa y a echarle veneno a las termitas que se comían los postes viejos y lamosos de los cimientos?

Luego encuentras a tu madre sentada en una caja de madera con la mirada fija en el agua que quizás por puro hábito había puesto a hervir en la estufa de gas.

—Y tú, José, ¿qué andas haciendo en esas fachas[4]? Ándale, vete a vestir y levántamelos a todos porque si no, no vamos a llegar a tiempo —te dice un poco sorprendida.

Cuando llegan, la misa acaba de empezar en aquella capillita improvisada en la esquina de la calle Opp y la avenida Eubank, que desde afuera parece un garaje grande con una pequeña cruz en la punta del techo de dos aguas. A misa de seis y media sólo van las viejitas y las personas que así lo hacían en sus antiguos pueblos antes de irse a sus labores. Pero aquí ya nadie tiene ni sembradíos de alfalfa, ni potreros que atender, ni vacas que ordeñar; únicamente les queda esa costumbre que el propio padre Francisco Arias se propone seguir a diario. El padre Panchito también venía de un pueblito de Jalisco de donde había huido disfrazado de ferrocarrilero para no ser fusilado durante la persecución anticristera de Calles.

Siguiendo su propio rito, tu madre se cuelga con mucha reverencia la cinta roja y la medalla distintiva de la Asociación Guadalupana que ella había ayudado a fundar en la iglesia de San Pedro y San Pablo, cuando todavía no existía una parroquia para los mexicanos en Wilmington. Hasta el semblante[5] se le transforma con el distintivo en el pecho como si éste la hiciera poseedora de un gran secreto que le da todas las claves para resolver cualquier dificultad u obstáculo. Esta devoción, más su tremenda energía de trabajo, su peculiar optimismo y entusiasmo, le había ganado a través de los años el cariño, la confianza y el respeto de todas sus correligionarias guadalupanas. ¿No había sido ella la impulsora principal para que en la St. Peter and Paul Church tuviera su altarcito la Virgen de Guadalupe? ¿No había propuesto que se juntaran firmas ante el despego de los curas italianos e irlandeses que le daban largas al asunto? ¿No convenció también a la agrupación para mandar cartas de protesta al señor arzobispo de Los Ángeles? ¿Y no fue ella la instigadora para que el padre Luciano González, entonces venido de Los Altos de Jalisco, se quedara en Wilmington para establecer una parroquia donde los mexicanos no se sintieran menospreciados? Por eso dicen que el párroco Schiparelli de la St. Peter and Paul Church sintió mucho alivio y hasta brincaba de gusto cuando le fueron a decir que las tenaces guadalupanas mexicanas se proponían hacerse de su propia iglesia.

A estas horas no puedes concentrarte en nada en la capilla. Quizás sea el hambre atrasada por el ayuno desde la víspera —tu madre quería que esa mañana todos comulgaran— o la desvelada de anoche, o más bien es que viendo a tu padre sentado y quieto en la banca se te viene a la memoria el día que llegó a la casa con un modo que no le habías conocido. Había permanecido sentado mucho rato en un escalón del porche de la entrada, inmóvil, silencioso, con la vista perdida en alguna cañada de su interior. Tu madre luego lo notó:

—Adolfo, ¿qué ha sucedido?

—Los desgraciados se llevaron a Juan Cruz —respondió después de un silencio muy largo con una rabia que no lograba apagar— le dije que no se arriesgara, que desde enero andaban haciendo redadas en el centro, pero Juan, necio.

---

[4] **en...** con tan mala apariencia
[5] **el...** la cara

—N'hombre, a mí me dicen misa.

—Pero Juan, tú no tienes que ir en persona, yo voy y me informo por ti.

—No compa[6], para eso tengo pies y boca.

—Ándale pues, pero deja siquiera que te acompañe, que hoy trabajo nomás medio día.

Notaste cómo tu padre continuaba su relato de una manera automática, con la mirada hacia adelante como si le hablara a alguien sentado frente a él.

—Y hoy, después del trabajo, pues ahí vamos. Pero qué suerte la nuestra que encontramos las oficinas cerradas y nadie nos pudo dar razón a qué horas volvían a abrir porque, según eso, a esa hora deberían estar abiertas.

—Compa, a lo mejor estarán echándose un «late lunchbreak» de gringos —me dijo Juan riéndose—. Vámonos a la Placita y al rato regresamos que al cabo apenas van a dar las dos y media.

Pero no habíamos acabado de sentarnos en una banca, cuando de pronto quién sabe de dónde diablos sale un enjambre de policías y agentes vestidos de civil y rodean por completo la Placita. Luego anuncian que permaneciéramos donde estábamos porque iban a pasar a revisarnos los papeles. Y ahí nos tienes a más de cuatrocientos hombres, mujeres y niños, la mayoría raza, sentaditos como lelos[7] por más de una hora. Y Juan dice y dice chistes y ocurrencias hasta que llegaron con nosotros y se lo llevaron.

Con las palabras de tu padre rezumbándote en los oídos ante ti surgió la vieja Placita de Los Ángeles con sus frondosos laureles de la India junto a los puestos de comida y golosinas mexicanas de la calle Olvera, con sus bancas de hierro forjado alrededor del kiosco donde habías pasado tantos domingos jugando a «la trais» mientras tus padres saludaban a los amigos y los parientes a la salida de la iglesia de enfrente, construida de adobe por los fundadores, venidos de México, del «Pueblo de Nuestra Señora Reina de Los Ángeles de la Purciúncula» —según una plaquita de bronce —en 1781. De ahí se habían llevado a Juan, quien, aunque tenía muchos años por acá, nunca había creído en formalidades hasta ese día que había ido a pedir informes a las oficinas de inmigración sobre cómo obtener sus papeles de residente.

—Los desgraciados habían cerrado las oficinas para tramar mejor esta redada —añadió mi padre.

A los dos días, tu padre le fue a llevar a Juan un veliz medio roto con la poca ropa y las menos cosas que éste tenía en el cuarto de hotel barato que rentaba.

—Los tienen en la cárcel peor que criminales. Hasta el cónsul mexicano De la Colina andaba por ahí furioso por el trato que les dan a los de la raza. Pero Juan, igual, como si nada, con el buen humor y las puntadas de siempre.

—Es que ya me tocaba —me dijo Juan cuando nos despedíamos. Bueno compa, nos vemos en el terrenazo.

Pero ya nunca se volvió a saber más de Juan Cruz. Hasta sus propios familiares acabaron de darlo por perdido o muerto. Las tardes en la casa se volvieron más tristes porque ya no estaba Juan para contar sus chistes y los cuentos que hechizaban por horas a todos en la familia. Y tu padre perdió el mejor amigo que tuvo en la vida, aunque esto quizás nunca lo llegó a saber.

---

[6] compadre, amigo

[7] tontos

Después de regresar de comulgar y arrodillarte en tu sitio, notas que tu hermana Chelo, hincada junto a ti, está llorando en silencio con la cara en las manos. No, no es que le haya salido lo devota, quizás sea que también se acuerda de las cuatitas[8] Martínez, sus mejores e inseparables amigas con las que llevaba una amistad que abarcaba todos sus doce años de niña y de las cuales hace dos meses no sabe nada.

Pero, ¿no se morían de risa tus hermanos cuando tú remedabas casi a la perfección la manera singular como lloraban las cuatitas cuando fueron a llevarlas a la Southern Pacific Station de Los Ángeles, porque ellas no se querían ir?

—Don Adolfo, aquí la vida es muy pinche[9] —le oíste decir a don Abito Martínez mientras tratabas de consolar inútilmente a las cuatitas y a tu hermana entre el gentío de la estación de trenes—. Y los americanos unos cabrones muy ingratos. Te exprimen el jugo hasta que te rompen el bofe y luego de una patada te botan y ni las gracias te dan.

Don Abito cojeaba todavía de la pierna que se había roto en la empacadora de carne donde trabajaba. Al principio le decían que le iban a pagar una compensación, pero luego después ni de janitor lo tomaban en la compañía. Y así se quedó cojo, sin trabajo y sin dinero y su esposa doña Refugio se tuvo que poner a vender tamales para sacar el gasto.

Desde la ventanilla del tren, don Abito y doña Refugio se despedían agitando las manos mientras que las cuatitas se asomaban desde la escalerilla por donde se habían subido al vagón.

—Chelo, we'll write you as soon as we get there —gritaban llorosas las dos a la vez cuando el tren se ponía en marcha.

—Sussy, Vecky, take care, que les vaya muy bien —les repetía Chelo hasta que ya no se podían oír.

Y como la mayoría de la gente que había ido a la estación a despedir a parientes y amigos, tu hermana se quedó parada junto a los rieles hasta que el tren se perdió en la distancia, pero lloraba ya en silencio con la cara en las manos.

La familia Martínez se iba porque la social worker les había dicho que ya sólo a los americanos les iban a dar welfare y que mejor sería que aprovecharan la oportunidad del viaje gratis por tren, que ese momento les ofrecía el Condado. Al principio don Abito se encolerizó[10] tanto, que por poco golpea a la representante del Departamento de Welfare. Pero después doña Refugio poco a poco lo convenció que se fueran a México, a la capital, donde un hermano de ella acababa de poner un taller de zapatería en el barrio de Tepito.

—Jefe, ¿se fijó cómo iban en casi todas las puertas del tren agentes de inmigración?

—Esos desalmados van para asegurarse que ninguno de los pobres repatriados se baje antes de su destino —te explicó tu padre, escupiendo con desprecio en la vía.

Después de misa y de desayunar unos chilaquiles y café de olla, tu madre sale a la yarda trasera donde tiene la mayoría de sus macetas con sus claveles rojos, sus geranios, sus lirios, violetas y rosales, sus enredaderas y colgaderas, sus hierbas de olor, su cilantro, perejil, yerbabuena, su té de limón.

—Chayo, ¿para qué las riegas si ya nos vamos y además, no ves que está lloviznando? —le grita desde la cocina tu padre.

---

[8] amiguitas
[9] **la...** la vida es muy dura (pinche es un coloquialismo)
[10] **se...** se enojó

Pero ella sigue echándoles agua con el cuidado y el cariño que siempre les ha tenido. Así se despide de las que han sido testigos más cercanas de los últimos quince años de su vida. Fue lo único que en aquella casa no se había vendido. ¿Cómo podía vender a las fieles compañeras que le habían escuchado y aguantado todo? Habían vendido la casa a su hermano, pero no así las plantas; ésas se quedan prestadas.

Ya en varias ocasiones le había indicado a su vecina del otro lado todos los pormenores de cada planta, cuáles eran de sombra, cuáles de sol, las de agua de día y las de agua de noche:

—Chonita, te las encargo por lo que más quieras. Cúidamelas hasta que regrese. Ya tiene dicho[11] Víctor, mi hermano, que tú me vas a cuidar las plantas.

Ahora tu madre está al fondo de la yarda donde antes se hallaba su hortaliza y de donde habían salido la mayoría de las verduras para el consumo familiar: cebollas, jitomates, zanahorias, calabacitas, espinacas, chayotes, verdolagas, lechugas, chiles. En la marketa sólo se compraba lo indispensable.

De las veinticinco gallinas y otros tantos pollos que una vez hubo en el gallinero de la esquina ya no queda ni una pluma. Durante los últimos meses han surtido[12] la única carne que se pone en la mesa, en mole, en caldo, en pipián, frita, deshebrada, en tostadas, tamales, enchiladas o ensaladas. ¿Quién iba a saber que un día la familia llegaría a estos aprietos? ¿No se habían venido de Texas porque les decían que acá era la tierra de las oportunidades y el bienestar? ¿No había tu madre dado a luz a Tony en un miserable jacal sin electricidad y sin agua a las afueras de Amarillo, Texas? ¿No te había ella también hablado de esos infames letreros en los restoranes texanos: «No Niggers, Mexicans, or Dogs Allowed!» y de que aquello era un infierno, en el día de calor y en la noche de frío? ¿No se había entonces prometido que jamás volverían a pasar hambre[13] ni ella, ni Adolfo, ni sus hijos? Por eso las penalidades de ahora le parten el alma.

¿Cuántas veces en las últimas semanas no había venido a sonsacarla la abuela Micaela, su madre, que vive a la vuelta con dos de sus hermanos?

—Mira, Chayo, tú sabes mejor que nadie todo lo que hemos sufrido y por las que hemos pasado. Este Adolfo no se da cuenta, cree que todo es muy fácil... Déjalo que se vaya él solo. Ya sabes que aquí nadie se muere de hambre. Él entrará en razón y luego se regresará.

Pero tu madre no podía dejar ni en pensamiento que su Adolfo se fuera solo, porque a pesar de todo él estaba ya demasiado enraizado en su corazón.

—¡Ay!, m'hijita, tú también andas encanicada. Pero ya no estás como para volver a comenzar. Mírate las piernas, con esas varices y con tanto chamaco...[14]

Como buena comerciante, tu abuela se las sabía de argumentos y regateos. Los sábados se llevaba a uno de sus nietos para que la acompañara en el tranvía al downtown de Los Ángeles y le sirviera de intérprete en las grandes tiendas de gringos de la Broadway[15]. Con extraordinaria eficacia compraba telas, medias, zapatos, ropa, cosméticos y utensilios del hogar que después vendía a las

---

[11] **tiene...** ha dicho
[12] **han...** han dado
[13] **pasar...** tener hambre
[14] **tanto...** tantos hijos
[15] **la...** una de las tiendas principales del sur de California

mujeres y hombres de la colonia que o no tenían tiempo para andar buscando gangas o les daba miedo entrar a las tiendas.

Aunque a estas horas ya han comenzado las clases, en el callejón detrás de la casa se junta la palomilla del barrio para despedirlos.

—Are you guys really moving to México? —pregunta incrédulo el Mike Arroyo.

—Shit, man, I don't know what are we going to do over there —dice tu hermano Tony muy apesumbrado.

—I hear things are pretty bad down there, you know, all those killings and stuff —añade el Flaco Chávez.

Y después de un prolongado silencio, Chencho, tu hermano, exclama casi a gritos:

—Dammit, I was born and raised in this neighborhood! I'm not from Mexico, this is my country!

—Ay sí Chencho, ahora sí muy «American», ¿no? —replica una voz burlona entre el grupo de muchachos y todos se ríen a carcajadas.

Es una risa liberadora y al mismo tiempo delatadora que los hace cómplices de una condición que todos comparten a su manera y que en los últimos meses se había hecho aún más obvia. Esto tú lo habías comprobado en carne propia no hacía mucho tiempo en un recreo de la Lincoln Grammar School donde estabas en el fifth grade, cuando el pecosito Jimmy, que creías tu amigo, se te acercó y muy serio te dijo:

—Joe, I'm not gonna play with you no more because my dad says that you meskins stole his job.

El que se ve más triste es el Tony, quizás porque es el mayor y a los quince años ha vivido cuatro más que tú, o tal vez porque acaba de entrar a la high school. Para ti, él tiene demasiados secretos. Como ése que le descubriste sin querer un día en el «Pike», el parque de diversiones de Long Beach, adonde te había llevado junto con tu hermano Carlangas y el Johnny, su inseparable amigo. A la entrada del «Pike», Rosy González y una gringuita llamada Mary los estaban esperando. El Tony y el Johnny se desaparecieron con sus amiguitas tan pronto Carlangas y tú se subieron a la rueda de la fortuna. Y después de recorrer casi todos los juegos, ustedes dos los anduvieron buscando por dondequiera hasta que fuiste al barandal que daba al mar y ahí los viste abrazados. El Tony te vio pero se hizo el disimulado y siguió besando a la Mary como en las películas.

Tú te quedaste parado en ese lugar por un rato sin saber qué hacer. En el camión de regreso, no te habló ni tú le comentaste nada. Cuando llegaron a la casa y Carlangas ya se había metido, Tony te tomó del brazo y te dijo:

—Promise you won't tell anyone.

—I promise, Tony —le aseguraste como pudiste.

Ahora hay que subir las últimas cosas a la troquita[16] Ford que ya está bien cargada con toda la ropa, los trastes y bandejas, la máquina de coser Singer, el fonógrafo y el radio RCA Victor, las herramientas de tu padre, las bicicletas de Chencho y Chava, la nueva máquina de escribir de Tony y todo lo que de quince años quiere salvar una familia.

La troquita había quedado que ni mandada a hacer. Tu padre y tu tío Eliseo se habían pasado tardes remodelando la parte trasera, transformándola en un pequeño trailer con techado y hasta con ventanillas a los lados.

---

[16] camioneta

Carlangas, muy previsor —como siempre— ya tiene amarrado en un rincón de la troquita a Popi, su cachorro pastor alemán.

—Ahora sí parece Arca de Noé— les dice en broma el tío Eliseo, que ha venido a ayudarles—. Pero además del perro no veo más que puros pájaros nalgones...

Esto lo dice en voz alta delante de las guadalupanas que han ido a despedir a su correligionaria:

—Chayo, aquí te traemos unos tamalitos para el camino. Te nos vas cuando más te necesitamos. Ahora, ¿quién va a organizar las jamaicas y las rifas para la construcción del nuevo templo? ¡Ay, Chayito! No sabes lo que te vamos a extrañar.

Por ahí anda tu padre chiflando los sones que más le gustan. Qué diferente —piensas— del de hace apenas unos meses cuando con sus overoles sucios llegó muy temprano a la casa y le dijo a tu madre, que se le había quedado mirando muy azorada: «Sí, me despidieron».

Había sido el último mexicano en ser despedido del equipo de mantenimiento porque él era uno de los mejores mecánicos de la fabrica Bórax, donde había trabajado por más de diez años. Durante semanas anduvo buscando inútilmente cualquier trabajo, pero entonces los nuevos trabajos se habían evaporado bajo el cruel sol de la Gran Depresión y ser mexicano se había convertido en uno de los peores crímenes de Los Ángeles. Ya muchas fábricas habían puesto a la entrada el letrero: «Only White Labor Employed Here!»

Pero hoy anda muy contento. Hace diez años que no para de hablarles de su tierra, de sus proyectos, de ese rincón de Jalisco de donde su hermano Vicente le acaba de escribir diciéndole que ya todo está arreglado sobre la herencia del potrero y que ya hasta le tiene casa a la entrada del pueblo. Cuando habla de esto se le iluminan los ojos y el rostro le resplandece de felicidad.

—Oiga apá, ¿cómo es que Atoyac tiene playa si no está en el mar? —le pregunta Carlitos, tu hermano menor.

—Ah, qué mis pochitos, si allá no hay necesidad de mar para que haiga playas.

Y luego les platica cómo de chico se iba a cazar güilotas a las islas de la laguna de Atoyac. En tiempo de secas se iba a pie y en las lluvias en lancha: «En las islas hay una de pitayas, tejocotes, guanábanas, mangos, guayabas, mameyes, guamuchiles...», sigue enumerando exotismos ante ustedes que están boquiabiertos.

Antes del mediodía van en camino por la Pacific Coast Highway que atraviesa toda California y en menos de tres días están estacionados frente a la aduana mexicana de Nogales. Pasa de medianoche y el cielo relumbra de tanta estrella. Para que a nadie se le escape, tu padre sigue repitiendo: «En tres semanas estamos en Atoyac». Tu madre se voltea a contemplar el Norte, sabes que en ese preciso momento se está prometiendo regresar con sus hijos un día no muy lejano.

—Sí, jefa, usted regresó años más tarde, pero su Adolfo ya se había quedado donde siempre quiso estar y usted acá donde también siempre se quiso quedar. Muchos de los suyos ahora abonan este cementerio que por eso ha de estar tan verde.

Esto y todo lo demás lo piensas antes de acabar de pronunciar la última palabra de la única oración susurrada esta mañana dos de noviembre de brisa marina en el cementerio frente al parque Banning de Wilmington:

—Jefa, aquí le traigo sus claveles rojos a usted que tanto le gustaban...

Interactuando con el texto

A. Después de leer «Las repatriaciones de noviembre», trabajen en grupos y contesten las siguientes preguntas.

1. ¿Quién piensan que es el narrador de este cuento? ¿Por qué?
2. Después de haber leído el cuento, ¿a quién piensan que se dirige el narrador? ¿Por qué?
3. Identifiquen todas las palabras y frases utilizadas para recrear «lo chicano» en este cuento. Comparen su lista con las de otros grupos.

B. Contesta estas preguntas con un grupo de compañeros de clase: ¿Qué harían si tuvieran que salir y dejar atrás el único país que conocen como el suyo? ¿Cómo se sentirían? ¿Cómo piensan que sería su vida en el nuevo país?

Creando textos

A. Escritura personal.   Durante diez o quince minutos escribe tus reacciones al cuento de Francisco X. Alarcón. ¿Te gustó? ¿Por qué? ¿Te recuerda algún momento determinado en la historia de tu propia familia? ¿Conoces a alguien que haya estado en la misma situación de la familia en el cuento?

B. Escritura pública.   En parejas, escriban un breve ensayo de dos o tres párrafos en los que contestan la siguiente pregunta.

> En su antología de literatura chicana, Martín-Rodríguez observa que «la mayoría de los autores incluidos escriben desde una perspectiva proletaria, siguiendo la tradición de resistencia que la conquista del suroeste hizo nacer y que se manifiesta desde los tempranos corridos chicanos hasta novelas como la de Venegas o poesía aparecida en periódicos y revistas de finales del siglo XIX y principios del XX». Como el cuento «Las repatriaciones de noviembre» está incluido en la antología de Martín-Rodríguez, ¿crees que Alarcón es uno de los que pertenece a esta «mayoría» que escribe desde la perspectiva proletaria?

Para contestar la pregunta, pueden seguir los siguientes pasos:

1. Definir el significado de una «perspectiva proletaria».
2. Encontrar ejemplos que demuestren que Alarcón escribe o no escribe desde esta perspectiva.
3. Organizar los ejemplos desde el que causa menos impacto hasta el ejemplo que causa más impacto.
4. Cuando estén satisfechos con su breve ensayo, compártanlo con el resto de la clase.

Tercera lectura: «Los Estados Unidos por dos lenguas»

Carlos Fuentes, novelista, ensayista, guionista de cine y político mexicano, figura entre los grandes intelectuales contemporáneos dentro y fuera de México. Nació en Panamá en 1928, mientras su padre trabajaba allí de diplomático. Debido al trabajo de su padre, Fuentes pasó varios años de su niñez en los Estados Unidos, Chile y Argentina. Obtuvo su licenciatura en Derecho de la Universidad Nacional Autónoma de México (UNAM) y empezó su distinguida carrera de servicio público trabajando en la Secretaría de Relaciones Exteriores y siendo embajador de México en Francia entre los años 1972 y 1976.

Sus intereses literarios empezaron mucho antes de su carrera política, y sus obras han sido traducidas a muchos idiomas. De hecho, su novela *Gringo Viejo* (1985), fue traducida al inglés y sirvió de guión para la película norteamericana *Old Gringo*, con el actor puertorriqueño Jimmy Smits. Otras de sus numerosas y notables publicaciones incluyen *La muerte de Artemio Cruz* (1962), *Diana o la cazadora solitaria* (1994) y *El espejo enterrado* (1992), ensayo en el cual trata los temas del descubrimiento y la independencia de las naciones de América Latina.

Fuentes sigue muy activo, tanto en el campo político como en el literario, como demostrará su ensayo «Los Estados Unidos por dos lenguas», que incluimos en este capítulo. Este ensayo, como muchos de sus más recientes, salió en *El País*, uno de los principales periódicos de España.

Acercándonos al texto

A. Algunos de los siguientes temas se prestan al debate. Después de comentarlos en grupos pequeños, formen equipos para debatir algunos de los temas.

1. Se ha dicho que los términos *globalización, multilingüismo* e *internacionalización* definirán el siglo XXI. ¿Qué significan estos términos y cómo se interpretan actualmente en los Estados Unidos?

2. ¿Crees que las personas que hablan más de un idioma tienen más ventajas hoy en día en los Estados Unidos que las que sólo hablan un idioma? ¿Depende de los idiomas que uno hable? Si crees que hay ventajas ¿cuáles son algunas de éstas? ¿Crees que todos deberíamos aprender un segundo idioma? ¿Cuál crees que es la mejor edad para aprender un segundo idioma?

3. ¿Cuáles son algunos de los otros países del mundo que tienen circunstancias lingüísticas como las de los Estados Unidos, es decir, países donde grandes poblaciones de gente hablan más de un idioma? ¿Cómo manejan esta situación los ciudadanos de estos países? Si necesitas más información sobre el tema, haz una búsqueda en la Red Mundial sobre *Cataluña* o el *País Vasco* en España, o sobre *las lenguas indígenas en Sudamérica*. También puedes buscar bajo la palabra *multilingüismo*.

4. Imagínate que ayer, soldados de otro país atacaron los Estados Unidos y que se apoderaron del gobierno. Hoy han impuesto una nueva ley: no se puede hablar el inglés y toda comunicación de hoy en adelante deberá realizarse en el idioma del país invasor. Vas a la escuela y hoy encuentras a nuevos profesores hablándote en un nuevo idioma y esperando que tú hables y entregues tus trabajos en ese idioma. ¿Cómo te sentirías? ¿Qué harías? ¿Cómo te sentirías después de cincuenta años de la ocupación de este gobierno? ¿Seguirías hablándoles inglés a tus hijos y enseñándoles sólo el inglés? ¿Por qué?

B. Trabaja con un(a) compañero(a) de clase para hacer lo siguiente:

1. Mira el título del texto de Fuentes. ¿Qué crees que significa el título? ¿Tiene un doble significado?

2. Lee solamente el primer párrafo.

   a. ¿Qué tipo de texto crees que es? ¿Por qué?

   b. ¿Cómo va a ser similar o diferente de los otros textos que has leído en este capítulo? ¿Por qué?

   c. ¿Se parece a otro texto que has leído en este libro? ¿Cómo?

   d. ¿Dónde esperarías leer este tipo de texto?

   e. ¿Puedes detectar el tono que Fuentes adoptará al discutir su tema en el resto del ensayo? ¿Cuál es su tono y cómo lo notaste?

Tercera lectura: Los Estados Unidos por dos lenguas

CARLOS FUENTES

«El monolingüismo es una enfermedad curable». Una vez vi este grafito en un muro de San Antonio, Texas, y lo recordé la semana pasada cuando el electorado de California, el estado más rico y más poblado de la Unión Americana, votó a favor de la Proposición 227, que pone fin a la experiencia bilingüe en la educación.

Yo entiendo a los padres y madres inmigrantes de lengua española. Desean que sus hijos asciendan escolarmente y se incorporen a las corrientes centrales de la vida en los Estados Unidos. ¿Cómo se logra esto mejor? ¿Sumergiendo al escolar, de inmediato, en cursos sólo en lengua inglesa? ¿O combinando la enseñanza en inglés con la enseñanza en castellano? California ha votado en contra de la segunda idea, aliándose a la primera. Este hecho no deroga otro mucho más importante y de consecuencias infinitamente más duraderas: los Estados Unidos tienen 270 millones de habitantes, y 28 millones entre ellos hablan español. A mediados del siglo que viene, casi la mitad de la población norteamericana será hispanoparlante. Éste es el hecho central, imparable, y ninguna ley va a domar realidad tan numerosa y bravía.

Hay en la Proposición 227 la comprensible preocupación de los padres latinos por el futuro de sus hijos. Pero también hay una agenda angloparlante que quisiera someter[1] al bronco[2] idioma de Don Quijote a los parámetros de lo que Bernard Shaw llamaba «el idioma de Shakespeare, Milton y la Biblia». El español es la lengua rival del inglés en los Estados Unidos. Éste es el hecho escueto y elocuente. Es esta rivalidad la que encontramos detrás de la lucha por el español en Puerto Rico. En la isla borinqueña es donde más claramente se diseña la rivalidad anglo-hispana. Los puertorriqueños quieren conservar su lengua española. Pero este apego les veda el acceso a la «estadidad», es decir, a convertirse en Estado de la Unión. No prejuzgo sobre la voluntad borinqueña de mantener el status de «Estado Libre y Asociado», ganar la independencia o convertirse en una estrella más del pabellón norteamericano. En cualquier caso, Puerto Rico es una nación, tiene derecho a su lengua española y no puede ser objeto de un gigantesco chantaje político[3]; tu idioma a cambio de una estrella.

El temor de los legisladores norteamericanos que condicionan la «estadidad» a la renuncia de la lengua es, desde luego, el miedo de que, si Puerto Rico mantiene el derecho al español, Texas, Arizona o Nuevo México reclamen lo mismo. Y tendrían derecho a ello si una lectura fina del Tratado de Guadalupe Hidalgo de 1848, por el que México cedió la mitad de su territorio nacional a la conquista bélica norteamericana, nos demuestra que los Estados Unidos contrajeron, al firmarlo, la obligación de mantener la enseñanza del español, de California a Colorado, y de las Rocallosas al río Bravo.

---

[1] subordinar
[2] rebelde y áspero
[3] **chantaje...** presión política con un fin específico

La campaña contra la lengua de Cervantes en los Estados Unidos es un intento fútil de tapar el sol con un dedo. Los hispanoparlantes norteamericanos son ya, según la expresión de Julio Ortega, los «primeros ciudadanos del siglo XXI». En vez de hostigarlos[4], los Estados Unidos harían bien en reconocerlos como los más aptos mediadores culturales del nuevo siglo. Me explico: el hispano en los Estados Unidos no está casado con las amargas agendas del racismo; su composición mestiza faculta al hispano para mediar efectivamente entre negros y blancos. Y su condición fronteriza convierte al norteamericano de ascendencia mexicana en protagonista de una cultura movible y migratoria en la que, tarde o temprano, el concepto mismo de «globalización» deberá enfrentarse a su asignatura pendiente: ¿por qué, en un mundo de inmediato trasiego[5] de mercancías y valores, se impide el libre movimiento de personas, la circulación de los trabajadores?

Hace 150 años, los Estados Unidos entraron a México y ocuparon la mitad de nuestro territorio. Hoy, México entra de regreso a los Estados Unidos pacíficamente y crea centros hispanófonos no sólo en los territorios de Texas a California, sino hasta los Grandes Lagos en Chicago y hasta el Atlántico en Nueva York.

¿Cambiarán los hispanos a los Estados Unidos? Sí.

¿Cambiarán los Estados Unidos a los hispanos? Sí.

Pero esta dinámica se inscribe, al cabo, en el vasto movimiento de personas, culturas y bienes materiales, que definirá al siglo XXI y su expansión masiva del transporte, la información y la tecnología.

Dentro de esta dinámica, los EE. UU. de América se presentan como una República Federal Democrática, no como una unión lingüística, racial o religiosa. Una república constituida no sólo por blancos anglosajones y protestantes (WASPS), sino, desde hace dos siglos, por grandes migraciones europeas y, hoy, por grandes migraciones hispanoamericanas. Aquéllas tenían que cruzar el océano y eran de raza caucásica. Éstas sólo tienen que atravesar fronteras terrestres y son morenas.

La lengua española, en última instancia, se habla desde hace cuatro siglos en el sureste de los Estados Unidos. Su presencia y sus derechos son anteriores a los de la lengua inglesa. Pero, en el siglo por venir, nada se ganará con oponer el castellano y el inglés en los Estados Unidos. Como parte y cabeza de una economía global, los Estados Unidos deberían renunciar a su actual condición, oscilante entre la estupidez y la arrogancia, de ser el idiota monolingüe del universo. Ni los europeos ni los asiáticos, al cabo, van a tolerar la pretensión norteamericana del inglés como lengua universal y única.

¿Por qué, en vez de proposiciones tan estériles como la 227, los Estados Unidos no establecen un bilingüismo real, es decir, la obligación para el inmigrante hispano de aprender inglés, junto con la obligación del ciudadano angloparlante de aprender español?

Ello facilitaría no sólo las tensas relaciones entre la Hispanidad y Angloamérica, sino la propia posición norteamericana en sus relaciones con la Comunidad Europea y, sobre todo, con la Comunidad del Pacífico. El multilingüismo es el anuncio de un mundo multicultural del cual la ciudad de Los Ángeles, ese Bizancio moderno que habla inglés, español, coreano, vietnamita, chino y japonés, es el principal ejemplo mundial.

---

[4] perseguirlos, molestarlos
[5] mudanza, movimiento

Hablar más de una lengua no daña a nadie. Proclamar el inglés lengua única de los Estados Unidos es una prueba de miedo y de soberbia inútiles. Y una lengua sólo se considera a sí misma «oficial» cuando, en efecto, ha dejado de serlo. En materia cultural, las lenguas bífidas[6] son propias de serpientes, pero emplumadas.

Carlos Fuentes

© Copyright DIARIO EL PAIS, S.A. — Miguel Yuste 40, 28037 Madrid
digital@elpais.es
publicidad@elpais.es

---

[6] bifurcada, en dos partes

Interactuando con el texto

Después de leer «Los Estados Unidos por dos lenguas», trabajen en grupos y contesten las siguientes preguntas.

1. Según Fuentes, ¿cuántos estadounidenses hablarán el español a mediados del siglo XXI?
2. Según Fuentes, ¿cuál es la agenda angloparlante al querer poner fin a la educación bilingüe en los Estados Unidos?
3. ¿Por qué, según Fuentes, tienen los Estados Unidos la obligación legal de mantener la enseñanza del español?
4. ¿Qué propone Fuentes que se establezca en vez de la Proposición 227?
5. Fuentes dice que «una lengua sólo se considera a sí misma "oficial" cuando, en efecto, ha dejado de serlo». Comenta el significado de esta frase. ¿Estás de acuerdo? ¿Por qué?
6. En tu opinión, ¿qué significa la última oración del ensayo?: «En materia cultural, las lenguas bífidas son propias de serpientes, pero emplumadas.»

Gramática funcional

Las características de un ensayo argumentativo

Este ensayo de Fuentes se publicó en el periódico *El País*, y por eso también lo podemos llamar un «artículo». No es un artículo académico de investigación como lo es el ensayo de Martín-Rodríguez que leímos en este capítulo, pero tampoco es exactamente como el artículo periodístico de Rosa Montero que leímos en el Capítulo 4. De hecho, el ensayo de Fuentes apareció como un artículo editorial y por eso podemos decir que es un **ensayo argumentativo.** A diferencia del artículo de Montero, quien intentó solamente exponer su opinión ante sus lectores, en éste, Fuentes trata de argüir su opinión; además trata de convencer a sus lectores de que su opinión es acertada y mejor que la opinión contraria. Aunque Fuentes incluye información obtenida de otras fuentes de información, no documenta estas fuentes de información con notas al pie de la página ni con una bibliografía.

¿Cuáles son los rasgos estructurales y lingüísticos que definen este ensayo? Para contestar esta pregunta, vamos a analizar el texto enfocándolo en torno a los tres conceptos de *modo, tenor y campo.*

Empecemos por el *modo.* Podemos ver varios rasgos que separan este texto de los de Rosa Montero y Martín-Rodríguez. Primero, como ya mencionamos, el texto de Fuentes carece de referencias bibliográficas y de notas al pie de la página. Además, no está subdividido en secciones numeradas. Sin embargo, tampoco tiene los encabezamientos donde se reproducen fragmentos del mismo texto, como los que aparecen en el artículo de Montero y en el reportaje «Enamorándose» en el Capítulo 1. Si miras los editoriales de cualquier periódico notarás que normalmente carecen de este elemento de formato característico de otros géneros periodísticos. Estos encabezamientos incluso les confieren a los escritos de este tipo un aspecto sensacionalista.

Con respecto al *tenor,* vemos que el texto de Fuentes se acerca más al artículo de Montero que al de Martín-Rodríguez, pues notamos que el autor establece una relación más directa y personal con sus lectores. Primero, Fuentes se refiere a sí mismo *(Una vez vi este grafito en un muro de San Antonio, Texas y lo recordé la semana pasada; yo entiendo a los padres y madres inmigrantes de lengua española).* Segundo, aunque no se dirige directamente a los lectores con el uso del *tú* familiar, sí hace preguntas directas. Algunos ejemplos son:

¿Cómo se logra esto mejor?
¿Por qué, en un mundo de inmediato trasiego de mercancías y valores, se impide el libre movimiento de personas, la circulación de los trabajadores?
¿Cambiarán los hispanos a los Estados Unidos?

Si bien estas preguntas no son dirigidas a ningún lector específico y en algunos casos son retóricas, sí prestan algún elemento personal al discurso. Fuentes utiliza esta estrategia porque quiere establecer una interacción personal con los lectores del periódico *El País* para tratar de convencerlos de manera más eficaz.

En el artículo de Fuentes la relación interpersonal con el (la) lector(a) se asemeja más al artículo de Montero. Sin embargo, en cuanto a la manera de presentar y marcar la certeza de la información, el artículo de Fuentes se parece más al artículo de Martín-Rodríguez. Cabe señalar la autoridad de los argumentos aducidos por Fuentes para apoyar su tesis: El artículo carece totalmente de frases como «yo creo, en mi opinión, yo pienso…», las cuales pueden suscitar dudas en la mente de los lectores y así quitarles fuerza a los argumentos. ¿Puedes identificar los marcadores de certeza que utiliza Fuentes al presentar sus argumentos en este artículo?

Seguramente encontraste que el escritor usó un lenguaje bastante objetivo al presentar sus argumentos. Nota que esta objetividad es un rasgo del lenguaje académico. Si examinamos el *campo* de este ensayo, encontraremos otros rasgos de un texto escrito y académico. Primero, notamos que Fuentes utiliza términos precisos y poco coloquiales. Es decir, utiliza un lenguaje más elaborado y exacto que el lenguaje oral y coloquial. Esto lo podemos ver en los siguientes ejemplos:

a. Desean que sus hijos asciendan escolarmente y se incorporen a las corrientes centrales de la vida en los Estados Unidos.

b. …el miedo de que si Puerto Rico mantiene el derecho al español, Texas, Arizona o Nuevo México reclamen lo mismo. Y tendrían derecho a ello si una lectura fina del Tratado de Guadalupe Hidalgo de 1848, por el que México cedió la mitad de su territorio…

Si el ejemplo (a) perteneciera a un registro más oral y coloquial, se podría haber usado la frase *tengan éxito en sus clases* en vez de *asciendan escolarmente*. Además, en vez de usar *se incorporen a las corrientes centrales de la vida…* podría haber dicho *y estén bien preparados para encarar la vida…*.

En el ejemplo (b) también es fácil encontrar variantes orales y coloquiales del lenguaje académico que usa. Por ejemplo, en vez de usar el verbo *reclamar,* se puede usar el verbo *hacer.* Pero, *reclamar* es más preciso porque además de transmitir la idea de *hacer,* agrega la idea de que estos estados tienen *el derecho de hacerlo.* Otro ejemplo es el del verbo *ceder.* Se podría usar el verbo *dar,* pero de haber usado este verbo el autor no hubiera logrado expresar la idea de que México lo hizo con resistencia.

Actividad

En parejas, traten de sustituir las palabras o frases en negrita. Sustitúyan con palabras más exactas y expresivas.

Delante de la oficina **hay** un jardín bien cuidado con dos árboles **que están** a la entrada. **Está** construida con ladrillos rojos, que **ponen** una nota de color al terreno. Detrás de la oficina, **se ve** otro edificio moderno con otro jardín que tiene muchas flores de diferentes colores. Los árboles ahora no **tienen** hojas. Antes había pinos, pero los arquitectos **creyeron** que a la gente **no le gustaban** y los sustituyeron por encinas.

Es importante notar que el vocabulario más expresivo del texto de Fuentes sirve para reflejar su postura ante el tema que discute. Es decir, acentúa su punto de vista y establece el tono del artículo. Observa los siguientes ejemplos:

Pero también hay una agenda angloparlante que quisiera someter al bronco idioma de Don Quijote a los parámetros de lo que Bernard Shaw llamaba «el idioma de Shakespeare, Milton y la Biblia».

La campaña contra la lengua de Cervantes en los Estados es un intento fútil de tapar el sol con el dedo.

Nota las palabras clave que utiliza:

- *agenda:* Tiene las connotaciones negativas de un hecho calculado o premeditado.
- *bronco idioma:* Con esta frase comunica que, en su opinión, los angloparlantes creen que la lengua española es rebelde y vulgar.
- *la lengua de Cervantes:* Fuentes contrasta lo poco sofisticado que los angloparlantes consideran que es el español, es decir, *el bronco idioma,* con la elocuencia y sofisticación de la lengua en la cual se expresó uno de los escritores más respetados en la historia de la literatura.
- *intento fútil:* Aprovecha la oportunidad de modificar el sustantivo *intento* con un adjetivo que acentúa su opinión.
- *tapar el sol con el dedo:* Utiliza esta metáfora para hacer resaltar lo imposible que él cree que sería ignorar la lengua española en los Estados Unidos.

¿Qué otros ejemplos puedes encontrar de palabras o frases que acentúan el punto de vista de Fuentes? Trabaja con un(a) compañero(a) para tratar de encontrar más ejemplos. Después compártanlos con el resto de la clase.

Creando textos

A. Escritura personal.   Durante diez o quince minutos escribe tus reacciones a «Los Estados Unidos por dos lenguas». ¿Te gustó? ¿Te molestó? ¿Lo encontraste demasiado liberal? ¿Por qué? ¿Qué piensas tú de la educación bilingüe? ¿Cuándo empezaste a aprender el español? ¿Ha sido fácil o difícil aprenderlo? ¿Lo dominas? ¿Cómo pudo haberse hecho más fácil tu aprendizaje del español?

B. Escritura pública

1. Trabaja con dos compañeros de clase y escriban un breve ensayo (de dos o tres párrafos) en los que contesten una de las siguientes preguntas.
    a. ¿Crees que el monolingüismo es una enfermedad? ¿Por qué? Si crees que sí, ¿qué pasos habrá que dar para curarlo en los Estados Unidos? Si crees que no, ¿cómo lo caracterizarías o describirías?
    b. ¿Qué cosas perderían y qué cosas lograrían los Estados Unidos si siguieran el ejemplo de California y pusieran fin a los programas de educación bilingüe?

2. Cuando terminen, vuelvan a analizar el lenguaje que han utilizado para ver si han usado términos más académicos y exactos. ¿Han usado palabras que expresan su opinión o postura ante el tema? ¿Cuáles son?

E
S
C
R
I
T
U
R
A

> ## Objetivos:
>
> Esta sección trata de las siguientes partes del proceso de escribir:
>
> - la exposición y la argumentación de tu punto de vista sobre algún aspecto del tema de los latinos en los Estados Unidos
> - la selección y evaluación de fuentes de información que apoyen tu tesis
> - la selección de vocabulario y estructuras sintácticas apropiados para hacer resaltar tu punto de vista sobre el tema

La argumentación

Ya hemos analizado algunos de los rasgos lingüísticos que reflejan el contexto y las funciones del ensayo «Los Estados Unidos por dos lenguas». Hemos visto que es un artículo editorial cuya función primordial es la de sostener un diálogo con el público sobre un tema social de importancia inmediata. Por medio de su texto escrito Fuentes nos presenta su punto de vista acerca del estado actual del bilingüismo en los Estados Unidos con el fin de que quienes no compartan este punto de vista lo consideren y aun lo acepten.

Ya que la mayoría de los periódicos principales del mundo latino publican versiones electrónicas en la Red Mundial, es posible que algún día tú también vayas a presentar tu punto de vista sobre algún tema social en uno de estos foros electrónicos, por medio, tal vez, de la sección de cartas a la redacción. Sin embargo, la argumentación no se limita a los editoriales ni a las cartas dirigidas a los periódicos, pues una reseña crítica de una obra de cine, de teatro o de literatura también emplea algunas de las técnicas de la argumentación. En estos casos, el crítico trata de argüir su opinión sobre la calidad de la obra que reseña con ejemplos específicos y un lenguaje expresivo, exacto y muchas veces persuasivo. En este capítulo vamos a limitarnos a la argumentación de un tema social, pero las mismas técnicas pueden aplicarse a la argumentación de cualquier otro tema.

Métodos de la argumentación

Tener algo que decir

Lo que «tienes que decir» es tu argumento. Puede ser una reacción a un artículo controvertido que has leído en algún periódico o revista. Puede también ser una reacción a algún tema de inmediata importancia o pertinencia social, como una propuesta legislativa, un programa de televisión o una decisión que ha tomado el gobierno de tu ciudad.

- **En el ensayo de Fuentes, ¿qué es lo que él tiene que decir?** Explícalo brevemente en tus propias palabras.

Orientar a los lectores hacia tu tema

Como en todo tipo de ensayo, no puedes presumir que cada lector(a) que lea tu ensayo comprenderá la importancia o pertinencia que tiene tu tema en sus propias vidas. Es decir, los lectores tal vez no habrán leído el mismo artículo al que te estás refiriendo, no habrán visto el programa de televisión al que aludes o no habrán prestado mucha atención al tema político que tratas. Es muy posible que tampoco hayan pasado por las mismas experiencias ni compartan los referentes que han ayudado a formar tu punto de vista. Es por eso que antes de presentar tu punto de vista y los argumentos que lo apoyan, tienes que informar a los lectores sobre tu tema.

Observa cómo lo hace Fuentes en la introducción de su ensayo. Dice: «...*y lo recordé la semana pasada cuando el electorado de California, el Estado más rico y más poblado de la Unión Americana, votó a favor de la Proposición 227, que pone fin a la experiencia bilingüe en la educación*». Con esta oración Fuentes establece un punto de referencia para el (la) lector(a): le dice que va a hablar sobre una proposi-ción que fue aprobada en California. Al mismo tiempo señala la importancia de su tema: comunica que el voto a favor de esta proposición puso fin a los programas bilingües en California; y al mencionar que California es el Estado más rico y poblado de la Unión Americana también implica que este voto tendrá consecuen-cias para todos los Estados Unidos.

Convencer a los lectores de que tu punto de vista es válido

Hay dos maneras de lograr esta meta y un(a) buen(a) escritor(a) utiliza las dos. La primera es por medio de argumentos sólidos que apoyan tu punto de vista. La segunda es por medio de un lenguaje persuasivo. Vamos a enfocarnos primero en el contenido de los argumentos.

El bien contenido de los argumentos

Si tienes un punto de vista acerca de algún tema de importancia inmediata, tam-bién es cierto que existen otros puntos de vista diferentes al tuyo. Para convencer a los lectores de tu punto de vista, es preciso considerar tu oposición y sus argu-mentos. Además, es posible que hagas referencia explícita a esta oposición para después demostrar en qué fallan sus argumentos y cómo los tuyos son más con-vincentes.

Observa cómo Fuentes reconoce los argumentos de su oposición en su ensayo. En los párrafos segundo y tercero menciona uno de los argumentos principales en contra de la educación bilingüe y que tanto se debate entre la comunidad latina: el que los programas bilingües pondrán en desventaja a los niños latinos y les prohibirán acceso a un futuro provechoso en los Estados Unidos. Dice: «*Yo entiendo a los padres y madres inmigrantes de lengua española. Desean que sus hijos asciendan escolarmente y se incorporen a las corrientes centrales de la vida en los Estados Unidos.*» Luego dice: «*Hay en la proposición 227 la comprensible preocupación de los padres latinos por el futuro de sus hijos*».

Más adelante, Fuentes se refiere a otro argumento de la oposición: la creencia de que el inglés es *la* lengua internacional, lo cual implica que no hay necesidad de aprender otro idioma. Fuentes dice: «*Ni los europeos ni los asiáticos, al cabo, van a tolerar la pretensión norteamericana del inglés como lengua universal y única*».

No será suficiente, no obstante, reconocer los argumentos opuestos a los tuyos. Para convencer al lector de tu punto de vista, tienes que presentar argumentos que revelen los puntos débiles de esa argumentación. Además tienes que proporcionar evidencia que apoye tus argumentos. Esta evidencia puede consistir en estadísticas, citas de expertos o peritos y ejemplos concretos y objetivos que demuestren tu punto de vista.

Volvamos otra vez al ensayo de Fuentes para ver un ejemplo. Obviamente Fuentes opina que detrás de la decisión de poner fin a la educación bilingüe en California existe una xenofobia sin fundamento que sólo puede hacerle daño a los Estados Unidos. Sus argumentos para apoyar esta opinión incluyen:

1. la presencia de los hispanoparlantes en los Estados Unidos, la cual se percibe como una amenaza
2. las condiciones que se le exigen a Puerto Rico para su ingreso en los Estados Unidos como estado

La evidencia que Fuentes presenta para apoyar estos dos argumentos consiste en estadísticas del número de hispanos que hay actualmente y que habrá en el futuro en los Estados Unidos, y referencias a la historia de los latinos en los Estados Unidos (como, por ejemplo, la referencia al Tratado de Guadalupe Hidalgo de 1848).

- **¿Qué otros argumentos hace Fuentes y con qué evidencia los apoya?**

Cabe comentar ahora una diferencia muy clara que hay entre este ensayo argumentativo de Fuentes y los ensayos que tú tendrás que escribir en este capítulo. Nota que al presentar su evidencia, Fuentes no menciona la fuente de las estadísticas ni utiliza citas bibliográficas. Como hemos señalado en la sección de **Gramática funcional,** la razón se debe al *campo* del ensayo, es decir, al propósito y al contexto de la comunicación escrita. Este ensayo no es un artículo académico de investigación, escrito para especialistas que investigan el bilingüismo en los Estados Unidos, ni siquiera es un trabajo escrito que va a ser evaluado por un profesor. Es un ensayo destinado a un público general que, aunque va a considerar y criticar sus ideas, no le va a dar una nota final.

En cambio, cuando tú escribas un ensayo, tu lector(a) va a ser tu profesor(a), quien a fin de cuentas te va a dar una nota de evaluación. Esa nota se basará tanto en la calidad de la escritura como en la calidad de tus argumentos y en la validez de tus fuentes de información. Así es que en los ensayos argumentativos que escribas para tus clases sí tendrás que mencionar las fuentes de información, como estadísticas o cualquier otro tipo de información específica que consultes y que presentes en el trabajo. Esto no quiere decir, sin embargo, que tengas que hacerlo por medio de una bibliografía formal, pues no es un trabajo monográfico o de investigación, sino un ensayo de argumentación. Como hemos comentado en los Capítulos 1 y 4 (en las secciones de **Gramática funcional**), hay diferentes maneras de dar reconocimiento a la fuente de información que utilizas. Por ejemplo:

> Según el censo oficial de los Estados Unidos, un tercio de la población norteamericana habla dos lenguas.

- **¿Qué otras maneras recuerdas?**

El indicar las fuentes de la información que aportas para defender tus argumentos le permitirá a tu profesor(a) evaluar la calidad y validez de esta información y además hará que los argumentos sean más persuasivos y eficaces.

El lenguaje de la argumentación

En el Capítulo 4 vimos que el lenguaje que usas para presentar tu opinión por medio de un texto escrito comunica a los lectores tu nivel de certeza sobre la validez de la información que presentas y la responsabilidad que asumes al presentar esta información. En el ensayo argumentativo, cuyo objetivo es el de convencer a los lectores de tu punto de vista, es sumamente importante presentar tu punto de vista y los argumentos que lo apoyan como extremadamente válidos.

- **¿Recuerdas algunos de los recursos lingüísticos que puedes utilizar para presentar tu opinión con un alto nivel de validez? ¿Recuerdas que hay modos explícitos y modos implícitos de presentar la certeza de las afirmaciones?**

Como señalamos en la sección de **Gramática funcional,** en su ensayo, Fuentes generalmente marca la validez de sus argumentos de un modo implícito. Es decir, casi no utiliza marcadores explícitos. Observa, por ejemplo, las siguientes frases de su ensayo:

> **Ello facilitaría** no sólo las tensas relaciones entre la Hispanidad y Angloamérica, sino la propia posición norteamericana en sus relaciones con la Comunidad Europea y, sobre todo, con la Comunidad del Pacífico.

> El multilingüismo es **el anuncio de un mundo multicultural** del cual la ciudad de Los Ángeles, ese Bizancio moderno que habla inglés, español, coreano, vietnamita, chino y japonés, **es el principal ejemplo mundial.**

- **¿Puedes encontrar en este ensayo otros marcadores que utiliza Fuentes para marcar su certeza sobre la validez de sus argumentos?**

Además de marcar la validez de tus argumentos, el lenguaje con el que presentas tus argumentos también puede indicar el nivel de responsabilidad que asumes por la validez de estos argumentos. Aunque puedes usar un lenguaje más subjetivo al presentar tus opiniones (es decir, *yo creo…*), es importante reconocer que un discurso demasiado subjetivo no es muy convincente. De hecho, el ser subjetivo en el ensayo puede dar la idea de que estás limitando la validez de la información que presentas. Es decir, la frase *yo creo que el bilingüismo es importante* puede comunicar al lector *yo no sé si esta opinión es válida para ti, pero para mí el bilingüismo es importante*. Este tipo de frase no resulta muy eficaz a la hora de argüir algún punto, pues necesitas convencer al (a la) lector(a) de que tu punto de vista sí es válido para él o ella. Por esa razón Fuentes no utiliza ninguna de estas formas subjetivas para presentar sus afirmaciones.

Una última función del lenguaje en el ensayo argumentativo es la de acentuar tu punto de vista. Ya hemos comentado este aspecto del ensayo de Fuentes en la sección de **Gramática funcional.**

- **Vuelve a considerar algunos de los ejemplos que encontraste de este lenguaje expresivo y persuasivo. ¿Cómo reaccionaste ante estas palabras y frases?**

Cabe señalar que este uso del lenguaje en el ensayo argumentativo es tal vez el más complicado de aprender a usar. Un vocabulario demasiado argumentativo y persuasivo puede crear el mismo efecto que crean frases como *yo pienso, yo creo, en mi opinión*, y demás. Crean un discurso demasiado subjetivo, lo cual puede sustraerles impacto y validez a tus argumentos. Además, un vocabulario demasiado directo y expresivo puede alienar a los lectores y como consecuencia, hacer que no quieran ni considerar tu punto de vista aunque sea válido.

- **¿Utiliza Fuentes palabras o frases que pueden alienar a los lectores que no comparten su punto de vista? ¿Cuáles son?**

Creando nuevos textos

En este capítulo has leído varios textos que tratan diferentes temas relacionados con la situación bicultural y bilingüe de los latinos, sobre todo los chicanos, en los Estados Unidos. Mucha de la información es de carácter histórico o biográfico, pero al mismo tiempo esta información ha sido presentada desde una perspectiva (o punto de vista) específica. Ahora te toca a ti presentar y argüir tu punto de vista con respecto a uno de los temas que hemos considerado en este capítulo, ya que todos estos temas son de importancia y son pertinentes en nuestra sociedad de hoy. Imagínate que quieres argüir tu punto de vista y presentárselo al público por medio de uno de los periódicos en español en la Red Mundial. Puedes considerar uno de los siguientes temas u otro que hayas pensado.

1. ¿Crees que el gobierno de los Estados Unidos tiene el deber de enseñar el español no sólo a los latinos sino también a los angloparlantes en las escuelas públicas? ¿Por qué?

2. Fuentes sugiere que detrás del deseo de poner fin a los programas bilingües en los Estados Unidos lo que hay es un sentido de xenofobia y no el deseo genuino de proveer un mejor futuro para los niños latinos. ¿Qué opinas tú?

Acercándonos al texto

La siguientes secciones te guiarán en la elaboración de las tres versiones del ensayo. Recuerda que la escritura es un proceso de varias etapas en el que vas desarrollando tu escritura.

Escritura libre

1. Piensa en el tema que quieres argüir.

2. Durante los próximos diez o quince minutos, escribe sobre todo lo que sientas con respecto al tema. No te preocupes por la gramática ni por la ortografía; simplemente expresa tus opiniones. Al expresar cada una de tus opiniones o sentimientos, trata también de expresar por qué te sientes así. ¿Sobre qué bases o información has desarrollado esas opiniones o sentimientos?

Elaborando una tesis

Toda tesis representa una opinión que se puede debatir. Sin embargo, la tesis del ensayo argumentativo, además de ser una opinión, tiene que representar una actitud *firme y decidida* ante un tema discutible y tal vez controvertido. No puede ser una pregunta, o una oración que indica el plan del ensayo («en este ensayo voy a comentar…»). Y sobre todo, no puedes presentar la tesis con frases subjetivas como *yo creo, yo pienso,* etc., que de ninguna manera sirven para establecer una actitud firme. Normalmente, tu postura ante el tema se presenta en la tesis por medio de una o algunas palabras claves. Por ejemplo:

1. Al asesinar la Naturaleza, el hombre se mata a sí mismo.
2. La pornografía es un negocio innoble: explota a los reprimidos, a los tímidos, a quienes, de un modo u otro, no se sienten normales.

Las palabras clave indicadas en estas tesis ayudan al escritor a enfocar el ensayo y a establecer el plan para el desarrollo.

1. Mira los apuntes que escribiste durante tu escritura libre y escribe en un papel dos oraciones que puedan servir de posibles tesis de tu ensayo.
2. Comenta con un(a) compañero(a) de clase las dos oraciones que acabas de escribir.

   a. ¿Tratan un tema de importancia inmediata o pertinencia social? ¿Cuál es más interesante?

b. ¿Representan temas que se pueden discutir?

c. ¿Comunican una actitud firme ante el tema? ¿Expresan claramente cuál es el punto de vista que vas a argüir? ¿Tienen palabras claves que implican el desarrollo del ensayo? ¿Cuál de las oraciones lo hace mejor? ¿Por qué?

d. ¿Son demasiado amplias? ¿Cómo podrías limitarlas? Las tesis de contenido amplio son difíciles de desarrollar en pocas páginas porque obligan a utilizar argumentos muy generales y conocidos.

e. ¿Son demasiado limitadas? ¿Cómo podrías ampliarlas?

3. Selecciona la mejor tesis entre las dos. ¿Por qué consideras que ésta sea mejor? ¿Crees que tienes suficiente experiencia o conocimiento del tema que escogiste para comentarlo con un nivel adecuado de profundidad? Es decir, al desarrollar esta tesis, ¿vas a poder elaborar los argumentos más básicos y sabidos? Si no crees que tengas suficiente experiencia o conocimiento para desarrollar esta tesis, selecciona otra, o investiga más sobre el tema en la biblioteca o en el Internet.

Generando y elaborando tus argumentos

Antes de poder generar y elaborar los argumentos, debes reflexionar sobre tu tesis. Esa tesis no te surgió porque sí; te surgió en virtud de ciertas ideas o argumentos que tendrías más o menos claros en tu mente. Ahora tienes que poder articularlos y documentarlos con ejemplos específicos. ¿Basas tu opinión en alguna experiencia en particular? ¿En alguna estadística? ¿En algún artículo que has leído? ¿En otra fuente de información?

1. Escribe tu tesis en un papel y debajo de la tesis escribe tus argumentos, es decir, las razones específicas por las cuales te sientes de la manera en que te sientes. Debajo de cada argumento anota la información que los apoya. ¿Tienes estadísticas, citas, información histórica?

   Una vez que tengas los argumentos claramente documentados tendrás que juzgarlos críticamente, renunciando a los que son irrelevantes o poco persuasivos, a los que no se refieren directamente a la tesis, a los que son demasiado básicos y conocidos. Es posible que necesites investigar más para encontrar información que apoye tus argumentos. Al hacer tus investigaciones recuerda que la información de apoyo deberá ser lo más objetiva posible. Es decir, el hecho de que otra persona comparta tu punto de vista no indica que ese punto de vista sea necesariamente válido.

   Tienes que considerar críticamente tus fuentes de información. ¿Cuán respetado es el periódico, la revista o la página de la Red Mundial de donde has obtenido la información? ¿Es una publicación objetiva o es partidista? **¡OJO!** El hecho de que algo esté publicado en la Red Mundial **no** garantiza la validez de la información. Cualquier persona que tenga acceso a la red o al Internet puede publicar allí cualquier cosa aunque carezca de fundamento. Es importante notar que a pesar de que una fuente de información sea muy respetada, siempre tienes que considerar críticamente la información y los puntos de vista allí presentados.

A veces es difícil juzgar nuestras propias ideas, así que en esta fase es útil consultar con otras personas, pidiéndoles sus reacciones en cuanto a tu punto de vista y tus argumentos. Es decir, tienes que ensayar tu tesis y tus argumentos antes de usarlos, de igual modo que practicarías un discurso antes de darlo en público. Este paso es sumamente importante al escribir el ensayo argumentativo, pues lo que quieres es convencer a tus lectores. Si sabes de antemano qué argumentos son los más convincentes, tendrás una mayor ventaja al momento de escribir.

2. Para ensayar tu tesis y tus argumentos comparte esta información con varios compañeros de clase.

   a. ¿Creen que la información es demasiado básica y conocida o suficientemente profunda e interesante?
   b. ¿Creen que la información es convincente?
   c. ¿Cuál es el argumento más convincente? ¿Por qué?
   d. ¿Tienen ellos otros argumentos que no has considerado? ¿Son más eficaces esos argumentos? ¿Por qué?

3. El último paso en la generación y elaboración de los argumentos es el de considerar los argumentos de la oposición. Puedes decidir si vas a discutir explícitamente estos argumentos en tu ensayo, pero siempre es necesario saber qué piensa la gente que no comparte tu opinión porque así puedes adquirir una perspectiva más completa. Si todavía no has considerado los argumentos en contra de tu tesis u opinión, puedes hablar con otros estudiantes de tu clase o puedes enviar un mensaje a algún foro electrónico en el Internet para solicitar las opiniones de otras personas sobre el tema.

   - ¿Qué opinan ellos?
   - ¿Comparten tu punto de vista? Si no lo comparten, ¿sobre qué basan sus opiniones?
   - ¿Son válidos sus argumentos? ¿En qué fallan? ¿De qué manera son más convincentes tus argumentos?

4. Teniendo en cuenta todos los comentarios que has recibido sobre tus ideas, selecciona tus mejores argumentos para escribir el ensayo.

Organizando los argumentos

1. Vuelve a escribir tu tesis en una hoja de papel. Debajo de la tesis, escribe los argumentos que has seleccionado.
2. Ya que el objetivo de este ensayo es el de convencer o persuadir a los lectores, debes hacer una jerarquía de los argumentos en orden de importancia o impacto.
3. Debajo de cada argumento, escribe los ejemplos que lo apoyan.

4. Ahora, vuelve a la tesis y subraya las palabras clave. Después, vuelve a tus argumentos y escribe una oración que confirme la relación que cada uno tiene con la tesis. ¿Cómo explica la tesis cada uno?

Como hemos señalado en otros capítulos, el proceso de escribir es diferente para cada persona. A muchas personas no les gusta elaborar un bosquejo como éste antes de escribir. Esto es normal y totalmente aceptable. No obstante, en algún momento el (la) escritor(a) tiene que pasar por esta etapa importante. Si tú también tienes dificultades organizando un esquema antes de escribir una primera versión, continúa al siguiente paso y vuelve a éste una vez que tengas una versión completa de tu ensayo.

Primera versión del ensayo

Elabora una primera versión de tu ensayo. Antes de hacerlo, piensa en lo siguiente:

A. ¿Quiénes van a ser los lectores de tu ensayo? ¿Cómo vas a interactuar con ellos en el ensayo? ¿Vas a dirigirte directamente a los lectores? ¿Usarás la forma *tú*? ¿*Ud.*? ¿*Uds.*? ¿Les vas a hacer preguntas directas como lo hizo Fuentes en su ensayo? ¿Por qué sí o por qué no?

B. ¿Qué información de trasfondo necesitará el (la) lector(a) para entender la importancia o pertinencia de tu tema? ¿Cómo vas a comunicársela?

C. ¿Cómo vas a captar la atención de los lectores en la introducción? ¿Vas a empezar con una pregunta? ¿Con una anécdota? ¿Una cita? ¿Algún otro recurso o estrategia? ¿Por qué?

D. ¿Vas a mencionar explícitamente los argumentos en contra de los tuyos? ¿Por qué? ¿Cómo lo harás?

E. ¿Cómo vas a mencionar las fuentes de la información que presentas? ¿Con citas directas? ¿Con citas indirectas? ¿De otra manera?

F. ¿Cómo vas a concluir el ensayo? ¿Con un resumen de tus argumentos? ¿Con una advertencia sobre lo que puede pasar si nadie acepta tu punto de vista? ¿De otra manera? ¿Por qué?

G. ¿Qué título le vas a poner a tu ensayo? Piensa en uno que capte la importancia del tema o que comunique tu punto de vista acerca del tema y que al mismo tiempo atraiga la atención de los lectores.

H. A la redacción.   Teniendo en cuenta las características de un buen ensayo argumentativo, lee el siguiente ensayo escrito por un estudiante universitario de español avanzado. Recuerda que ésta es la primera de múltiples versiones, así que al leerlo, trata de pensar en los consejos que tú podrías darle a este estudiante para mejorarlo en la segunda versión. Presta atención especial a la tesis, a la calidad de los argumentos y finalmente al lenguaje de la argumentación.

Reconociendo y parando el abuso

Cada año muchas familias compran o adoptan animales domésticos como gatos y perros con la intención de hacerlos parte de su familia. Sin embargo, muchos de estos animales no reciben el trato que los dueños prometen al adoptarlos. Estas familias compran o adoptan animales porque son monos o porque quieren protegerse. En fin, los compran y los traen a casa por razones egoístas y no necesariamente porque quieren darle hogar a un pobre animal que tal vez no tenga otra opción que ser exterminado por las guarderías de la ciudad. El problema es que por no haber pensado en más que los placeres de tener un animal, en poco tiempo estas familias no se encuentran dispuestas a cuidar el animal en la manera necesaria. No los sacan a caminar con frecuencia, no limpian su lugar con frecuencia, no los vacunan ni los castran y muchas veces no les dan la atención que necesitan. Esto constituye el abuso. Aunque estas mismas personas se creen muy amigos de los animales, son en efecto la causa de los miles de animales abandonados y exterminados en nuestro país cada año. Varias organizaciones para la protección de animales han tomado medidas para evitar este problema, pero ninguna ha sido efectiva. La única manera de controlar y últimamente evitar este maltrato tan cruel es imponer leyes severas que conlleven multas costosas para los que abusan de los animales de esta forma.

Parte del esfuerzo que se ha hecho para controlar y evitar el abuso hacia los animales domésticos ha sido por medio de medidas educativas. Varias organizaciones, como la SPCA han gastado dinero en los anuncios públicos que salen en la televisión y en la radio. Estos anuncios son breves dramatizaciones en las que varios actores representan escenas en que un dueño está abusando de un animal. La idea detrás de estas dramatizaciones es la de hacerles conscientes a los que abusan de animales y no lo reconocen. Sin embargo, estos anuncios no son muy efectivos. Primero, muchas de las personas que maltratan a los animales creen que los animales lo merecen. Es decir, creen que los animales, siendo animales, no tienen que ser tratados bien. Es dudoso que estas personas vayan a cambiar de opinión simplemente porque han visto un anuncio en la televisión. Segundo, aunque estos anuncios hagan que algunas personas piensen en la responsabilidad de tener un animal antes de adoptarlo, por pensar en los placeres egoístas de tener un animal, van a convencerse de que sí pueden aceptar la responsabilidad.

Otras de las medidas que se han tomado para controlar el abuso de los animales domésticos ha sido cualificar a los interesados en adoptar una mascota. En

(continúa)

muchas de las llamadas ferias de adopción, los representantes de las organizaciones para la protección animal están allí para entrevistar a la gente que quiera adoptar uno de las monas criaturas que ven en las jaulas allí puestas. No permiten que aquellas personas que no tengan casas suficientemente grandes o que no tengan mucho tiempo libre adopten los animales. Esta medida sí es buena, pero no ayuda a combatir la estupidez de las personas que ya tienen animales y que los dejen tener bebés, simplemente porque no tenían el tiempo o no querían gastar el dinero para castrarlos o porque querían tener en casa esos bichos lindos que son los bebés. No se dan cuenta de que pronto se convierten en adultos que tal vez ya no sean tan monos.

Aunque estas medidas son buenas, son incapaces de parar el problema por las razones expuestas. La única manera de parar el problema es hacer que los que abusan de animales sientan el mismo dolor que ellos infligen a los animales. Y el único dolor que el norteamericano no puede aguantar es la pérdida de su muy querido dinero. Si hubiera más leyes que conllevaran multas costosas para los que no vacunen a sus animales o a los que mantengan a sus animales en lugares sucios o no suficientemente grandes o a los que dejen que sus animales tengan bebés por ninguna buena razón, habría menos personas que lo harían, pues tendrían miedo de hacerlo. Ya existen leyes que conllevan multas para el maltrato, pero esas multas son mínimas y sólo se imponen en los casos más severos, los cuales, según la SPCA, representan la mayoría de los casos de abuso animal. La mayoría de los abusos son los pequeños que muchos dueños cometen todos los días.

Los animales sí son bonitos y sí dan placer al ser humano. Y así debe ser. Sin embargo, tenemos que reconocer que los animales domésticos necesitan mucha atención y mucho cuidado de nosotros. Si uno acepta la responsabilidad de cuidar un animal y después se olvida de ella, pues tiene que pagar el precio. Esta es la única manera en que se puede parar el problema ahora y evitarlo en el futuro.

Ahora trabaja con varios compañeros de clase. Contesten las siguientes preguntas con respecto al ensayo.

1. ¿Cuál es la tesis de este ensayo? ¿Representa una actitud convincente y clara hacia una situación de importancia o pertinencia social? ¿Cuáles son las palabras claves? ¿Le ofrece al escritor un plan de desarrollo esta tesis? ¿Qué consejos tienes para mejorar la tesis, es decir, para formular la opinión de manera más persuasiva?

2. ¿Cuáles son los argumentos que presenta el autor para apoyar su tesis? ¿Son convincentes? ¿Por qué? ¿Son demasiado básicos o conocidos? ¿Están bien apoyados con ejemplos específicos? ¿Son buenos los ejemplos? ¿Por qué?

¿Habrá olvidado el autor otros argumentos tal vez más importantes o convincentes?

3. ¿Presenta el ensayo una progresión lógica de un párrafo de desarrollo a otro? ¿Cómo?

4. Marca las palabras o frases que utiliza el autor para transmitir su punto de vista y actitud en este ensayo. ¿Es el lenguaje suficientemente fuerte? ¿Es demasiado fuerte? ¿Por qué? ¿Hay palabras coloquiales que pueden ser más elaboradas o expresivas? Selecciona algunos ejemplos específicos y trata de escoger las palabras más elaboradas y expresivas para sustituir las que no lo sean.

5. **Taller de escritura.**   Ahora debes de considerar tu propio ensayo. Antes de dejar que un(a) compañero(a) de la clase lo lea, contesta las siguientes preguntas. Después permite que un(a) compañero(a) lea tu composición y conteste las preguntas. Cuando termine, compara tus respuestas con las de tu compañero(a). ¿Son muy diferentes? ¿Por qué? Si tu compañero(a) no ve las mismas cosas en tu composición, es posible que no esté escrita tan claramente como sea posible. En tal caso, vuelve a escribir las partes que no le quedaron claras.

a. ¿Es interesante la introducción? ¿Te hace querer leer más del ensayo? ¿Por qué? ¿Tienes algunas sugerencias para hacerla aún más interesante?

b. ¿Presenta suficiente información de trasfondo la introducción? ¿Conoces el tema al que se refiere? ¿Te da una idea de la importancia o pertinencia del tema? ¿Hay frases que se refieren a cosas o sucesos que no conoces? Si las hay, subráyalas. Indica lo que no te parece claro.

c. ¿Tiene una buena tesis? ¿Por qué? ¿Es una oración completa? ¿Presenta una actitud firme hacia un tema específico? ¿Cómo podría mejorarse?

d. ¿Son suficientemente profundos los argumentos? ¿Son convincentes? ¿Por qué? ¿Están bien fundamentados o apoyados? ¿Con qué tipo de información ha apoyado los argumentos? ¿Referencias históricas? ¿Estadísticas? ¿Otros recursos de apoyo? ¿Ha mencionado las fuentes de esta información? ¿Cuán creíbles y autorizadas son estas fuentes?

e. ¿Está bien organizado el ensayo? ¿Entiendes la conexión entre cada uno de los párrafos y la tesis? ¿Cuál es? ¿La puedes exponer en una sola oración? ¿Fluye bien de un párrafo de desarrollo a otro? ¿Qué estrategias usó el (la) autor(a) para establecer cohesión entre estos párrafos? ¿Tienes sugerencias para crear aun más cohesión entre los párrafos?

f. ¿Hace resaltar la importancia de sus argumentos? ¿Cómo? ¿Te convenció su punto de vista? ¿Por qué? ¿Cómo puede ser más convincente el (la) autor(a)?

g. ¿Cómo concluye el ensayo? ¿Hace hincapié en las ideas principales expuestas en el desarrollo? ¿Resume los temas tratados en el ensayo o repite palabra por palabra la introducción? ¿Presenta otro tema que no se trató en el ensayo y que no parece tener una clara relación con el texto?

h. En las primeras versiones de las composiciones tenemos la tendencia a desarrollar el ensayo mientras lo escribimos y por eso es muy común encontrar que la conclusión tiene una mejor tesis que la introducción. Vuelve a leer la introducción y compárala con la conclusión. ¿Es más directa y persuasiva la conclusión que la introducción? Si éste es el caso, ¿cómo puede mejorar la introducción y hacerla tan interesante y persuasiva como la conclusión?

i. ¿Tiene título el ensayo? ¿Te agrada? ¿Por qué? ¿Demuestra la importancia del tema del ensayo? ¿Demuestra el punto de vista del (de la) escritor(a) acerca del tema? ¿Atrae a los lectores? ¿Tienes sugerencias para hacerlo más atractivo?

Segunda versión del ensayo

Ahora elabora la segunda versión tomando en cuenta lo siguiente:

Aspectos de contenido y organización

1. Piensa en los comentarios que has recibido de tus compañeros de clase y de tu profesor(a). ¿Cuáles son las cosas que tienes que mejorar en la segunda versión? ¿Cómo lo vas a hacer?
2. Haz los cambios que quieras hacer o que necesites hacer para mejorar tu ensayo. Cuando termines, vuelve a las preguntas del taller de la primera versión y contéstalas para asegurarte de que esta nueva versión está bien escrita.

Aspectos de la gramática funcional

Debido a tu objetivo al escribir este ensayo —convencer al lector de tu punto de vista acerca de un tema importante o pertinente— es importante asegurarte de que el lenguaje no sea demasiado subjetivo. Hemos considerado varios factores que pueden marcar la *subjetividad* del texto y que pueden sustraerles validez y fuerza a tus argumentos. Vuelve a tu ensayo para asegurarte de que has usado un lenguaje suficientemente objetivo.

1. ¿Has marcado el nivel de certeza explícitamente? ¿Implícitamente? ¿Por qué?
2. ¿Has asumido la responsabilidad de la información que has presentado o se la has atribuido a otra persona o fuente? ¿Cómo?
3. ¿Has usado frases que comunican tu punto de vista acerca del tema como lo hizo Fuentes?
4. ¿Has evitado un lenguaje demasiado general, oral y coloquial? ¿Cómo? ¿Has usado palabras elaboradas y más académicas? ¿Has usado algunas de las palabras elaboradas que has visto en algunas de las lecturas de éste o de otros capítulos?

Repasa también los consejos que ya habías escrito para ti mismo(a) en la **Carpeta de escritura.** ¿Los has incorporado en la redacción de esta composición?

Tercera versión del ensayo

Intercambia tu ensayo con tu compañero(a) y señala, subrayándolos, los errores superficiales de:

a. concordancias de persona y número (sujeto-verbo)
b. concordancia de número y género (sustantivo-adjetivo)
c. tiempos verbales
d. errores ortográficos
e. acentos

NO corrijas ningún error; simplemente indícaselos a tu compañero(a) para que él (ella) haga los cambios requeridos.

La última etapa de la revisión del ensayo es la revisión gramatical. En esta etapa es importante no solamente tratar de *corregir* los errores superficiales anteriores sino tambien tratar de lograr un vocabulario y una sintaxis más precisos y apropiados. Devuélvanse las composiciones y revisen cada uno su ensayo prestando atención a los siguientes aspectos:

1. ¿Has tratado de usar en tu ensayo algunos de los términos relacionados con la experiencia latina en los Estados Unidos? ¿Has tratado de incorporar otras palabras que aprendiste en las lecturas de este capítulo? ¿Cuáles son?
2. ¿Encontraste en las lecturas de este capítulo algunas estructuras sintácticas que no conocías antes? ¿Podrías usar algunas de estas estructuras en este ensayo?
3. Lee tu ensayo y subraya todas las palabras que se parecen a las palabras en inglés. Después vuelve a cada una de estas palabras y contesta las siguientes preguntas:

   a. ¿Es una palabra en español o la inventaste?
   b. ¿La has deletreado correctamente? Búscala en el diccionario.
   c. ¿La has usado en un contexto apropiado? Busca su significado en un diccionario español-español para asegurarte de que el contexto es apropiado.

Palabra abierta

A. Reúnete con cuatro compañeros de clase y contesta las siguientes preguntas.

1. ¿Te gustó escribir este ensayo? ¿Por qué? ¿Fue difícil seleccionar un tema para comentar? ¿Por qué?
2. ¿Adoptaste un nuevo punto de vista acerca de algunos de los temas que trataron tus compañeros de clase? Explica.
3. ¿Fue eficaz la sesión de intercambio de ideas que tuvieron con sus compañeros sobre problemas de organización y contenido?
4. ¿Cómo podría mejorarse este intercambio de impresiones sobre aspectos específicos de la redacción? ¿Qué tipo de corrección desean que se haga? ¿Cómo quisieran que sus compañeros corrigieran sus ensayos? ¿Qué ejercicios de corrección serían apropiados?

B. Carpeta de escritura.   Escribe una lista de palabras que podrías utilizar la próxima vez que redactes un ensayo y guárdala en tu carpeta. Escribe en tu cuaderno algún consejo nuevo para la próxima vez que escribas un ensayo. ¿Qué quieres recordar hacer la próxima vez para escribir mejor? ¿Probaste alguna una estrategia nueva que te resultó bien al escribir esta composición? Anótala también. ¿En qué aspecto de tu escritura has visto más mejoría? ¿Cómo lograste mejorar este aspecto?

7

La identidad de los latinos: «Dos culturas, dos lenguas y dos visiones del mundo»

Los objetivos de tema y de género de este capítulo son:

- explorar el tema de la identidad bicultural de los latinos en los Estados Unidos
- utilizar el trabajo monográfico para investigar, exponer y documentar una tesis sobre algún aspecto de una obra literaria

Los objetivos lingüísticos y de redacción son:

- reconocer el lenguaje de la monografía y repasar aspectos del registro académico
- analizar los componentes funcionales del trabajo monográfico
- integrar estrategias de documentación y apoyo de argumentos
- considerar la relativa autoridad de las fuentes que utilicemos y de los diversos argumentos que presentemos

Acercándonos al tema

A. Vocabulario del tema: La identidad de los latinos. Describe o explica en español el significado de cada una de las palabras o frases indicadas. Antes de consultar el diccionario, trata de determinar el significado de las palabras desconocidas por medio del contexto en el que aparecen.

1. Ambos personajes son dos **facetas** de un yo, dos caras de una personalidad.
2. Me gustaría decir que esta situación sólo ocurre cuando estoy escribiendo, pero la verdad es que muchas veces, al conversar con amigos o familiares, me encuentro en el **limbo,** entre español e inglés, queriendo decir algo que no me sale, envuelta en una tiniebla idiomática frustrante.
3. El disco evoca recuerdos, conlleva a la identificación con los modelos culturales latinos y **revivifica** la lengua materna.
4. Años atrás, si alguien me hubiese indicado los muchos **espanglicismos** en mi vocabulario, el **bochorno** me hubiese dejado muda.
5. El resultado es una serie de **vicisitudes,** dudas, ansiedades, **discrepancias,** diferencias y deseos a medida que asume su posición-posesión de sujeto bicultural.
6. En este cruce, las leyes angloamericanas de la **asimilación** chicana con sus **instintos** de **sobrevivencia** cultural latina que se manifiestan en una **desasociación** del mundo angloamericano que le permite darse cuenta de una pérdida total de su cultura latina y que le avisa hasta de la muerte.
7. Pero también me ha demostrado que el idioma que ahora hablo, el cual yo pensaba que era el español, es realmente espanglés, ese dialecto **forjado** del español y el inglés que toma palabras de los dos idiomas...
8. En este monólogo **dialógico,** Ella y She luchan por separado alternando modelos y modos de ser femeninos culturales.
9. Mirarse las caras **distorsionadas** por las lágrimas y el cristal sucio...
10. Este proceso es un **flujo** y **reflujo,** una **oscilación dialéctica** de la identidad bicultural en EE.UU.

B. La identidad latina en los Estados Unidos

1. En muchos lugares de los Estados Unidos coexisten comunidades latinas con comunidades anglosajonas, africanoamericanas y asiáticoamericanas. Piensa en tu propia comunidad y describe algunas de sus características. Por ejemplo, ¿cuáles son las características comunes que comparten los miembros de tu comunidad en cuanto a lengua, costumbres, comidas y religión? Luego compáralas con algunas de las características de la comunidad chicana sobre las que leíste o investigaste en el capítulo anterior. Si perteneces a una comunidad latina: ¿de qué forma es tu comunidad semejante a la cultura chicana descrita en el capítulo anterior y de qué forma es diferente?

2. Trabajando en parejas, piensen en las maneras en que los latinos se definen actualmente en cada uno de los siguiente contextos. (Pueden seleccionar una comunidad latina específica chicana, cubanoamericana, puertorriqueña, centroamericana, etc.)

a. la familia
b. la política norteamericana
c. el mundo de los negocios
d. la música
e. los medios de comunicación
f. la educación

¿Creen que ha habido cambios en la cultura y sociedad latinas en las últimas décadas? ¿Cuáles?

Primera lectura: *Coser y cantar*

Coser y cantar forma parte de un gran número de obras y publicaciones bilingües que se publican en los Estados Unidos y que varían desde cuentos infantiles como el de «Los cazadores invisibles» en el Capítulo 3 y otras obras de literatura hasta revistas semanales como *Latina, Style* y periódicos semanales que se imprimen en inglés y español.

Dolores Prida, una escritora cubanoamericana que reside en Nueva York, es una de las dramaturgas más distinguidas del teatro latino en los Estados Unidos. Su experiencia en diferentes tareas y culturas ha influido en sus obras y ha logrado crear un género versátil y dinámico que llega a la audiencia profunda y directamente. Dolores Prida ha escrito un gran número de obras, entre las que se encuentran *Beautiful Señoritas and Other Plays* (1991), *Botánica* (1994), *Cuentos sin ton ni son* (1994), *Rosa de dos aromas* (1995) y *La eterna Eva y el insoportable Adán* (1995).

En la comedia bilingüe de un acto *Coser y cantar* Dolores Prida explora de una manera sensual e impactante la división de personalidades de una mujer entre su identidad cubana y norteamericana.

Acercándonos al texto

A. Trabajen en grupos y contesten las siguientes preguntas.

1. ¿Has viajado o vivido en otro país? ¿Hablabas la lengua de ese país antes de ir? ¿Cómo te sentiste al llegar? ¿Te sentías capaz de comunicarte con la gente de ese país? ¿De qué manera te sentías diferente de la gente de ese país? ¿Cambió esa visita al otro país la visión de tu propia cultura? ¿Cómo?

2. Si mañana tu familia te dijera que tienes que mudarte a otro país por un periodo de tiempo indefinido, ¿cuáles serían algunas de las preocupaciones que tendrías? ¿Piensas que podrías acostumbrarte a la vida en otro país? ¿Piensas que podrías sentirte tan cómodo(a) en ese país como para nunca volver a vivir en los Estados Unidos? ¿Qué tendrías que hacer para sentirte así?

B. Hojea rápidamente el texto a continuación y contesta las siguientes preguntas con un(a) compañero(a) de clase.

1. ¿Cuáles son los rasgos principales que identifican el texto como una obra de teatro?
2. ¿Quiénes son los personajes principales de la obra?
3. Teniendo en cuenta el título y los personajes principales de la obra, ¿qué piensan que significa el título? ¿Qué temas piensan que va a tratar la obra? Anoten sus ideas para volver a ellas después de leer el texto.

Primera lectura: Coser y cantar
A One-Act Bilingual Fantasy for Two Women

CHARACTERS:
ELLA, *una mujer*
SHE, *the same woman*

The action takes place in an apartment in New York City in the present/past.

SET

A couch, a table with an imaginary mirror on each side of the stage. A low table in the middle, with a telephone on it. In the back, a low shelf with a record player, records and books. Back exits on stage right and stage left.

Couch on stage right is «Ella's». The one on the stage left is «She's». Piles of books, magazines and newspapers surround «She's» area. A pair of ice skates and a tennis racket are visible somewhere. Her dressing table has a glass with pens and pencils and various bottles of vitamins pills. She wears jogging shorts and sneakers.

«Ella's» area is a little messier. Copies of *Cosmopolitan* and *Vanidades* and *TV Guías* are seen around her bed. Her table is full of make up, a Virgen de la Caridad and a candle. A large conch and a pair of maracas are visible. «Ella» is dressed in a red short kimono.

IMPORTANT NOTES FROM THE AUTHOR

This piece is really one long monologue. The two women are one and are playing a verbal, emotional game of ping pong. Throughout the action, except in the final confontation, «Ella» and «She» never look at each other, acting independently, pretending the other one doesn't really exist (but of course, «Ella»/«She» keeps butting in the other's thoughts, feelings and actions).

In the dark we hear «¿Qué sabes tú?», song by Olga Guillot. As lights go up slowly on «Ella's»

couch we see a naked leg up in the air, then a hand goes up the leg and begins applying cream to it. «Ella» puts cream on both legs, sensually, while singing along with the record. «Ella» takes a hairbrush, combs her hair, then using the brush as a microphone continues to sing along, now sitting up in bed. Carried away by the song «Ella» gets out of bed and performs in front of the imaginary mirror by her dressing table.

At some point, the lights go up slowly on the other couch. «She» is reading *Psychology Today* magazine. We don't see her face at the beginning. As «Ella» is doing her thing by the mirror, «She's» eyes are seen above the magazine. She stares ahead for a while, then shows impatience. «She» gets up and turns off the record player, cutting off «Ella's» song in mid-sentence.

«She» begins to pick up newspapers and magazines and to stack them up neatly.

Ella: *(With contained exasperation)* ¿Por qué haces eso? ¡Sabes que no me gusta que hagas eso! Detesto que me interrumpas así. ¡Yo no te interrumpo cuando tú te imaginas que eres Barbra Streisand!

She: *(To herself, looking for her watch.)* What time is it? *(Finds watch.)* My God, it's twelve thirty! The day half-gone and I haven't done a thing...And so much to be done. So much to be done. *(Looks at one of the newspapers she had picked up)...* The people have been shot already. For no reason at all. No one is safe out there. No one. Not even those who speak good English. Not even those who know who they are...

Ella: *(Relamiéndose.)* Revoltillo de huevos[1], tostadas, queso blanco, café con leche. Hmmm, eso es lo que me pide el estómago. Anoche soñé con ese desayuno.

«Ella» goes backstage singing «es mi vivir una linda guajirita». We hear the sound of pots and pans over her singing. At the same time, «She» puts on the Jane Fonda exercise record and begins to do the exercises in the middle of the room. Still singing, «Ella» returns with a tray loaded with breakfast food (food should be real, scrambled eggs and toast) and turns off record player, she sits on the floor, japanese-style and begins to eat. «She» sits also and takes a glass of orange juice.

She: Do you have to eat so much? You eat all day, then lie there like a dead octopus.

Ella: Y tú me lo recuerdas todo el día, pero si no fuera por todo lo que yo como, ya tú te hubieras muerto de hambre.

«Ella» eats. «She» sips her orange juice.

She: *(Distracted.)* What shall I do today? There's so much to do.

Ella: *(Con la boca llena.)* Sí, mucho. El problema siempre es, por dónde empezar.

She: I should go out and jog a couple of miles.

Ella: *(Taking a bite of food.)* Sí. Debía salir a correr. Es bueno para la figura. *(Takes another bite.)* Y el corazón. *(Another bite.)* Y la circulación. *(Another bite.)* A correr se ha dicho. A correr se ha dicho.

«Ella» continues eating. «She» gets up and opens the imaginary window facing the audience. «She» looks out, breathes deeply, stretches.

She: Aaah, what a beautiful day! It makes you so... so happy to be alive!

Ella: *(Looks up from the table, without much enthusiasm.)* No es para tanto.

«She» goes to her dressing table, sits down, takes pen and paper.

---

[1] Cuba: huevos revueltos

She: I'll make a list of all the things I must do. Let's see. I should start from the inside... Number one, clean the house.

Ella: *(Still eating.)* Uno, limpiar la casa.

She: Two, take the garbage out.

Ella: Dos, sacar la basura.

She: Then, do outside things. After running, I have to do something about El Salvador.

Ella: Salvar a El Salvador.

She: Go to the march at the U.N.

Ella: *(Has finished eating, picks up tray, se anima con la idea de hacer cosas.)* Escribir una carta: editor del *New York Times*.

She: Aha, that too. *(Writes.)* How about peace in the Middle East?

Ella: La cuestión del aborto.

She: Should that come after or before the budget cuts?

Ella: *(Relamiéndose.)* Ir a la Casa Moneo a comprar chorizos mexicanos para unos burritos.

She: *(Writing.)* See that new Fassbinder film.

Ella: *(Serious.)* Ver a mi madrina. Tengo algo que preguntarle a los caracoles. *(Se da un pase con agua de Florida.)*

She: *(Exasperated.)* Not again!... *(Thinks.)* Buy a fish tank. *(Writes.)*

Ella: ¿Una pecera?

She: I want to buy a fish tank, and some fish. I read in *Psychology Today* that it is supposed to calm your nerves to watch fish swimming in a tank.

Background Music Begins.

Ella: Peceras. *(Sits at her dressing table. Stares into the mirror, gets lost in memories.)* Las peceras me recuerdan el aeropuerto cuando me fui... Los que se iban, dentro de la pecera. Esperando. Esperando dentro de aquel cuarto transparente. Al otro lado del cristal, los otros, los que se quedaban: los padres, los hermanos, los tíos... Allí estábamos, en la pecera, nadando en el mar que nos salía por los ojos. Los que estaban dentro y los que estaban afuera solo podían mirarse. Mirarse las caras distorsionadas por las lágrimas y el cristal sucio lleno de huellas de manos que se querían tocar, empañado por el aliento de bocas que trataban de besarse a través del cristal... Una pecera llena de peces asustados, que no sabían nadar, que no sabían de las aguas heladas donde los tiburones andan con pistolas.

She: *(Scratches it off the list forcefully.)* Dwelling in the past takes energies away.

«Ella» looks for the map among objects on her dressing table. Lifts the Santa Barbara statue.

Ella: ¿Dónde habré puesto el mapa? Juraría que estaba aquí, debajo de Santa Bárbara...

«Ella» looks under the bed, pulls out several objects, in the back «Ella» finds one old and dirty tennis shoe. It brings memories.

Ella: Lo primerito que yo pensaba hacer al llegar aquí era comprarme unos tenis bien cómodos y caminar todo Nueva York. Cuadra por cuadra. Para saber dónde estaba todo.

She: I got the tennis shoes—actually, they were basketball shoes... But I didn't get to walk every block as I had planned. I wasn't aware of how big the city was. I wasn't aware of muggers either. I did get to walk a lot, though... in marches and demonstrations. But by then, I had given up wearing tennis shoes. I was into boots...

Ella: ...nunca me perdí en el subway.

She: Somehow I always knew where I was going. Sometimes the place I got to was the wrong place, to be sure. But that's different. All I had to do was choose another place... and go to it. I have gotten to a lot of right places too.

Ella: *(Con satisfacción.)* Da gusto llegar al lugar que se va sin perder el camino.

Loud gunshots are heard outside. Police sirens, loud noises, screams, screeches. Both women get very nervous and upset. They run to the window and back, not knowing what to do.

She: There they go again! Now they are shooting the birds on the trees!

Ella: ¡Están matando las viejitas en el parque!

She: Oh, my God! Let's get out of here!

Ella: ...y los perros que orinan en los hidrantes!

She: No, no. Let's stay here! Look! They've shot a woman riding a bicycle... and now somebody is stealing it!

Ella: ¡La gente corre, pero nadie hace nada!

She: Are we safe? Yes, we are safe. We're safe here. No, we're not. They can shoot through the window!

Ella: ¡...la gente grita pero nadie hace nada!

She: Get away from the window!

Ella: Pero, ¿y todo lo que hay que hacer?

They look around undecided. They begin to do several things around the house, but drop them immediately. «She» picks up a book. «Ella» goes to the kitchen. We hear pots and pans noises. «Ella» returns eating the leftovers straight from a large pot. «Ella» sits in front of mirror, catches sight of herself. Puts pot down. Touches her face. Tries different smiles (none is a happy smile). «She» is lying on the couch staring at the ceiling.

Ella: Si pudiera sonreír como la Mona Lisa me tomarían por misteriosa, en vez de antipática porque no enseño los dientes...

She: *(From the couch, still staring.)* That's because your face is an open book. You wear your emotions all over, like a suntan... You are emotionally naive... or rather, emotionally primitive... perhaps even emotionally retarded. What you need is a... a certain emotional sophistication...

Ella: ...sí, claro, eso... sofisticación emocional *(Angry.)* ¿Ser como tú? Tú, que ya ni te acuerdas cómo huele tu propio sudor, que no reconoces el sonido de tu propia voz. ¡No me jodas![2]

She: See what I mean!

«She» gets up, goes to her dressing table, looks for something.

Ella: *(Exasperada.)* Ay, Dios mío, ¿qué habré hecho yo para merecérmela? ¡Es como tener un... un pingüino colgado del cuello!

---

[2] coloquialismo: molestes

She: An albatross... you mean I'm like an albatross around your neck. OK, OK... I'll make
myself light, light as feather... light as an
albatross feather. I promise.

«She» continues to look for the map.

She: Where did I put that map? I thought it was
with the passport, the postcards... The
traveling mementos... *(Continues looking
among papers kept in a small box. Finds
her worry beads. That brings memories.
She plays with them for a while.)*... I never
really learned how to use them...

«Ella» is searching for the map elsewhere.

She: Do you know what regret means?
Ella: *(Absentmindedly.)* Es una canción de Edith
Piaf.
She: Regret means that time in Athens, many years
ago... at a cafe where they played bousuki
music. The men got up, and danced, and
broke glasses and small dishes against tiled
floor. The women did not get up and dance.
They just watched and tapped their feet under
the table... now and then shaking their shoulders to the music. One Greek man danced
more than the others. He broke more glasses
than the others. It was his birthday. His name
was Niko. He cut his hand with one of the
broken glasses. But he didn't stop, he didn't
pay any attention to it. He kept on dancing. He
danced by my table. I took a gardenia from
the vase and gave it to him. He took it, rubbed
it on the blood dripping from his hand and
gave it back to me with a smile. He danced
away to other tables... I wanted to get up and
break some dishes and dance with him.
Dance away, out the door, into the street, all
the way to the harbor. But I didn't get up. Like
the Greek women, I stayed on my seat, tapping my feet under the table, now and then
shaking my shoulders to the music... a blood-
ied gardenia wilting in my glass of retsina...
Ella: No haber roto ni un plato. That's regret for
sure.

*The clock strikes the hour. Alarmed, they get
up quickly, look for their shoes.*

She: *(Putting boots on. Rushed, alarmed.)* I have
to practice the speech!
Ella: *(Also putting boots on.)* Sí, tienes que aprender a hablar más alto. Sin micrófono no se
te oye. Y nunca se sabe si habrá micró-
fonos. Es mejor depender de los pulmones
que de los aparatos. Los aparatos a veces
fallan en el momento más inoportuno.

*Both stand center stage, back to back, each
one facing stage left and stage right. They speak at
the same time.*

She: A E I O U *(in English).*
Ella: A E I O U *(in Spanish).*
Ella: Pirámides.
She: Pyramids.
Ella: Orquídeas.
She: Orchids.
Ella: Sudor.
She: Sweat.
Ella: Luz.
She: Light.
Ella: Blood.
She: Sangre.
Ella: Dolphins.
She: Delfines.
Ella: Mountains.
She: Montañas.
Ella: Sed.
She: Thirst.

Freeze. Two beats. Snap out of it.

Ella: Tengo sed.
She: I think I'll have a Diet Pepsi.
Ella: Yo me tomaría un guarapo de caña[3].

*«She» goes to the kitchen. «Ella»: looks for
the map. Passes by mirror and looks at her body,
passes hand by hips. Continues looking for the
map behind furniture, along the walls. Suddenly, it
seems as if «Ella» hears something coming from
the apartment next door. «Ella» puts her ear to the*

---

[3] **guarapo...** jugo de la caña dulce exprimida
[4] tipo de tortuga

wall and listens more carefully. Her face shows confusion. «Ella» asks herself, greatly intrigued.

Ella: ¿Por qué sería que Songo le dio a Borondongo? ¿Sería porque Borondongo le dio a Bernabé, o porque Bernabé le pegó a Muchilanga? ¿O en realidad sería porque Muchilanga le echó burundanga?... ¿Y Monina? ¿Quién es Monina?... ¡Ay, nunca lo he entendido!... el gran misterio de nuestra cultura...

«She» returns drinking a diet Pepsi. Sits on the bed and drinks slowly, watching the telephone with intense concentration. «Ella's» attention is also drawn to the telephone. Both watch it hypnotically.

Ella: El teléfono no ha sonado hoy.
She: I must call mother. She's always complaining.
Ella: Llamadas. Llamadas. ¿Por qué no llamará? Voy a concentrarme para que me llame. *(Se concentra.)* El teléfono sonará en cualquier momento. Ya. Ya viene. Suena. Sí. Suena. Va a sonar.

«She» is now sitting in the lotus position, meditating.

She: Ayer is not the same as yesterday.
Ella: Estás loca.
She: I think I'm going crazy. Talking to myself all day.
Ella: It must be. It's too soon for the menopause.
She: At least let's talk about something important to exercise our intellects.
Ella: ¿Como qué?
She: We could talk about... about... the meaning of life.
Ella: Mi mamá me dijo una vez que la vida, sobre todo la vida de una mujer, era coser y cantar. Y yo me lo creí. Pero ahora me doy cuenta que la vida, la de todo el mundo: hombre, mujer, perro, gato, jicotea[4], es en realidad, comer y cagar... en otras palabras, ¡la misma mierda!
She: Puke! So much for philosophy.

Both look among the books and magazines. «Ella» picks up Vanidades *magazine, flips throught the pages. «She» starts reading* Self *magazine.*

Ella: No sé qué le ha pasado a Corín Tellado. Ya sus novelas no son tan románticas como antes. Me gustaban más cuando ella, la del sedoso cabello castaño y los brazos torneados y los ojos color violeta, no se entregaba así, tan fácilmente, a él, el hombre, que aunque más viejo, y a veces cojo, pero siempre millonario, la deseaba con locura, pero la respetaba hasta el día de la boda...
She: I can't believe you're reading that crap.

«Ella» flips through the pages some more. Stops at a page.

Ella: ¡Mira, esto es interesante: un test! «Usted y sus fantasías». A ver, lo voy hacer. *(Gets a pencil from the table.)* Pregunta número uno: ¿Tienes fantasías a menudo? *(Piensa).*
She: Yes. *(«Ella» writes down answer.)*
Ella: ¿Cuán a menudo? *(Thinks.)*
She: Every night... and day. *(«Ella» writes answer.)*
Ella: ¿Cuál es el tema recurrente de tus fantasías?
She: *(Sensually mischievous.)* I am lying naked. Totally, fully, wonderfully naked. Feeling good and relaxed. Suddenly, I feel something warm and moist between my toes. It is a tongue. A huge, wide, live tongue!
Ella: ¡Vulgar! No se trata de esas fantasías. Se trata de... de... ¡Juana de Arco!
She: I didn't know that Joan of Arc was into...
Ella: Ay, chica, no hablaba de fantasías eróticas, sino de fantasías heroicas... a lo Juana de Arco. ¡A mí Juana de Arco me parece tan dramática, tan patriótica, tan sacrificada...!
She: I don't care for Joan of Arc —too hot to handle!... ha, ha, ha.

Both laugh at the bad joke.

Ella: *(Picking up the chair and lifting it above her head.)* Mi fantasía es ser una superwoman —¡Marvila, la mujer maravilla! *(Puts chair down and lies across it, arms and legs kicking up in the air, as if swimming).* Y salvar a una niña que se ahoga en el Canal de la Mancha, y nadar, como Ester Williams, hasta los blancos farallones de Dover... Ser una heroína que *(Rides on the chair.)* cabalgando siempre adelante, hacia el sol, inspirada por una fe ciega, una pasión visionaria, arrastre a las multitudes para juntos salvar al mundo de sus errores.

She: Or else, a rock singer! They move crowds all right. And make more money. How about, La Pasionaria and her Passionate Punk Rockers!

Ella: *(Desinflada.)* Tú nunca me tomas en serio.

She: My fantasy is to make people happy. Make them laugh. I'd rather be a clown. When times are as bad as these, it is better to keep the gathering gloom at bay by laughing and dancing. The Greeks do it, you know. They dance when they are sad. Yes, what I really would like to be is a dancer. And dance depression... inflation... and the Nuclear Threat... away!

Ella: *(To herself, disheartened.)* Pero tienes las piernas muy flacas y el culo muy grande.

She: *(Ignoring «Ella's» remarks.)* Dancing is what life is all about. The tapping of a hundred feet on Forty Second Street is more exciting than an army marching off to kill the enemy... Yes! My fantasy is to be a great dancer... like Fred Astaire and Ginger Rogers!

Ella: ¿Cuál de ellos, Fred Astaire o Ginger Rogers?

She: Why can't I be both?

Ella: ¿Será que eres bisexual?

She: No. I have looked.

Ella: ¿Nunca has querido ser hombre?

She: Not really. Men are such jerks.

Ella: Pero se divierten más. ¿De veras que nunca te has sentido como ese poema? «...Hoy, quiero ser hombre. Subir por las tapias, burlar los conventos, ser todo un don Juan; raptar a Sor Carmen y a Sor Josefina, rendirlas, y a Julia de Burgos violar...»

She: You are too romantic, that's your problem.

Ella: ¡Y tú eres muy... !

She: *(Flexing her muscles.)* It helps keep me in shape. *(Bitchy.)*

Ella: *(Tapándose los oídos.)* ¡Cállate! ¡Cállate! ¡Cállate!

«Ella» goes to the window and looks out.

Ella: Está nevando. No se ve nada allá afuera. Y aquí, estas cuatro paredes ¡me están volviendo... bananas!

«Ella» goes to the table, takes a banana and begins to eat it. «She» plays with an old racket.

Ella: Si por lo menos tuviera el televisor, podría ver una película o algo... pero no...

She: Forget about the TV set.

Ella: ...¡tuviste que tirarlo por la ventana! Y lo peor no es que me quedé sin televisor. No. Lo peor es el caso por daños y perjuicios que tengo pendiente.

She: I don't regret a thing.

Ella: ...¡la mala suerte que el maldito televisor le cayera encima al carro de los Moonies que viven al lado! ¿Te das cuenta? ¡Yo, acusada de terrorista por el Reverendo Sun Myung Moon! ¡A nadie le pasa esto! ¡A nadie más que a mí! ¡Te digo que estoy cagada de aura tiñosa[5]!

She: You are exaggerating. Calm down.

Ella: Cada vez que me acuerdo me hierve la sangre. ¡Yo, yo, acusada de terrorista! ¡Yo! ¡Cuando la víctima he sido yo! ¡No se puede negar que soy una víctima del terrorismo!

She: Don't start with your paranoia again.

Ella: ¡Paranoia! ¿Tú llamas paranoia a todo lo que ha pasado? ¿A lo que pasó con los gatos? Mis tres gatos, secuestrados, descuartizados, y luego dejados en la puerta, envueltos en papel de regalo, con una tarjeta de Navidad.

She: You know very well it didn't happen like that.

Ella: ¿Y la cobra entre las cartas? How about the snake in the mail box? Who put it there? Who? Who? Why?

She: Forget all that. Mira cómo te pones por gusto.... Shit! We should have never come here.

Ella: *(Calmándose.)* Bueno, es mejor que New Jersey. Además ¿cuál es la diferencia? El mismo tiroteo, el mismo cucaracheo, la misma mierda... coser y cantar, you know.

---

[5] **aura...** mala suerte

She: At least in Miami there was sunshine...

Ella: Había sol, pero demasiadas nubes negras. Era el humo que salía de tantos cerebros tratando de pensar. Además, aquí hay más cosas que hacer.

She: Yes. Más cosas que hacer. And I must do them. I have to stop contemplating my navel and wallowing in all this... this... Yes, one day soon I have to get my caca together and get out there and Do something. Definitely. Seriously.

Silent pause. Both are lost in thought.

Ella: Remember when I first met you... you had a shimmer in your eyes...

She: Y tú tenías una sonrisa...

Ella: And with that shimmering look in your eyes and that smile...

She: ...pensamos que íbamos a conquistar el mundo...

Ella: ...but...

She: ...I don't know...

«She» goes to ther table. Picks up vitamin bottle.

She: Did I take my pills today?

Ella: Sí.

She: Vitamin C?

Ella: Sí.

She: Iron?

Ella: Sí.

She: Painkiller?

Ella: Of course... because camarón que se duerme se lo lleva la corriente.

She: Shrimp that falls asleep is carried away by the current?

Ella: No... that doesn't make any sense.

She: Between the devil and the deep blue sea?

Ella: ...no es lo mismo que entre la espada y la pared, porque del dicho al hecho hay un gran trecho.

She: Betwixt the cup and the lip you should not look a gift horse in the mouth.

Ella: A caballo regalado no se le mira el colmillo, pero tanto va el cántaro a la fuente, hasta que se rompe.

She: An eye for an eye and a tooth for a tooth.

Ella: Y no hay peor ciego que el que no quiere ver.

Both are lethargic, about to fall asleep.

She: *(Yawning.)* I have to be more competitive.

Ella: *(Yawning.)* Después de la siesta.

Both fall asleep. Lights dim out. Background music (music box). Lights come up half way on «Ella». Dream sequence.

Ella: *(Upset. Voice of a young child.)*... pero, ¿por qué tengo que esperar tres horas para bañarme? ¡No me va a pasar nada!... ¡los peces comen y hacen la digestión en el agua y no les pasa nada!... Sí, tengo muchas leyes. ¡Debía ser abogada! ¡Debía ser una tonina y nadar al otro lado de la red, sin temer a los tiburones!... *(Pause. Now as a teenager)*... ¡Y no voy a caminar bajo el sol con ese paraguas! ¡No me importa que la piel blanca sea más elegante!... ¡No se puede tapar el sol con una sombrilla! ¡No se puede esperar a que la marea baje cuando tiene que subir! *(As an adult)*... No se puede ser un delfín en las pirámides. No se le puede cortar la cabeza al delfín y guardarla en la gaveta, entre las prendas más íntimas, olvidar el delfín. Y olvidar que se quiso ser el delfín. Olvidar que se quiso ser la niña desnuda, cabalgando sobre el delfín.

Lights dim up on «She».

She: *(Needling.)* So, you don't have dreams. So, you can't remember your dreams. So, you never talk about your dreams. I think you *don't want* to remember your dreams. You always want to be going somewhere, but now you are stuck here, with me, because outside is raining blood and you have been to all the places you can possibly ever go to! Now you have nowhere to go! Nowhere! Nowhere!

«Ella» slaps «She» with force. The clock strikes twice. They awake. Lights come up fully.

She: *(To herself.)* A nightmare in the middle of the day!

---

[6] inquietó, perturbó, alteró

[7] Cuba: chica

[8] paseo marítimo de La Habana, Cuba

Ella: Tengo que encontrar ese mapa. Estoy decidida.

Both look for the map. «She» picks up a book. Fans the pages. Finds a marker in one page. Reads it silently, gets into it and continues reading. Then reads aloud.

She: «Picasso's gaze was so absorbing, one was surprised to find anything left on the paper after he looked at it»... Wow... *(Thinks about this image.)*

Ella: *(Thinking about this image.)* Sí, claro. Así siento mis ojos en la primavera. Después de ver tanto árbol desnudo durante el invierno, cuando salen las hojas, esas hojitas de un verde tan tierno, me da miedo mirarlas mucho, porque temo que mis ojos le van a chupar todo el color.

She: I miss all that green. Sometimes I wish. I could do like Dorothy in *The Wizard of Oz*; close my eyes, click my heels and repeat three times, «there's no place like home»... and, puff!!, be there.

Ella: El peligro de eso es que una pueda terminar en una finca de Kansas.

She: ...I remember that trip back home... I'd never seen such a blue sea. It was an alive, happy blue. You know what I mean?

Ella: A mí no se me había olvidado. Es el mar más azul, el más verde... el más chévere del mundo. No hay comparación con estos mares de por aquí.

She: ...it sort of slapped you in the eyes, got into them and massaged your eyeballs...

Ella: ...es un mar tan sexy, tan tibio. Como que te abraza... Dan ganas de quitarse el traje de baño y nadar desnuda... lo cual, por supuesto, hiciste a la primera oportunidad...

She: ...I wanted to see everything, do everything in a week...

Ella: *(Laughing.)* ...no sé si lo viste todo, pero en cuanto a hacer... ¡el trópico te alborotó[6], chiquitica[7]! ¡Hasta en el Malecón[8]! ¡Qué escándalo!

She: *(Laughing.)* I sure let my hair down! It must have been all that rum. Everywhere we went, there was rum and «La Guantanamera»... And that feeling of belonging, of being home despite...

Ella: ¡Aaay!

She: ¿Qué pasa?

Ella: ¡Ay, siento que me viene un ataque de nostalgia!

She: Let's wallow!

Ella: ¡Ay, sí, un disquito!

«She» puts record on: «Nostalgia habanera», sung by Olga Guillot. Both sing and dance along with the record for a while. The music stays on throughout this scene.

Both: *(Singing.)* «Siento la nostalgia de volver a ti, mas el destino manda y no puede ser Mi Habana, mi tierra querida, cuándo yo te volveré a ver, Habana, cómo extraño el sol indiano de tus calles Habana, etc.»

Ella: ¡Aaay! ¡Esta nostalgia me ha dado un hambre!

She: That's the problem with nostalgia—it is usually loaded with calories! How about some steamed broccoli...

Ella: ...arroz...

She: ...yogurt...

Ella: ...frijoles negros...

She: ...bean sprouts...

Ella: ...plátanos fritos...

She: ...wheat germ...

Ella: ...ensalada de aguacate...

She: ...raw carrots...

Ella: ...¡flan!

She: ...¡granola!

Ella: ¡Tal vez un arroz con pollo, o un ajiaco!

She: Ok, let's go!

Both go out to the kitchen. Lights out. Record plays to the end. Noises of pots and pans. When lights go up each one is laying on their respective beds.

Ella: ¡Qué bien! ¡Qué rico! Esa comida me ha puesto erótica. I feel sexy. Romántica.

She: *(With bloated feeling.)* How can you feel sexy after rice and beans?... I feel violent, wild. I feel like chains, leather, whips. Whish! Whish!

Ella: ¡No, no, no! Yo me siento como rosas y besos bajo la luna, recostada a una palmera mecida por el viento...

She: Such tropical, romantic tackiness, ay, ay, ay.

Ella: Sí... y un olor a jazmines que se cuela por la ventana...

She: I thought you were leaning on a swaying coconut tree.

Ella: ...olor a jazmines, mezclado con brisas de salitre. A lo lejos se escucha un bolero: *(Sings.)* «¿Te acuerdas de la noche de la playa? Te acuerdas que te di mi amor primero...»

Both stop, exhaling a deep sigh of contentment. Both get up from bed, at different speeds and go to their dressing tables. «Ella» lights up a cigarrette sensually. «She» begins to put cold cream on her face, also slowly and sensually. Both sing in a sexy, relaxed manner.

Ella: «Fumar es un placer»...

She: ...genial, sensual...

Ella: ...fumando espero...

She: ...al hombre que yo quiero...

Ella: ...tras los cristales...

She: ...de alegres ventanales...

Ella: ...y mientras fumo...

She: *(Half-laughs.)* ...I remember the first time... It felt wonderful. But all the new feelings scared me...

Ella: *(Kneeling on the chair.)* ...fui a la iglesia al otro día... me arrodillé, me persigné, alcé los ojos al cielo —es decir, al techo— muy devotamente, pero cuando empecé a pensar en la oración... me di cuenta de que, en vez de pedir perdón, estaba pidiendo... ¡aprobación!...

She: ...Oh God, please, give me a sign! Tell me it is all right! Send an angel, una paloma, a flash of green light to give me the go ahead! Stamp upon me the Good Housekeeping Seal of Approval, to let me know that it is Ok!

Ella: ¡Ay, Virgen del Cobre! ¡Yo tenía un miedo que se enterara la familia! ¡Me parecía que me lo leían en la cara!

Both fall back laughing. Telephone rings three times. They stop laughing abruptly, look at the telephone with fear and expectation. After each ring each one extends the hand to pick it, but stops midway. Finally, after the third ring, «She» picks it up.

She: Hello?... Oh, hiii, how are you?... I am glad you called... I wanted to... Yes. Ok. Well, go ahead... *(Listens.)* Yes, I know... but I didn't think it was serious. *(Listens.)* ....You said our relationship was special, untouchable... *(Whimpering.)* Then how can you end it just like this... I can't believe that all the things we shared together, don't mean anything to you anymore... *(Listens.)* What do you mean it was meaningful while it lasted?!... Yes, I remember you warned me you didn't want to get involved... but, all I said was that I love you... Ok. I shouldn't have said that... Oh, please, let's try again!... I'll come over Saturday night... Sunday morning we have brunch: eggs, croissants, bloody marys... we'll read the *Times* in bed and... please, don't... how can you?...

«Ella» had been quietly reacting to the conversation, getting angrier and angrier. Finally, «Ella» grabs the telephone away from «She.»

Ella: ...¡pero quién carajo[9] tú te crees que eres para venir a tirarme así, como si yo fuera una chancleta[10] vieja! ¡Qué huevos fritos y ocho cuartos, viejo, después de tanta hambre que te maté, los buenos vinos que te compré! ¡A ver si esa pelúa[11] te va a dar todo lo que yo te daba! *(Suddenly desperate.)* Ay, ¿cómo puedes hacerme esto a mí? ¡A mí, que te adoro ciegamente, esto a mí, que te quiero tanto, que me muero por ti!... Mi

---

[9] insulto coloquial

[10] zapatilla para usarse en casa que deja descubierto el talón

[11] peluda con mucho pelo

[12] barro

*Se refiere a Alfonsina Storni (1892–1938), poeta argentina famosa (vid. «Hombre pequeñito», Cap. 4) que se suicidó ahogándose en el mar al saber que padecía un cáncer incurable.

amor... ay, mi amor, no me dejes. Haré lo que tú quieras. ¡Miénteme, pégame, traicióname, patéame, arrástrame por el fango[12], pero no me dejes! *(Sobs. Listens. Calms down. Now stoically dramatic and resigned.)* ... Está bien. Me clavas un puñal. Me dejas con un puñal clavado en el centro del corazón. Ya nunca podré volver a amar. Mi corazón se desangra, siento que me desvanezco... Me iré a una playa solitaria y triste, y a media noche, como Alfonsina*, echaré a andar hacia las olas y... *(Listens for three beats. Gets angry again.)* ...¡Así es como respondes cuando vuelco mi corazón, mis sentimientos en tu oído! ¡Cuando mis lágrimas crean un corto circuito en el teléfono? ¡Ay, infeliz! ¡Tú no sabes nada de la vida! Adiós, y que te vaya bien. De veras... honestamente, no te guardo rencor... te deseo lo mejor... ¿Yo?... yo seguiré mi viaje. ¡Seré bien recibida en otros puertos! Ja, ja, ja...!

«Ella» bangs the phone down. Both sit on the floor back to back. Long pause. «Ella» fumes. «She» is contrite.

She: You shouldn't have said all those things.

Ella: ¿Por qué no? Todo no se puede intelectualizar. You can't dance everything away, you know.

She: You can't eat yourself to numbness either.

Ella: Yeah.

She: You know what's wrong with me?... I can't relate anymore. I have been moving away from people. I stay here and look at the ceiling. And talk to you. I don't know how to talk to people any more. I don't know if I want to talk to people anymore!

Ella: Tu problema es que ves demasiadas películas de Woody Allen, y ya te crees una neoyorquina neurótica. Yo no. Yo sé cómo tener un party conmigo misma. Yo me divierto sola. Y me acompaño y me entretengo. Yo tengo mis recuerdos. Y mis plantas en la ventana. Yo tengo una solidez. Tengo unas raíces, algo de qué agarrarme. Pero tú... ¿tú de que te agarras?

She: I hold on to you. I couldn't exist without you.

Ella: But I wonder if I need you. Me pregunto si te necesito... robándome la mitad de mis pensamientos, de mi tiempo, de mi sentir, de mis palabras... como una sanguijuela[13]!

She: I was unavoidable. You spawned me while you swam in that fish tank. It would take a long time to make me go away!

Ella: Tú no eres tan importante. Ni tan fuerte. Unos meses, tal vez unos años, bajo el sol, y, presto... desaparecerías. No quedaría ni rastro de ti. Yo soy la que existo. Yo soy la que soy. Tú... no sé lo que eres.

She: But, if it weren't for me you would not be the one you are now. No serías la que eres. I gave yourself back to you. If I had not opened some doors and some windows for you, you would still be sitting in the dark, with your recuerdos, the idealized beaches of your childhood, and your rice and beans and the rest of your goddam obsolete memories!

For the first time they faced each other, furiously.

Ella: ¡Pero soy la más fuerte!

She: I am as strong as you are!

With each of the following lines, they throw something at each other (pillows, books, paper, etc.).

Ella: Soy la más fuerte...

She: I am the strongest.

Ella: ¡Te robaste parte de mí!

She: You wanted to be me once!

Ella: ¡Estoy harta de ti!

She: ...Now you are!

Ella: ¡Ojalá no estuvieras!

She: You can't get rid of me!

Ella: ¡Alguien tiene que ganar!

She: No one shall win!

Loud sound of sirens, shots, screams. They run towards the window, then they walk backwards in fear, speaking simultaneously.

---

[13] animal que vive en el agua y que se alimenta de la sangre de otros animales

She: They are shooting again!	*Another shot is heard. They look at each other.*
Ella: ...¡y están cortando los árboles!	
She: ...they're poisoning the children in the schoolyard!	Ella: El mapa...
Ella: ...¡y echando la basura y los muertos al río!	She: Where's the map?
She: ...We're next! We're next!	*Black out.*
Ella: ¡Yo no salgo de aquí!	
She: Let's get out of here!	THE END

Interactuando con el texto

A. Resumen de la comedia

1. Imagínate que fuiste a ver la presentación de esta obra en Broadway y luego uno(a) de tus amigos(as) te pide que le cuentes de qué se trataba. ¿Qué le dirías? ¿Cuál es el tema principal? ¿Llega a una definición en el final? Escribe el resumen que le contarás.

2. Intercambia el resumen que escribiste con los que escribieron otros compañeros de la clase. ¿Has incluido los mismos detalles que tus compañeros(as)? ¿Por qué sí o por qué no?

B. Análisis del texto

1. Considera la información sobre cada uno de los personajes principales. ¿Cómo podrías definir la personalidad de Ella y She? Para organizar la información en tu cuaderno, utiliza las categorías a continuación: identifica los rasgos de la personalidad de cada una y al lado escribe alguna cita del texto que apoye tu opinión. Escribe la información debajo de la categoría correspondiente.

rasgo de perso-nalidad de Ella	cita del texto	rasgo de perso-nalidad de She	cita del texto

2. Ahora escribe un párrafo describiendo a Ella y a She utilizando la información que seleccionaste en la pregunta anterior.
3. ¿Cuál es el conflicto central de esta obra? Explica.
4. ¿Cómo interpretas el final de esta comedia? Explica. ¿Es muy diferente del final que te habías imaginado antes de leer la obra?
5. ¿Qué representan el inglés y el español?
6. ¿Cuáles elementos representan la cultura cubana y cuáles la cultura norteamericana?

Gramática funcional

Contraste entre la lengua oral y la lengua escrita

Coser y cantar de Dolores Prida es una obra de teatro bilingüe y como tal refleja algunas características del bilingüismo, como la alternancia de códigos, los préstamos lingüísticos y el uso de coloquialismos —en este caso —del español hablado en Cuba. La alternancia del inglés y del español en esta obra desempeña un papel importante en el tema central, que es el de la identidad de la protagonista principal. She habla mayormente en inglés y representa la influencia angloamericana en la mujer, mientras que Ella casi siempre habla en español y se asocia con la cultura latina aunque, obviamente, al vivir en una sociedad bilingüe, ambas comprenden las dos lenguas y a veces usan la otra.

El género amplio al que pertenece esta obra es el género de la creación literaria, o sea que es una obra de ficción. Específicamente, es una comedia, es decir una obra de teatro cuya función principal es entretener a la audiencia. Si bien esta comedia no es un acto comunicativo improvisado, el lenguaje de la misma intenta reflejar la lengua oral mediante los coloquialismos y diálogos que incorpora. Esto quiere decir que dentro del diagrama que representa la continuidad entre la lengua oral y la lengua escrita, encontraremos este texto más cerca de las características de la lengua hablada que de la escrita.

Oral   Escrita

Por otro lado, cuando escribimos un trabajo académico sobre una obra literaria usamos un lenguaje más formal, más condensado y que incluye citas o referencias a otros textos que avalan nuestros juicios. En esta sección repasaremos dos características típicas del lenguaje académico que ya hemos discutido en capítulos anteriores: el lenguaje indirecto y la condensación de la información.

Lenguaje indirecto

En el Capítulo 1 presentamos algunas estrategias para expresar una cita directa de una manera indirecta. Recuerda dos cosas:

Primero: los cambios en los pronombres de sujeto; por ejemplo:
de la primera persona (yo, nosotros)
o de la segunda persona (tú, ustedes)
a la tercera persona (él/ella, ellos)

    (1a) Ana: Yo me tomaría un jugo de mango.
    (1b) Ana dijo que **se tomaría** un jugo de mango.
    (2a) Luis (hablando con Pedro): Tú no eres tan importante.
    (2b) El le decía que **él no era** tan importante.

Segundo: la modificación de los tiempos verbales.

—del presente   al   pasado
—del futuro   al   condicional

    (3a) Ana: Tengo sed.
    (3b) Ana dijo que **tenía** sed.
    (4a) Él dijo: Iremos a visitarlos mañana.
    (4b) Él dijo que **iríamos** a visitarlos mañana.

Condensación de la información

Es interesante notar que en la comedia, como en el lenguaje oral, hay muchas palabras que están inferidas, omitidas o elididas. Esto se debe, primero, a que el contexto textual en que aparecen las omisiones y elisiones hace innecesaria la repetición de referentes: el texto dramático permite que los lectores comprendan cuáles son los referentes inferidos o elididos. Segundo, esto también se debe al hecho de que en un diálogo literario, el interlocutor o interlocutores del personaje que habla están presentes. Y si asistiéramos a la puesta en escena de la comedia, tendríamos además la oportunidad de ver representada ante nosotros la interacción comunicativa.

Piensa en el primer renglón de la obra: «¿Por qué haces eso?» En realidad no sabemos a qué se refiere «eso» si no estamos presentes viendo u oyendo que She ha apagado el tocadiscos. Esta información se infiere a través del contexto.

Por otra parte, cuando hablamos vamos hilando una idea detrás de la otra y muchas veces repetimos parte del enunciado anterior. Por ejemplo:

    Ella: ...¿Por qué haces **eso**? ¡Sabes que no me
    gusta que hagas **eso**! Detesto que me
    interrumpas así. ¡Yo no te ***interrumpo*** cuando
    tú te imaginas que eres Barbra Streisand!

Pensemos cómo podríamos escribir esto de una forma indirecta y condensada:

Ella le recriminó que la interrumpiera y le repitió que ella nunca lo hacía cuando She se imaginaba que era Barbra Streisand.

En otras palabras, hemos resumido en una oración tres ideas que estaban separadas:

a. Ella le preguntó por qué la interrumpía.
b. She sabía que a Ella no le gustaba que la interrumpieran.
c. Ella nunca interrumpía a She cuando se imaginaba que era Barbra Streisand.

Otros dos recursos disponibles para condensar oraciones son (1) la reducción de una oración independiente a una frase adverbial mediante el uso del gerundio y (2) la nominalización, es decir, la transformación de un grupo de palabras en nombre o en frase nominal. En ambos casos el resultado es la condensación de la oración en una frase. Veamos cómo podrían condensarse las siguientes oraciones.

Susana llegaba a casa. Susana vio al hombre que conducía el coche rojo. Ese hombre atropelló al chico que iba en la bicicleta.

Condensaciones:

1. Llegando a casa, Susana vio al hombre que conducía el coche rojo.
   En este caso redujimos la primera oración a una frase adverbial que nos indica *cuándo* vio Susana al hombre que conducía el coche rojo.
2. Susana vio al conductor del coche rojo.
   En este caso redujimos la cláusula *el hombre que conducía el coche rojo* a la frase nominal *el conductor del coche rojo* convirtiendo el verbo *conducía* en un nombre, *el conductor*.

Estas estrategias de la lengua se pueden usar tantas veces como creamos necesario. Por ejemplo, podemos volver a utilizar la nominalización para condensar la cláusula *el chico que iba en la bicicleta* en *el ciclista*.

De este modo podemos condensar las ideas del ejemplo anterior en una sola oración

> Llegando a casa, Susana vio cuando
> el conductor del coche rojo atropelló al ciclista.

Generalmente este tipo de oraciones se encuentra en un lenguaje académico puesto que requieren un proceso de abstracción mayor y su formulación necesita más tiempo del que generalmente disponemos cuando hablamos informalmente.

Es claro que la oración condensada es más apropiada al describir por escrito los hechos de una situación que al relatárselos a otra persona, en una conversación. En otras palabras, no hablaríamos de esa forma pero sí encontramos esas frases en el lenguaje académico.

Actividad

A. Convierte las siguientes citas del lenguaje directo al indirecto teniendo en cuenta las consideraciones que acabamos de repasar.

1. Antonio hablándole a Susana: ¿Por qué haces eso? ¡Sabes que me molesta que hagas eso! Odio que me interrumpas así. ¡Yo jamás te interrumpo cuando tú hablas con tus amigos!
2. Ella: Y tú siempre dices lo mismo. ¿Qué creerían ellos si yo no les dijera mi versión de la realidad? ¿Piensas que deberíamos hablar un poco sobre el tema?
3. Él: Sí, creo que será una buena idea que hablemos del tema con más objetividad. ¿Quieres tomar algo? Podemos sentarnos en la sala y charlar un poco sobre esto, después de todo «charlando se entiende la gente».

B. Condensa las siguientes oraciones, usando los diversos recursos disponibles para esto (la cita indirecta, el uso de pronombres relativos, la nominalización, etc.).

1. Arturo: No puedo creer que los precios hayan subido de esta forma. ¡Están locos! ¿Cómo podremos llegar a fin de mes de este modo? ¡No piensan en la gente! ¿Quién se enriquece con estas medidas?
2. Ema: No me importa. Hazlo si lo quieres hacer, y si no lo quieres hacer, muérete pero ya no me digas que te duele el estómago. Me tienes cansada con tanta historia.
3. Luis: ¡Bárbaro! Suena muy bien, me encanta la idea. Un viaje a Brasil, ¡qué maravilla! Con las ganas que tenía de visitar Brasil, parece un sueño. ¡Qué lindo!
4. Ana: Te riges por muchos códigos. ¡Tendrías que ser abogada! ¡Debías ser coronela! ¡Debías ser una juez! ¡Debías de ser directora escolar! Todo eso deberías de ser.
5. Elba: ¿Existe el amor? ¿Qué es el amor? A veces me pregunto si realmente existe. ¿Cómo lo reconocemos? ¿Dónde lo vemos? ¿Qué es el amor?

Creando textos

A. Escritura personal.   Escribe en tu diario las reacciones que suscitó en ti la obra de teatro *Coser y cantar*. ¿Te gustó? ¿Por qué? ¿Te identificas con la(s) protagonista(s)? Explica.

B. Escritura pública

1. ¿Crees que la obra de teatro intenta solamente entretener a su audiencia o se propone algo más? Trabajando en parejas, escriban un párrafo en el que expongan una opinión y la respalden utilizando ejemplos concretos del texto.
2. Uno de los temas principales de la obra es el de vivir entre dos culturas. Las protagonistas se plantean cuestiones acerca de sus orígenes y en qué medida pertenecen a la cultura y sociedad en la que viven. Trabajando en parejas, expongan sus ideas y opiniones sobre estos temas en uno o dos párrafos. Para respaldar sus opiniones, usen la información que han obtenido de las actividades anteriores.

VARIEDADES CUBANOAMERICANA

Dolores Prida en su comedia *Coser y cantar* utiliza el inglés y el español como medios de expresión de cada una de las protagonistas que representan las dos partes de la personalidad de una misma mujer de origen cubano que ahora vive en Nueva York. Pero al mismo tiempo el lenguaje de cada una de ellas tiene características comunes a las otras variedades del español en los Estados Unidos (la de los mexicoamericanos y la de los puertorriqueños). Todas las variedades del español hablado en los Estados Unidos comparten las siguientes características:

- la alternancia de códigos, o sea el uso del español y del inglés. Por ejemplo:

    Ella: *¿Y la cobra entre las cartas? How about that snake in the mail box? Who put it there? Who? Who? Why?*
    Ella: *Mi fantasía es ser una superwoman. ¡Marvila, la mujer maravilla!*
    She: *Ayer is not the same as yesterday.*
    Ella: *...Yo sé cómo tener un party conmigo misma....*

- los préstamos lingüísticos, o sea una palabra de otra lengua, en este caso inglés *(hydrant)*, que ha sido incorporada al sistema del español.

    Ella: *...y los perros que orinan en los hidrantes.*

- las extensiones semánticas, o sea palabras que adquieren un significado distinto del que tradicionalmente tienen en la lengua; en este caso la palabra *bananas* (tradicionalmente, el plural de *banana,* la fruta) significa aquí *loca.*

    Ella: *...Y aquí estas cuatro paredes ¡me están volviendo... bananas!*

Otras características que encontramos en *Coser y cantar* son el uso de términos de la región del Caribe como *guarapo de caña* y *jicotea,* y expresiones típicas de Cuba en particular, como el uso de *chiquitica, chancleta* y *viejo.*

Obviamente, el lenguaje de las protagonistas en la obra es coloquial; su uso es apropiado y natural en ese registro interpersonal y familiar.

Segunda lectura: «*Coser y cantar*» de Dolores Prida

Alberto Sandoval Sánchez, escritor puertorriqueño, nació en Santurce en 1954. Enseña en Mount Holyoke College, Massachusetts donde se representó su obra *Side Effect* en 1993. Ha publicado el libro de poemas *Nueva York tras bastidores/New York backstage* (1993) y ensayos de crítica literaria en revistas y antologías. El texto de Alberto Sandoval Sánchez que vas a leer es una monografía que representa el registro académico. El autor interpreta y analiza la obra de Dolores Prida *Coser y cantar* desde su perspectiva, desde luego, pero avalando sus opiniones con citas del texto y con la opinión de otros autores. El lenguaje del ensayo es muy sofisticado y condensado, o sea, que presenta mucha información en cada oración. Eso implica que probablemente tendrás que leerlo más de una vez para poder entender todo el texto.

Acercándonos al texto

A. Antes de leer el texto de Sandoval Sánchez, trabaja con un(a) compañero(a) de clase y haz lo siguiente.

1. Mira el subtítulo del texto. Teniendo presente la obra que has leído, ¿qué piensas que significa la frase «el trenzar dramático de la asimilación y la toma de

posición de la identidad latina en U.S.A.»? ¿Qué piensas que irá a discutir Sandoval en su artículo?

2. Ya hemos dicho que este texto pertenece al género de escritura académica. Mirando rápidamente el texto, señala algunos de los rasgos que puedas identificar que lo marquen como académico.

3. El objetivo de este ensayo crítico es el de explicar o analizar la obra de Prida. Las primeras oraciones de los primeros dos párrafos son buenos ejemplos de ese análisis crítico:

(Primer párrafo) «La obra teatral *Coser y cantar* de Dolores Prida, escritora cubana residente en Nueva York, lleva al escenario el proceso de construcción, configuración y articulación del sujeto bilingüe y bicultural en Estados Unidos».

(Segundo párrafo) «En *Coser y cantar* una latina inmigrante que lleva por nombre Ella, comparte un departamento neoyorquino con su otro yo angloamericano que se llama She». ¿Puedes encontrar tú otros ejemplos que reflejen un análisis de la obra de Prida?

B. Con dos o tres compañeros de clase, haz lo siguiente:

1. Piensa en tu lectura de *Coser y cantar*. ¿Hubo aspectos del texto que no entendiste? ¿Cuáles son?

2. Después de comentar estos aspectos con los otros compañeros del grupo, haz una lista de las preguntas que todavía te quedan sobre el texto y guárdala para cuando leas el texto de Sandoval Sánchez.

Segunda lectura: «Coser y cantar» de Dolores Prida
El trenzar dramático de la asimilación y la toma de posición de la identidad latina en U.S.A.

ALBERTO SANDOVAL SÁNCHEZ
MOUNT HOLYOKE COLLEGE
MASSACHUSETTS

A mi mamá y a mi papá desde U.S.A.

La obra teatral *Coser y cantar* de Dolores Prida, escritora cubana residente en Nueva York, lleva al escenario el proceso de construcción, configuración[1] y articulación[2] del sujeto bilingüe y bicultural en Estados Unidos*. Gran parte de la obra de Prida, según ella, «capta la experiencia de ser hispano en EE.UU., de individuos que intentan reconciliar[3] en un todo muy particular dos culturas, dos lenguas y dos visiones de mundo»[†]. Al referirse a *Coser y cantar* en específico Prida observa: «(la obra) trata de cómo ser una mujer bilingüe, bicultural en Manhattan, sin enloquecer»[§].

En *Coser y cantar* una latina inmigrante que lleva por nombre Ella, comparte un departamento neoyorquino con su otro yo angloamericano que se llama She. Ambos personajes son dos facetas[4] de un yo, dos caras de una personalidad: la inmigrante cubana y su otro yo asimilado a la cultura angloamericana. Ella habla en español mientras que She tiene su libreto[5] en inglés. Como resultado de este bilingüismo, ambas sufren una crisis de comunicación. Dicha crisis emerge de la afirmación de los valores y de la herencia cultural hispana de Ella, y de la imposición del modo de vida angloamericano —"the American Way of Life"— por parte de She. Por ende, la doble personalidad de Ella surge de este diálogo bicultural pero que en realidad es un monólogo. Al respecto, la dramaturga especifica lo siguiente en una nota para resaltar el carácter de soliloquio[6] de la obra y para recalcar la interacción y confrontación conflictiva entre Ella y She: «Esta obra es en verdad un largo monólogo, las dos mujeres son una y juegan un emocionante partido de ping/pong verbal. A través de la acción, excepto en el

---

[1] disposición de las partes que componen un todo

[2] enlace o unión de dos partes

*El presente trabajo es una versión corta y una traducción de mi artículo "Dolores Prida's *Coser y cantar*: Mapping the Dialectics of Ethnic Identity and Assimilation", que aparece en *Breaking Boundaries. Latina Writings and Critical Readings*, editores A. Horno-Delgado, E. Ortega, N. Scott y Nancy Sternbach (Amherst: University of Massachusetts Press, 1989). Quisiera agradecer a Dolores Prida el haberme permitido usar los manuscritos de sus obras teatrales. Las citas de *Coser y cantar* en este trabajo provienen del manuscrito *Coser y cantar: A One-Act Bilingual Fantasy for Two Women* (Nueva York: 1981). Las traducciones del inglés al español son mías.

** *Coser y cantar*, p. 1

[3] volver a tener buenas relaciones

†Ver «The Show Does Go On» (*Breaking Boundaries*, p. 182).

§ Ver «The Show Does Go On», p. 185.

[4] cada uno de los aspectos o caras de un asunto

[5] parte escrita de una obra

[6] discurso dirigido a uno mismo

enfrentamiento final entre ambas, Ella y She nunca se miran, actúan independientemente preten-
diendo que la otra en realidad no existe»**.

A primera vista, Ella podría ser catalogada inmediatamente de esquizofrénica, pero la estructura
profunda del personaje revela un proceso de una doble articulación una vez que un individuo traspasa,
intersecta[7] y se define en dos ámbitos culturales. En este monólogo dialógico, Ella y She luchan por
separado alternando modelos y modos de ser femeninos culturales. Dicha búsqueda produce la construcción de Ella como sujeto en un proceso histórico diálectico[8] marcado por el doblez[9], la oposición,
la división, la contradicción y la diferencia. De este modo, la obra teatral de Prida es la representación
de una toma de posición del sujeto latino y bicultural en proceso constante. Este proceso es un flujo y
reflujo, una oscilación[10] dialéctica de la identidad bicultural en EE.UU. El conflicto central de la *drama-
tis persona*, Ella, es cómo sintetizar ambas culturas, como sobrevivir y conciliar el dilema de su bicul-
turalidad que es menospreciada[11], marginada y silenciada por el sistema de poder monolingüe
(etnocéntrico-blanco-angloamericano).

Aunque ambos estereotipos de mujer latina y angloamericana podrían fijar y congelar la otredad[12]
étnica latina en imágenes de prejuicio cultural y discriminación racial, en *Coser y cantar* una vez que
la dinámica de la diferencia cultural y de la interacción social se ponen en movimiento, ambos
estereotipos son desmantelados para ser reconstruidos al mismo tiempo. Sin embargo, cada vez que
She devalúa, subordina y somete a Ella, ocurre un efecto contrario. Irónicamente, She opera como el
motor que hace posible que Ella tome conciencia de su identidad sociocultural e histórica. Como
resultado, la afirmación étnica de Ella y su posición espacial/mental dependen de la presencia y la
desarticulación de She. Sin embargo, la comunicación entre Ella y She se lleva a cabo sin intercambio
cultural y sin compartir las experiencias pasadas por lo que en cualquier intento de comunicación
vuelven a reinstituirse[13] las dicotomías[14] culturales. Así abre la obra.

Cuando empieza el drama, Ella escucha e imita a Olga Guillot cantando el bolero «¿Qué sabes tú?»
She, quien en ese momento lee *Psychology Today*, interrumpe a Ella. She impaciente se levanta, apaga el
tocadiscos, y deja a Ella en la mitad de la canción. Enseguida She recoge sus periódicos y revistas organizándolos ordenadamente. Tal acción de She es una intrusión y una superimposición para silenciar[15]
y subordinar a Ella. En respuesta a tal agresión Ella reacciona apasionadamente:

Ella: *(Con expresión contenida)* ¿Por qué haces eso? ¡Sabes que no me gusta que hagas eso! Detesto que
me interrumpas así. ¡Yo no te interrumpo cuando tú te imaginas que eres Barbra Streisand! (p. 1).

** *Coser y cantar,* p. 1
[7] cruza
[8] que sigue la dialéctica o ciencia filosófica que busca las leyes y movimientos de la verdad
[9] señal en la que uno puede dar a entender lo contrario de lo que piensa
[10] vacilación, cambio de manera de pensar
[11] menos valorada de lo que se merece
[12] la sensación de sentirse distinto a uno mismo
[13] volver a ubicarse
[14] bifurcación, apertura de dos posibilidades
[15] callar, omitir

Efectivamente hay un enfrentamiento conflictivo entre sujetos, modelos, roles, actitudes, modos de ver y de actuar culturales. El desacuerdo de ambos personajes acerca de sus gustos musicales demarca una polaridad entre la cultura latina y la angloamericana en EE.UU.:

Ella		**She**
Olga Guillot		Barbra Streisand
español		inglés
bolero		música pop
allá y entonces	vs.	aquí y ahora
ausencia		presencia
rescate y afirmación		rechazo y exclusión
de la cultura latina		de la cultura latina

Ella, la inmigrante, ha traído consigo a EE.UU. los utensilios[16] de su cultura que componen su caja de primeros auxilios en el exilio. El disco evoca recuerdos, conlleva a la identificación con los modelos culturales latinos, y revivifica[17] la lengua materna. Ahora bien, ya que She le impone a Ella su realidad, su lenguaje, su orden de las cosas al modo angloamericano, She no está dispuesta a entender el problemático diario vivir de Ella en EE.UU., ni su historia cultural, ni las ausencias de Ella condensadas en su lenguaje, en sus objetos y en sus memorias traídas de su país de origen. Consecuentemente, en ambos componentes culturales en el «yo» de Ella, en vez de lograrse una comunicación (podemos asumir que para Ella comunicarse implica la total asimilación), se producen modos de resistencia y de lucha política que le hacen fluctuar[18] entre la fijación y el desplazamiento, la centralización y la marginalidad, la aceptación y el rechazo, la reaparición y la desaparición, la lejanía y la contigüidad.[19] En fin, el dilema[20] de Ella es el no estar «allá», y el no ser «acá».

En realidad, Ella, en el transcurso de la obra, está viviendo el rescate de su pasado histórico, sus recuerdos y sus modelos culturales. Tal rescate se realiza al Ella examinar y desarmar los códigos culturales para reintegrarlos de nuevo en su actual horizonte de experiencia bicultural. Este examen cultural es una crítica tanto de la cultura angloamericana como de la latinoamericana. Cada lado cultural de la personalidad de Ella examina, desmantela y descalifica a su adversaria en una búsqueda por la sobrevivencia, mediante la eliminación ya sea de una u otra.

El análisis introspectivo[21] de Ella concluye en un enfrentamiento con She que brota del choque entre la etnicidad[22] y la asimilación:

Ella: . . .Yo tengo mis recuerdos. Y mis plantas en la ventana. Yo tengo una solidez. Tengo unas raíces, algo de qué agarrarme. Pero tú... ¿tú de qué te agarras?
She: I hold on to you. I couldn't exist without you.

---

[16] elementos de uso manual y frecuente
[17] reaviva
[18] dudar en la resolución de una cosa
[19] inmediación de una cosa con otra, dos cosas inmediatamente juntas
[20] argumento formado por dos proposiciones contrarias
[21] que se observa a sí mismo
[22] raza

Ella: But I wonder if I need you. Me pregunto si te necesito... robándome la mitad de mis pensamientos, de mi tiempo, de mi sentir, de mis palabras... ¡Como una sanguijuela! (pp. 29-30).

La relación entre Ella y She en este momento es una separación y una división del ser, una ruptura dramática, y un deseo de asumir una toma de posición que concretice[23] la doble naturaleza de la coherencia psíquica de Ella. La psiquis de Ella se ve dividida entre el ego[24] y el alter ego[25] en dos órdenes simbólico-culturales y en dos planos imaginarios: la mitad latina y la mitad anglosajona. Queda claro que esa dualidad[26] plural no es una búsqueda de una separación total (conducente a la esquizofrenia). Por un lado, es una búsqueda por establecer un puente que entrecruce e intersecte fronteras culturales con la intención de reinstalar un sujeto bicultural que produzca una posible resolución o reconciliación parcial entre las dos. Por otro lado, Ella, una extranjera en la sociedad estadounidense, echa mano a la ironía, al sarcasmo, a la risa y al cinismo para soportar lo extraño, la alienación, la soledad, el abandono y la incomunicación.

En *Coser y cantar*, Ella vive y siente constantemente su desplazamiento, su marginalidad, su extranjerismo,[27] su sentido de pérdida, por lo que trata de articular, reestablecer y redefinir su etnicidad—su identidad y pasado cultural—antes de que ocurran otras dislocaciones[28]. La situación en contrapunto e intersección de dos realidades culturales, una marcada divergencia[29] en toda persona bicultural, produce una tensión dramática de enfrentamientos entre Ella y She. Ella trata tanto de acomodar su yo latino en el ambiente angloamericano como de ajustar el ego angloamericano a su pasado cultural latino. El resultado es una serie de vicisitudes[30], dudas, ansiedades, discrepancias[31], diferencias y deseos a medida que asume su posición-posesión de sujeto bicultural. Ella, cuyo futuro en EE.UU. es incierto y amenazante a menos que se ajuste al molde de la asimilación, asegura un espacio para sí misma valiéndose de sus memorias que en este caso no es una nostalgia reaccionaria. De hecho, Ella relocaliza su identidad latina en el eje de su presente histórico en EE.UU., es decir, en la encrucijada de las fronteras culturales. En este cruce de las leyes angloamericanas y la asimilación choca con sus instintos de sobrevivencia latina se manifiestan en una desasociación del mundo angloamericano que le permite darse cuenta de una pérdida total de su cultura latina y que le avisa hasta de la muerte.

Sobre todo, dado que la inmigración de Ella dio inicio a un viaje nómada[32] por la vida, una situación en el umbral[33] de una encrucijada entre la asunción de su identidad o de la asimilación, este

---

[23] combine y concuerde algunas cosas
[24] (psicología) yo
[25] (psicología) mi otro yo
[26] condición de reunir dos carácteres distintos en una misma persona
[27] el ser o sentirse extranjera(o)
[28] cambios de dirección o de lugar
[29] discordancia, discrepancia, desacuerdo
[30] alternancia de sucesos prósperos y adversos
[31] diferencias de opiniones
[32] errante, que anda vagando sin domicilio fijo
[33] paso primero y principal a la entrada de cualquier cosa o situación

es un viaje consciente que también implica caminar hacia el abismo de la soledad, del aislamiento y de la muerte. De hecho, la inmigración, como el exilio, llevan a una conciencia de la Muerte: tener conciencia de la muerte de familiares y amigos en la tierra natal y darse cuenta de la imposibilidad de poder estar allá; tener conciencia de su propia muerte y de no saber dónde van a caer sus huesos si allá o acá; y sobre todo vivir una muerte cultural en vida, muerte que se llama asimilación[††].

Por estas razones existenciales y filosóficas Ella debe tomar una nueva posición de sujeto —un yo bilingüe y bicultural en un hacerse constante que rehúsa[34] ser descentrado, interrumpido, desplazado al margen, pero que al mismo tiempo constituye todo un cuerpo de diferencias, rupturas, inconsistencias, vacíos y antinomias[35] ante los ojos de la cultura angloamericana. Como resultado de este choque cultural, el sujeto de la latina/latino está consciente en todo momento de convivir en dos territorios socioculturales y de vivir simultáneamente en dos zonas lingüísticas. Dolores Prida en *Coser y cantar* ha logrado a cabalidad[36] trenzar[37] ambos territorios culturales mediante el diseño escénico, la utilería, el vestuario, la acción dramática y la tensión lingüística al presentar ante los ojos del espectador el proceso dialéctico de la dualidad unitaria del *estar*/del *ser* latino, bilingüe y bicultural en EE.UU.

[††] con respecto a la asimilación Juan Bruce-Nova ha observado "Assimilation into another culture is a form of death for those who fear losing their own culture. True, it could be seen as a necessary process for entering the receiving society, but those forced to change may not be convinced. The melting pot ideal is fine for those who have forgotten the excruciating pain of being melted down and repoured into a different mold. Nor does it make it easier to be told by others that their ancestors endured the same thing"; en *Chicano Poetry: A Response to Chaos* (Austin: University of Texas Press, 1982) pp. 8–9.

[34] no quiere aceptar algo

[35] contradicción entre dos principios

[36] a... a perfección, con justicia

[37] entretejer, hilar dos o más conceptos en una sola idea

Interactuando con el texto

A. Después de leer «*Coser y cantar* de Dolores Prida», trabaja con un grupo de compañeros y contesta las siguientes preguntas.

1. Ahora que han leído el texto de Sandoval, ¿qué quería decir él con el subtítulo «el trenzar dramático de la asimilación y la toma de posición de la identidad latina en U.S.A.»? ¿Es parecida a la idea que comentaron en la sección **Acercándonos** al texto?

2. Vuelvan a la lista de preguntas que tenían sobre *Coser y cantar*. ¿Contestó Sandoval algunas de sus preguntas? ¿Cuáles?

B. Como ya se ha dicho, el propósito de este texto de Sandoval Sánchez es el de interpretar y analizar la obra de Dolores Prida para ofrecerle al (a la) lector(a) una perspectiva del texto que tal vez no vio al leerlo. Su técnica se revela en la presentación de sus ideas junto con los trozos del texto en los que él basa estas ideas. Sin embargo, no es siempre fácil distinguir entre la interpretación de un(a) escritor(a) y los hechos del texto que analiza. Trabaja con un(a) compañero(a) de clase y vuelvan a leer los siguientes párrafos, subrayando aquellas frases que representan la interpretación del escritor y poniendo círculos alrededor de las partes que se refieren a hechos de la obra de Dolores Prida. Después de terminar esta actividad comparen sus comentarios con los de otros grupos para ver si están de acuerdo con Uds.

1. Cuando empieza el drama, Ella escucha e imita a Olga Guillot cantando el bolero «¿Qué sabes tú?». She, quien en ese momento lee *Psychology Today*, interrumpe a Ella. She impaciente se levanta, apaga el tocadiscos, y deja a Ella en la mitad de la canción. Enseguida She recoge sus periódicos y revistas organizándolos ordenadamente. Tal acción de She es una intrusión y una superimposición para silenciar y subordinar a Ella. En respuesta a tal agresión Ella reacciona apasionadamente:

   Ella: *(Con expresión contenida)* ¿Por qué haces eso? ¡Sabes que no me gusta que hagas eso! Detesto que me interrumpas así. ¡Yo no te interrumpo cuando tú te imaginas que eres Barbra Streisand! (p. 1).

2. En realidad, Ella, en el transcurso de la obra, está viviendo el rescate de su pasado histórico, sus recuerdos y sus modelos culturales. Tal rescate se realiza al Ella examinar y desarmar los códigos culturales para reintegrarlos de nuevo en su actual horizonte de experiencia bicultural. Este examen cultural es una crítica tanto de la cultura angloamericana como de la latinoamericana. Cada lado cultural de la personalidad de Ella examina, desmantela y descalifica a su adversaria en una búsqueda por la sobrevivencia, mediante la eliminación ya sea de una u otra.

3. Ella, la inmigrante, ha traído consigo a EE.UU. los utensilios de su cultura que componen su caja de primeros auxilios en el exilio. El disco evoca recuerdos, conlleva a la identificación con los modelos culturales latinos y revivifica la lengua materna.

Gramática funcional

Características del trabajo monográfico

A diferencia de la obra teatral *Coser y cantar* de Dolores Prida, que fue escrita para ser representada y que refleja la lengua oral, el trabajo monográfico de Alberto Sandoval Sánchez se caracteriza por ser un género escrito y académico. Nos presenta la información de una forma condensada y abstracta que se presta a la posibilidad de volver a leerla varias veces hasta poder comprenderla totalmente.

En el diagrama que hemos venido utilizando para representar la continuidad entre modos de comunicación oral y escrito, ubicamos el trabajo de Sandoval en el extremo derecho (modo escrito).

Ya hemos notado en otros capítulos que la idea de *lengua oral* frente a *lengua escrita* en parte se refiere al medio por el cual se transmite el mensaje: cuando escribimos una carta, por ejemplo, transmitimos el mensaje por medio del papel, mientras que cuando hablamos por teléfono enviamos el mensaje por medio de la voz. Sin embargo, también podemos reconocer que hay otros elementos que van a influir en la forma y el lenguaje que adoptamos para expresar el mensaje: dos de estos elementos son el **contexto** (si es familiar o formal) y el **propósito** del mensaje. Hemos descrito el trabajo de Sandoval como un escrito académico, reconociendo que el contexto es formal y que el propósito es hacer un análisis crítico-literario de la obra de Prida; todas estas características se reflejan en el lenguaje, el cual se caracteriza por su considerable densidad léxica. El texto de Sandoval, al igual que el texto de Martín-Rodríguez en el capítulo anterior, representan ejemplos claros del lenguaje académico.

Componentes funcionales del trabajo monográfico

Al hacer una descripción del trabajo monográfico debemos comenzar con los componentes funcionales que hacen que este trabajo sea una monografía y no un editorial o una carta. Una monografía como unidad consta de los siguientes componentes funcionales:

a. **Introducción** [la cual contiene la tesis]
b. **Desarrollo** [de los distintos argumentos que apoyarán la tesis]
c. **Conclusión** [donde se reafirma la tesis]

Estos componentes funcionales son iguales a los del ensayo personal o crítico; la diferencia fundamental la encontraremos en las fuentes que se usan para apoyar los argumentos. El trabajo monográfico es el resultado, primero, de la lectura cuidadosa de la **fuente primaria** y, segundo, de la investigación de **fuentes secundarias** sobre el tema. En otras palabras, presentamos nuestra opinión basándonos en los estudios de otros autores (fuentes secundarias) sobre la obra literaria analizada (fuente primaria).

Otras características del trabajo monográfico: Defensa de una tesis, apoyo bibliográfico, objetividad

El propósito del trabajo monográfico es presentar y defender una tesis con argumentos sólidos y con la objetividad respaldada en fuentes bibliográficas. En el trabajo de Sandoval saltan a la vista las citas textuales de la obra de Prida, las notas al pie de la página y las referencias a otros autores para corroborar la información que el autor presenta.

Por ejemplo, en la introducción Sandoval presenta las ideas de Prida de una forma directa y citando textualmente sus palabras:

Al referirse a *Coser y cantar* en específico Prida observa: «(la obra) trata de cómo ser una mujer bilingüe, bicultural en Manhattan, sin enloquecer».

Nota también que durante todo el trabajo monográfico, Sandoval presenta sus propias ideas de una forma directa y objetiva sin hacernos ver que es él quien está formulando estas hipótesis.

Toma por ejemplo la primera oración del trabajo monográfico:

La obra teatral *Coser y cantar* de Dolores Prida, escritora cubana residente en Nueva York, **lleva** al escenario el proceso de construcción, configuración y articulación del sujeto bilingüe y bicultural en Estados Unidos.

En otras palabras, Sandoval cree que Dolores Prida en *Coser y cantar* articula, configura y construye la identidad de una persona bilingüe y bicultural en los Estados Unidos, pero él no se presenta como el agente responsable de esa información sino que se lo adjudica a Dolores Prida.

Características del lenguaje de la monografía: La condensación de la información

Veamos ahora algunas características específicas del lenguaje académico de la monografía de Sandoval. Nos hemos referido a la condensación de la información en la sección de **Gramática funcional** anterior. La condensación de información se refleja en la alta densidad léxica, o sea el uso —en una oración— de muchas palabras que designan contenido (nombres, adjetivos, verbos, adverbios). La primera oración del texto es un buen ejemplo de una alta densidad léxica, ya que a pesar de que tiene sólo un verbo conjugado, contiene doce sustantivos y cinco adjetivos. Otra forma en que se pueden compactar varias ideas en una es a través del uso de las cláusulas relativas.

Volvamos a la monografía de Sandoval, esta vez para notar cómo conecta las oraciones. Revisa lo que leíste en el Capítulo 3 acerca de las oraciones relativas y vuelve a leer este trabajo haciendo un círculo alrededor de todas aquellas cláusulas relativas que encuentres. Por ejemplo:

Ella, la inmigrante, ha traído consigo a EE.UU. los utensilios de su cultura **que componen su caja de primeros auxilios en el exilio.**

Luego de identificar las cláusulas relativas, se podrían escribir en dos oraciones separadas reemplazando el pronombre por el antecendente correspondiente. Por ejemplo:

1. Ella, la inmigrante, ha traído consigo a EE.UU. los utensilios de su cultura.
2. **Esos utensilios** componen su caja de primeros auxilios en el exilio.

Actividades

A. Identifica los componentes funcionales esenciales en el trabajo de Sandoval. Recuerda que lo hemos caracterizado como una monografía crítica sobre una obra de literatura. ¿Cuál es la introducción, el desarrollo y la conclusión de este trabajo?

B. En tu cuaderno, copia la tesis del trabajo de Sandoval y a continuación vuelve a escribirla en tus propias palabras.

C. Anota algunos de los argumentos que Sandoval usa para apoyar su tesis; por ejemplo, el uso del lenguaje: inglés-español.

D. Observa si en la conclusión se reafirma con las mismas palabras la tesis de la introducción, o si ésta se expone de manera distinta o si nos dice algo nuevo. Luego vuelve a escribirla usando tus propias palabras.

E. Identifica tres citas en el texto de Sandoval y explica la razón de su utilización.

F. Observa los siguientes fragmentos del trabajo de Sandoval, y vuelve a escribir las cláusulas relativas como oraciones separadas.

1. Gran parte de la obra de Prida, según, ella, «capta la experiencia de ser hispano en EE.UU., de individuos **que intentan reconciliarse en un todo muy particular dos culturas, dos lenguas y dos visiones de mundo».**
2. Por un lado, es una búsqueda por establecer un puente que entrecruce e intersecte fronteras culturales con la intención de reinstalar un sujeto bicultural **que produzca una posible resolución o reconciliación parcial entre las dos.**
3. Sobre todo, dado que la inmigración de Ella dio inicio a un viaje nómada por la vida, una situación en el umbral de una encrucijada entre la asunción de su identidad o de la asimilación, este es un viaje consciente **que también implica caminar hacia el abismo de la soledad, del aislamiento y de la muerte.**

Creando textos

A. Escritura personal.   Escribe tus reacciones al ensayo de Sandoval Sánchez durante diez o quince minutos. ¿Lo encontraste difícil de leer? ¿Por qué? ¿Crees que puedes identificar algunas de las dificultades? ¿Qué estrategias adoptaste para tratar de entenderlo? Al mismo tiempo: ¿te resultó interesante? ¿Por qué? ¿Te enseñó algo nuevo del texto de Dolores Prida? ¿Qué fue?

B. Escritura pública.   Hagan las siguientes actividades en parejas.

1. Comenten sus reacciones a la interpretación de Sandoval Sánchez de la obra de Dolores Prida. ¿Están de acuerdo con las ideas de Sandoval?
2. Escriban varios párrafos en los que comenten aquellas interpretaciones de Sandoval con las que están de acuerdo o con las que no están de acuerdo. Sean específicos(as) y mencionen donde sea necesario ejemplos del texto mismo. Al terminar, revisen los párrafos en cuanto al contenido y la gramática y compártanlos con otra pareja para que intercambien sus opiniones.

Tercera lectura: La introducción y el prólogo de

Cuando era Puertorriqueña

El libro *Cuando era puertorriqueña* de Esmeralda Santiago pertenece al género de las memorias o de la autobiografía bilingüe. Escrita originalmente en inglés, esta autobiografía ha sido escrita de nuevo en español por la propia autora. En ésta, Santiago relata recuerdos de su infancia y adolescencia —transcurridas en la isla de Puerto Rico —desde la perspectiva de la adulta transcultural que ha pasado ya más de la mitad de su vida viviendo en Nueva York. La introducción y el prólogo de *Cuando era puertorriqueña* refleja la perspectiva del sujeto bicultural al que hace referencia Sandoval en su ensayo sobre Dolores Prida, sólo que en el caso de Esmeralda Santiago las dos culturas son la puertorriqueña y la estadounidense. Esmeralda Santiago nació y vivió en Puerto Rico hasta los trece años cuando su familia se mudó a Nueva York. Allí estudió artes dramáticas (*performing arts*) en el colegio secundario. Luego estudió en Harvard University y recibió su M.A. de Sarah Lawrence College en Nueva York.

Acercándonos al texto

A. Antes de leer el texto de Santiago, trabajen en parejas y contesten las siguientes preguntas.

1. Si tuvieras que identificar algunos símbolos que representen quién eres o la cultura a la que perteneces, ¿qué símbolos elegirías? ¿Algo que te recuerda a tu niñez? ¿Un estilo de música o una canción específica? ¿Un programa de televisión? ¿Una comida? ¿Una tradición?

2. ¿Cuáles son algunas de las características del modo de ser «estadounidense»? Es decir, ¿cuáles son algunas de las cosas que distinguen a los estadounidenses de las personas de otros países? Para considerar una perspectiva diferente, antes de venir a clase envíen esta pregunta a diferentes foros de discusión electrónicos en el Internet de diferentes países para ver las respuestas que reciben. Compártanlas con el resto de la clase.

B. La autora cuenta el relato de su niñez en Puerto Rico y de la transición a Nueva York después de haber vivido muchos años en los Estados Unidos. Léelo y anota algunos de los retos y desafíos que enfrentó la autora al salir de Puerto Rico para vivir en los Estados Unidos.

Cuando era puertorriqueña

ESMERALDA SANTIAGO

Introducción

La vida relatada en este libro fue vivida en español, pero fue inicialmente escrita en inglés. Muchas veces, al escribir, me sorprendí al oírme hablar en español mientras mis dedos tecleaban[1] la misma frase en inglés. Entonces se me trababa la lengua y perdía el sentido de lo que estaba diciendo y escribiendo, como si el observar que estaba traduciendo de un idioma al otro me hiciera perder los dos.

Me gustaría decir que esta situación sólo ocurre cuando estoy escribiendo, pero la verdad es que muchas veces, al conversar con amigos o familiares, me encuentro en el limbo entre el español e inglés, queriendo decir algo que no me sale, envuelta en una tiniebla[2] idiomática frustrante. Para salir de ella, tengo que decidir en cuál idioma voy a formular mis palabras y confiar en que ellas, ya sean en español o en inglés, tendrán sentido y en que la persona con quien estoy hablando me comprenderá.

El idioma que más hablo es el inglés. Yo vivo en los Estados Unidos, rodeada de personas que sólo hablan en inglés, así es que soy yo la que tengo que hacerme entender. En mi función como madre me comunico con maestros, médicos, chóferes de guaguas[3] escolares, las madres de los amiguitos de mis niños. Como esposa, me esfuerzo en hacerme entender por mi marido, quien no habla español, sus familiares, sus amigos, sus colegas de trabajo. Como profesional, mis ensayos, cuentos y ficciones son todos escritos en inglés para un público, ya sea latino o norteamericano, a quien es más cómodo leer en ese idioma.

Pero de noche, cuando estoy a punto de quedarme dormida, los pensamientos que llenan mi mente son en español. Las canciones que me susurran al sueño son en español. Mis sueños son una mezcla de español e inglés que todos entienden, que expresa lo que quiero decir, quién soy, lo que siento. En ese mundo oscuro, el idioma no importa. Lo que importa es que tengo algo que decir y puedo hacerlo sin tener que redactarlo para mis oyentes.

Pero claro, eso es en los sueños. La vida diaria es otra cosa.

Cuando la editora Merloyd Lawrence me ofreció la oportunidad de escribir mis memorias, nunca me imaginé que el proceso me haría confrontar no sólo a mi pasado monolingüístico, sino también a mi presente bilingüe. Al escribir las escenas de mi niñez, tuve que encontrar palabras norteamericanas para expresar una experiencia puertorriqueña. ¿Cómo, por ejemplo, se dice «cohitre»[4] en inglés: ¿o «alcapurrias»[5]? ¿o «pitirre»[6]? ¿Cómo puedo explicar lo que es un jíbaro[7]? ¿Cuál palabra norteamericana tiene el mismo sentido que nuestro puertorriqueñismo, «cocotazo»[8]?

---

[1] escribían por medio del teclado
[2] oscuridad
[3] autobuses (el Caribe)
[4] tipo de planta silvestre
[5] tipo de fritura
[6] tipo de pájaro
[7] campesino (Puerto Rico)
[8] cabezazo, golpe dado con o en la cabeza

A veces encontraba una palabra en inglés que se aproximaba a la hispana. Pero otras veces me tuve que conformar con usar la palabra en español, y tuve que incluir un glosario en el libro para aquellas personas que necesitaran más información de la que encontraban en el texto.

Cuando la editora Robin Desser me ofreció la oportunidad de traducir mis memorias al español para esta edición, nunca me imaginé que el proceso me haría confrontar cuánto español se me había olvidado. En la edición norteamericana, las maneras en que ciertas personas expresan el placer tienen palabras específicas. Algunas personas «*smile,*» pero otras «*grin,*» o «*chuckle*» o «*guffaw.*» En español sonríen o ríen de una manera u otra; pero no existe una sola palabra que exprese su manera de hacerlo y se necesita dos, tres o cuatro palabras descriptivas.

El proceso de traducir del inglés al español me forzó a aprender de nuevo el idioma de mi niñez. Pero también me ha demostrado que el idioma que ahora hablo, el cual yo pensaba que era el español, es realmente espanglés, ese dialecto forjado del español y el inglés que toma palabras de los dos idiomas, las añade a las expresiones familiares puertorriqueñas y cambia la manera en que se escriben hasta crear palabras nuevas. En mi casa por ejemplo, lavamos el piso con un *mapo,* compramos *tique* pa'l cine, *nos damos de cuenta,* leemos *panfletos, damos el O.K.* y *llamamos pa'atrás* cuando estamos muy *bisi* pa'hablar por teléfono.

Años atrás, si alguien me hubiese indicado los muchos espanglicismos en mi vocabulario, el bochorno me hubiese dejado muda. Hoy en día tengo que aceptar que este idioma inventado por necesidad es el que me permite expresarme a mi manera. Cuando escribo en inglés, tengo que traducir del español que guarda mis memorias. Cuando hablo en español, tengo que traducir del inglés que define mi presente. Y cuando escribo en español, me encuentro en medio de tres idiomas, el español de mi infancia, el inglés de mi adultez, y el espanglés que cruza de un mundo al otro tal como cruzamos nosotros del barrio en Puerto Rico a las barriadas de Brooklyn.

El título de este libro está en el tiempo pasado: cuando era puertorriqueña. No quiere decir que he dejado de serlo, sino que el libro describe esa etapa de mi vida definida por la cultura del campo puertorriqueño. Cuando "brincamos el charco" para llegar a los Estados Unidos, cambié. Dejé de ser, superficialmente, una jíbara puertorriqueña para convertirme en una híbrida entre un mundo y otro: una puertorriqueña que vive en los Estados Unidos, habla inglés casi todo el día, se desenvuelve en la cultura norteamericana día y noche.

Aquí se me considera Latina o Hispana, con letras mayúsculas. No sé, en realidad, qué quiere decir ser eso. Me identifico así cuando me es necesario: cuando tengo que llenar formularios que no dan otra alternativa, o cuando tengo que apoyar a nuestros líderes en sus esfuerzos para adelantar nuestra situación económica y social en los Estados Unidos. Pero sí sé lo que quiere decir, para mí, el ser puertorriqueña. Mi puertorriqueñidad incluye mi vida norteamericana, mi espanglés, el sofrito que sazona mi arroz con gandules, la salsa de tomate y la salsa del Gran Combo. Una cultura ha enriquecido a la otra, y ambas me han enriquecido a mí.

Pero muchas veces siento el dolor de haber dejado a mi islita, mi gente, mi idioma. Y a veces ese dolor se convierte en rabia, en resentimiento, porque yo no seleccioné venir a los Estados Unidos. A mí me trajeron. Pero esa rabia infantil es la que alimenta a mis cuentos. La que me hace enfrentar a una página vacía y llenarla de palabras que tratan de entender y explicarles a otros lo que es vivir en dos mundos, uno norteamericano y otro puertorriqueño. Esa es la rabia que se engancha a mi alma y guía mis dedos y enseña sus garras entre las sonrisas y las risas que en inglés son tan específicas y en español son dos palabras que necesitan ayuda para expresar, a veces, no el placer, sino el dolor detrás de ellas. Sonrisa dolorida. Risa ahogada. Palabras entre dientes. Y es esa rabia la que me ha hecho posible el perdonar quién soy. Cuando niña yo quise ser una jíbara, y cuando adolescente quise ser norteamericana. Ya mujer, soy las dos cosas, una jíbara norteamericana, y llevo mi mancha de plátano[9] con orgullo y dignidad.

Prólogo: Cómo se come una guayaba

Barco que no anda, no llega a puerto.

Venden guayabas en el Shop & Save. Elijo una del tamaño de una bola de tenis y acaricio su tallo espinoso, su familiar textura nudosa y dura. Esta guayaba no está lo suficientemente madura; la cáscara está muy verde. La huelo y me imagino un interior rosado pálido, las semillitas bien incrustadas en la pulpa.

La guayaba madura es amarilla, aunque algunas variedades tienen un tinte rosado. La cáscara es gruesa, dura y dulce. Su corazón es de un rosado vivo, lleno de semillas. La parte más deliciosa de la guayaba está alrededor de las semillitas. Si no sabes cómo comerte una guayaba, se te llenan los entredientes de semillas.

Cuando muerdes una guayaba madura, tus dientes deben apretar la superficie nudosa y hundirse en la gruesa cáscara comestible sin tocar el centro. Se necesita experiencia para hacer esto, ya que es difícil determinar cuánto más allá de la cáscara quedan las semillitas.

En ciertos años, cuando las lluvias han sido copiosas y las noches frescas, es posible hundir el diente dentro de una guayaba y no encontrar muchas semillas. Los palos de guayaba se doblan hacia la tierra, sus ramas cargadas de frutas verdes, luego amarillas, que parecen madurar de la noche a la mañana. Estas guayabas son grandes y jugosas, con pocas semillas, invitándonos a comer una más, sólo una más, porque el año que viene quizás no vendrán las lluvias.

Cuando niños, nunca esperábamos a que la guayaba se madurara. Atacábamos los palos en cuanto el peso de las frutas arqueaba las ramas hacia la tierra.

Una guayaba verde es agria y dura. Se muerde en la parte más ancha, porque así no resbalan los dientes contra la cáscara. Al hincar el diente dentro de una guayaba verde, oirás la cáscara, pulpa y semillitas crujiendo dentro de tu cerebro, y chorritos agrios estallarán en tu boca.

Descoyuntarás tu faz[10] en muecas, lagrimearán tus ojos, tus mejillas desaparecerán, a la vez que tus labios se fruncirán en una O. Pero te comes otra, y luego otra más, deleitándote en el sonido crujiente, el sabor ácido, la sensación arenosa del centro agraz. Esa noche, Mami te hace tomar aceite de castor, el cual ella dice que sabe mejor que una guayaba verde. Entonces sabes de seguro que tú eres niña, y que ella dejó de serlo.

Comí mi última guayaba el día que nos fuimos de Puerto Rico. Era una guayaba grande, jugosa, la pulpa casi roja, de olor tan intenso que no me la quería comer por no perder el aroma que quizás jamás volvería a capturar. Camino al aeropuerto, raspaba la cáscara de la guayaba con los dientes, masticando pedacitos, enrollando en mi lengua los granitos dulces y aromáticos.

---

[9] **mancha...** expresión que equivale a *puertorriqueñidad*
[10] **Descoyuntarás...** Tu cara se contorsionará

Hoy me encuentro parada al frente de una torre de guayabas verdes, cada una perfectamente redonda y dura, cada una $1.59. La que tengo en la mano me seduce. Huele a las tardes luminosas de mi niñez, a los largos días de verano antes de que empezaran las clases, a niñas mano en mano cantando «ambos y dos matarile rile rile». Pero es otoño en Nueva York, y hace tiempo dejé de ser niña.

Devuelvo la guayaba al abrazo de sus hermanas bajo las penetrantes luces fluorescentes del mostrador decorado con frutas exóticas. Empujo mi carrito en la dirección opuesta, hacia las manzanas y peras de mi vida adulta, su previsible madurez olvidable y agridulce.

Interactuando con el texto

Después de leer la introducción y el prólogo de *Cuando era puertorriqueña* trabajen en parejas y contesten las siguientes preguntas.

1. Compartan con su compañero(a) la lista que hicieron (en la Actividad B de **Acercándonos al texto**) al leer el texto de Santiago. ¿Identificaron las mismas cosas?

2. Pensando en tu lista y en la de tu compañero(a), ¿son parecidos los temas a los tratados en el texto de Dolores Prida? Explica.

3. ¿Qué efecto da al texto la primera frase del prólogo: «Venden guayabas en el Shop & Save»? Explica.

4. ¿Por qué decidió Santiago al final no comprar la guayaba? Explica.

5. En la introducción la autora nos cuenta que para escribir la versión en español de esta novela casi tuvo que aprender de nuevo su primer idioma, el español. También nos cuenta de las dificultades que tiene al escribir en español. ¿Notaste algunas frases que parecen traducidas del inglés? ¿Cuáles son?

Creando textos

A. Escritura personal.   Escribe tus reacciones al texto de Santiago durante diez minutos. No te preocupes por el vocabulario ni por la gramática de tu español. ¿Te gustó? ¿Por qué? ¿Puedes identificarte con Santiago? ¿Cómo? ¿Qué te pareció la descripción de la guayaba de su niñez? ¿Pudiste imaginar cómo es la guayaba?

B. Escritura pública.   *Cuando era puertorriqueña* ha tenido mucho éxito en Estados Unidos, no sólo entre la comunidad latina, sino también en el *mainstream*. En gran parte este éxito se debe a la habilidad de Santiago de recrear por medio de su vocabulario descriptivo la realidad que enfrenta la persona bicultural en Estados Unidos todos los días. Trabajando en parejas, identifiquen algunas de estas palabras y después escriban algunos párrafos en los que comenten el efecto que piensan que tienen esas palabras.

Objetivos:

Esta sección trata de las siguientes partes del proceso de escribir:

- la escritura de una monografía sobre un libro u otra obra literaria que hayas leído y analizado

- la utilización de fuentes secundarias además de la obra de literatura analizada (la fuente primaria) para apoyar los argumentos de la monografía

La monografía

El ensayo de Alberto Sandoval sobre la obra de Dolores Prida, *Coser y cantar,* representa un buen ejemplo de un trabajo monográfico. Como punto de partida podemos recordar los componentes funcionales que analizamos en la última sección de **Gramática funcional**:

- introducción (tesis)
- desarrollo (argumentos basados en fuentes primarias y secundarias)
- conclusión (convalidación de la tesis)

En cuanto a los componentes funcionales, podríamos decir que una monografía es un ensayo argumentativo más elaborado y fundado en ideas e información que vienen no solamente del (de la) autor(a) del trabajo sino también de otras fuentes. Veamos en detalle esos componentes:

Título

El título del trabajo es «*Coser y cantar* de Dolores Prida», y luego agrega (con una tipografía diferente) el tema de su monografía de una forma sintética y condensada: *el trenzar dramático de la asimilación y la toma de posición de la identidad latina en U.S.A.*

O sea que la obra tratará de:

a. la asimilación en los EE.UU.
b. la toma de posesión de la identidad latina en los EE.UU.
c. el cruce dramático de estas dos posiciones

Vemos cuán importante es el título de la obra para guiar a sus lectores hacia la dirección que tomará el autor; el lenguaje condensado y abstracto (no tenemos mayores datos hasta este momento de quién está realizando o sintiendo esa asimilación y toma de posición) es característico del lenguaje académico.

Introducción (con la tesis)

En el primer párrafo Sandoval nos da la tesis de su monografía y nos ubica en el contexto socio-literario de la misma.

> La obra teatral *Coser y cantar* de Dolores Prida, escritora cubana residente en Nueva York, lleva al escenario **el proceso de construcción, configuración y articulación del sujeto bilingüe y bicultural en Estados Unidos.**

En su tesis, Sandoval nos presenta de una forma objetiva y con un lenguaje muy condensado las ideas de las que tratará su monografía. En otras palabras, podemos decir que la obra teatral de Dolores Prida, *Coser y cantar,* trata el tema de cómo se construye y articula la personalidad de una persona bilingüe y bicultural en los Estados Unidos.

Las otras oraciones de la introducción sirven para aclarar y darnos más información sobre esta idea principal. En la introducción de la monografía anunciamos lo que vamos a escribir.

Hipótesis o argumentos

Todo el texto hasta el último párrafo forman el cuerpo de la monografía, o sea las distintas ideas, informaciones o hechos sobre los cuales el autor va a apoyar su tesis. Cada párrafo presenta una idea nueva:

En el **segundo párrafo,** discute el bilingüismo o las dos lenguas como parte de la personalidad bicultural de la protagonista.

En los siguientes párrafos **(del tercero al quinto),** presenta ejemplos de los dos modelos femeninos culturales: el latino y el anglosajón y su confrontamiento.

En **el sexto** Sandoval explica cómo Ella se reintegra en su situación bicultural presente por medio del rescate de su pasado histórico.

Del séptimo al noveno el autor discute cómo la protagonista busca maneras de establecer nexos entre las fronteras culturales. Para ello Sandoval alude a la idea del exilio y a la dialéctica que se produce entre la asimilación y la identidad.

En un lenguaje sofisticado y muy elaborado Sandoval, en estos párrafos, ha presentado distintas ideas que apoyan su tesis, citando partes de la obra misma o a otros autores de modo tal que su razonamiento sea autorizado, puesto que las ideas no son sólo suyas sino que son, además, compartidas por otros.

Conclusión

El último párrafo concluye y reitera la idea de la tesis:

> Dolores Prida en *Coser y cantar* **ha logrado a cabalidad trenzar ambos territorios culturales** mediante el diseño escénico, la utilería, el vestuario, la acción dramática y la tensión lingüística **al presentar ante los ojos del espectador el proceso dialéctico de la dualidad unitaria del *estar*/del *ser* latino, bilingüe y bicultural en EE.UU.**

En otras palabras, Sandoval nos dice que, a través de la acción dramática, la tensión lingüística, el vestuario, diseño y utilería de la obra de teatro, Dolores Prida en *Coser y cantar* logra explicar cómo se siente una persona bilingüe, bicultural y latina, los conflictos culturales que ésta ha de enfrentar al vivir (*el estar*) en los Estados Unidos.

En esta sección hemos hecho un análisis de una monografía ya escrita pero podemos empezar el proceso desde el comienzo y preparar un plan para la organización del trabajo monográfico, plan en que se seguirían los siguientes pasos en orden cronológico:

1. **Lectura de la obra de literatura (fuente primaria).**   Esta lectura de la obra de literatura que vas a analizar es intensiva, o sea que no sólo lees para averiguar de qué trata la obra sino también lees críticamente y tratas de descubrir cuáles son las ideas que el (la) autor(a) quiere conferirte además de la trama de la obra. Por ejemplo, *Coser y cantar* trata de un día en la vida de una inmigrante cubana en Nueva York, pero a través de esa trama la autora presenta otros temas, como el conflicto que esa persona tiene con las dos culturas en las que vive: la latina y la anglosajona, el dilema del uso de las dos lenguas y el tratar de encontrar su propia identidad dentro de su situación de mujer latina en los Estados Unidos.

2. **Buscar y consultar otras fuentes sobre el tema.**   Un trabajo monográfico es un trabajo de investigación porque las ideas que vamos a presentar se basan no solamente en nuestras opiniones sino también en lo que otras personas han escrito sobre el tema. Estas fuentes secundarias presentan distintas ideas sobre una obra de literatura. Por ejemplo, piensa en todas las obras de análisis literario que se han escrito sobre el libro *Don Quijote* de Cervantes. En estos casos debes limitar tu búsqueda a los aspectos que tú tratarás en tu trabajo monográfico.

   En estos momentos tenemos acceso a bibliotecas reales y virtuales, como las de la red electrónica; en ambos casos es importante que selecciones tu bibliografía con mucho cuidado y que analices la información que recibas de una forma crítica; recuerda que no necesariamente por estar escrita o haber sido publicada, la información que encuentres es válida o debes asumir que sea fiable. Hay diferentes maneras de saber si una fuente es válida o no. Por ejemplo, el hecho de que un artículo aparezca en libros publicados por casas editoriales conocidas o en revistas académicas nos da cierta seguridad de que ha sido seleccionado para publicación luego de haber sido revisado por expertos en el tema. Otras veces podemos decidir la validez de una fuente viendo más de cerca el nombre del (de la) autor(a). Si la persona que escribe un artículo es conocida en su campo de investigación, sus artículos son avalados por su prestigio.

   Después de leer los artículos críticos es aconsejable que los resumas y que pienses si estás de acuerdo con ellos y por qué. También puedes ir marcando aquellas oraciones que resuman las ideas de los autores y que luego podrías usar como citas en tu trabajo monográfico.

   Una vez que hayas consultado la bibliografía podrás empezar a formularte una guía para escribir tu trabajo monográfico.

3. **Plan de escritura del trabajo monográfico.**   El proceso de escribir una monográfia refleja el propósito que hemos seguido en la organización de los

capítulos de *Palabra abierta*. Es decir, primero leemos el material que vamos a analizar. Luego, en el caso específico de un trabajo monográfico consultamos otras fuentes para ver qué se ha dicho sobre el tema hasta el momento.

Hecho esto, entonces escogemos un tema que nos interese explorar y pensamos y formulamos una tesis de nuestro trabajo: ¿qué es exactamente lo que queremos comunicar sobre el tema? Y comenzamos a estructurar una guía siguiendo los conceptos que hemos desarrollado anteriormente en este libro para la escritura de la introducción, el desarrollo y la conclusión.

4. **Escritura del trabajo monográfico.**   Después de desarrollar la guía de escritura del trabajo debemos dedicarnos a la escritura en sí misma, presentando no tan solo tus opiniones sino también las de otras personas que hayan trabajado el tema, dando así una visión más objetiva sobre el tema desarrollado.

Puedes utilizar citas de otros autores, marcándolas por medio de las comillas (""). Otra posibilidad es expresar las ideas de otros autores con tus propias palabras, pero siempre explicando que esas ideas pertenecen a otras personas. Por ejemplo si fueras a utilizar el artículo de Sandoval podrías comenzar diciendo «Sandoval trata de la formación de la identidad bilingüe y bicultural en su análisis de la obra de Dolores Prida, *Coser y cantar*».

5. **Revisión del trabajo monográfico.**   En este libro hemos hecho énfasis sobre la idea de que la escritura académica requiere de un proceso de redacción que va más allá de la primera escritura. Es importante y necesario que revises tus ensayos y trabajos académicos varias veces para poder lograr la elaboración deseada. La condensación y abstracción característica del lenguaje académico no se puede lograr sino a través de varias versiones y elaboraciones de la composición.

Creando nuevos textos

En este capítulo has leído varios textos en que se trata el tema de la identidad específicamente en lo relativo a la situación bicultural y bilingüe de los latinos en los Estados Unidos. En la obra de teatro el tema fue presentado desde una perspectiva personal y femenina. En el trabajo monográfico Sandoval analiza e interpreta los distintos pensamientos y emociones de la protagonista en *Coser y cantar* desde una perspectiva académica, contextualizando aquéllos en ciertas problemáticas de nuestra sociedad actual y postmoderna. En el texto de Santiago se vuelve a presentar el tema de la identidad bilingüe con un énfasis en el lenguaje. Ahora te toca a ti escribir un trabajo monográfico. Puedes considerar uno de los siguientes temas u otro que hayas pensado; también puedes pensar en un libro, cuento u obra de teatro que trate de estos temas y basar tu monografía en un estudio de tal fuente primaria.

1. Compara la obra de Dolores Prida y la de Esmeralda Santiago: ambas tratan el tema de la identidad de una mujer inmigrante que convive con dos culturas, lenguas y contextos geográficos. ¿De qué forma tratan de conciliar las diferen-

cias y hasta dónde esas diferencias las convierten en la persona multicultural que son? ¿Por qué esto constituye una relación dialéctica según Sandoval? Elabora estos temas usando citas de los textos leídos en este capítulo o de otros que traten el tema.

2. ¿Se puede vivir en los Estados Unidos (o en cualquier otro país) sin asimilarse? ¿Qué es la asimilación cultural? ¿Qué piensas?

3. ¿Qué es el multiculturalisimo? ¿Cómo lo podrías describir? ¿Beneficia a la sociedad la convivencia de diversas culturas o sería mejor que cada grupo étnico viviese en diferentes lugares?

Acercándonos al texto

Las siguientes secciones te guiarán en la elaboración de las tres versiones de la monografía. Recuerda que la escritura es un proceso de varias etapas en el que vas desarrollando tu escritura.

Escritura libre

1. Piensa en el tema sobre el que quieres argüir.

2. Escribe durante diez o quince minutos todas tus ideas sobre el tema. No te preocupes por la gramática ni por la ortografía; simplemente expresa tus opiniones. Al expresar cada una de tus opiniones o sentimientos, trata también de expresar por qué te sientes así. ¿Sobre qué información basas tus opiniones o sentimientos? Anota las citas de los textos que han influido en tu forma de pensar.

Elaborando una tesis
La tesis de la monografía debe sintetizar el tema que desarrollarás.

1. Mira los apuntes que escribiste durante tu escritura libre y elabora una tesis que sintetice las ideas que vas a desarrollar. Asegúrate de que ésta sea clara y de que, al mismo tiempo, atraiga a los lectores a continuar la lectura de la monografía.

2. Comenta con un(a) compañero(a) de clase la tesis que acabas de escribir.
   a. ¿Trata de un tema de actualidad o pertinencia social?
   b. ¿Representa algún tema discutible?
   c. ¿Comunica una actitud firme ante el tema? ¿Expresa claramente cuál es el punto de vista que vas a argüir? ¿Hay otra tesis que hace esto mejor? ¿Por qué?
   d. ¿Es demasiado amplia? ¿Cómo podrías limitarla?
   e. ¿Es demasiado limitada? ¿Cómo podrías ampliarla?
   f. ¿Es interesante? Invitará al (a la) lector(a) a seguir leyendo el trabajo monográfico?

Generando y elaborando tus hipótesis
Antes de elaborar tus argumentos es preciso haber hecho una investigación profunda sobre el tema.

1. Consulta otros libros o artículos sobre este tema en la biblioteca. Piensa de qué forma pueden estos materiales apoyar tus argumentos e hipótesis.
2. Escribe tu tesis en un papel y debajo de la tesis escribe tus argumentos. Debajo de cada argumento anota la información que lo apoya. ¿Tienes información de otros autores que avalan estos argumentos?

   Piensa cómo presentarás la opinión de otros autores recurriendo a las estrategias estudiadas: ¿Harás un resumen de las ideas de otros autores con tus propias palabras? ¿Las presentarás textualmente como una cita? Recuerda dos cosas. Primero: Siempre habrás de dar reconocimiento explícito a las ideas y fundamentos que otros han expresado, dejándole saber a los lectores de quiénes son y documentando de dónde vienen (la fuente). Segundo: El hecho de que encuentres que otra persona comparte tu punto de vista no garantiza que su punto de vista sea necesariamente válido. Tienes que considerar tus fuentes de información críticamente.

3. Cuando estés satisfecho(a) con tus argumentos y tu información de apoyo, comparte esta información con varios compañeros de clase.
   a. ¿Convences con tus argumentos?
   b. ¿Están bien desarrollados tus argumentos? ¿Continúan en una progresión secuencial? ¿Son efectivos?

Primera versión de la monografía

Elabora una primera versión de tu monografía. Antes que nada haz una guía de toda la monografía, resumiendo lo que has escrito anteriormente y siguiendo el siguiente esquema:

Título: Resalta el tema que vas a tratar.

Introducción: Contiene la tesis que vas a argüir y presenta los contextos sobre los que vas a hablar.

Desarrollo: Cada párrafo desarrolla uno de los argumentos que, en conjunto, servirán para explicar, elaborar y apoyar la idea principal, expresada en la tesis.

Conclusión: Resume lo que has elaborado en el desarrollo y reitera tu tesis. Puedes, si lo deseas, comentar acerca de posibles ideas, consecuencias o implicaciones que podrían desarrollarse a partir de tu monografía.

Bibliografía: Documenta las ideas y fuentes que has utilizado en tu monografía. Para escribir la bibliografía generalmente usamos el formato de la *Modern Language Association*.

Cuando escribas la primera versión de la monografía, ten en cuenta las siguientes preguntas.

A. ¿Qué título le vas a poner a tu trabajo monográfico? Piensa en uno que capte la importancia del tema o que comunique tu punto de vista acerca del tema y que al mismo tiempo atraiga a los lectores.

B. ¿Quién va a ser el (la) lector(a) de tu monografía? ¿Cómo vas a interactuar con tus lectores en el ensayo? ¿Vas a dirigirte directamente a ellos(as)?

C. ¿Cómo vas a interesar a tu lector(a)? ¿Vas a empezar con una pregunta? ¿Una anécdota? ¿Una cita? ¿Por qué?

D. ¿Ubicas al (a la) lector(a) en el contexto social para que entienda tu tema? ¿Necesita alguna información de fondo para entender tu tema o escribes para que cualquier persona pueda comprender de lo que trata tu trabajo sin haber leído las mismas lecturas que tú?

E. ¿Cómo vas a organizar tus argumentos? ¿Del argumento menos controversial al más controversial? ¿De otra manera? ¿Por qué?

F. ¿Vas a mencionar explícitamente los argumentos en contra de los tuyos? ¿Por qué?

G. ¿Cómo vas a concluir el ensayo? Luego de reiterar tu tesis y de resumir cómo tus argumentos la han apoyado, ¿vas a comentar algunas posibles implicaciones o relaciones con otros temas? ¿Vas a concluir con una cita que ejemplifique tu punto de vista?

H. Anota todas las referencias bibliográficas de las citas y prepara la bibliografía siguiendo las normas para la documentación establecidas en el manual de la *Modern Language Association.*

I. A la redacción.   Teniendo en cuenta las características de un buen trabajo monográfico, lee el siguiente trabajo, escrito por una estudiante universitaria de español avanzado. Trata de pensar en los componentes funcionales de la monografía y observa si están claramente delineados. Piensa también en la forma en que apoya sus argumentos y las estrategias que utiliza para incorporar la información de la fuente primaria y las secundarias.

Las revolucionarias

El conflicto armado de México en 1910 cambió para siempre el sistema social, económico y político del país pero especialmente el de las mujeres mexicanas. En la literatura histórica se han discutido mucho las consecuencias de la revolución y si realmente tuvo un impacto positivo, pero en este discurso intelectual muchas veces se olvida el cambio social que trajo a las mujeres de México. Este cambio se produjo como resultado de las acciones de las mujeres en tres áreas: como miembros activos del ejército, como escritoras y organizadoras políticas y como jefas de hogares sin la ayuda de un hombre.

La novela de Elena Poniatowska, *Hasta no verte Jesús mío,* cuenta la historia de la transformación de Jesusa Palancares durante la Revolución Me-

(continúa)

xicana. Con las nuevas ideas de la revolución, Jesusa se dio cuenta que ella no tenía por qué ser víctima de los abusos de su esposo. Poniatowska describe exactamente cómo es que los soldados y los oficiales abusaban de la mujer campesina. A través de las palabras de Jesusa, el personaje principal, nos enteramos de que Pedro, un oficial de la revolución, la perseguía aunque ella no le hacía caso. Finalmente logró casarse con ella y comenzó a golpearla hasta el punto de hacerla desmayar. Entonces Jesusa se acordó que Dios había dicho: «Ayúdate y yo te ayudaré»* y empezó a defenderse. Desde el momento que ella tomó esta decisión, él dejó de maltratarla. Jesusa recuperó uno de los derechos humanos más básicos: ser respetada y valorada por sí misma.

La revolución le dio a la mujer mexicana por primera vez la oportunidad de destacarse en áreas en que dominaba el hombre. Salieron de la oscuridad e irónicamente se transformaron en agentes de la paz por medio de la revolución armada. Muchas mujeres dieron su vida por la revolución como soldadas o soldaderas. En esta capacidad las mujeres desafiaron la idea cultural de que ellas eran débiles. Una de esas mujeres fue Juana Belén Gutiérrez de Mendoza, que luchó con Emiliano Zapata y llegó a recibir la posición de coronel durante la revolución[†]. La historia de la participación de la mujeres en la revolución aparece tratada en un episodio de la novela *Como agua para chocolate* de Laura Esquivel. Durante una fiesta de pascuas en la que los invitados estaban comiendo una rosca y tomando chocolate, de pronto oyeron ladrar al perro y escucharon el sonido del galope de varios caballos:

Todos los invitados ya estaban en la casa. ¿Quién podría ser a estas horas? Tita se dirigió rápidamente a la puerta, la abrió y vio como el Pulque le hacía fiestas a la persona que venía al frente de la compañía de revolucionarios. Hasta que se acercaron lo suficiente, pudo comprobar que **quien venía al mando de la tropa era nada menos que su hermana Gertrudis** (el énfasis es mío)[§].

Las mujeres mexicanas tuvieron diferentes trabajos durante la revolución. Algunas trabajaron como operadoras de telégrafos o como traficantes; otras ayudaron en partidos políticos como el Partido Liberal Mexicano (PLM), que publicaba *Regeneración*. En este órgano del partido se escribieron muchos artículos sobre la mujer y su influencia en la Revolución[**].

* Poniatowska, Elena. *Hasta no verte Jesús mío*, 1987: 101
[†] Amott, Teresa y Julie Matthaei. «The Soul of Tierra Madre: Chicana Women» en *Race, Gender and Work: A Multicultural Economic History of Women in the United States*, 1991: 74
[§] Esquivel, Laura. *Como agua para chocolate*, 1989: 164
[**] articulo citado (nota 2), pág. 76

(continúa)

Sin embargo, la mayoría de las veces los cambios fueron más simples. Una mujer durante la revolución no tuvo que irse del hogar para sentir el cambio social. Por el hecho de que la mayoría de los hombres estaban en el combate muchas mujeres quedaron a cargo del hogar. Esto independizó a las mujeres: ellas tuvieron que hacerse cargo de la economía del hogar y tuvieron que aprender a defenderse porque vivían en una época violenta en la que había muchos bandidos. En muchos casos esta forma de vida no terminó con la revolución puesto que muchos hombres nunca regresaron de la guerra. Sin duda este cambio social fue el que tuvo una influencia mayor en la transformación de la familia. Hijos e hijas vieron en sus madres a una mujer fuerte, cabeza del hogar. Un ejemplo de esto se ve en le película *Flor Silvestre.* Esmeralda tuvo que criar a su hijo sola después de que su marido fue fusilado por unos bandidos.

La mujer fue un agente esencial en el cambio del sistema social, económico y político de la Revolución Mexicana al mismo tiempo que las circunstancias de la revolución produjeron una gran transformación en el papel de la mujer mexicana en la sociedad. Algunas participaron al mismo nivel que los hombres, otras tomaron las posiciones de los hombres y algunas se quedaron en las posiciones tradicionales de las mujeres pero en condiciones no tradicionales. Todas contribuyeron al sistema actual de la sociedad mexicana. No conocer esta historia es ignorancia, y no aceptarla es un fracaso.

Bibliografía

Amott, Teresa y Julie Matthaei. «Chapter 4: The Soul of Tierra Madre: Chicana Women». *Race, Gender and Work: A Multicultural Economic History of Women in the United States.* Boston: South End Press, 1991.

Esquivel, Laura. *Como agua para chocolate.* 1989. New York: Doubleday, 1993.

Fernández, Emilio. *Flor silvestre.* 1943. Films Mundiales.

Poniatowska, Elena. *Hasta no verte Jesús mío* [1969]. México, D.F.: Ediciones Era, 1987.

1. En un papel, escribe la tesis de la monografía y delinea un bosquejo de los argumentos que la apoyan. ¿Está bien organizada?
2. ¿Son convincentes los argumentos que usa? ¿Están fundados en fuentes externas o los presenta la autora como ideas propias?
3. ¿Cómo presenta la información la autora? ¿De una manera subjetiva u objetiva? Indica cómo se expresa eso en el lenguaje.
4. ¿Cómo utiliza las citas? Puedes dar ejemplos de citas directas e indirectas.

5. En su bibliografía, ¿presenta la información de todos los textos a los que se refiere? ¿Es importante dar esta información?

6. **Taller de escritura.** Ahora que tienes la primera versión de tu monografía, intercámbiala con la de un(a) compañero(a) y contesta las siguientes preguntas sobre su trabajo monográfico.

Contenido

a. ¿Refleja el título de su trabajo monográfico el tema que quiere desarrollar?
b. ¿Es clara y evidente la tesis de su monografía?
c. ¿Presenta argumentos sólidos y convincentes?
d. ¿Incluye en su conclusión un resumen del tema que trató?

Organización

e. Piensa en los componentes funcionales. ¿Están claramente delineados?
f. ¿Hay una progresión lógica entre los párrafos?
g. ¿Incluye citas en el texto? ¿Es evidente de dónde provienen o quiénes son los autores?
h. ¿Ha escrito una bibliografía siguiendo las normas de documentación de la Modern Language Association? ¿Ha incluido toda la información de las fuentes que ha usado?

Segunda versión de la monografía

Piensa en los comentarios que recibiste sobre la primera versión de tu monografía y elabora la segunda versión. Toma en cuenta lo siguiente:

Aspectos de contenido y organización

1. Sigue la guía que has desarrollado para la redacción del trabajo monográfico y comprueba si la estructura es clara y si las ideas están bien articuladas y organizadas: ¿Puedes identificar claramente las siguientes partes del trabajo?

Título: ¿Ilustra el tema que se va a desarrollar?

Introducción: ¿Contiene la tesis?

Desarrollo: ¿Tiene cada párrafo una oración temática en la cual expones un argumento relacionado con el tema? ¿Desarrollas eficazmente cada argumento en cada uno de los párrafos?

Conclusión: ¿Vuelve a mencionar la tesis?

Bibliografía: ¿Menciona todas las fuentes citadas?

2. ¿Has incorporado las sugerencias de tus compañeros para mejorar la segunda versión? ¿Cómo lo has hecho?

3. Haz los cambios que quieras hacer o que necesites hacer para mejorar tu monografía. Cuando termines, vuelve a las preguntas del taller de la primera versión y contéstalas para asegurarte de que está nueva versión está bien escrita.

Aspectos de la gramática funcional

Tanto en este capítulo como en el anterior hemos descrito algunas de las características del lenguaje académico. Vuelve a revisar tu monografía y piensa en lo siguiente:

1. ¿Puedes condensar o resumir algunas ideas que se repiten, de modo tal que el lenguaje resulte más impersonal y académico?
2. Revisa las cláusulas relativas que hayas empleado y verifica que estén bien redactadas y sobre todo, que el antecedente sea claro. ¿Puedes compactar más la información usando más cláusulas relativas?
3. ¿Has presentado las citas claramente? ¿Cómo? ¿Por qué? ¿Has incluido todas las fuentes de tus citas en la bibliografía?
4. ¿Usas un lenguaje académico? ¿Cómo lo reconoces?
5. ¿Evitas las repeticiones? ¿Cómo? ¿Conoces distintas palabras para expresar un significado semejante?

Repasa también los consejos que ya habías escrito para ti mismo(a) en la **Carpeta de escritura.** ¿Los has incorporado en la redacción de esta monografía?

Tercera versión de la monografía

Intercambia tu ensayo con tu compañero(a) y señala, subrayándolos, los errores superficiales de:

    a. concordancias de persona y número (sujeto-verbo)
    b. condordancias de número y género (sustantivo-adjetivo)
    c. tiempos verbales
    d. errores ortográficos
    e. acentos

NO corrijas ningún error; simplemente indícaselos a tu compañero(a) para que él (ella) haga los cambios requeridos.

Recuerda que en esta última etapa de revisión es importante no solamente buscar *errores,* sino además tratar de lograr un vocabulario y una sintaxis más avanzados. Piensa en algunas de las palabras que has aprendido en este capítulo o en capítulos anteriores. Piensa también en algunas estructuras gramaticales que notaste en las lecturas de este capítulo. ¿Puedes incorporar algunas de estas formas en tu monografía?

Palabra abierta

A. Reúnete con cuatro compañeros de clase y contesta las siguientes preguntas.

1. ¿Te agradó escribir esta monografía? ¿Por qué? ¿Fue difícil seleccionar un tema para comentar? ¿Por qué?
2. ¿Adoptaste un nuevo punto de vista acerca de algunos de los temas que trataron tus compañeros de clase? Explica.

3. ¿Fue eficaz la sesión de intercambio de ideas que tuvieron con sus compañeros sobre problemas de organización y contenido?

4. ¿Cómo podría mejorarse este intercambio de impresiones sobre aspectos específicos de la redacción? ¿Qué tipo de corrección desean que se haga? ¿Cómo quisieran que sus compañeros corrigieran sus ensayos? ¿Qué ejercicios de corrección serían apropiados?

 B. Carpeta de escritura.   Escribe una lista de palabras que podrías utilizar la próxima vez que redactes un ensayo y guárdala en tu carpeta. Escribe en tu cuaderno algún consejo nuevo para la próxima vez que escribas un ensayo. ¿Qué quieres recordar hacer la próxima vez para escribir mejor? ¿Trataste alguna estrategia nueva que te resultó bien al escribir esta monografía? Anótala también. ¿En qué aspecto de tu escritura has visto más mejoría? ¿Cómo lograste mejorar este aspecto?